Dickertmann / Gelbhaar · Finanzwissenschaft

NWB-Studienbücher · Wirtschaftswissenschaften

Finanzwissenschaft

Eine Einführung in die Institutionen, Instrumente und ökonomischen Ziele der öffentlichen Finanzwirtschaft

von Professor Dr. Dietrich Dickertmann
und Privatdozent Dr. Siegfried Gelbhaar
unter Mitwirkung von Viktor Wilpert Piel

nwb
Verlag Neue Wirtschafts-Briefe
Herne/Berlin

Die Deutsche Bibliothek – CIP-Einheitsaufnahme

Dickertmann, Dietrich:

Finanzwissenschaft : eine Einführung in die Institutionen, Instrumente und ökonomischen Ziele der öffentlichen Finanzwirtschaft / von Dietrich Dickertmann und Siegfried Gelbhaar. Unter Mitw. von Viktor Wilpert Piel. – Herne ; Berlin : Verl. Neue Wirtschafts-Briefe, 2000

(NWB-Studienbücher Wirtschaftswissenschaften)

ISBN 3-482-49981-0

ISBN 3-482-**49981**-0

Druck: Bercker Graph. Betrieb GmbH & Co. KG, Kevelaer

Vorwort

Dieses Buch wendet sich an Studierende der wirtschaftswissenschaftlichen Fächer zu Beginn des Hauptstudiums. Dem Leser wird eine Einführung in die ökonomische Theorie der öffentlichen Finanzen angeboten, womit ein zentraler Untersuchungsgegenstand der Nationalökonomie betrachtet wird. Zugleich ist der Studientext für Leser bestimmt, deren wirtschaftswissenschaftliches Interesse an den Einnahmen und Ausgaben der öffentlichen Hand sich aus der Betriebswirtschaftlichen Steuerlehre ableitet. Die dazu ausgewählten Inhalte sind einerseits an Fragestellungen der gegenwärtigen finanzwirtschaftlichen Praxis ausgerichtet. Deren Darstellung orientiert sich deshalb auch an der politischen Relevanz der jeweils zu entwickelnden Konzepte. Zur Unterstützung der Argumentation werden andererseits auch Modellbetrachtungen herangezogen. Dieses Vorgehen wird immer dann gewählt, wenn der damit verbundene Rekurs auf die rationale Handlungswahl beteiligter Individuen eine erleichterte Lektüre in Aussicht stellt.

Die Ausführungen sind in drei Kapitel gegliedert: Im ersten Teil werden die Institutionen der öffentlichen Finanzwirtschaft vorgestellt. Dabei geht es nach einer Standortbestimmung des staatlichen Sektors im volkswirtschaftlichen Kreislauf um eine Darlegung der wirtschaftlichen Beziehungen zwischen den Gebietskörperschaften als Träger der öffentlichen Finanzwirtschaft. Im Anschluß daran werden die Verfahren erläutert, mit deren Hilfe die finanzwirtschaftlichen Transaktionen einzelner Körperschaften sowie deren Beziehungen untereinander geregelt sind. Es handelt sich dabei zum einen um den föderalen Finanzausgleich zwischen den Gebietskörperschaften und zum anderen um den öffentlichen Haushaltsplan. Der zweite Teil widmet sich dann eingehend den unterschiedlichen Erscheinungsformen sowie den ökonomischen Eigenarten der öffentlichen Einnahmen und Ausgaben. Diese werden als die bestimmenden Instrumente der öffentlichen Finanzwirtschaft jeweils systematisiert und im finanzwissenschaftlichen Systemverbund diskutiert. Der dritte Teil wendet sich den ökonomischen Zielsetzungen der öffentlichen Finanzwirtschaft zu. Dabei wird insbesondere nach den Möglichkeiten einer wirtschaftlich ausgerichteten Begründung für staatliche Eingriffe in das marktliche Geschehen gefragt. Die zugehörigen Überlegungen orientieren sich an einer funktionalen Spezifizierung der Argumente zur normativen Diskussion öffentlicher Budgets – namentlich an der Unterscheidung zwischen einer allokations-, einer redistributions- und einer stabilisierungspolitischen Abteilung. Die Darlegungen gründen dabei überwiegend auf einer mikroökonomisch angelegten Analyse, die an wahltheoretischer Fundierung und an der empirischen Überprüfbarkeit der jeweils abgeleiteten Aussagen zu messen ist. Allerdings geht es nicht darum, spezielle Instrumente für staatliche Interventionen auszuwählen und für deren Einsatz besondere politische Handlungsmaximen zu entwickeln. Statt dessen treten allgemeine ökonomische Überlegungen in den Vordergrund der Betrachtung, welche unabhängig von den Besonderheiten einer konkret zu gestaltenden und zu bewertenden staatlichen Aktivität gültig sind. Soweit dem Text eine Annäherung an dieses Ziel gelingt, ist dies maßgeblich auch ein besonderes Verdienst der sachkundigen Mitwirkung durch Herrn Dipl.-Volkswirt Viktor Wilpert Piel. Ihm danken die Verfasser an dieser Stelle für sein außerordentliches Engagement und für die unvergleichliche Unterstützung, ohne die das Buch in seiner vorliegenden Form nicht hätte realisiert werden können.

Frau Petra Franzen begleitete die Fertigstellung des Manuskripts mit hilfreichen Einsatz im Sekretariat; ihr gilt unser Dank ebenso wie Herrn Dipl.-Volkswirt Hansgeorg Säckel für eine geduldige Begleitung dieses Buchprojekts durch den Verlag.

Trier, im Herbst 1999 *Dietrich Dickertmann · Siegfried Gelbhaar*

Inhaltsverzeichnis

Verzeichnis der Abbildungen

Verzeichnis der Übersichten

Verzeichnis der Tabellen

Einführung: Begriff und Gegenstand der Finanzwissenschaft

Finanzwissenschaft ist die wirtschaftswissenschaftliche Auseinandersetzung mit den ökonomischen Besonderheiten der Wirtschaftstätigkeit des Staates. Ökonomische Aktivitäten der „öffentlichen Hände" ergeben sich insbesondere aus dem Sachverhalt, daß private Märkte die Güterversorgung mitunter nicht befriedigend gewährleisten (können). Deshalb werden dann von politischer Seite oft Eingriffe des Staates gefordert. Zugehörige Interventionen können dabei zum einen als ordnungspolitische Maßnahmen (beispielsweise durch Ge- oder Verbote) die Rahmenbedingungen für privatwirtschaftliche Aktivitäten verändern. Zum anderen kann der Staat durch prozeßpolitisch angelegte Marktteilnahme innerhalb gegebener Strukturen auf das Ergebnis marktlicher Tauschhandlungen Einfluß nehmen. Der Betrachtungsgegenstand der **Finanzwissenschaft** reicht also weit über die reine Lehre von den öffentlichen Einnahmen und Ausgaben hinaus. Nachfolgend werden deshalb zu Beginn der Darlegungen die einander nahestehenden Begriffe der Finanzwissenschaft, der Finanzwirtschaft sowie der Finanztheorie und -politik gegeneinander abgegrenzt und präzisiert.

In älteren Lehrbüchern ist häufig die zuvor genannte Identifizierung der Finanzwissenschaft mit einer ökonomischen Lehre von den Staatsfinanzen, d. h. von finanzwirtschaftlichen Fragestellungen im Zusammenhang mit dem öffentlichen Sektor zu finden. In diesem Sinne meint der Begriff der öffentlichen **Finanzwirtschaft** die Behandlung aller der wirtschaftswissenschaftlichen Methodik zugänglichen Sachverhalte und Probleme, welche mit der Herkunft, der haushälterischen Verwaltung und der („betriebs"-)wirtschaftlichen Verwendung öffentlicher Gelder zusammenhängen. Finanzwirtschaftliche Fragestellungen sind also auf Zahlungsvorgänge konzentriert, die den Staat betreffen: Sie beziehen sich auf deren systembezogenes, wirtschaftliches und buchhalterisches Management. Damit ist die Finanzwirtschaft des Staates naturgemäß ein wichtiger Gegenstandsbereich der Finanzwissenschaft – jedoch nur einer unter mehreren, da sich die Finanzwissenschaft neben unmittelbar zahlungsrelevanten Vorgängen vor allem auch ökonomischen Fragestellungen von grundsätzlicher Art zu widmen hat.

Die **Finanzwissenschaft** beschäftigt sich eingehend mit der Rolle des Staates, wenn es *erstens* um die Frage geht, wie der Wohlstand für eine beliebig große Gruppe von Menschen durch eine qualitative oder quantitative Güterversorgung maximiert werden kann. Dabei geht es insbesondere um die Aufteilung knapper Ressourcen auf konkurrierende Verwendungsalternativen (**Allokationsproblem**). *Zweitens* ist zu fragen, nach welchen Wirkungsmechanismen sich ein insoweit gegebenes Maß an „Reichtum" auf die jeweiligen Mitglieder der Gruppe (also beispielsweise auf die Bewohner eines Landes) aufteilt und in welcher Weise der Staat diese Verteilung nach politisch vorzugebenden Gerechtigkeitsvorstellungen wirksam und wirtschaftlich verändern kann bzw. soll (**Distributionsproblem**). Schließlich ist *drittens* zu prüfen, ob und in welcher Weise der Staat durch geeigneten Einsatz seiner Instrumente den unterschiedlichen, sich im Zeitverlauf ergebenden Fehlentwicklungen auf gesamtwirtschaftlicher Ebene begegnen kann. Dabei spielt insbesondere der staatliche Einfluß auf die Konjunktur, d. h. auf den Auslastungsgrad des Produktionspotentials eine zentrale Rolle (**Stabilisierungsproblem**).

Die damit umschriebene funktionale Definition der Finanzwissenschaft nach *R. A. Musgrave* ist also umfassend dahingehend zu kennzeichnen, daß sich diese nachfolgend vorzustellende Disziplin mit der wirtschaftlichen Betätigung der öffentlichen Hände in all ihren Erscheinungsformen beschäftigt. Dabei werden diese Aktivitäten erfaßt, analysiert, in ein System gebracht und im Zusammenspiel von Politik und Wirtschaft sowie im Zusammenspiel mit dem Sozialsystem bewertet. Finanzwissenschaft ist folglich nicht immer und ausschließlich finanzwirtschaftliche Analyse, sondern sie war und ist stets auch „politische Ökonomie". Dabei ist die Finanzwissenschaft als Teildisziplin der Volkswirtschaftslehre zugleich als ein Bestandteil der Wirtschaftswissenschaften und somit der Sozialwissenschaften zu kennzeichnen (siehe Übersicht 1 auf der folgenden Seite).

Während in den Formalwissenschaften einzelne Sachverhalte behandelt werden, welche nicht Teil der durch den Menschen unmittelbar erfahrbaren Wirklichkeit sind – thematisiert wird hier die abstrakte Struktur von Zusammenhängen und die Operationalisierbarkeit von Ausdrücken –, analysieren die Realwissenschaften die Erfahrungswirklichkeit. Dazu gehören zum einen die Natur (Naturwissenschaften) und zum anderen das menschliche Handeln mit dessen Ergebnissen (Kulturwissenschaften). Bei letzterem können z. B. die Philologien, die Kunst und die Musik als Werke menschlichen Geistes von den – freilich interdependenten – Strukturen und Gesetzmäßigkeiten in Wirtschaft und Gesellschaft unterschieden werden (*A. Anzenbacher*).

Übersicht 1: Eine Systematik der Wissenschaften

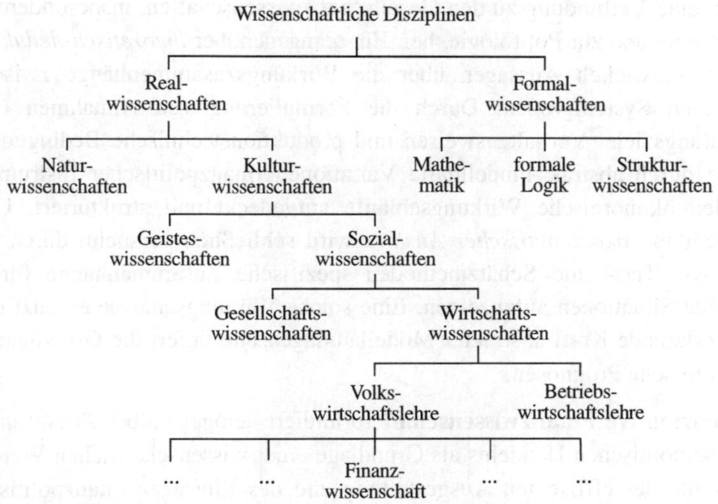

Ein wichtiges Arbeitsgebiet der Finanzwissenschaft wird mit dem Begriff der **Finanztheorie** bezeichnet. Dabei geht es neben einer Begründung staatlicher Aktivitäten im wesentlichen um die Ermittlung der Wirkungen öffentlicher Einnahmen und Ausgaben auf andere ökonomische Größen. Bei der **Finanzpolitik** wird demgegenüber der Frage nachgegangen, wie die öffentlichen Finanzen zu gestalten sind, um bestimmte vorgegebene (staatliche) Ziele verwirklichen zu können. Um diese Frage zu beantworten, muß die Finanzpolitik sich freilich stets der in der Finanztheorie gewonnenen Erkenntnisse bedienen. Finanzpolitik kann nach ihrem wissenschaftlichen Verständnis insoweit als angewandte Finanztheorie angesehen werden.

Die damit beschriebene Unterteilung finanzwissenschaftlicher Arbeitsbereiche kann schließlich durch eine Trennung der positiven von der normativen Finanzwissenschaft ergänzt werden.

Dabei trifft die **positive Finanzwissenschaft** systematische Aussagen zur Beschreibung und Erklärung der öffentlichen Finanzwirtschaft und bedient sich dabei verschiedener *Methoden*: Während der *historisch-deskriptive Ansatz* die finanzwirtschaftlich relevanten Institutionen und Vorgänge in systematischer Darstellung verbal und quantitativ zu erfassen sucht, zielen *sozialökonomische Ansätze* auf eine Beschreibung der am finanzwirtschaftlichen Geschehen beteiligten gesellschaftlichen Kräfte. Die sozialökonomischen Ansätze stellen damit eine Verbindung zu den Gesellschaftswissenschaften, insbesondere zur Soziologie und zur Politologie, her. Ein demgegenüber *theoretisch-deduktiver Ansatz* entwickelt Aussagen über die Wirkungszusammenhänge zwischen einzelnen Systemgrößen: Durch die Formulierung von Annahmen (über Handlungsziele, Verhaltensweisen und produktionstechnische Bedingungen) sowie durch abstrakt-modellhafte Variationen finanzpolitischer Instrumente werden ökonomische Wirkungsabläufe aufgedeckt und strukturiert. Unter Anwendung *ökonometrischer Ansätze* wird schließlich versucht, durch Einsatz von Test- und Schätzmethoden spezifische Zusammenhänge für bestimmte Situationen aufzuzeigen. Eine solche Wirkungsanalyse ergänzt dann die erklärende Kraft abstrakter Modellaussagen und liefert die Grundlage für ökonomische Prognosen.

Die **normative Finanzwissenschaft** formuliert demgegenüber *Zielsetzungen* des ökonomischen Handelns als Grundlage einer wissenschaftlichen Wertung im Sinne der effizienten Ausgestaltung und des Einsatzes finanzpolitischer Instrumente. Einer solchen Fundierung gesellschaftlicher Politikdiskurse legt die Finanzwissenschaft zumeist die Grundregeln und den Effizienzbegriff der paretianischen Wohlfahrtsökonomik zugrunde; sie entwickelt darauf aufbauend dann beispielsweise die Haushaltsgrundsätze, die handlungsleitenden Prinzipien der Besteuerung und der staatlichen Schuldenaufnahme. Von zentraler Bedeutung ist hierbei das Formulieren von Bewertungsgrundlagen für eine praktische Finanzpolitik, indem vorgegebene Ziele beurteilt und eigenständige Ziele entwickelt werden. Hierauf wird nachfolgend noch im einzelnen einzugehen sein.

Grundsätzlich sind die finanzwissenschaftlichen Fragen nach einer Beschreibung (*Was geschieht?*), einer Erklärung (*Warum geschieht es?*) und einer Prognose (*Was wird geschehen?*) in letztlich befriedigender Weise allerdings nur durch Kombination – nicht jedoch unter Vermischung (!) – positiver und normativer Überlegungen (*Was sollte bzw. was könnte geschehen?*) zu beantworten. Sowohl die positiven als auch die normativen Konzepte der Finanzwissenschaft zielen dabei aber stets auf eine ökonomische Fundierung politischer Entscheidungen, wobei der Wissenschaftler drei unterschiedlichen

Rollenvorstellungen verpflichtet sein kann, welche von *J. Habermas* in drei grundsätzliche Modelle übertragen wurden:

Nach einer **technokratischen Vorstellung** kann der Wissenschaftler apodiktisch verkünden, welche Maßnahmen ein Politiker zu ergreifen hat. Der Finanzwissenschaftler stellt hiernach Zwangsläufigkeiten fest, verdeutlicht diese den betreffenden Entscheidungsgremien und formuliert, welche Maßnahmen der politische Sektor weniger zu treffen, sondern statt dessen zu sanktionieren habe. Ökonomische Abläufe sind demnach eindeutig erklärt und geeigneten „Kunstgriffen" zugänglich – ein politischer Entscheidungsspielraum ist allenfalls auf der Zielsetzungsebene vorgesehen und zweckmäßig.

Nach einem **dezisionistischen Modell** informiert der Wissenschaftler lediglich über Handlungsalternativen, die letztliche Entscheidung über Ziele und Mittel liegt demgegenüber beim Politiker. Dies setzt allerdings *erstens* voraus, daß der Politiker willens und in der Lage ist, klare Ziele zu formulieren: Je allgemeiner die Zielvorstellung gehalten ist, desto größeren Freiheitsraum hat der Wissenschaftler, dieses allgemeine Ziel in Unter- oder Instrumentalziele aufzuspalten, welche dann stets dessen eigene, subjektive Wertung enthalten. *Zweitens* muß für den Politiker und für den Wissenschaftler eine gemeinsame Sprache existieren, in der insbesondere die jeweils enthaltenen Wertprämissen kenntlich zu machen sind. *Drittens* muß der Wissenschaftler redlich in der Lage sein, in seinem Modell Alternativen überhaupt anbieten zu können, was wiederum voraussetzt, daß er über fundierte und instruktive Theorien verfügt. Damit soll sichergestellt werden, daß nicht unterschiedliche Meinungen unter gleichen Prämissen vorgetragen werden. Schließlich muß *viertens* der Politiker über Kriterien verfügen, mit deren Hilfe er die für ihn „richtigen" Alternativen auswählen kann. Dies bedeutet, daß der Politiker mit dem betreffenden Gebiet in gleicher Weise vertraut sein muß wie der Wissenschaftler. Dieses vergleichsweise unrealistische Bündel von Postulaten kann von der politischen Wirklichkeit freilich kaum erfüllt werden.

Ein **pragmatisches Modell** verlangt dann mit Blick auf eine Integration des Wissenschaftlers in die Politik nach einem Kompromiß. Zweckdienliches Instrument ist hier der ständige Dialog zwischen Politik, Wissenschaft und Bürokratie. Ein solches Vorgehen kann gelingen, wenn die Wissenschaft in der Lage ist, an der Formulierung politikfähiger Ziele mitzuwirken. Damit verbunden ist der Anspruch an die Wissenschaft, sich an empirisch überprüfbaren Konzepten zu orientieren, sowie der Anspruch an die Politik, im konstruktiven Sinne und loyal an wissenschaftlich fundierten Argumenten interessiert zu sein und zu akzeptieren, daß auch die Finanzwissenschaft bzw. die Ökonomie nicht in der Lage ist, dem Politiker die von diesem zu treffenden Entscheidungen abzunehmen.

Die wissenschaftliche Auseinandersetzung mit der Wirtschaftstätigkeit des Staates ist dabei gleichwohl nicht alleinige Domäne der Finanzwissenschaft. Ergänzend wären in einer Gesamtbetrachtung insbesondere die zugehörigen Beiträge der Rechtswissenschaft sowie anderer Gesellschaftswissenschaften und der Philosophie zu berücksichtigen. Die dort wie auch in der Ökonomie jeweils vorgetragenen und behandelten Sachverhalte unterscheiden sich nämlich weniger im gewählten Gegenstandsbereich als vielmehr hinsichtlich der Methode, welche zur Darstellung und Bewertung eines – hier: gesellschaftlichen – Phänomens jeweils herangezogen wird. Auch die **ökonomische Methode** zeichnet sich durch spezifische Prämissen und Untersuchungsziele ihrer Vorgehensweise aus. Sie erklärt und bewertet die durch freiwilligen Tausch charakterisierten Aktivitäten von Wirtschaftssubjekten, die sich bei gegebenen Präferenzen und Restriktionen einstellen. Ihr Erklärungsansatz ist der sogenannte „Homo oeconomicus“ und dabei insbesondere die Prämisse individueller und rationaler Handlungswahl. Aussagen werden in diesem Zusammenhang stets im Hinblick auf die allgemeine und auf die persönlich handlungsleitende Zielvorstellung formuliert, wonach das subjektive, d. h. das individuell empfundene Wohlergehen – mithin der persönliche Nutzen der Menschen – maximiert werden soll. Dabei ist allerdings weder die Dimension, auf der private Individuen „Nutzen“ empfinden (können), zwingend auf das Einkommen begrenzt, noch beschränkt sich eine Anwendung der ökonomischen Methode notwendigerweise auf Ansätze zur Lösung unmittelbar (güter-)wirtschaftlicher Probleme. Vielmehr kann die Anwendung der ökonomischen Methode gerade bei Geltung beliebiger persönlicher Motive und zur Beantwortung auch nicht-güterwirtschaftlich ausgerichteter Fragestellungen dienlich sein. Die nachstehende Übersicht 2 verdeutlicht eine derartig weitgefaßte Kompetenzverteilung der verschiedenen wissenschaftlichen Disziplinen.

Für die Behandlung finanzwissenschaftlich relevanter Fragestellungen sind aus dem nichtökonomischen Methodenkreis demnach vor allem

- das **Finanzrecht**, welches die Ordnung des öffentlichen Finanzwesens durch gesetzliche Normen behandelt,
- die **Finanzsoziologie**, welche die Gestaltungskräfte des Gruppenhandelns in der öffentlichen Finanzwirtschaft analysiert,

- die **Finanzstatistik**, welche sich der statistischen Erfassung, Darstellung und Auswertung finanzwirtschaftlich relevanter Größen widmet, sowie
- die **Finanzgeschichte** als Darstellung der historischen Entwicklung der staatlichen Finanzwirtschaft hervorzuheben.
- Eine besondere Bedeutung für die Behandlung finanzwissenschaftlicher Probleme können darüber hinaus auch Beiträge erlangen, welche der **Finanzpsychologie** zuzuordnen sind. Eine Berücksichtigung zugehöriger Sachverhalte und Überlegungen wird insbesondere dann erforderlich, wenn beispielsweise die gesellschaftliche Akzeptanz staatlicher Finanzeingriffe in den Vordergrund des ordnungs- bzw. prozeßpolitischen Interesses rückt.

Übersicht 2: Wissenschaftliche Methoden und Gegenstandsbereiche

	Gegenstand	
Methode	güterwirtschaftliche Fragestellungen	andere Fragestellungen
Ökonomisch	Ökonomie mit ihren Teildisziplinen, u. a.: Finanzwissenschaft	z. B. ökonomische Theorie der Umwelt, der Familie, des Rechts, der Politik ...
Nicht ökonomisch	z. B. Finanzrecht, ~soziologie, ~psychologie, ~statistik, ~geschichte ...	Formalwissenschaften, Naturwissenschaften, andere Kulturwissenschaften

Im Bewußtsein der damit skizzierten Wechselwirkungen und interdisziplinären Verflechtungen konzentrieren sich die nachfolgenden Ausführungen gleichwohl *erstens* auf Perspektiven und Betrachtungsweisen, welche das Erscheinungsbild und die Zielsetzungen des öffentlichen Haushalts mit Hilfe der ökonomischen Methode zu ergründen suchen. *Zweitens* werden die mit dem öffentlichen Finanzgebaren zusammenhängenden wirtschaftlichen Probleme im Vordergrund des Interesses stehen. Bevor in dieser Weise auf Inhalte und Methoden der Finanzwissenschaft im einzelnen eingegangen wird, muß demnach in einem ersten Schritt zuvor „der Staat" als zentraler Untersuchungsgegenstand begrifflich präzisiert und in seiner kreislaufbezogenen Interdependenz dargestellt werden. Dabei sind auch Inhalte aus der politischen Diskussion und der Verwaltungspraxis aufzugreifen: Es handelt sich insbesondere um institutionelle Gegebenheiten und Regelungen im Zusammenhang mit der rechtlichen sowie mit der technisch-organisatorischen Ausgestaltung der öffentlichen Finanzwirtschaft. Eine Einführung in die Finanzwissenschaft, die auf eine Kennzeichnung und Diskussion zugehöriger Tatbestände demgegenüber verzichten würde, vernachlässigte damit ihren eigentlichen Gegenstand: Namentlich den Staat und dessen institutionell konkrete Teilnahme am wirtschaftlichen Geschehen.

Teil I: Institutionen der öffentlichen Finanzwirtschaft

1. Der Staat im volkswirtschaftlichen Kreislauf

1.1 Das Kreislaufschema: Öffentliche Einnahmen und Ausgaben

Die ökonomischen Aktivitäten eines Wirtschaftssystems werden üblicherweise mit dem Bild eines Wirtschaftskreislaufs beschrieben. Dieser wird nach typisierten Aktivitätsbereichen gegliedert, wobei im einzelnen **vier Sektoren** zu unterscheiden sind:

– Den Wirtschaftssubjekten des Sektors privater **Unternehmen** ist gemeinsam, daß sie Produktionsfaktoren einsetzen, um als Produzent bzw. als Anbieter von Gütern (Waren und Dienstleistungen) auf den zugehörigen Märkten auftreten zu können. Mit dieser Aktivität sind folglich zwei kreislaufrelevante Vorgänge verbunden: Zum einen werden Produktionsfaktoren nachgefragt und genutzt, zum anderen werden die produzierten Güter an andere Sektoren abgegeben.

– Mit den privaten **Haushalten** ist einer der Sektoren benannt, welche die vom Unternehmenssektor produzierten Güter – gegen Bezahlung – empfangen. Dieser Konsumgüternachfrage steht ein Angebot an Faktorleistung (Arbeitskraft) gegen Entgelt gegenüber.

– Der Sektor **Staat** umfaßt die Gebietskörperschaften (Bund, Länder, Kommunen) und die sogenannten parafiskalischen Gebilde (insbesondere die Sozialversicherungen). Die diesen Wirtschaftssubjekten zugewiesenen öffentlichen Haushalte stellen einerseits für die privaten Sektoren – der Allgemeinheit – bestimmte Güter bereit. Dem steht andererseits die Nutzung von Faktorleistungen aus den privaten Sektoren gegenüber. Neben einer Finanzierung dieser öffentlichen Güterversorgung (überwiegend durch Zwangsabgaben) greift der Staat korrigierend in die privaten Marktvorgänge ein.

– Der Sektor **Ausland** bezeichnet jene Wirtschaftssubjekte, welche an den Marktbeziehungen der inländischen Volkswirtschaft teilnehmen, ihren ständigen Wohnsitz jedoch außerhalb des heimischen Wirtschaftsraumes haben.

Die damit vorgenommene Vorstrukturierung verdeutlicht bereits, daß eine Kreislaufanalyse ausschließlich Transaktionen zwischen den Sektoren einer Volkswirtschaft (intersektorale Ströme) erfaßt, nicht jedoch die Tauschbeziehungen innerhalb der Sektoren (intrasektorale Ströme). Zur eingehenden Analyse der ökonomischen Vorgänge in einer Volkswirtschaft wäre darüber hinaus daran zu denken, alle Transaktionen zwischen den beteiligten Wirtschaftssubjekten einzeln zu betrachten. Aus verschiedenen Gründen ist eine solche Detailanalyse allerdings weder sinnvoll noch möglich, weshalb geeignete Bündelungen vorzunehmen sind. Eine **Aggregation** nach jeweils sektorspezifischen, für den bezogenen Wirtschaftsbereich typischen Transaktionen ist deshalb hilfreich, wobei Art und Umfang der Zusammenfassung dann einerseits von den Kosten bzw. statistischen Möglichkeiten der Datenerfassung, andererseits vom jeweiligen Analysezweck abhängen.

Für eine Datenaggregation sind grundlegend **drei Voraussetzungen** zu erfüllen: Das Erfordernis der **Erfaßbarkeit** zugehöriger Daten bezeichnet eine erste notwendige Voraussetzung, wonach die ökonomischen Aktivitäten der Wirtschaftssubjekte überhaupt ermittelbar sein müssen. Eine intersubjektiv vergleichbare Erhebung zugehöriger Begriffsinhalte kann jedoch nur erreicht werden, wenn die zu messenden Sachverhalte hinreichend objektiviert sind. Als problematisch erweist sich – neben der illegalen Schattenwirtschaft – in diesem Zusammenhang beispielsweise eine Bewertung von Hausarbeit oder von Nachbarschaftshilfe. Eine zweite Bedingung für aussagefähige Aggregationen und weiterführende Analysen liegt in der erforderlichen **Meßbarkeit** zugehöriger Vorgänge, so daß eine Zurechnung der Transaktionen auf die jeweiligen Sektoren überhaupt erst möglich wird. Problematisch gestaltet sich in diesem Zusammenhang beispielsweise die monetäre Aufnahme ehrenamtlicher Tätigkeiten. Damit ist drittens die Voraussetzung unverzichtbar, daß eine **Bewertbarkeit** zugehöriger Größen gegeben ist Die vollständig erfaßten und gemessenen Aktivitäten müssen also in Geldeinheiten quantifizierbar sein, um so auf einen „gemeinsamen Nenner" gebracht zu werden. Schwierig ist eine solche Bewertung beispielsweise im Hinblick auf Schädigungen der natürlichen Umwelt, welche bei der Produktion oder beim Konsum von Gütern eintreten.

Bei einer entsprechenden Analyse der Aktivitäten der öffentlichen Hände ist demnach auch der Sektor Staat derart darzustellen, daß zum einen die Art seiner Transaktionen von denjenigen der übrigen Prozeßteilnehmer abgegrenzt werden kann. Zum anderen muß eine Aussage darüber möglich werden, in welcher Richtung spezifische Auswirkungen staatlicher Aktivitäten zu erwarten sind. Dabei werden hier die ökonomischen Aktivitäten der Wirtschaftssubjekte betrachtet, welche sich unter den Kategorien einer Produktion und des Absatzes von Gütern, der Verwendung von Einkommen, einer Bildung von Vermögen (bzw. einer Vornahme von Vermögensänderungen) sowie der Kreditgewährung und Kreditaufnahme zusammenfassen lassen.

Außer acht bleiben also Vorgänge, bei denen der Staat mit Hilfe von Verordnungen ins privatwirtschaftliche Geschehen eingreift. Derartigen Interventionen mit geringer Ausgabenintensität ist beispielgebend der sogenannte **versteckte öffentliche Bedarf** zuzuweisen, bei dem auf dem Wege der Bürokratieüberwälzung staatliche Aufgaben an private Wirtschaftssubjekte delegiert werden, ohne daß diese Leistungen ein (marktgerechtes) Entgelt finden.

Die Übersicht 3 auf der nächsten Seite strukturiert die geld- und güterwirtschaftlichen Verflechtungen zwischen dem Staat auf der einen Seite sowie den privaten Haushalten und Unternehmen wie auch dem Pol der Vermögensänderung auf der anderen Seite. Unter Beschränkung auf eine geschlossene Volkswirtschaft, d. h. unter Vernachlässigung des Auslandes, verdeutlicht die Übersicht die maßgeblichen Kreislaufbeziehungen. Diese lassen sich in Form von **sechs Grundströmen** den vier betrachteten Polen (Haushalte, Unternehmen, Staat, Vermögensänderung) zuweisen.

– Ein erster Grundstrom betrifft die Austauschbeziehungen zwischen den privaten Haushalten und den Unternehmen. Von den Haushalten fließen private Konsumausgaben zu den Unternehmen. Hierzu rechnen alle Käufe für den privaten Endverbrauch (einschließlich langlebiger Konsumgüter), jedoch ohne Berücksichtigung von Ausgaben für Wohnhäuser und deren Unterhalt. Solche Ausgaben werden vielmehr den Investitionen des Unternehmenssektors hinzugerechnet und von der **Volkswirtschaftlichen Gesamtrechnung** (VGR) als eigene Wirtschaftsgruppe „Wohnungsnutzung“ definiert. Umgekehrt fließen Löhne, Kapitaleinkommen und Gewinne aus den Unternehmen in die Haushalte. Unter dem Begriff der Löhne werden alle nicht selbständig erzielten Einkommen der im privaten Sektor Beschäftigten vor Abzug der direkten Steuern und Sozialversicherungsbeiträge verstanden. Die Kapitaleinkommen und verteilten Gewinne werden in der VGR gemeinsam als Einkommen aus Unternehmertätigkeit und Vermögen ausgewiesen; dazu gehören z. B. Zinsen und Dividenden. Die Stärke dieser Ströme wird von den Faktormärkten bestimmt.

Übersicht 3: Der Staat im volkswirtschaftlichen Kreislauf

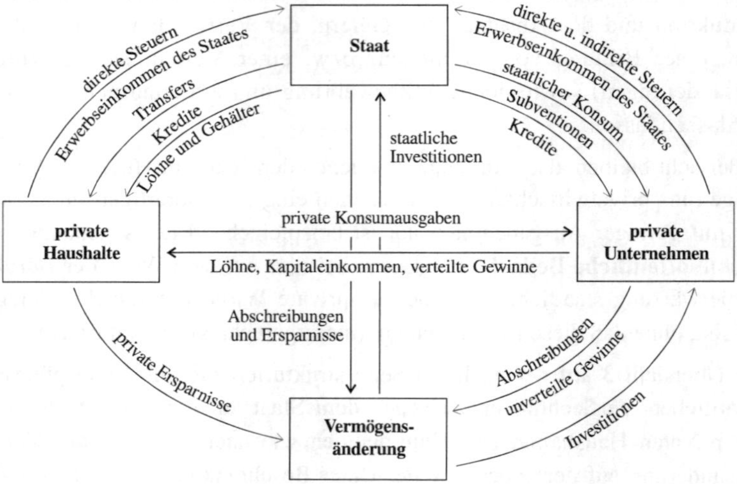

– Ein zweiter Grundstrom kennzeichnet die Ströme zwischen den privaten Haushalten und dem Staat. Einen Strom zum Sektor Staat verursachen die vom Staat zur Erzielung von Einnahmen regelmäßig bei den Haushalten erhobenen direkten Steuern, Gebühren und Beiträge. Dem zuzurechnen sind insbesondere die Einkommen- und Lohnsteuer sowie die Arbeitnehmerbeiträge zur Sozialversicherung. Darüber hinaus erwirtschaftet der Staat Erwerbseinkommen von den privaten Haushalten, z. B. durch eine Vermietung von Wohnraum. Entgegengesetzte Ströme resultieren aus staatlichen Zahlungen an private Haushalte in Form von Sozialversicherungsrenten, Beamtenpensionen, Arbeitslosengeld, Kindergeld, Sozialhilfe und anderen Übertragungen, den Transfers. Bei öffentlichen Krediten an Private ist beispielsweise an Darlehen im Rahmen des BAföG oder an Darlehen für Jungverheiratete mit Kindern zur Eigenversorgung mit Wohnraum zu denken. Die Entscheidung über Art und Höhe der Steuern, Gebühren, Beiträge, Transfers und öffentlichen Kredite an private Haushalte fällt in politischen Entscheidungsgremien. Löhne und Gehälter der öffentlich Bediensteten werden – vor Abzug der direkten Steuern und der Sozialversicherungsbeiträge – ebenfalls von der VGR erfaßt.

– Der dritte Grundstrom, die Beziehung zwischen den privaten Haushalten und dem nach dem entsprechenden Konto der VGR benannten Pol Vermögensänderung, wird über den Kapitalmarkt hergestellt. Dieser Sektor stellt das imaginäre Bindeglied zwischen den genannten drei Sektoren dar. Beispielsweise werden dort private Ersparnisse in Form von Spar- und Bauspareinlagen oder aus dem Erwerb von Wertpapieren / Rentenwerten, Investmentfonds sowie Aktien angelegt.

– Der die Unternehmen und den Staat verbindende vierte Grundstrom verläuft spiegelbildlich zu demjenigen zwischen dem Staat und den privaten Haushalten. Von den Unternehmen werden direkte Steuern, z. B. die Körperschaftsteuer, Gebühren und Beiträge sowie indirekte Steuern in Form von Mehrwert- und Verbrauchsteuern sowie Zölle erhoben. Erwerbseinkommen des Staates von den Unternehmen entstehen bei der Bereitstellung staatlicher Leistungen an Unternehmen – so beispielsweise bei der Verpachtung eines landwirtschaftlichen Betriebs an einen Agrar-Unternehmer. Besondere Aufmerksamkeit verdienen in diesem Zusammenhang die öffentlichen Unternehmen, welche zwar im Eigentum des Staates stehen, aber in der VGR den privaten Unternehmen zugerechnet werden. In umgekehrter Richtung ist der Konsum des Staates als Summe des Eigenverbrauchs der staatlichen Haushalte ohne die Gehälter der öffentlich Bediensteten zu nennen; dieser Strom führt demnach über die Gütermärkte. Subventionen sind Vergünstigungen, die den Unternehmen von öffentlichen Haushalten gewährt werden. Dies kann in Form direkter Zahlungen oder auch als Erlaß oder Ermäßigung von Steuern und sonstigen Abgaben geschehen. Öffentliche Kredite an Unternehmen werden z. B. aufgrund strukturpolitischer Zielsetzungen (etwa zur Förderung der Landwirtschaft oder zur Verbesserung der regionalen Wirtschaftsstruktur) bereitgestellt. Damit sind meist subventionswerte Leistungen verbunden, denn die Darlehensgewährung zu marktüblichen Konditionen bleibt in der Regel dem Bankensektor überlassen. Eine Subventionierung besteht in diesem Zusammenhang meist darin, daß die Konditionen für den Empfänger günstiger gestaltet sind als bei anderen (gewerblichen) Kreditgebern (Zinsvergünstigungen, geringere Anforderungen an die Bonität des Schuldners). Über die Vergabe solcher Kredite wird wiederum von politischen Entscheidungsgremien entschieden.

– Der fünfte Grundstrom umfaßt die Buchungen zwischen den Unternehmen und dem Vermögensänderungskonto: Die Abschreibungen der Unternehmen entsprechen dem wertmäßigen Verbrauch dauerhafter Produktionsmittel, deren Veralten auf ihren Einsatz im Produktionsprozeß zurückzuführen ist. Unverteilte Gewinne der Unternehmen werden nicht an die Kapitaleigner ausgeschüttet, sondern verbleiben zur Anlage in Geld- oder Sachvermögen im Unternehmen. Beide Ströme fließen entweder indirekt über den Kapitalmarkt oder direkt zum Vermögensänderungspol. Von diesem Pol fließen zu den Unternehmen Ströme aus privaten Bruttoinvestitionen, welche die Käufe aller dauerhaften Produktionsmittel (vor allem Gebäude und Anlagen) sowie größere Reparaturen und selbsterstellte Anlagen umfassen. Dazu gehören – wie erwähnt – auch die Bauten privater Haushalte. Käufe anderer langlebiger Güter durch private Haushalte werden dagegen unter privatem Konsum erfaßt.

– Der sechste Grundstrom zwischen Staat und Vermögensänderung schließlich ist analog zu dem voranstehend Beschriebenen ausgestaltet: Vom Staat zum Vermögensänderungspol fließen die staatlichen Ersparnisse, welche sich aus der Summe der Staatseinnahmen abzüglich der Staatsausgaben für Konsum und Investitionen sowie für Übertragungen (Transfers und Subventionen) ergeben. Die – fiktiven – Abschreibungen des Staates werden nur bei zivilen Verwaltungsgebäuden, Schulen und ähnlichem, nicht aber bei militärischen Anlagen, historischen Bauten, Brücken und Straßen berücksichtigt. Vom Vermögensänderungspol zum Staat führen Investitionsströme, wobei zu den Investitionen des Staates lediglich zivile Bau- und Ausrüstungsausgaben zählen, während alle militärischen Ausgaben für Bauten, Waffen und vergleichbare Zwecke zum Staatskonsum gerechnet werden.

Zum Themenbereich der öffentlichen Verschuldung ist bereits an dieser Stelle anzumerken, daß Art. 115 Grundgesetz die Höhe der Neuverschuldung an die Höhe der staatlichen Investitionen bindet. Soweit die Mittel für Investitionen eingesetzt werden, ist der Strom der öffentlichen Schuldenaufnahme demnach über das Vermögensänderungskonto zu führen. In der Übersicht 3 ist er in den staatlichen Investitionen enthalten. Sofern die öffentliche Schuldenaufnahme zum Konsum verwendet wird, kann der Strom vom Kapitalmarkt direkt zum Staat fließen.

Als Ergebnis sind aus dem vorstehenden Kreislaufschema **vier zentrale Schlußfolgerungen** abzuleiten. Diese betreffen die Vollständigkeit der Darstellung (1), eine abzuleitende Gliederung der öffentlichen Einnahmen und

Ausgaben (2), die Art und Weise der staatlichen Beteiligung am Wirtschaftsgeschehen (3) sowie die materielle Definition der Bestandteile des öffentlichen Sektors (4).

(1) Erstens wird ersichtlich, daß die vier Pole durch eine Reihe von **Austauschbeziehungen** in Verbindung stehen, wobei dem güterwirtschaftlichen (realen) Strom ein entsprechender geldwirtschaftlicher (monetärer) Strom gegenübersteht. Zwischen dem Staat und den übrigen Polen existieren jedoch darüber hinaus zum einen pekuniäre, d. h. in Geldeinheiten meßbare Beziehungen, denen reale Gegenleistungen nicht gegenüberstehen. Zum anderen sind reale Beziehungen zwischen den Privaten und dem Staat zu registrieren, die aus der öffentlichen Bereitstellung von Gütern resultieren; diese sind als reale Ströme in der Übersicht 3 jedoch nicht erfaßt. Bei öffentlichen Gütern, auf die unten noch ausführlich einzugehen ist, handelt es sich unter anderem um die Gewährleistung der Äußeren Sicherheit (z. B. durch Bereitstellung militärischer Waffensysteme), um die Wahrung der Inneren Sicherheit (z. B. durch Einrichtung und Unterhalt der Polizei) oder um die Sicherung der wirtschaftlichen Stabilität (z. B. durch Arbeitsbeschaffungsmaßnahmen). Solche Güter sind durch den Sachverhalt zu kennzeichnen, daß die oben genannten Voraussetzungen der Erfaßbarkeit, Meßbarkeit und Bewertbarkeit nur in Grenzen erfüllt sind: So entspricht den öffentlichen Gütern kein äquivalenter monetärer Gegenstrom, da sie ihrer Natur nach mehr oder weniger unteilbar und nur unter erheblichen Schwierigkeiten mit einem Preis zu bewerten sind; darauf wird zurückzukommen sein. Aus den vorgenannten Gründen bleiben öffentliche Güter bei der geld- und güterwirtschaftlichen Kreislaufanalyse der VGR unberücksichtigt.

(2) Zweitens läßt sich aus dem Kreislaufschema eine erste Gliederung der staatlichen Einnahme- und Ausgabetätigkeit ableiten.

Die **Einnahmeseite** des Staates besteht demnach aus

- Erwerbseinkünften staatlicher Unternehmen (einschließlich Zinsen für gewährte Darlehen),
- Gebühren und Beiträgen für staatliche Dienstleistungen sowie aus
- Steuern als Zwangsabgaben ohne einen unmittelbaren Anspruch auf eine Gegenleistung.

Die **Ausgabenseite** des Staates besteht demgegenüber aus

- Ausgaben für den Kauf von Produktionsfaktoren und Gütern (einschließlich der Zinszahlungen für aufgenommene Kredite),

– Ausgaben für Transferzahlungen an private Haushalte sowie
– Ausgaben für Subventionen an Unternehmen.

Ergänzend dazu sind – nach finanzstatistischer Terminologie – Einnahmen aus der staatlichen **Kreditaufnahme** (Verschuldung) anzuführen. In der Begrifflichkeit der VGR handelt es sich hierbei lediglich um eine Einzahlung, der jedoch eine spätere Auszahlungsverpflichtung in entsprechender Höhe gegenübersteht. In analoger Weise lassen sich die Vorgänge einer staatlichen **Kreditgewährung** als Ausgabe (nach der Finanzstatistik) oder demgegenüber als Auszahlung kennzeichnen, welche eine äquivalente Forderung begründet (nach der VGR).

Vorgänge einer Kreditaufnahme bzw. Kreditgewährung könnten in der Darstellung der Übersicht 3 jedoch erübrigt werden: Wird unterstellt, daß es sich bei Kreditmitteln um eine Ressource (nämlich um Liquidität) handelt, für die der Staat einen Preis in Form von Zinsen zu zahlen hat, könnte die Verschuldungstransaktion unter die entsprechenden staatlichen Käufe von Waren und Diensten subsumiert werden. Soweit der Staat die Konditionen des Kreditmarktes akzeptiert, ist eine entsprechende Kreditgewährung mit den Erwerbseinkünften vergleichbar. Allerdings rückt zum einen die Schuldenaufnahme mit zunehmendem Zwangscharakter in den Bereich der Steuern: Beispielsweise handelt es sich bei der Zwangsanleihe schließlich um eine Steuer mit Anspruch auf Rückzahlung. Und zum anderen weist ein zinslos gewährter Kredit – wie bereits angedeutet – enge Beziehungen zu einer Subvention auf.

Die hier gewählte Rangfolge zur **Gliederung der Einnahmearten** basiert im übrigen auf der Überlegung, den Staat als Teilnehmer eines marktwirtschaftlichen Systems zu begreifen, in dem das Prinzip von Leistung und Gegenleistung vorherrscht, das sogenannte Äquivalenzprinzip. Dabei stehen die Erwerbseinkünfte auf der einen Seite, die Steuern auf der anderen Seite eines Kontinuums: Die Steuern entziehen sich weitgehend einem Denken in den Kategorien von Leistung und Gegenleistung, wenn auch mitunter Äquivalenzüberlegungen zur Rechtfertigung der Steuererhebung herangezogen werden. Im übrigen wird bei den Steuern ein anderes Prinzip bemüht: Danach richtet sich die Aufteilung der Besteuerungslast auf die einzelnen Wirtschaftssubjekte nach deren Leistungsfähigkeit. Auf das damit angesprochene Leistungsfähigkeitsprinzip wird zurückzukommen sein.

Diese auf *A. C. Pigou* (1928) zurückzuführende **Einteilung der Ausgaben** basiert auf der Vorstellung einer unterschiedlichen Inanspruchnahme des volkswirtschaftlichen Produktionspotentials durch den Staat: Durch seine Käufe von Waren und Dienstleistungen nimmt er das Produktionspotential direkt in Anspruch. Bei den Transferzahlungen / Subventionen handelt es sich dagegen um eine Einkommensumverteilung. Eine Inanspruchnahme des Produktionspotentials erfolgt indirekt erst durch die Verwendung der Mittel bei den Empfängern der Unterstützungsleistungen. Auch dieser Systematisierungsansatz wird unten im Rahmen einer Diskussion der öffentlichen Ausgaben aufgegriffen und diskutiert.

(3) Das Kreislaufschema zeigt drittens, daß der Sektor Staat als gleichberechtigtes Aggregat unter mehreren Aggregaten erscheint. Der Staat zieht Geld- und Güterströme an sich und gibt sie an andere Sektoren ab. Die Aktivitäten sind dabei von beachtlicher Quantität und zeitigen über deren Einfluß auf gesamtwirtschaftliche Größen auch unterschiedliche qualitative Wirkungen. Zusammenfassend läßt sich die **Tätigkeit des Staates** dabei folgenden vier Kategorien zuordnen:

- Der Staat tritt als Käufer von Produktionsfaktoren, Waren und Dienstleistungen in Erscheinung: Er beschäftigt Arbeiter, Angestellte und Beamte. Dadurch schafft er Einkommen und produziert Güter, die er (mehr oder weniger) unentgeltlich zur Verfügung stellt: Hierfür existiert kein Marktpreis; bewertet werden die Leistungen nach den Kosten ihrer Erstellung – ohne Berücksichtigung eines gegebenenfalls darüber hinausgehenden gesamtwirtschaftlichen Nutzens.
- Der Staat erhebt einerseits Steuern, Gebühren und Beiträge, andererseits zahlt er Subventionen und Transfers. Er nimmt damit eine Umverteilung von Einkommen und Vermögen (Redistribution) vor.
- Der Staat nimmt Schulden auf und gewährt Kredite.
- Der Staat setzt oder ändert Daten, z. B. durch Steuerrechtsänderungen und durch Änderungen der Bestimmungen für Transfer- und Subventionsleistungen.

Somit wird bereits an dieser Stelle deutlich, daß die drei erstgenannten Tätigkeitsbereiche einer statistischen Erfassung unmittelbar zugänglich sind, die letztgenannte diesbezüglich jedoch allenfalls mittelbare Auswirkungen zeigt.

(4) Schließlich verdeutlicht das Kreislaufschema viertens, daß der Staat in solchen Darstellungen eher vage definiert ist. In der VGR werden – aufgrund der gesetzlichen Regelungen und des Zwangscharakters – üblicherweise folgende Leistungsträger dem Staatssektor zugewiesen: Die sogenannten **Ge-**

bietskörperschaften mit dem Bund, den Ländern, den Gemeinden und Gemeindeverbänden (Kommunen) sowie die (gesetzlichen) **Sozialversicherungen** mit der Kranken- und Pflegeversicherung, Arbeitslosenversicherung, der Rentenversicherung und der Unfallversicherung.

Die Daten der Finanzstatistik beschränken sich demgegenüber allein auf die Gebietskörperschaften. Hingegen werden auch die Kreditinstitute der öffentlichen Hand sowie weitere Einrichtungen, welche auf staatliche Veranlassung hin tätig werden, in die nachfolgenden Betrachtungen einbezogen.

Ein Blick auf das reale Ausmaß staatlicher Aktivitäten zeigt jedoch, daß diese weit über jede der vorgestellten Abgrenzungen hinausreichen. Das Kreislaufschema geht dabei über zumindest drei Sachverhalte hinweg: *Erstens* werden die einzelnen Ebenen staatlicher Aktivität nicht hinreichend voneinander getrennt. Hinsichtlich ihrer jeweiligen Zielsetzung, ihrer Willensbildung und ihrer Verhaltensweisen sind die öffentlichen Haushalte jedoch heterogen angelegt. *Zweitens* werden bestimmte Aktivitäten dabei ausgeklammert, da öffentliche Unternehmen – wie erwähnt – in einer gemeinsamen Kategorie mit privaten Unternehmen erfaßt werden. Dies gilt beispielsweise auch für Einrichtungen wie die Deutsche Bundesbank und für verschiedene Sondervermögen der öffentlichen Hand, welche in vielfältiger Weise öffentliche Aufgaben wahrnehmen. *Drittens* sind die aufgeführten Transaktionen auf hohem Niveau aggregiert. Die damit verbundenen Vereinfachungen versperren bisweilen den Blick auf wesentliche Detailzusammenhänge.

Unabhängig von den genannten Problemen und Unzulänglichkeiten sollen die verfügbaren Konzepte zur Messung der wirtschaftlichen Aktivitäten des Staates nunmehr einer genaueren Betrachtung unterzogen werden.

1.2 Ziele und Methoden einer Messung der Staatstätigkeit

1.2.1 Vorüberlegungen

Der Anteil des Staates am Sozialprodukt ist in politischen Diskussionen häufig Gegenstand der Debatte. In Verbindung mit der Forderung, den sogenannten Staatsanteil zu reduzieren, werden dann zumeist sogenannte **Staatsquoten** als Indikatoren zur Messung der Staatsaktivitäten herangezogen. Dabei wird zum einen in der Regel von unterschiedlichen Zielvorstellungen und zum anderen von unterschiedlichen quantitativen Größenordnungen ausgegangen. Bevor nachfolgend die wichtigsten Staatsquoten als Indikatoren des relativen Umfangs staatlicher Aktivitäten vorgestellt werden, sollen die damit verbundenen Zielvorstellungen zunächst systematisiert und kritisiert werden. Allgemein lassen sich die Ziele einer **Messung der Staatstätigkeit** wie folgt gruppieren:

– In **ordnungspolitischer Hinsicht** sind zugehörige Debatten auf eine Beantwortung der Frage ausgerichtet, wieviel Raum der Staat in einem marktwirtschaftlichen System einnehmen darf, ohne daß die privaten Handlungsspielräume in unerwünschtem Ausmaß eingeschränkt werden. In solchem Zusammenhang kommt mit Blick auf einen dabei zu bildenden Indikator der Forderung nach Vollständigkeit aller erfaßten Daten besondere Bedeutung zu. Die hier zugrundeliegende Zielsetzung ist demnach als normativ-gestaltend zu kennzeichnen.

– In der **gesamtwirtschaftlichen Diskussion** steht demgegenüber ein zunächst deskriptiv angelegtes Informationsinteresse im Vordergrund der Betrachtung: Mit der Beantwortung der Frage, welcher Anteil volkswirtschaftlicher Ressourcen durch den Staat in Anspruch genommen wird, soll der Einfluß des Staates auf das Wirtschaftsgeschehen und dabei insbesondere auf die Konjunktur- und Wachstumslage abgeschätzt werden. Eine in dieser Weise beschreibende Zielsetzung soll in wissenschaftlichen Untersuchungen und für politische Erörterungen beispielsweise Auskunft über die Struktur einer Volkswirtschaft im Hinblick auf die Aktivitäten des Staates in jeweiliger Relation zum privaten Sektor geben. Im intertemporalen Vergleich soll sie darüber hinaus Aufschluß über einen möglichen Strukturwandel geben. Die zugrundeliegende Zielsetzung ist folglich als analytisch-deskriptiv zu kennzeichnen.

– Bei der Bewertung der **Versorgung eines Wirtschaftsraumes** mit öffentlichen Gütern geht es ferner beispielsweise um entsprechend angelegte internationale Vergleiche. Geprüft werden soll in diesem Rahmen, ob die Versorgung mit öffentlichen Gütern anhand der Entwicklung von Umfang und Struktur der Staatstätigkeit gemessen werden kann. Die zugehörige projektiv-planerische Zielsetzung stellt darauf ab, Staatsquotenkorridore unter anderem als Indikatoren für die (fiskal-)politische Langzeitplanung und für die Programmgestaltung zu nutzen. Die so ermittelten Größen können etwa als Bemessungsgrundlage für zwischenstaatliche Transaktionen in Form von multilateralen Zahlungsverpflichtungen herangezogen werden (Beispiel: Nettozahler-Position in der Europäischen Union).

Naturgemäß kann und wird die Staatstätigkeit fast ausschließlich an ihrer **Budgetwirksamkeit** und damit an den zugrundeliegenden Finanzströmen gemessen. Dem liegt in aller Regel eine Summenbetrachtung der öffentlichen Haushalte in absoluten Größen zugrunde. Allerdings muß berücksichtigt werden, daß bei einer solchen Vorgehensweise manche Formen der öffentlichen Einwirkung auf den privaten Sektor nicht erfaßt werden. Dies gilt beispielgebend für die bereits erwähnten Eingriffe durch Verordnungen (Ge- und Verbote). Die tatsächlich erfaßten Formen staatlicher Eingriffe erhalten hierdurch ein zu starkes Gewicht, weil hier ausschließlich mit dem finanziellen Strom und seiner Wirkung argumentiert wird. Der dann gelegentlich entstehende Eindruck, wonach die finanziellen Formen einer Einflußnahme des Staates auf den privaten Sektor die demgegenüber nicht-finanziellen Formen staatlicher Intervention übertreffen, ist jedoch nicht in jedem Fall zutreffend.

1.2.2 Die Staatsquoten

Da absolute Zahlenangaben für die vorstehend genannten Zwecksetzungen wenig aussagekräftig und damit weitgehend ungeeignet sind, werden zur Beschreibung und Beurteilung der staatlichen Aktivitäten unterschiedliche Quoten als Verhältniszahlen gebildet. Je nach gewählter Bezugsgröße ist beispielgebend auf die allgemeine Staatsquote und auf spezielle Staatsquoten als Ausgabenquoten sowie auf die Steuer-, Abgaben- und Schuldenquoten als relative Maßzahlen für die jeweilige Einnahmeseite des Budgets hinzuweisen. Bevor derartige Verhältnisgrößen im einzelnen dargestellt werden, ist zunächst einschränkend auf **drei Sachverhalte** hinzuweisen:

– Erstens ist erneut zu vergegenwärtigen, daß in die zu bildenden Staatsquoten ausschließlich solche Aktivitäten der öffentlichen Hand Eingang finden (können), welche kassenwirksam sind, also eine Ausgabe- bzw. Einnahmewirkung entfalten. Die oben vorgetragenen Hinweise auf verordnungsintensive Staatseingriffe und auf Vorgänge schattenwirtschaftlicher Aktivitäten gelten hier in entsprechender und besonderer Weise. Darüber hinaus bewirkt die Bewertung öffentlich bereitgestellter Güter zu ihren Herstellungskosten und die Behandlung der Staatsausgaben als Eigenverbrauch einen tendenziell zu geringen Ausweis staatlicher Beteiligung an der Güterbereitstellung. In der Tendenz bewirkt diese Vorgehensweise, daß im ersten Fall der Anteil des Staates an der Güterbereitstellung zu gering ausgewiesen wird, während im zweiten Fall wegen nicht erfaßter Vorleistungen ein „zu hohes“ Sozialprodukt ermittelt und damit zugleich ein kleinerer Anteil des Staates am Sozialprodukt ausgewiesen wird.

– Zweitens ist die jeweils gewählte Abgrenzung des staatlichen Sektors bedeutsam: So werden in der Finanzstatistik ausschließlich die Gebietskörperschaften (Bund, Länder, Gemeinden) und die Sondervermögen dem öffentlichen Sektor zugerechnet. Die VGR erfaßt bei ihren Zahlenangaben – wie bereits angeführt – hingegen stets auch die gesetzlichen Sozialversicherungen (Kranken- und Pflege-, Arbeitslosen-, Rentenversicherung sowie die Unfallversicherung). Unberücksichtigt bleiben demnach die sonstigen parafiskalischen Einrichtungen (Kammern und Verbände mit Pflichtmitgliedschaft, staatliche anerkannte Kirchen sowie die Rundfunkanstalten).

– Drittens ist auf die mitunter abweichenden Abgrenzungen der Größen hinzuweisen, welche als Zähler bzw. Nenner den jeweiligen Anteilswert definieren. Beispielsweise werden – wie schon dargelegt – die Vorgänge einer staatlichen Darlehensgewährung in der Finanzstatistik als Ausgabe erfaßt, während die VGR diesen Sachverhalt lediglich als Auszahlung kennzeichnet. Darüber hinaus können materiell gleich zu bewertende Vorgänge einer partiellen Begünstigung privater Wirtschaftssubjekte je nach technischer Ausgestaltung in unterschiedlicher Weise quotenwirksam werden: So reduziert eine spezielle Steuervergünstigung gegebenenfalls die Höhe der staatlichen Einnahmen, während eine Subventions- oder Transferzahlung in identischer Höhe demgegenüber die Ausgabenseite des Budgets erhöht. Maßgebliche Bezugsgröße bei der Berechnung zugehöriger Verhältniszahlen ist in der Regel das Bruttoinlandsprodukt zu Marktpreisen. Alternativ werden der Berechnung mitunter das Bruttosozialprodukt oder das gesamtwirtschaftliche Produktionspotential zugrunde gelegt. Die letztgenannte Größe umfaßt den nach Maßgabe technischer und organisatorischer Gegebenheiten erreichbaren Nettoproduktionswert bei voller Auslastung der volkswirtschaftlichen Kapazitäten.

Im Eindruck der obigen Sachverhaltsaufnahme werden die Ausgaben des Staates für den Erwerb von Sachgütern und Dienstleistungen, die Faktorentgelte für öffentlich Bedienstete sowie die Transfers an private Haushalte und Subventionen an Unternehmen den staatlichen Ausgaben zugerechnet.

1.2.2.1 Die Ausgabenquoten

Die **allgemeine Staatsquote** setzt die vorgenannten Ausgabenpositionen zum Bruttoinlandsprodukt (zu Marktpreisen) ins Verhältnis:

$$\text{Staatsquote} = \frac{\text{Staatsausgaben}}{\text{Bruttoinlandsprodukt}}.$$

Unzutreffenderweise wird diese Meßzahl häufig als derjenige Anteil am Sozialprodukt verstanden, welcher durch den Staat beansprucht wird. Tatsächlich enthalten die Staatsausgaben – wie dargelegt – neben den Ausgaben für Sachgüter und Dienstleistungen jedoch auch die erst mittelbar nachfragewirksamen Übertragungen an den privaten Sektor in Form von Transfers und Subventionen. Aufgrund doppelter Erfassung wäre die Summe der privaten und staatlichen Ausgaben und die damit einhergehende Beanspruchung des Sozialprodukts demnach größer als das Sozialprodukt selbst. Um einen Wert für den ausschließlich durch den Staat beanspruchten Teil des Sozialprodukts in Form der Realausgabenquote angeben zu können, ist die Höhe der Staatsausgaben folglich um die Übertragungsleistungen zu bereinigen. Eine solche Maßzahl verdeutlicht dann den verwendungsseitigen Anteil des Staates am Sozialprodukt. Sie gibt damit Auskunft über den Umfang, in welchem der Staat den privaten Haushalten und Unternehmen Leistungen zur Verfügung gestellt hat und welche nicht (marktgerecht) entgolten wurden. Entstehungsseitig verdeutlicht die sogenannte **Wertschöpfungsquote** als Quotient aus staatlich gezahlten Faktorentgelten und dem Bruttoinlandsprodukt denjenigen Anteil des Sozialprodukts, welcher auf öffentlicher Leistungserstellung beruht. Grundsätzlich zutreffend ist demnach eine Interpretation, wonach die allgemeine Staatsquote denjenigen Anteil des Bruttoinlandsprodukts abbildet, welcher in maßgeblicher Weise durch den Staat kontrolliert wird. Allerdings muß dabei bewußt bleiben, daß hierin keineswegs alle vom Staat kontrollierten Finanzströme enthalten sind. Beispielgebend finden – wie erwähnt – die Vorgänge einer staatlichen Darlehensgewährung hier ebensowenig eine Berücksichtigung wie die Übernahme staatlicher Gewährleistungen.

Neben allgemeinen Verhältniszahlen werden häufig **spezielle Staatsquoten** ermittelt, welche beispielsweise den Anteil der öffentlichen Investitionsausgaben am Gesamtbudget abbilden sollen (sogenannte Strukturquoten). Wegen ihres Beitrags zum gesamtwirtschaftlichen Wachstum entsteht dabei oft der Eindruck, Investitionsausgaben seien von einer generell anders zu beurteilenden Qualität als demgegenüber die öffentlichen Ausgaben für Konsumzwecke und insofern von letztgenannten auch stets eindeutig zu unterscheiden. Dabei ist jedoch unter anderem zu beachten, daß *erstens* Investitionsausgaben in aller Regel Konsumausgaben nach sich ziehen, daß *zweitens* Personalausgaben als staatlicher Konsum ebenfalls Wachstumseffekte induzieren können und *drittens* mitunter erhebliche Abgrenzungsprobleme zwischen beiden Ausgabearten bestehen: So werden Verteidigungsausgaben für militärische Sachgüter dem staatlichen Konsum zugewiesen, während materiell gleichartige Vorgänge zur Bereitstellung der inneren Sicherheit demgegenüber als Investitionsausgaben gekennzeichnet werden. Unter der Zielsetzung einer Bildung funktional angelegter Verhältniszahlen wird darüber hinaus mitunter angestrebt, beispielsweise den Anteil der öffentlichen Ausgaben für den Umweltschutz oder für Verteidigungszwecke abzubilden. Die hier wirksam werdenden Schwierigkeiten einer eindeutigen Zuweisung von bestimmten Ausgabepositionen zu genau einer öffentlichen Aufgabe werden unten – im Zusammenhang mit der Funktionenübersicht des Haushaltsplans – zu vertiefen sein.

Eine hervorzuhebende Bedeutung kommt der Unterscheidung von **nominalen** und **realen Staatsquoten** zu. Sofern der Einfluß der allgemeinen Preisentwicklung bei der Quotenbildung unberücksichtigt bleibt (nominale Staatsquoten), kann auf dieser Grundlage nur insoweit zutreffend auf reale Verhältniswerte geschlossen werden, wie die jeweilige Preisentwicklung im öffentlichen und privaten Sektor identisch ist. Eine Deflationierung (d. h. Preisbereinigung) der Staatsausgaben einerseits sowie des Bruttoinlandsprodukts (als eine mögliche Bezugsgröße) andererseits ist – allerdings mit jeweils unterschiedlichen Preisindizes – jedoch angeraten: Eine überdurchschnittliche Kostenentwicklung im Dienstleistungsbereich bewirkt im Zusammenspiel mit der hohen Personalintensität öffentlicher Leistungserstellung beispielsweise ein im Vergleich zum Bruttoinlandsprodukt stärkeres Anwachsen der Staatsausgaben. Effizienzschädliche Anreizstrukturen und die Inflexibilitäten der öffentlichen Personalstruktur mit einem zudem nur geringen Spielraum für Rationalisierungsmaßnahmen begründen in diesem Zusammenhang die sogenannte „Kostenkrankheit" öffentlicher Dienste. Wenn und soweit zudem die These des sogenannten Preisstruktureffektes zutrifft, wonach die Preissteigerungen für die vom öffentlichen Sektor beschafften Güter stärker ausfallen als im privaten Sektor, hat dies zur Konsequenz, daß die nominale Staatsquote steigen muß, wenn der durch die reale Staatsquote zum Ausdruck gebrachte Sachverhalt unverändert bleiben soll.

1.2.2.2 Die Einnahmenquoten

Die bedeutendste Einnahmequelle des Staates sind Steuern, weshalb es naheliegt, auch die Steuereinnahmen am Bruttoinlandsprodukt zu messen. Die sogenannte **Steuerquote** gibt an, welcher Teil der erwirtschafteten Einkommen den privaten Wirtschaftssubjekten zwangsweise und ohne Anspruch auf eine unmittelbare Gegenleistung entzogen wird und den öffentlichen Haushalten zufließt:

$$\text{Steuerquote} = \frac{\text{Steuereinnahmen}}{\text{Bruttoinlandsprodukt}} .$$

Allerdings bringt die Steuerquote nur unvollständig zum Ausdruck, über welche Mittel der Staat tatsächlich verfügen kann. In die Rechnung sind überdies nämlich solche Einnahmen einzubeziehen, welche den öffentlichen Haushalten mehr oder weniger zwangsweise, jedoch abgestuft mit Ansprüchen auf Gegenleistung zufließen. Zu verweisen ist insbesondere auf Gebühren, Beiträge und Sonderabgaben. Unter weiterer Berücksichtigung vor allem der Sozialversicherungsbeiträge ergibt sich daraus die sogenannte Abgabenquote:

$$\text{Abgabenquote} = \frac{\text{Staatseinnahmen}}{\text{Bruttoinlandsprodukt}} .$$

Von dieser Quote, welche die Einnahmen aus der öffentlichen Verschuldung und aus dem Bereich der Erwerbstätigkeit allerdings nicht erfaßt, kann nun freilich nicht behauptet werden, sie gebe den Anteil der den Wirtschaftssubjekten endgültig entzogenen Einkommen an. Bei den Zahlungen beispielsweise an die Bundesanstalt für Arbeit und an die gesetzliche Rentenversicherung sind wegen der für einen späteren Zeitpunkt zu erwartenden Gegenleistungen abgestufte Bewertungen geboten. Zulässig ist jedoch die Feststellung, daß der Staat auch hier Leistungs- und damit Einkommensströme beeinflußt und kontrolliert.

Neben den beiden vorgenannten Einnahmequoten läßt sich wiederum eine Vielzahl weiterer Kennziffern bilden. Unter ihnen ragt die sogenannte Deckungsquote hervor:

$$\text{Deckungsquote} = \frac{\text{Staatseinnahmen}}{\text{Staatsausgaben}} .$$

Dieser Indikator gibt an, welcher Teil der öffentlichen Ausgaben durch nichtkreditäre Einnahmen – also durch Steuern, Gebühren und Beiträge sowie hier auch durch Erwerbseinkünfte – gedeckt werden kann. Ist die Deckungsquote größer als Eins und damit auch die Summe der nicht-kreditären Einnahmen des Staates größer als die Summe seiner Ausgaben, so bilden die öffentlichen Haushalte einen Finanzierungsüberschuß. Ist die Deckungsquote dagegen kleiner als Eins, und damit die Summe der nicht-kreditären Einnahmen des

Staates kleiner als die Summe seiner Ausgaben, so weisen die öffentlichen Haushalte ein Finanzierungsdefizit auf.

Die methodischen Probleme einer Ermittlung von Einnahmequoten sind denjenigen der Ausgabequoten vergleichbar. Bei der Interpretation ist folglich einmal mehr zu beachten, welche öffentlichen Haushalte in den Staatssektor einbezogen werden. Zudem ist zu prüfen, wie die Einnahmen unter sachlichen Aspekten (beispielsweise bei Darlehensrückflüssen) sowie unter zeitlichen Fragestellungen (im Hinblick auf die Kassenwirksamkeit) abgegrenzt sind. In diesem Zusammenhang ist wiederum auf die unterschiedliche Budgetwirkung von Ausgaben und Steuermindereinnahmen hinzuweisen: Obwohl es sich im Einzelfall um materiell gleichgelagerte Tatbestände handelt, bewirkt eine aus finanzpolitischen Erwägungen zugestandene Steuervergünstigung eine abnehmende Steuer- und Abgabenquote – was dann unzutreffenderweise eine verminderte Staatstätigkeit signalisiert –, während eine aus gleichem Anlaß und in gleicher Höhe geleistete Transferzahlung über die Ausgabenquoten einen gegenteiligen Effekt anzeigt.

Die vorangegangenen Darlegungen zu den wichtigsten Staatsquoten lassen erkennen, daß mit absoluten oder anteiligen Kenngrößen kaum ein Sachverhalt zu beweisen ist, der nicht gleichzeitig auch zu relativieren wäre. Die Verwendung einer einzigen Quote als Argumentationshilfe ist insoweit unredlich. Selbst bei einer Heranziehung mehrerer Indikatoren sind die jeweiligen Aussagen mit angemessener Zurückhaltung zu bewerten – unter Bezugnahme auf die jeweiligen definitorischen Ausgangsgrößen. Diese Einschränkungen sind in Sonderheit zu beachten, wenn es um Quotenvergleiche zwischen einzelnen Volkswirtschaften geht.

2. Rahmenbedingungen der öffentlichen Finanzwirtschaft

2.1 Die Träger der Staatswirtschaft

Der Begriff des Staates bzw. der Staatswirtschaft wurde vorstehend noch ohne eine inhaltlich weitergehende Beschreibung und Abgrenzung verwandt. Deswegen ist nun eine Kennzeichnung der Leistungsträger der öffentlichen Finanzwirtschaft vorzunehmen.

2.1.1 Öffentliche Haushalte und parafiskalische Einrichtungen

Mit Blick auf die nationale Finanzwirtschaft sind zunächst die **Gebietskörperschaften**, mithin der Bund, die Länder und die Gemeinden / Gemeindeverbände als territoriale Komponente eines öffentlichen Sektors zu nennen: Beispielsweise ist gemäß den Angaben im Finanzbericht der Bund an quantitativen Merkmalen gemessen der bedeutendste Einzelträger der öffentlichen Finanzwirtschaft. Im Jahre 1998 betrugen dessen Ausgaben rund 457 Mrd. DM, d. h. in diesem Umfang fragte er Waren und Dienste nach und bot seinerseits öffentliche Leistungen an. Mit rund 308.000 vollzeitbeschäftigten Arbeitern, Angestellten und Beamten im Jahr zuvor zählte er zu den überaus bedeutenden Arbeitgebern in Deutschland. Im Jahr 1998 wiesen die Länder in ihrer Gesamtheit ein Ausgabenvolumen von insgesamt 476 Mrd. DM nach. In deren Diensten standen zu dieser Zeit mehr als 1,8 Mio. Vollzeitbeschäftigte. Bei den über 16.000 Gemeinden und Gemeindeverbänden summierten sich die Ausgaben auf rund 277 Mrd. DM. Mit zusammengenommen mehr als 1,1 Mio. Vollzeitbeschäftigten zählen sie zu den größten Arbeitgebern. Die Zahl der im öffentlichen Dienst insgesamt beschäftigten Erwerbspersonen liegt bei rund 3,3 Mio. (von etwa 38,2 Mio. Erwerbspersonen in Deutschland). Ergänzend ist aber auch auf internationale und supranationale Organisationen hinzuweisen, welche gleichfalls als Träger der öffentlichen Finanzwirtschaft anzusehen sind. Hier ist das Augenmerk vor allem auf die Europäische Union zu richten: Dem EU-Haushalt mit einem Volumen von 83,5 Mrd. ECU (EUR) für das Jahr 1998 wurden beispielsweise Mittel in Höhe von rund 43,0 Mrd. DM über den Bundeshaushalt zur Verfügung gestellt, denen zugleich bundesdeutsche Rückflüsse in einer Höhe von 11,1 Mrd. DM und Erstattungen von 2,2 Mrd. DM gegenüberstanden, so daß sich ein negativer Saldo in Höhe von rund 29,7 Mrd. DM ergibt. Insgesamt belaufen sich die Ausgaben der deutschen Gebietskörperschaften im Berichtsjahr 1998 auf rund 1,1 Billionen DM. Unter Einbezug der Ausgaben der Sozialversicherungen erreicht die allgemeine Staatsquote (siehe oben) damit einen Anteilswert von nahezu 48 Prozent des Bruttoinlandsprodukts.

Hoheitliche Aufgaben werden unabhängig von einer territorialen Abgrenzung auch von Einrichtungen eines „**Dritten Sektors**" wahrgenommen: Es handelt sich hierbei um solche Einrichtungen, welche im Bereich zwischen staatlichem und privatem Sektor angesiedelt sind. In diesem Zusammenhang kommt den sogenannten parafiskalischen Einrichtungen, d. h. insbesondere den bereits erwähnten Sozialversicherungen, den Kammern und Verbänden sowie den öffentlich-rechtlichen Unternehmen eine besondere Bedeutung zu. Jene können dem staatlichen Bereich zugerechnet werden, sofern sie die nachstehenden **Merkmale einer öffentlichen Finanzwirtschaft** aufweisen.

Die Aktivitäten intermediärer Einrichtungen nehmen in der Regel besonderen Bezug auf ein mehr oder weniger präzise definiertes Gemeinwohl. Deren Wirtschaftstätigkeit genießt deshalb oft Privilegien: Entweder wird einer intermediären Organisation das Recht zugestanden, selbst unmittelbar Zwangsabgaben (Sozialversicherungsabgaben, Kammerbeiträge, Rundfunkgebühren) zu erheben, oder die betreffende Einrichtung wird unter Rekurs auf deren Gemeinnützigkeit durch steuerliche Vergünstigungen und öffentliche Zuschüsse staatlich gefördert. Aufgrund dieser (Ko-)Finanzierung aus dem Kontext zwangsweise eingeforderter Gelder läßt sich deshalb konstatieren, daß private Wirtschaftssubjekte auch im Fall der gemeinnützigen Einrichtungen zu einem funktional definierten Versorgungskollektiv mehr oder weniger „zwangsarrondiert" werden. Zu beachten ist dabei allerdings, daß die betreffenden Gebilde selten als staatliche Organe gekennzeichnet werden und kaum einer demokratischen Kontrolle unmittelbar zugänglich sind.

Ausgangspunkt für eine definitorische Einordnung dieser Organisationenfamilie ist weiterführend eine entstehungssystematische Zweiteilung: Hiernach bilden para- und nonfiskalische Einrichtungen einen institutionellen Bereich zwischen privaten oder einzelverbandlich-individuellen Kompetenzen auf der einen Seite sowie staatlichen bzw. oberverbandlich-kollektiven Kompetenzen auf der anderen Seite. In Abgrenzung zu den Nonfiski – siehe die nachfolgende Übersicht 4 – sind Parafiski durch den Sachverhalt gekennzeichnet, daß sie selbständig über quasi-hoheitliche Rechte einer zwangsweise rekrutierten Mitgliedschaft oder über eine Kompetenz zur autonomen Zwangsabgabenerhebung verfügen. Einrichtungen des Dritten Sektors lassen sich dabei als Vereinigungsmenge zweier idealtypischer Wege der gesellschaftlichen Institutionengenese darstellen: Es handelt sich zum einen um assoziatistisch, durch freiwillige Zentralisierung entstehende Gruppenfiski sowie zum anderen um etatistisch begründete, dezentralisierend wirkende Hilfsfiski: Bei den intermediären Finanzgewalten handelt es sich demnach um parafiskalische und nonfiskalische Einrichtungen (Gruppen- und Hilfsfiski). Bei den Nonfiski sind – in Abgrenzung zu den Parafiski – Mitgliedschaft und Finanzierung im Außenverhältnis durch ein vergleichsweise höheres Maß an Freiwilligkeit (Gruppenfiski) sowie im Innenverhältnis durch eine begrenzte Finanzautonomie (Hilfsfiski) gekennzeichnet. Für die **Gruppenfiski** ist nach assoziatistischer Perspektive insoweit kennzeichnend, daß individuelle, private bzw. einzelverbandliche ökonomische Kompetenzen durch eine Koalitionsbildung und Zentralisierung von Wirtschaftsplänen an einen institutionalisierten Oberverband übertragen werden. Mit dieser Entstehungsform intermediärer Finanzgewalten „von unten" ist also insbesondere die selbstorganisierte Herausbildung privater Kollektive gemeint, die dann allmählich in eine gesellschaftliche Aufgabenerfüllung hineinwachsen (können). Die assoziative Entstehung gesellschaftlicher Einrichtungen vollzieht sich demnach auf der Grundlage individueller Initiativen, indem ein funktionaler „Klub" als Koalition gegründet wird oder indem Individuen ihren Beitritt zu einem bereits bestehenden Gruppenfiskus erklären. Für den Bereich privater Handlungsträger ist in diesem Zusammenhang beispielsweise an staatlich geförderte Vereine und Interessenverbände zu denken. Allerdings können auch Hoheitsträger einen assoziativen Gründungs- bzw. Beitrittsakt (beispielsweise im Kontext supranationaler Organisationen) vollziehen. Gemeinsames Merkmal der Gruppenfiski ist der Tatbestand, daß deren Wirtschaftstätigkeit zumindest teilweise oder indirekt unter Rückgriff auf zwangsweise eingeforderte Gelder (staatliche Zuweisungen, Vergünstigungen oder Haftungsübernahmen) finanziert wird.

Übersicht 4: Abgrenzung intermediärer Einrichtungen

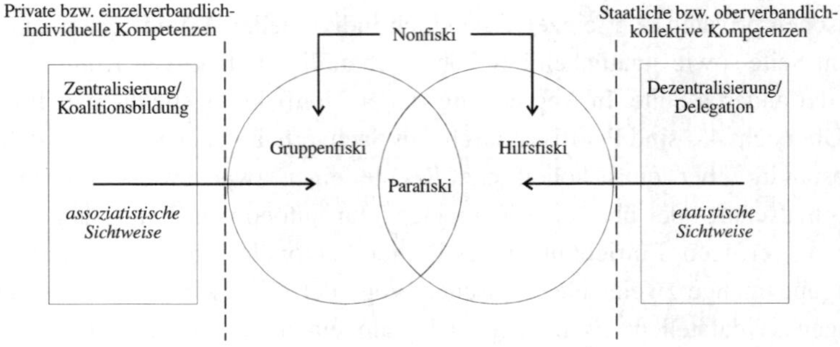

Quelle: In Anlehnung an Huppertz (1983), S. 48, S. 78.

Dabei sind daraus entstehende Leistungen nicht ausschließlich auf deren Mitglieder beschränkt: Als inklusive Klubs produzieren die Gruppenfiski externe Effekte für Nichtmitglieder, weshalb die Wirtschaftstätigkeit zumindest anteilig aus den vorgenannten hoheitlichen Mitteln begünstigt bzw. kofinanziert wird (schwache Parafiskalisierung). Der Begriff der Gruppenfiski umschließt demnach zum einen die staatlich geförderten privaten Kollektive (gemeinnützige Vereine, Genossenschaften, Verbände, politische und andere Parteien, staatlich anerkannte Kirchen) auf der nationalen Ebene sowie zum anderen die selbständig institutionalisierten Formen supranational-staatlicher Kooperation, deren Finanzierung durch besondere quasi-hoheitliche Privilegien sichergestellt wird.

Parafiski sind demgegenüber Inhaber quasi-hoheitlicher Rechte (zwangsweise rekrutierte Mitglieder oder autonome Zwangsabgabenerhebung). Parafiskalische Gebilde entstehen demnach aufgrund der Verleihung bzw. durch eine institutionelle Verselbständigung derartiger Rechte. Inputbezogen sind die betreffenden Organisationen insoweit finanziell autonom und handeln organisatorisch selbstverwaltet. Outputbezogen sind sie – wie auch die Gruppenfiski – an der Versorgung privater Wirtschaftssubjekte mit Ressourcen beteiligt, deren Konsumpläne nicht rivalisieren oder bei denen ein Marktausschluß nicht möglich ist. Darauf wird unten – im Rahmen einer Diskussion der sogenannten öffentlichen Güter – zurückzukommen sein. Parafiskalische Einrichtungen nehmen demnach ebenfalls für sich in Anspruch, an der Gewährleistung eines in diesem Sinne definierten Gemeinwohls in besonderer Weise mitzuwirken. Dabei ist es den Leistungsadressaten ex post allerdings nicht (mehr) freigestellt, ob und wie weit sie von den wirtschaftlichen Aktivitäten dieser Einrichtung betroffen sind. Das jeweils bereitgestellte Gut wird entweder im Rahmen eines korporativen Verbandes – aufgrund einer verordneten Mitgliedschaft – zwangskonsumiert oder es erfolgt eine (Ko-)Finanzierung der Wirtschaftstätigkeit unter Rückgriff auf selbständig und zwangsweise eingeforderte Mittel. Der Grad der Zwangsarrondierung ist beim Parafiskus demnach stärker ausgeprägt als beim Gruppenfiskus: Das Ausmaß individuellen Souveränitätsverzichts geht bei solchen Arrangements wesentlich weiter, womit ein entsprechend höherer (Para-)Fiskalisierungsgrad erreicht wird. Es handelt sich in Deutschland dabei vor allem um die gesetzlichen Sozialversicherungen sowie um die (zwangsmitgliedschaftlichen) Kammern.

Während für die Parafiski die Merkmale einer funktionalen Autonomie und der finanzwirtschaftlichen Unabhängigkeit vom Staatsbudget charakteristisch sind, genügen **Hilfsfiski** solchen Zuordnungskriterien nicht. Sie erfüllen staatliche Aufgaben „als Handlanger des Staates", mithin als funktional definierte und subventionierte Ausführungsagenturen (*F. K. Mann*). Es handelt sich dabei also um Einrichtungen, welche zwar einerseits neben privaten auch kollektive Güter bereitstellen können. Andererseits sind sie von der Zweckaufteilung des Staatsbudgets abhängig und organisatorisch aus dem Staatshandeln ausgegliedert. Der Staat notiert sie mit dem jeweiligen Saldo im Budget, bleibt aber ohne eine unmittelbare exekutive Verantwortlichkeit. Hilfsfiskalische Einrichtungen sind demnach als mehr oder weniger abhängige Neben- oder Schattenhaushalte des Staates zu kennzeichnen (Fonds, Sondervermögen und öffentliche Unternehmen). Kritisch wird in diesem Zusammenhang auch von einer „Flucht aus dem Budget" (*C. Smekal*) gesprochen.

Nonfiskalische Einrichtungen genügen den Zuordnungskriterien einer Zwangsmitgliedschaft oder Zwangsabgabenerhebung also nicht: Zwar werden von diesen Einrichtungen ebenfalls bestimmte Aufgaben im öffentlichen Interesse wahrgenommen; jedoch handelt es sich dabei um Einrichtungen ohne eigene (finanzwirtschaftliche) Hoheitsrechte. Entweder bleiben sie als funktional definierte Ausführungsagenturen des Staates von den politischen Zweckaufteilungen des gebietskörperschaftlichen Budgets direkt abhängig, oder sie erhalten – aufgrund der „Gemeinnützigkeit" ihrer Aktivitäten – eine finanzielle oder organisatorische Unterstützung durch den Staat. Beispielgebend dafür sind die Religionsgemeinschaften, die Parteien, die öffentlichen Unternehmen und die Sondervermögen (insbesondere das ERP-Sondervermögen sowie der Fonds Deutsche Einheit und der Erblastentilgungsfonds) anzuführen.

2.1.2 Sondervermögen und andere Nonfiski

Auch den Sondervermögen ist gemeinsam, daß sie der Erfüllung öffentlicher Aufgaben dienen. Dennoch werden sie bei der Darstellung und Bewertung der öffentlichen Haushalte oft vernachlässigt, was auch im Bereich der staatlichen Beteiligung an Unternehmen und Kreditinstituten zum Ausdruck kommt. Im sogenannten Eigengeschäft unterscheiden sich jene ganz oder teilweise in öffentlichem Besitz befindlichen Unternehmen nicht von den privaten Unternehmen und konkurrieren in ihrem Angebot mit diesen um grundsätzlich die gleichen potentiellen Nachfrager. Neben dem Engagement im **Wettbewerbsbereich** betätigen sich die öffentlichen Unternehmen und Kreditinstitute jedoch zugleich auch im **Interventionsbereich**, wo sie als „verlängerter Arm" des Fiskus einem öffentlichen Auftrag verpflichtet sind. Dieser Sachverhalt erschwert eine ausschließliche Zuweisung zur Staatswirtschaft oder zur Privatwirtschaft und bringt sie begrifflich in die Nähe zu den parafiskalischen Einrichtungen.

Mit vorgenannten Einrichtungen und ihren unterschiedlichen Aufgaben sind zahlreiche **Zuordnungsfragen** verbunden: Zum einen ist darauf hinzuweisen, daß der Umfang para- und nonfiskalischer Tätigkeiten beachtlich ist. Zum anderen stehen die Leistungen in einem engen Bezug zu den staatlichen Finanzen. Sofern Aktivitäten der öffentlichen Haushalte über Parafiski und Nonfiski abgewickelt werden, sind sie faktisch der Staatstätigkeit zuzurechnen, um ein nach Umfang und Struktur wirklichkeitsgetreues Bild über die Finanzwirtschaft der öffentlichen Hände zu erhalten. Dies betrifft unter anderem beispielsweise die Bestimmung der Staatsquote und der Abgabenquote: So können verschiedene parafiskalische Einrichtungen Schulden aufnehmen oder subventionswerte Leistungen bereitstellen. Auch ist es vorgekommen, daß die Rentenversicherung zur Aufrechterhaltung ihrer kurzfristigen Zahlungsbereitschaft Kredite auf dem Kapitalmarkt aufgenommen hat. Bislang wurden auftretende Liquiditätsengpässe durch die Auflösung von Rücklagen oder durch Liquiditätshilfen des Bundes (Bundesgarantie) überbrückt; Letzteres gilt insbesondere für die Bundesanstalt für Arbeit. Darüber hinaus besteht zwischen den öffentlichen Haushalten sowie den Para- und Nonfiski bisweilen eine diagonale Variante des unten noch darzustellenden Finanzausgleichs innerhalb der Gebietskörperschaften. Bestimmte Aufgaben des Staates werden dabei von Einrichtungen der nicht-territorialen Staatlichkeit funktional und unabhängig von der regionalen Aufteilung der Gebietskörperschaften wahrgenommen, beispielsweise die vom Bund bezuschußte Rentenversicherung.

Die finanzwirtschaftliche Beurteilung dieser institutionellen Ausgliederungen ist umstritten. Einerseits werden mit ihrer Einrichtung wichtige, an anderer Stelle noch zu behandelnde Haushaltsgrundsätze durchbrochen (**Neben-** oder **Schattenhaushalte**). Infolgedessen geht die Transparenz diesbezüglicher Staatstätigkeit weitgehend verloren. Eine sogenannte Fondswirtschaft ist trotz der unter Umständen gegebenen finanzwirtschaftlichen Bedeutung nicht nur schwer zu überschauen, sondern – wie dargelegt – in der Regel auch nur begrenzt zu kontrollieren. Diesen erheblichen Nachteilen steht neben Spezialisierungseffekten aus der Sicht des Staates andererseits der Vorteil einer Unmerklichkeit der Wirtschaftstätigkeit solcher Einrichtungen gegenüber. Finanzpsychologische Widerstände gegen solche Maßnahmenträger schwinden in dem Umfang, wie ein Äquivalenzdenken hinsichtlich des Verhältnisses der Leistung eines Parafiskus zu dessen hoheitlichen Einnahmen einsetzt und bewahrt werden kann. In diesem Sinne wird beispielsweise bei den Sozialversicherungsbeiträgen kontrafaktisch der Eindruck erweckt, es handele sich um ein – dem privaten Versicherungsmarkt vergleichbares – Vertragsverhältnis. Tatsächlich fehlt solchen Zwangsabgaben freilich jede Ähnlichkeit zu marktmäßigen Versicherungsprämien.

Immerhin handelt es sich bei parafiskalischen Einrichtungen aber um sachbezogene Organisationen, welche aufgrund ihrer Spezialisierung und Arbeitsteilung eine kontinuierliche, aufgabenorientierte Arbeit leisten, die auf diese Weise zumindest in Teilbereichen unabhängig von der Tagespolitik vorgenommen werden kann. Über die wirtschaftlichen Belange von Unternehmen und Branchen ist vermutlich niemand besser informiert als Selbstverwaltungseinrichtungen in Gestalt der Kammern und Verbände. Ergänzend ist aus föderaler Sicht bedeutsam, daß durch die Existenz derartiger Einrichtungen einer Zentralisierungstendenz auf der Bundesebene entgegengewirkt wird: Indem beispielsweise eine Staatskirche nicht existiert, bleibt den Bürgern ein maßgeblicher Freiraum der Religionsausübung und damit zugleich ein grundsätzlich unabhängiges Forum für eine religiöse Selbstentfaltung und Willensbildung erhalten. Der zuletzt angedeuteten Frage eines finanzwirtschaftlichen Föderalismus ist an späterer Stelle noch ausführlich nachzugehen. Die folgenden Betrachtungen sind demgegenüber auf die Gebietskörperschaften, mithin auf den Bund, die Länder und die Gemeinden beschränkt.

2.2 Finanzverfassung und Finanzausgleich

Ein föderales Staatswesen mit seiner Vielzahl von Trägern der öffentlichen Finanzwirtschaft benötigt ein umfassendes Regelwerk, das die Zuständigkeiten bei den Aufgaben, Ausgaben und Einnahmen der einzelnen Körperschaften ordnet. Die für eine derartige Finanzverfassung erforderlichen Bestimmungen sind dabei nicht in einem einzigen Gesetz geregelt, sondern verteilen sich auf eine beträchtliche Zahl von Gesetzen und Verordnungen, in deren Mittelpunkt die Regelungen zum **Finanzausgleich** stehen. Dessen zentrales Anliegen ist es, die öffentlichen Aufgaben und Ausgaben grundlegend und sachgerecht auf die verschiedenen Gebietskörperschaften zu verteilen und deren Finanzierung sicherzustellen. Ergänzend dazu ist zwischen den Gebietskörperschaften ein Ausgleich der jeweiligen Finanzausstattung vorzunehmen, sofern zwischen deren jeweiligem Finanzbedarf und der jeweiligen Finanzkraft ein (anhaltendes) Gefälle besteht, welches als ausgleichsbedürftig erkannt wird.

Dabei ist zunächst die rechtliche Ausgestaltung des Finanzausgleichs zu verdeutlichen, welche die Verteilung der Aufgaben, Ausgaben und Einnahmen in der föderalen Staatswirtschaft Deutschlands bestimmt. Geregelt sind die maßgeblichen Prinzipien des Finanzausgleichs im Grundgesetz, während deren technische Implementierung Gegenstand verschiedener Ausführungsgesetze ist. Hinsichtlich der Aufgaben- und Ausgabenverteilung wird dabei grundsätzlich dem sogenannten **Subsidiaritätsprinzip** (siehe dazu auch Art. 23 Abs. 1 GG) gefolgt: Hiernach soll stets diejenige Instanz für eine Lösung finanzwirtschaftlicher Probleme herangezogen werden, welche dem betreffenden Regelungsbereich selbst am nächsten steht. Erst in jenen Fällen, bei denen die jeweils kleinste Entscheidungseinheit als Handlungsträger überfordert ist, soll die nächsthöhere Instanz eingreifend tätig werden. Einer dezentralen Aufgabenerfüllung wird damit grundsätzlich der Vorzug gegenüber einer zentralen Lösung gegeben.

2.2.1 Staatsauffassung und Finanzverfassung

Die öffentliche Finanzwirtschaft beruht in Deutschland nicht auf den Entscheidungen eines einzelnen Trägers; sie wird vielmehr durch eine Vielzahl von Instanzen mit unterschiedlichen Zielen und mit divergierendem Leistungsvermögen geprägt. Um hier ein Mindestmaß an Abstimmung zu erreichen, ist ein Regelwerk erforderlich, welches die Kompetenzen der einzelnen Träger der Staatswirtschaft zweckdienlich ordnet. Einem derartigen Anspruch genügt am ehesten die Finanzverfassung. Sie ist ein Spiegelbild der Staatsverfassung, der Staatsform und der Grundkonzeption der Staatszwecke (*G. Schmölders*). Dem Finanzausgleich kommt dabei die Aufgabe zu, die dem Gesamtstaat zur Verfügung stehende Finanzmasse dergestalt auf die einzelnen Gebietskörperschaften (Bund, Länder und Gemeinden) zu verteilen, daß jene die zur Erfüllung ihrer Aufgaben erforderlichen Mittel erhalten und so eine zielgerechte Angleichung der Lebensverhältnisse im Sinne einer Gleichwertigkeit zwischen den regionalen Einzugsbereichen gewahrt bleibt.

Finanzausgleichsregelungen sind also dazu bestimmt, für alle Gebietskörperschaften eine föderal gesicherte Grundversorgung zu gewährleisten. Die **Finanzverfassung** umfaßt dabei alle Grundsätze und Leitgedanken, die für das Wirtschaften der öffentlichen Verbände von fundamentaler Bedeutung sind. Auf der einen Seite stehen die abstrakten Regelungen, Prinzipien und Möglichkeiten einer föderalen Finanzverteilung; sie sind Gegenstand und Ergebnis einer Beschreibung und Analyse der Aufgaben-, Ausgaben- und Einnahmenverteilung. Auf der anderen Seite steht die konkrete Fragestellung nach der jeweils materiellen Vorgehensweise im Finanzausgleich. Dieser regelt für ein real existierendes Staatswesen die Verteilung der Aufgaben, Ausgaben und Einnahmen.

Die Verfahrensvorschriften der Aufgabenzuweisung sowie der Finanzverteilung, d. h. der Einnahmen und der Ausgaben in einem föderalen Staatsgebilde sind damit der Objektbereich der Finanzverfassung. Lassen sich solche Regelungen auf nationaler Ebene bereits mit der Idee eines Rechtsstaates begründen, so gewinnen sie noch größere Bedeutung bei einer Ausweitung der öffentlichen Finanzen auf den supranationalen Bereich, wie beispielsweise für die Ebene einer Europäischen Union. Dabei braucht nicht besonders betont zu werden, daß die Staatsverfassung in Form der parlamentarischen Demokratie naturgemäß einen maßgeblichen Einfluß auf die jeweilige Finanzverfassung hat. Dies wird insbesondere bei den wechselseitigen Interdependenzen von Entscheidungen der Legislative, der Exekutive und der Judikatur deutlich: Maßnahmen der (Finanz-)Verwaltung sind maßgeblich von der Tätigkeit der Parlamente bei der Verabschiedung finanzpolitischer Konzeptionen (namentlich der regelmäßig zu bewilligenden Haushaltspläne) bestimmt; sie werden aber häufig auch von Entscheidungen der rechtsprechenden Gewalt beeinflußt.

In der Regel wird die Finanzverfassung mit den Bestimmungen über den Finanzausgleich identifiziert. Diese Sichtweise erscheint jedoch zu eng, da einer Finanzverfassung (i. w. S.) die Gesamtheit aller **Grundnormen** des öffentlichen Finanzwesens zugeordnet werden muß. Zu diesen werden gezählt:

- das Haushaltsrecht, welches vorzugsweise im Grundgesetz, im Haushaltsgrundsätzegesetz und in den jeweiligen Haushaltsordnungen geregelt ist,
- das Abgabenrecht in Form des Steuerrechts sowie des Gebühren- und Beitragsrechts,
- das Recht der öffentlichen Verschuldung,
- das Recht der öffentlichen Auftragsvergabe in Form des Vergabewesens und des Finanzbaurechts,
- das Recht der Subventionen, der öffentlichen Kreditvergabe und der Gewährleistungen,
- das Recht der öffentlichen Bediensteten (beispielsweise in Form des Beamtenrechts),
- das Recht der Finanzpolitik, in erster Linie auf der Grundlage des (novellierungsbedürftigen) Stabilitätsgesetzes,
- das Recht der internationalen und supranationalen Organisationen sowie schließlich
- die gesetzlichen Bestimmungen zum Finanzausgleich (i. e. S.).

Der Finanzverfassung i. e. S. – den Finanzausgleichsregelungen – kommt in diesem Zusammenhang eine grundsätzliche und überragende Bedeutung zu. Dies beruht auf dem bereits erwähnten dezentral angelegten Staatsaufbau zum Zweck einer Verwirklichung des **föderalen Prinzips**. Der für Deutschland kennzeichnende föderale Staatsaufbau ergab sich im Anschluß an die Währungsreform. Neben der Zentralgewalt (dem Bund) entstanden verfassungsrechtlich zwei weitere Verwaltungseinheiten in Form der Länder und Gemeinden. Diese vertikale Gliederung ist in politisch-praktischer Hinsicht durch eine Zweiteilung (unter Einschluß der Gemeinden als eigenständigem Bestandteil der jeweiligen Bundesländer) gekennzeichnet. Eine Dezentralisierung der staatlichen Aufgabenerfüllung ist freilich nur unter der Voraussetzung zweckmäßig, daß auch die Kompetenzen über die Mittelverausgabung und Finanzierung entsprechend definiert werden. Nur wenn eine Gebietskörperschaft in diesem Sinne umfassende Kompetenzen ausüben kann, sind eine wirksame öffentliche Kontrolle und ein sparsamer Vollzug der öffentlichen Finanzwirtschaft möglich. Das Ausmaß einer Dezentralisierung sowie einer Autonomie der unteren Verwaltungseinheiten ist demnach Reflex des Rechts, über Einnahmen und Ausgaben jeweils selbst bestimmen zu können. Damit gerät der Objektbereich der Finanzverfassung in eine **Dilemmasituation**: Es handelt sich stets um einen Balanceakt zwischen partikulären Finanz- und Statusinteressen der Beteiligten und einem Sachzwang zur einheitlichen und planvollen Ausübung der Staatsgewalt. Mit anderen Worten: Es sind stets die Wohlfahrtsgewinne bzw. -verluste einer zentralen Lösung mit denen einer dezentralen Aufgabenerfüllung zu vergleichen.

2.2.2 Finanzausgleich und föderale Einnahmen-Umverteilung

Beim Finanzausgleich handelt es sich – wie bereits angedeutet – um die Gesamtheit aller Tatbestände und Regelungen, welche die Verteilung der Aufgaben und die finanziellen Beziehungen zwischen den Gebietskörperschaften in Form von Ausgaben und Einnahmen zum Inhalt haben. Bei der Aufgaben- und Ausgabenzuweisung wird den jeweiligen Gebietskörperschaften in aller Regel zwar ein Mitspracherecht im Rahmen der gesetzgeberischen Ordnung gewährt. Sind die zugehörigen Regelungen jedoch einmal verabschiedet, so ist deren weiterführende Autonomie begrenzt, weshalb jene dann als „Betroffene" der zugehörigen Verfassungsregelungen zu kennzeichnen sind („passiver Finanzausgleich" mit selten durchgeführten Änderungen). Bei der Gestaltung ihrer Einnahmen ist den Gebietskörperschaften demgegenüber ein vergleichsweise höherer Spielraum zugestanden, weshalb dieser Bereich auch als „aktiver Finanzausgleich“ mit häufig vorgenommenen Anpassungsmaßnahmen bezeichnet wird.

Die vorstehende Unterteilung erfordert gleichwohl zwei erläuternde Hinweise: Zum einen ist der Begriff *Finanz*ausgleich zu eng gefaßt, da es hierbei nicht allein um die Verteilung finanzieller Mittel, sondern zugleich auch um die Zuweisung von Aufgaben geht. Zum anderen soll dabei keineswegs ein Finanz*ausgleich* im Sinne einer finanziellen Gleichstellung aller Gebietskörperschaften stattfinden. Vielmehr geht es um ein Angleichen der Einnahmen an jene Ausgaben, welche ihrerseits aufgrund bestimmter vorgegebener Aufgaben erforderlich sind. Auf einen vollständigen Ausgleich bestehender Differenzen wird verzichtet, um die Eigeninitiative der Gebietskörperschaften im Sinne eines föderalen Wettbewerbs zu bewahren und anzuregen.

Im Rahmen des Finanzausgleichs sind demnach zwei Probleme zu bewältigen: *Erstens* muß eine grundlegende Aufteilung der Aufgaben, Ausgaben und Einnahmen zwischen den verschiedenen gebietskörperschaftlichen Ebenen vollzogen werden; dies ist der sogenannte **vertikale Finanzausgleich**. Da im Zeitverlauf die finanzielle Leistungsfähigkeit der Aufgabenträger mit den sich wandelnden Aufgaben bei sich verändernden wirtschaftlichen und gesellschaftlichen Rahmenbedingungen oftmals nicht in Einklang zu bringen ist, muß *zweitens* eine Umverteilung der Einnahmen zwischen den Gebietskörperschaften der einzelnen föderalen Ebenen erfolgen; dies geschieht mit Hilfe des nachgeschalteten **horizontalen Finanzausgleichs**.

Neben dem föderalen (regionen- bzw. raumbezogenen) Finanzausgleich sind zwei Erscheinungsformen eines „erweiterten“ Finanzausgleichs zu benennen, welche in der Regel außerhalb zugehöriger Betrachtungen bleiben: Zum einen ist auf den oben bereits vorbereiteten **diagonalen Finanzausgleich** zu verweisen, der sich einstellt, wenn öffentliche Aufgaben von funktional ausgegliederten Einrichtungen erfüllt werden. Dies gilt in erster Linie für Leistungen der sogenannten Parafiski: Dazu rechnen beispielsweise die Zahlungen der Bundesanstalt für Arbeit (Arbeitslosengeld, Arbeitslosenhilfe, Arbeitsbeschaffungsprogramme, teilweise mit Bundesmitteln finanziert) einerseits sowie Zahlungen der Sozialhilfe seitens der Gemeinden andererseits, wenn die Leistungen der genannten Bundesanstalt eingestellt werden. Zum anderen ist auf die zahlreichen Erscheinungsformen des **unsichtbaren** (versteckten, heimlichen) **Finanzausgleichs** aufmerksam zu machen. Eine *erste Variante* dazu gründet auf der mitunter fehlenden Identität von Aufgaben und Ausgaben bzw. Einnahmen. Der Zentralinstanz wird eine Rahmenkompetenz zugestanden, während untergeordnete Instanzen die danach vorgegebenen Bestimmungen auszuführen haben, was zu höheren Ausgaben führt (z. B. Bereitstellung von zusätzlichen Kindergartenplätzen) oder was Einnahmeminderungen zur Folge hat (z. B. Vorgabe einer Steuervergünstigung bei der Gewerbeertragsteuer). Aus dieser Sicht sind Steuervergünstigungen aufgrund des unten noch darzulegenden Steuerverbundes ein subtiles Mittel zur Umschichtung von Finanzierungslasten. Vergleichbare Wirkungen ergeben sich als *zweite Variante* bei Standortentscheidungen für die Ansiedlung oder Verlagerung von Behörden oder Gerichten, bei einer Vergabe öffentlicher Aufträge oder bei der Gewährung von Subventionen. Als *dritte Variante* können überdies die diversen Leistungen des EU-Haushalts an die Bundesländer angeführt werden, welche mittelbar vom Bundeshaushalt finanziert werden.

2.2.2.1 Vertikaler Finanzausgleich

Kernstück des vertikalen Finanzausgleichs ist die Aufgabenverteilung zwischen den Gebietskörperschaften. Erst nach der Aufgabenverteilung (passiver Finanzausgleich) sind – ergänzend – die Finanzierungskomponenten des aktiven Finanzausgleichs zu klären.

(1) Passiver Finanzausgleich

Im Rahmen einer föderalen Kompetenzzuweisung muß zunächst die Grundfrage beantwortet werden, ob eine zentrale oder eine dezentrale Abwicklung der Aufgaben anzustreben ist. Diese Entscheidung über Art und Ausmaß der Zentralisierung bzw. der Dezentralisierung ist vor allem bei der Verfassungsgebung selbst, bei maßgeblichen Strukturveränderungen oder bei gewichtigen Aufgabenveränderungen zu treffen. Generell sind zur Beurteilung einer zentralisierten oder dezentralisierten Kompetenzaufteilung zwei Maßstäbe heranzuziehen – staatspolitische sowie wirtschaftliche Kriterien:

– Zur **staatspolitischen Begründung** kann neben der historisch bedingten Komponente einer Entmachtung der Zentralgewalt auf das Element einer angemessenen Bürgerbeteiligung am Meinungs- und Willensbildungsprozeß verwiesen werden. Prinzipiell dürfte das Interesse und das Engagement des Bürgers bei Fragen mit lokalem oder regionalem Wirkungszusammenhang eher zu mobilisieren sein als bei entsprechenden Fragen auf der zentralen Ebene. Die dezentrale Aufgabenbewältigung folgt insoweit dem vorgenannten Subsidiaritätsprinzip: Eine nächsthöhere staatliche Einrichtung soll öffentliche Leistungen nur unter der Voraussetzung und insoweit übernehmen, wie die jeweils untere Instanz hierzu in adäquater Weise nicht in der Lage ist. Die konsequente Anwendung des Subsidiaritätsprinzips findet ihre Grenze freilich in dem Bemühen, die Voraussetzungen für gleichwertige bzw. einheitliche Lebensverhältnisse aller Bürger im Staatsgebiet zu gewährleisten; darauf wird zurückzukommen sein.

Für Deutschland konkretisiert sich das Subsidiaritätsprinzip in Art. 28 GG, der den Gemeinden das Recht einräumt, „alle Angelegenheiten der örtlichen Gemeinschaft ... in eigener Verantwortung zu regeln", und in Art. 30 GG, der „die Ausübung staatlicher Befugnisse und die Erfüllung der staatlichen Aufgaben" prinzipiell den Ländern zuweist. Darüber hinaus gilt Art. 70 GG, der den Ländern eine Gesetzgebungshoheit zuordnet, „soweit dieses Grundgesetz nicht dem Bunde Gesetzgebungsbefugnisse verleiht". Auf der Grundlage der Art. 73 ff. GG nimmt der Bund jedoch wesentliche Gesetzgebungsaufgaben wahr. Seine Spezifizierung erfährt Art. 30 GG in den Art. 83 ff. GG. Da sich aus der dort geregelten Verwaltungskompetenz grundsätzlich auch eine Finanzierungspflicht ableitet (Art. 104 a Abs. 1 ff. GG), ist die Aufteilung der Verwaltungszuständigkeit für den Finanzausgleich von zentraler Bedeutung. Die sogenannten Gemeinschaftsaufgaben von Bund und Ländern bilden dabei eine Ausnahme vom Subsidiaritätsgrundsatz (Art. 91 a GG).

– Unter **wirtschaftlichen Aspekten** mag auf den ersten Blick eine zentrale Lösung nahe liegen, da bei größeren Verwaltungseinheiten eine relative Ausgabenverringerung aufgrund von Kostendegressionen sowie aufgrund einer einheitlichen Versorgung erwartet werden kann. Dem steht gegebenenfalls allerdings das Problem einer unerwünschten Uniformität staatlicher Leistungsangebote gegenüber. Gleichwohl mag einer Großstadt mit erheblichem Einzugsgebiet und entsprechend zahlreichen Steuerzahlern die Finanzierung beispielsweise eines Theaters leichter fallen, als dies bei einer kleinen Gemeinde mit entsprechend geringerer Bevölkerungszahl in der näheren Umgebung der Fall ist. Derartige Vorgänge begründen unter anderem eine „Anziehungskraft des zentralen Etats" (sog. Popitzsches Gesetz), wonach in einem föderalen Staatsgebilde Aufgabenhoheit und Finanzvolumen der zentralen Instanz in Relation zu den anderen Gebietskörperschaften im Zeitverlauf zunehmen. Allerdings beschreibt das Popitzsche Gesetz allenfalls eine historisch-empirische Regelmäßigkeit ohne erklärenden Anspruch.

Jenseits dessen ist das Analysefeld jedoch weitergehend nach Effizienz- und Effektivitätsüberlegungen zu differenzieren:

– Unter dem **Effizienzkriterium** sind zwei gegenläufige Wirkungsaspekte zu beachten: Die nicht-marktliche Versorgung der Bürger durch den Staat ist in der Regel mit hohen Verfahrenskosten (der Information, der Koordination sowie der Konsensfindung und Kontrolle) verbunden. Derartige Kosten vervielfachen sich mit wachsender Anzahl der involvierten Entscheidungsebenen, weshalb ein föderaler Staatsaufbau unter dem Kriterium der Verfahrenseffizienz eher skeptisch zu beurteilen ist. Viele Dienste der öffentlichen Hand können zweckmäßigerweise jedoch nur durch örtliche Leistungsträger angeboten werden; zu verweisen ist beispielgebend auf Schulen, Krankenhäuser oder Polizei. Durch eine föderale Versorgung der Bürger mit derartigen staatlichen Leistungen kann folglich den regionalen Notwendigkeiten sowie den Präferenzen und Zahlungsbereitschaften durch output-effiziente Angebotsstrukturen besser entsprochen werden (örtliche Radizierbarkeit): *Erstens* ist davon auszugehen, daß die privaten Präferenzen innerhalb einer Region geringere Unterschiede aufweisen als dies zwischen den Regionen der Fall ist. Unter dieser Voraussetzung würde eine demgegenüber zentrale Planung des staatlichen Güterangebots regionale Neigungen ignorieren (müssen) und bei den Betroffenen insoweit Kosten der Frustration verursachen. *Zweitens* können Bürgerpräferenzen nur in dem Maße bei der staatlichen Angebotsplanung berücksichtigt werden, wie die regionalen Neigungen und Zahlungsbereitschaften bekannt sind. In diesem Sinne stellen räumlich kleiner dimensionierte Entscheidungseinheiten eine vergleichsweise größere Bürgernähe in Aussicht, was die Möglichkeiten des einzelnen Wählers vergrößert, auf diesbezügliche Entscheidungen des Gemeinwesens Einfluß zu nehmen. Schließlich bietet *drittens* ein dezentral organisiertes Gemeinwesen dem Bürger die Option, im Fall hoher Frustration in eine Region seiner Wahl abzuwandern. Ein dezentraler Staatsaufbau begünstigt insoweit die Herausbildung einer spontan effizienten Regionalordnung. Dieser Umstand mag folglich dazu beitragen, daß interregionale externe Effekte und damit verbundene Fehlallokationen eingeschränkt werden. Ferner werden dadurch Entscheidungskosten reduziert und die Selbstverantwortlichkeit der politischen Entscheidungsträger gestärkt.

Ein dezentraler Staatsaufbau ist aus den vorstehend angeführten Gründen demnach geeignet, einen Leistungswettbewerb der Regionen untereinander und einen dadurch bedingten Innovationsfortschritt zu fördern, wodurch Verschwendungstatbeständen entgegengewirkt wird. Jede Gebietskörperschaft wird auf der einen Seite bestrebt sein, ein gegebenes Bündel öffentlicher Leistungen mit minimalem Ressourceneinsatz, d. h. unter minimaler Abgabenbelastung ihrer Bürger bereitzustellen (Input-Effizienz). Auf der anderen Seite besteht der Anreiz, mit gegebenem Budget eine optimale Versorgung der

Bürger zu gewährleisten. Demzufolge ist ein föderaler Staatsaufbau unter dem Kriterium der Versorgungseffizienz zu begrüßen. An dieser Stelle ist demnach bereits festzuhalten und zu betonen, daß eine jeweils regional unterschiedliche Beteiligung des Staates am Wirtschaftsgeschehen unter dem Effizienzaspekt nicht nur hinzunehmen ist, sondern vielmehr als ausdrückliche Zielvorstellung eines föderalen Gemeinwesens gelten kann.

– Unter dem **Effektivitätskriterium** sind sowohl distributive als auch stabilisierungspolitische Überlegungen in die Betrachtung einzubeziehen. Gesellschaftliche Vorstellungen einer Verteilungsgerechtigkeit können durch die föderale Aufgabenbewältigung in zweifacher Hinsicht berührt sein: Zum einen muß bei angestrebter Gleichbehandlung der Wirtschaftssubjekte und aus Gründen der Verfahrenswirksamkeit eine Umverteilungspolitik von der Zentralinstanz durchgeführt werden. Eine demgegenüber föderale Aufgabenzuständigkeit könnte beispielsweise einer „flächendeckenden Angleichung der Einkommen" – sofern dies politisch beabsichtigt ist – kaum gerecht werden. Zum anderen würden föderal gelenkte Umverteilungsmaßnahmen naturgemäß deutliche Unterschiede bei der (finalen) Einkommenshöhe der Bürger sowohl im Vergleich der Einheiten einer föderalen Ebene untereinander – also horizontal betrachtet – als auch zwischen den einzelnen Ebenen – also vertikal betrachtet – hervorrufen. Derartige Entlastungs- bzw. Belastungsunterschiede würden gegebenenfalls dann erhebliche wirtschaftliche Strukturverschiebungen zur Folge haben. Zu vergegenwärtigen ist an dieser Stelle ein Spannungsverhältnis zum oben behandelten Effizienzkriterium: In dem Maße, wie wanderungsbedingte Strukturverschiebungen durch ein finanzpolitisch einheitliches Vorgehen staatlicher Entscheidungsträger vermieden werden, verringert sich die Leistungsfähigkeit föderaler Abstimmungsmechanismen.

– Schließlich ist im stabilisierungspolitischen Zusammenhang darauf hinzuweisen, daß zugehörige Maßnahmen in der Regel durch entstehende Spillover-Effekte gekennzeichnet sind; sie lassen sich nur in Ausnahmefällen örtlich radizieren. Die der Zentralinstanz untergeordneten Ebenen können so mitunter eine **Trittbrettfahrerposition** einnehmen. Überdies mangelt es den regionalen Instanzen – abgesehen von den gebotenen gesetzlichen Handlungsspielräumen – an der instrumentell erforderlichen Manövriermasse.

Eine solche Kennzeichnung der Sachlage gilt prinzipiell für alle Maßnahmen einer gesamtwirtschaftlichen Steuerung, die an Nachfrageaggregaten ausgerichtet ist, während demgegenüber Eingriffe im Zusammenhang einer angebotsorientierten Wirtschaftspolitik von ortsspezifischen Kenntnissen im Sinne einer Regionalisierung der Programme unter Umständen profitieren können. Diesem letztgenannten Argument entspricht demgemäß die Forderung nach einer dezentralisierten Aufgabenerfüllung. Aus diesen Grundüberlegungen mit der Gegenüberstellung von Vor- und Nachteilen eines zentral bzw. dezentral angelegten Gemeinwesens läßt sich konzeptionell ein optimaler Zentralisierungs- bzw. Dezentralisierungsgrad ableiten (siehe dazu die nachfolgende Abbildung 1): Ein bürgernah konzipiertes Gemeinwesen gestattet eine enge Ausrichtung staatlicher Aktivitäten an den Präferenzen der Privaten (minimale Zentralisierung). In diesem Fall sind die aus politischer Fremdbestimmung resultierenden Frustrationskosten am geringsten, was als Begründungsansatz für ein föderal konzipiertes Staatswesen angeführt werden kann. Diesem Vorteil steht allerdings ein hoher Aufwand bei der politischen Willensbildung gegenüber. Die Koordinationskosten lassen sich mit zunehmender Zentralisierung der Verwaltung und der politischen Willensbildung zwar verringern. Die damit unvermeidlich einhergehende Entfernung der Politik und des Verwaltungshandelns von individuellen Präferenzen läßt jedoch die Frustrationskosten steigen. Auf der Suche nach dem kostengünstigsten Verhältnis von Bürgernähe und effizienter Verwaltung ergibt sich im Minimum der Gesamtkosten demnach ein optimaler Zentralisierungsgrad z^*.

Abbildung 1: Optimaler Zentralisierungsgrad

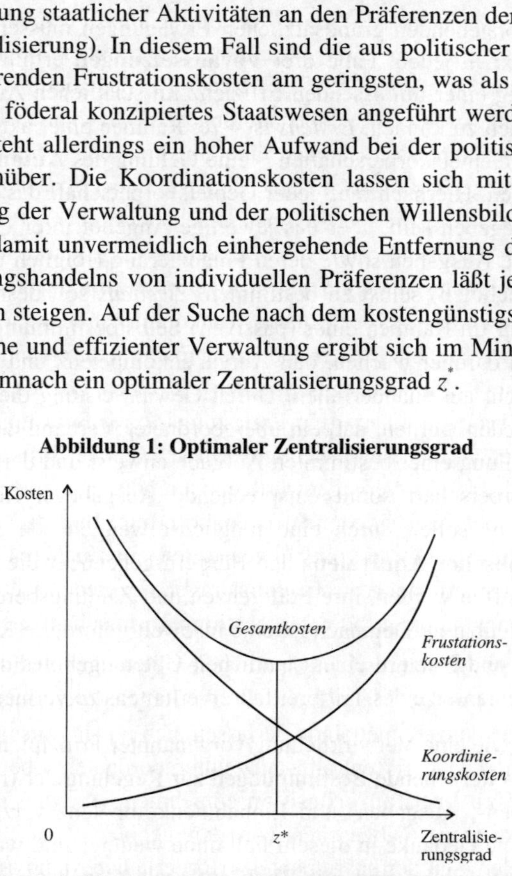

Quelle: In Anlehnung an Frey / Kirchgässner (1994), S. 56 m.w.N.

Einschränkend bleibt jedoch zu beachten, daß der optimale Zentralisierungsgrad für einzelne Aufgabenbereiche unterschiedlich sein kann. Zu betonen ist zudem, daß die erwähnten Kostenkomponenten in der Realität kaum tangibel,

d. h. in Geldeinheiten zu ermitteln sind. Ein realpolitisch unmittelbarer Handlungsauftrag kann aus dieser Modellbetrachtung folglich nicht abgeleitet werden. Bei diesbezüglichen politischen Entscheidungen zur Aufgabenverteilung im föderalen Gemeinwesen spielen neben dem ökonomischen Kalkül namentlich vor allem auch historische, ideologische sowie macht- und prestigeorientierte Argumente eine Rolle; letztere sind in der praktischen Politik von oftmals entscheidender Bedeutung.

Jenseits der vorstehenden grundsätzlichen Erwägungen müssen in einem föderalen Kontext in jedem Falle drei **Voraussetzungen** erfüllt sein, um der Idealvorstellung einer umfassenden Effizienz im staatlichen Angebotsverhalten nahekommen zu können: *Erstens* ist – im Rahmen einer aktiven Selbstbestimmung der Gebietskörperschaften – eine Geltung des **Autonomieprinzips** zu gewährleisten. Hiernach muß jeder Gebietskörperschaft das Recht und die Möglichkeit gegeben sein, über das jeweilige Angebot ihrer Leistungen und damit über ihre Ausgaben sowie deren Finanzierung (folglich über die erforderlichen Einnahmen) selbst zu bestimmen. *Zweitens* soll deshalb das **Konnexitätsprinzip** im Rahmen einer (passiven) Selbstbestimmung der Gebietskörperschaften darüber wachen, daß Aufgabenkompetenz und Ausgabenverantwortung nicht auseinanderfallen. Durch Gewährleistung dieses Grundsatzes soll vermieden werden, daß ein übergeordneter Verband den untergeordneten zur Erfüllung einer bestimmten Aufgabe anweist und der nachgeordneten Gebietskörperschaft somit entsprechende Ausgabeverpflichtungen oktroyiert. *Drittens* sollen durch eine möglichst weitgehende Sicherung des **Prinzips fiskalischer Äquivalenz** den Bürgern gegenüber die erforderlichen Anreize geschaffen werden, ihre Präferenzen und Zahlungsbereitschaften tatsächlich zu offenbaren. Demnach ist eine insoweit geforderte Koinzidenz von Kostenträgern und Nutzern eines staatlichen Güterangebotes dazu bestimmt, strategische Fehlanreize des Trittbrettfahrerverhaltens zu vermeiden.

In dem Maße, wie eine Verwirklichung vorgenannter Prinzipien gewährleistet ist, kann auf weitergehende Bestimmungen zur Regelung der (regional-)staatlichen Aufgaben-, Ausgaben- und Einnahmenkompetenz verzichtet werden, weil der föderale Gedanke in diesem Fall ohne weiteres und wirkungsgerecht realisiert ist. Allerdings sind mit Blick auf reale Gegebenheiten zumindest **drei Sachverhalte** zu benennen, welche ein ergänzendes Regelwerk erforderlich werden lassen: *Erstens* bestehen regionale Unterschiede in der jeweiligen Ausstattung mit natürlichen Ressourcen und mit (immobilen) Produktionsfaktoren. Finanzausgleichsregelungen können in diesem Fall dazu beitragen, Fehlallokationen der Produktionsfaktoren Arbeit und Kapital zu vermeiden. *Zweitens* können die Kollektivguteigenschaften bestimmter Ressourcen eine alleinige Güterbereitstellung durch den gebietskörperschaftlichen Oberverband oder eine Beteiligung des Oberverbandes an der Finanzierung von Maßnahmen des Unterverbandes rechtfertigen (Mischfinanzierung). Schließlich treten *drittens* neben die bislang rein ökonomischen Erwägungen Zielsetzungen rechtlicher und politischer Art (Wahrung der rechtlichen und wirtschaftlichen Einheit). So sind die Regelungen des Finanzausgleichs nach Art. 107 GG dazu bestimmt, eine Annäherung der Finanzkraft der Länder zu bewirken; diese – exogene – Zielsetzung soll durch einen „Ausgleich" unangemessener Finanzkraftunterschiede verwirklicht werden. Der Spielraum zur politischen Gestaltung konzentriert sich folglich auf eine Interpretation dessen, was als „angemessener" Finanzkraftunterschied demgegenüber zu tolerieren bzw. anzustreben ist. Im Eindruck vorstehender Gegebenheiten wird also ein Regelwerk erforderlich, welches die föderalen Kompetenzen in einem dezentral angelegten Staatswesen ergänzend festlegt.

Die im Grundgesetz (Art. 72 Abs. 2; Art. 106 Abs. 3 Nr. 2) anzutreffende Forderung, wonach im Bereich der konkurrierenden Gesetzgebung und der Umsatzsteuerverteilung zwischen Bund und Ländern die „Herstellung einheitlicher Lebensverhältnisse" bzw. die **„Gleichwertigkeit der Lebensverhältnisse"** zu gewährleisten ist, beseitigt vorbenannten Interpretationsspielraum keineswegs, da „Gleichwertigkeit" bzw. „Einheitlichkeit" nicht mit der Forderung nach „Gleichheit" zu identifizieren ist. Die Vorstellung gleichwertiger bzw. einheitlicher Lebensverhältnisse meint lediglich die Sockelgarantie eines Mindestniveaus, bis zu dessen Höhe die Finanzausstattung eines Landes zur Vermeidung unbilliger Wohlstandsgefälle fallweise anzugleichen ist. Jenseits dessen gehört es aber zur Grundlage und zur Rechtfertigung des föderalen Prinzips, daß Vielfalt und Unterschiede hinsichtlich der Lebensverhältnisse in den einzelnen Bundesländern sehr wohl bestehen. Unabhängig davon ist die im Grundgesetz anzutreffende begriffliche Mehrdeutigkeit zu diesem Sachverhalt als nicht glücklich gewählt zu bezeichnen.

Eine dem Bedarf – den Aufgaben und folglich auch den zugehörigen Ausgaben – angemessene Mittelzuweisung (und ein ergänzender horizontaler Finanzausgleich) erscheinen demnach unerläßlich, zumal die getroffene idealtypische Unterscheidung zwischen einer zentralen oder einer demgegenüber dezentralen Abwicklung öffentlicher Aufgaben im umfassenden Sinne kaum umsetzbar ist und Zwischenformen deshalb notwendig und auch üblich sind.

(2) Aktiver Finanzausgleich

Sind die Aufgabenzuweisungen und die damit einhergehende Übernahme staatlicher Ausgabeverpflichtungen geklärt, dann ist ergänzend dazu die Verteilung der Einnahmen zu regeln. Grundsätzlich ist festzulegen, welcher Körperschaft die **Steuerhoheit** und somit das Recht auf bestimmte Abgaben übertragen wird. Im Rahmen der **sachlichen Steuerhoheit** ist dabei zwischen drei Kompetenzbereichen zu unterscheiden: Durch eine Zuweisung der **Gesetzgebungshoheit** wird festgelegt, welche Instanz über Art und Höhe einer Steuer zu beschließen hat. Die **Ertragshoheit** bestimmt, welcher Körperschaft die jeweilige Steuer zur freien oder zur zweckgebundenen Verfügung zufließt. In der **Verwaltungshoheit** kommt schließlich zum Ausdruck, welche Finanzbehörde für die Einziehung einer Steuer verantwortlich zeichnet.

Es ist dabei keineswegs zwingend, eher sogar unüblich, daß alle drei Kompetenzbereiche für eine Steuer bei nur einer Körperschaft vereinigt sind. In Deutschland ist dies beispielgebend bei der Tabak- oder bei der Branntweinsteuer der Fall, da die Gesetzgebungs-, Ertrags- und Verwaltungshoheit dem Bund zustehen. Bei der Versicherungsteuer liegen demgegenüber die Gesetzgebungs- und Ertragshoheit beim Bund, während die Verwaltungshoheit den Ländern übertragen ist. Bei der Grunderwerb- oder bei der Kraftfahrzeugsteuer werden die Ertrags- und die Verwaltungshoheit den Ländern zugestanden, während die Gesetzgebungshoheit allein beim Bund verbleibt. Die Länder schließlich haben die Gesetzgebungskompetenz bei der Getränke-, bei der Hunde- oder auch bei der Vergnügungsteuer; hier sind die Ertrags- und die Verwaltungskompetenz den Gemeinden zugewiesen.

Von herausragendem finanzwirtschaftlichem Interesse ist dabei naturgemäß die **Ertragshoheit**. Nach drei Grundformen kann dabei eine Verteilung der Einnahmen gemäß der nachstehenden Übersicht 5 geregelt werden.

– Im Fall des **Trennsystems** sind die genannten Abgabenkompetenzen zwischen den einzelnen Gebietskörperschaften verteilt; diese haben demnach ein erhebliches Maß an Steuerautonomie. Zwei Regelungsformen sind dabei voneinander abzugrenzen: Beim **freien Trennverfahren** kann jede Gebietskörperschaft Art und Höhe einer Steuer selbst bestimmen. Dies ist insoweit vorteilhaft, als Reibungsverluste zwischen den Körperschaften vermieden werden. Dem steht allerdings der konzeptionelle Nachteil gegenüber, daß eine Mehrfachbelastung für die betroffenen Steuerzahler möglich ist und daß die Steuererhebung von mehreren Instanzen einen insgesamt höheren Aufwand für die mit der Steuereinziehung betrauten einzelnen Verwaltungen mit sich bringt. Beim **gebundenen Trennverfahren** sind dagegen bestimmte Steuerquellen einzelnen Gebietskörperschaften ausschließlich vorbehalten. Zwei Varianten sind diesbezüglich zu unterscheiden: Im einen Fall wird die Art der jeweils zugewiesenen Steuer von einer Zentralgewalt, deren Höhe jedoch von einer nachrangigen Körperschaft festgelegt. Beispielgebend ist auf die Gewerbesteuer zu verweisen, über deren Erhebung und Bemessungsgrundlage der Bund befindet, während die Gemeinden durch eine Hebesatzverordnung jeweils deren Höhe bestimmen. Im anderen Fall werden sowohl Art als auch Höhe der Steuer von der Zentralgewalt festgesetzt, das Steueraufkommen aber fließt einer nachgeordneten Körperschaft zu. Als Beispiel läßt sich hier die Erbschaftsteuer anführen, über deren Erhebung, Ausgestaltung und Höhe der Bund entscheidet, deren Aufkommen indes den Ländern zusteht.

Übersicht 5: Grundformen des vertikalen Finanzausgleichs

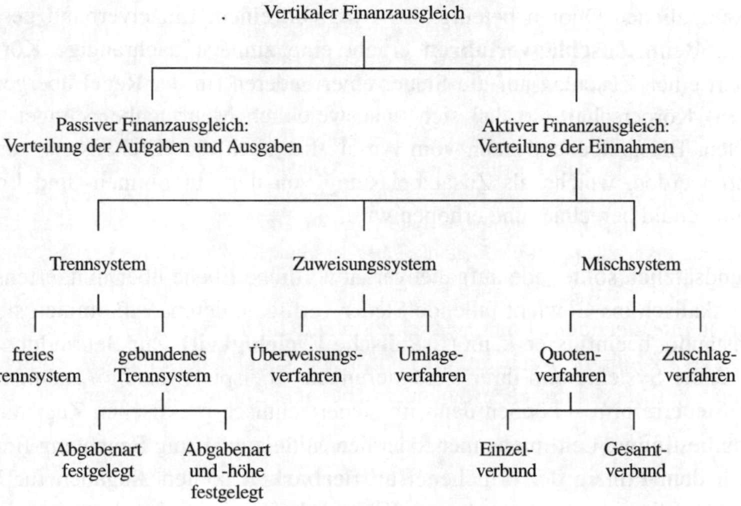

– Ein **Zuweisungssystem** (gelegentlich auch als Verbundsystem bezeichnet) vereinigt demgegenüber die Gesetzgebungs- und die Ertragshoheit auf eine Gebietskörperschaft; die übrigen Körperschaften werden dann in Form von Zuweisungen an den Einnahmen beteiligt. Erneut sind zwei Formen dabei zu unterscheiden: Beim **Überweisungsverfahren** erfolgt die Zuweisung „von oben nach unten", mithin von der Zentralgewalt zu den nachrangigen Gebietskörperschaften. Dies trifft beispielsweise für die Finanzzuweisungen der Länder an die Gemeinden zu. Beim **Umlageverfahren** werden die Zuweisungen dagegen „von unten nach oben" vorgenommen, mithin von einem Unterverband zum Oberverband. So ist beispielsweise der Bund gehalten, einen bestimmten Anteil seiner Umsatzsteuereinnahmen an den Haushalt der Europäischen Union abzuführen.

– Ein **Mischsystem** verbindet Bestandteile des Trennverfahrens und des Zuweisungsverfahrens. Einesteils verfügen die Körperschaften hiernach über eigene Einnahmen, anderenteils sind sie am Einnahmeaufkommen anderer Körperschaften über Umlagen und Überweisungen beteiligt. Auch hier können zwei Unterformen benannt werden: Beim **Quotenverfahren** (gelegentlich auch als Steuerverbund bezeichnet) teilen sich mehrere Körperschaften das Aufkommen einer Steuer. Sofern dabei eine gleiche Aufteilungsquote für alle Steuern in ihrer Gesamtheit vereinbart wird, handelt es sich um einen Gesamtverbund. Sind die Körperschaften dagegen an einzelnen Steuern mit unterschiedlichen Quoten beteiligt, so wird von einem Einzelverbund gesprochen. Beim **Zuschlagverfahren** erhebt eine zumeist nachrangige Körperschaft einen Zuschlag auf die Steuer einer anderen (in der Regel übergeordneten) Körperschaft, so daß sich unausweichlich Mehrfachbelastungen einstellen. Beispielgebend kann vom Ansatz her nach die Kirchensteuer angeführt werden, welche als Zusatzbelastung von der Einkommen- und Lohnsteuerschuld berechnet und erhoben wird.

Grundsätzlich sollte jede aufgabenverantwortliche Ebene über mindestens eine fiskalisch ins Gewicht fallende Steuer verfügen, deren Aufkommen sie eigenständig beeinflussen kann (**fiskalische Ergiebigkeit**). Zur Beurteilung bestehender Systeme und ihrer Veränderungen – beispielsweise im Rahmen einer Steuerreform – können dann im steuertechnisch-praktischen Zusammenhang bestimmte Leitlinien einer föderalen Mittelzuweisung Beachtung finden. Nach dem Prinzip der örtlichen **Radizierbarkeit** sollten Abgaben für Leistungen, die von untergeordneten Körperschaften in regional unterschiedlicher Form angeboten und nach dem sogenannten Äquivalenzprinzip entgolten werden, diesen Körperschaften auch zugestanden werden (Gesetzgebungs- und Ertragshoheit). Ein solches Vorgehen schafft zum einen Anreize zur Bereitstellung der jeweiligen Leistung und ruft zum anderen politischen Widerstand hervor, wenn die Wohlfahrtsverluste durch Abgabenbelastung größer werden als der Nutzen aus der bezogenen Leistung. Mit Blick auf die **regionale Aufkommensgewichtung** sollten Steuern mit vergleichsweise hohem regionalem Aufkommen, mit jedoch diffuser Belastungsverteilung dem Zentralstaat zufließen. Beispielgebend ist hier auf die regionale Ballung der Genußmittelsteuern (Kaffee, Tabak und Sekt) in den Hansestädten und in den Weinregionen oder auf das Aufkommen aus der Rennwett-, Sportwett- und Lotteriesteuer bei den Wettbüros und Lotteriezentralen hinzuweisen. **Steuern mit verteilungspolitischer Zielsetzung** oder Wirkung sollten demgegenüber vorwiegend zentral erhoben werden, um zum einen den Erfolg der jeweiligen Umverteilungsmaßnahme zu sichern und zum anderen eine steuerbedingte Verlagerung ökonomischer Transaktionen und die dabei entstehenden Kosten zu reduzieren. Auch **Steuern mit konjunkturpolitischer Zielsetzung** bzw. mit konjunkturreagiblem Aufkommen sollten deshalb – unter dem Effektivitätskriterium – von der zentralen Ebene erhoben werden.

Veränderungen am System der Steuern aufgrund von Reformmaßnahmen sind demgemäß so vorzunehmen, daß der Einnahmenverlust bzw. der Zugewinn aus bestimmten Einnahmearten für die betreffenden Gebietskörperschaften belastungsbezogen ausgestaltet bzw. verteilt wird.

2.2.2.2 Horizontaler Finanzausgleich

Ein einmal vereinbarter vertikaler Finanzausgleich kann der ihm übertragenen Aufgabe einer zielbezogenen Abstimmung von Aufgaben, Ausgaben und Einnahmen nur für kurze Zeit gerecht werden. Die Regel ist, daß aufgrund unterschiedlicher Entwicklungen der Ausgaben wie auch der Einnahmen gewisse Abweichungen zwischen der Finanzausstattung und dem Finanzbedarf der einzelnen Körperschaften auftreten. Dies läßt eine **Korrektur** des bestehenden vertikalen Finanzausgleichs erforderlich werden. Eine hierfür denkbare Lösung wäre die Reform des vertikalen Finanzausgleichs, indem Aufgaben, Ausgaben und Einnahmen auf die Körperschaften nunmehr neu verteilt würden. Eine gelegentlich andere Lösung wäre eine Gebietsreform in Verbindung mit Art. 29 GG (Neuabgrenzung der Verwaltungseinheiten). Damit würde gleichsam automatisch auch die Aufgaben-, Ausgaben- und Einnahmenzuständigkeit verändert. Es ist offensichtlich, daß eine auf Stetigkeit und Berechenbarkeit des finanzpolitischen Prozesses ausgerichtete Finanzwirtschaft von beiden Varianten nicht allzu häufig Gebrauch machen kann. Grundsätzlich praktikabel ist demgegenüber eine Umverteilung der im vertikalen Finanzausgleich realisierten Einnahmen durch einen horizontalen Finanzausgleich. Dazu können prinzipiell zwei Wege eingeschlagen werden: Entweder kann eine übergeordnete Instanz eingeschaltet werden, welche Bestimmungen erläßt, denen zufolge zwischen den betroffenen gleichrangigen Körperschaften Finanzzuweisungen stattfinden müssen, oder es kann diesen überlassen bleiben, sich in Verhandlungen autonom über das jeweilige Leistungsangebot und über finanzielle Ausgleichsmaßnahmen zu verständigen. Dabei kann beispielsweise vereinbart werden, daß finanzstarke Körperschaften die finanzschwächeren finanziell unterstützen.

Im Vorfeld eines derartigen Finanzausgleichs findet in Deutschland – mit ausgleichsähnlicher Wirkung – die sogenannte **Zerlegung des Aufkommens einzelner Steuern** statt, wobei auf der Grundlage der §§ 185 ff. Abgabenordnung örtliche Ertragskompetenzen zwischen den betroffenen Finanzverwaltungen geregelt werden. Dies gilt prinzipiell für die Lohn-, die Einkommen-, die Zinsabschlag- und die Körperschaftsteuer nach dem Gesetz über die Steuerberechtigung und die Zerlegung bei der Einkommensteuer und der Körperschaftsteuer (Zerlegungsgesetz), für § 11 des Feuerschutzsteuergesetzes, für die §§ 28 ff. Gewerbesteuergesetz und für die §§ 22 ff. Grundsteuergesetz. Damit werden bestimmte Belastungen abgegolten, bestehenden Einnahmekonzentrationen wird entgegengewirkt.

Die **Grundkonzeption** des horizontalen Finanzausgleichs vollzieht sich in vier Schritten: Zunächst wird als eine *Ist-Größe* die Finanzkraft einer Körperschaft ermittelt; diese beruht im wesentlichen auf den Steuereinnahmen. Im Anschluß daran ist der Finanzbedarf als eine Art *Soll-Größe* zu ermitteln. Dieser Schritt ist erheblich schwieriger zu vollziehen, da der insoweit anrechenbare Ausgabenbedarf sich nicht automatisch aus den realisierten Ausgaben ergibt: Eine gleichartige Aufgabenerfüllung kann nämlich einerseits auf der Grundlage eines sparsamen und wirtschaftlichen Mitteleinsatzes beruhen oder andererseits mit öffentlicher Verschwendung einhergehen. Im Anschluß sind Finanzkraft und Finanzbedarf einander im *Vergleich* gegenüberzustellen, um daraus abgeleitet einen Verteilungsschlüssel für die erforderlichen und tragbar erscheinenden *Ausgleichszahlungen* entwickeln zu können. Dieses Verfahren spielt eine dominierende Rolle beim sogenannten Länderfinanzausgleich. Hier erbringen die finanzstarken Länder Ausgleichsbeiträge, welche den demgegenüber finanzschwachen Ländern als Ausgleichszuweisungen zur Verfügung gestellt werden.

2.2.2.3 Vertikaler Finanzausgleich mit horizontalem Effekt

Eine besondere Form des horizontalen Finanzausgleichs ist bereits im vertikalen Finanzausgleich angelegt, sofern im Rahmen eines Zuweisungssystems die einzelnen Körperschaften einer Ebene in unterschiedlicher Höhe an Überweisungen oder Umlagen partizipieren bzw. diese zu leisten haben. Von daher kommt es nicht nur zu einer Angleichung der Mittelausstattung zwischen den Körperschaften unterschiedlicher Ebenen, sondern (zugleich) auch zwischen Körperschaften einer Ebene. Dies besagt der Begriff des vertikalen Finanzausgleichs mit horizontalem Effekt. Im Rahmen der in Deutschland geltenden Regelungen kommt dabei den sogenannten **Bundesergänzungszuweisungen** eine herausragende Bedeutung zu. Derartige Zahlungen des Bundes an die Länder sind als Ergänzung – nicht jedoch als Ersatz – des horizontalen Finanzausgleichs gedacht. Sie sollen weder den horizontalen Finanzausgleich noch die vertikale Steueraufteilung zwischen den Gebietskörperschaften überlagern. Vielmehr haben diese Zuweisungen ihrer Grundidee folgend eine subsidiären Charakter und sind als abschließendes vertikales Ausgleichselement dem horizontalen Finanzausgleich nachgeschaltet. Bundesergänzungszuweisungen sollen dabei die Funktion einer Hilfe zur Selbsthilfe wahrnehmen, indem sie Leistungsschwächen einzelner Länder überwinden helfen. Nach § 10 Abs. 1 Finanzausgleichsgesetz (FAG) werden diese Ergänzungszuweisungen sowohl zur Deckung des allgemeinen Finanzbedarfs als auch zur Berücksichtigung von Sonderbedarfen eingesetzt, was die letztliche Finanzausstattung der begünstigten Gebietskörperschaften dann erheblich beeinflußt.

2.2.3 Der Finanzausgleich in Deutschland

Die Finanzverfassung im (engeren) Sinne der Aufgaben-, Ausgaben- und Einnahmenverteilung ist in Deutschland in einer Vielzahl von Gesetzen geregelt: Eine grundlegende Ordnung des Finanzausgleichs findet sich – wie dargelegt – bereits im Grundgesetz (Art. 104 a ff.). Jenseits dessen sind die Transferregelungen zwischen dem Bund und den Ländern sowie zwischen den Ländern ergänzend dazu Gegenstand des „Gesetzes über den Finanzausgleich zwischen Bund und Ländern“ aus dem Jahre 1969 in der jeweils gültigen Fassung bzw. Gegenstand der jährlichen **Finanzausgleichsgesetze** der einzelnen Länder zugunsten der Gemeinden.

Mit Wiedergewinnung der staatlichen Einheit Deutschlands im Jahre 1990 wären die Bestimmungen der Finanzverfassung prinzipiell auch im Beitrittsgebiet in Kraft zu setzen gewesen. Ein unverzüglicher und vollständiger Einbezug der neuen Länder in die Regelungen des Finanzausgleichs wurde jedoch nach Art. 7 des Einigungsvertrages zugunsten einiger Übergangsbestimmungen auf die Zeit nach 1994 verschoben, weil einerseits den erheblichen Strukturproblemen und Wachstumsschwächen im Beitrittsgebiet auf diese Weise angemessen begegnet werden sollte und weil andererseits ein sofortiger Einbezug für die alten Länder allein im Jahre 1991 einen (finanzwirtschaftlich untragbaren) Einnahmeverlust von 30 bis 40 Mrd. DM bedeutet hätte. Anstelle eines gesamtdeutschen Länderfinanzausgleichs wurde deshalb für die Zwischenzeit ein sogenannter **Fonds Deutsche Einheit** gegründet, welcher sich zum einen durch Nettokreditaufnahmen, zum anderen durch Zuweisungen aus dem Bundeshaushalt (rd. 50 Mrd. DM) und aus den Haushalten der alten Länder (rd. 16 Mrd. DM) finanzierte. Darüber hinaus wurden die Mehreinnahmen aus den Umsatzsteuererhöhungen der Jahre 1993 und 1994 für eine Aufstockung des Fonds eingesetzt. Insgesamt wurden im Zeitraum der Jahre 1990 bis 1994 in den Fonds Deutsche Einheit rd. 161 Mrd. DM eingebracht, wobei ein Anteil von 95 Mrd. DM durch Kreditaufnahme finanziert wurde. Hieraus resultiert seit 1995 ein jährlicher Schuldendienst von insgesamt 9,5 Mrd. DM, welcher zu jeweils 50 Prozent vom Bund und von den alten Ländern (mit deren Gemeinden) getragen wird.

Zur Bedienung der Altschulden der ehemaligen DDR enthält darüber hinaus der **Erblastentilgungsfonds** als nicht rechtsfähiges Sondervermögen des Bundes die hinterlassenen Schulden der Treuhandanstalt, des ehemaligen Kreditabwicklungsfonds und Teile jener Schulden, welche die ostdeutsche Wohnungswirtschaft hinterlassen hat. Die Finanzierung hierzu wird allein vom Bund getragen, welcher jährlich 7,5 Prozent der übernommenen Verbindlichkeiten (in Höhe von etwa 400 Mrd. DM) als Schuldendienst zu tragen hat. Darüber hinaus wird jener Teil des jährlichen Bundesbankgewinns zu diesbezüglichen Tilgungszwecken verwendet, welcher einen Betrag von jeweils 7 Mrd. DM übersteigt. Mit einer endgültigen Tilgung dieses Sondervermögens rechnet der Bundesfinanzminister gegenwärtig zum Jahresende 2019.

2.2.3.1 Regelungen des passiven Finanzausgleichs

(1) Die Verteilung der Aufgaben

Nach Art. 30 GG ist es Angelegenheit der Länder, staatliche Befugnisse auszuüben und staatliche Aufgaben zu erfüllen, sofern das Grundgesetz selbst keine davon abweichende Regelung vorsieht. Infolgedessen liegt auch die Gesetzgebungshoheit und die Verantwortlichkeit für hieraus entstehende Ausgaben (Art. 104 a GG) bei den Ländern (Art. 70 GG), deren Aufgabenschwerpunkte in den Bereichen Bildung (Schulwesen, Universitäten), Polizei und Justiz angesiedelt sind; Länderzuständigkeiten bestehen darüber hinaus im Kulturwesen und bei der Sozialhilfe. Vom Prinzip einer generellen Länderzuständigkeit wird allerdings in folgenden Ausnahmefällen abgewichen:

– Die **ausschließliche Gesetzgebung** (Art. 71 GG) ist dem Bund unter anderem für auswärtige Angelegenheiten, für die Verteidigung und für das Währungswesen übertragen (Art. 73 GG). Demgegenüber hat der Bund in einigen Aufgabenbereichen das Recht der **konkurrierenden Gesetzgebung**, wenn durch die Landesgesetzgebung eine sinnvolle Aufgabenerfüllung gemindert würde, wirtschaftliche Auswirkungen in anderen Ländern hervorgerufen werden könnten oder die Wahrung einer Gleichwertigkeit der Lebensverhältnisse dies erforderlich macht (Art. 72 GG). Maßgeblich davon betroffene Aufgabenbereiche sind beispielsweise das Rechtswesen, die öffentliche Fürsorge, das Aufenthalts- und Niederlassungsrecht für Ausländer, die Nutzung der Kernenergie, der Straßenverkehr und der Umweltschutz (Art. 74 GG). Die im Rahmen der föderalen Kooperation zu bewältigenden **Gemeinschaftsaufgaben** von Bund und Ländern betreffen den Ausbau und Neubau von wissenschaftlichen Hochschulen, eine Verbesserung der regionalen Wirtschaftsstruktur sowie die Verbesserung der Agrarstruktur und des Küstenschutzes. Diese sind ergänzend zu Art. 91 a und 91 b GG in entsprechenden Gesetzen und in den jeweiligen Rahmenplänen geregelt. Außerdem gelten Verwaltungsabkommen bzw. Rahmenvereinbarungen bezüglich des Zusammenwirkens von Bund und Ländern bei der Bildungsplanung und bei der Förderung der wissenschaftlichen Forschung.

– Die **Gemeindeaufgaben** setzen sich aus den Aufgaben des übertragenen Wirkungskreises und des eigenen Wirkungskreises zusammen. Aufgrund von Weisungsbindungen des Bundes und des jeweiligen Landes besorgen die Gemeinden Auftragsangelegenheiten, wie beispielsweise die Durchführung von Wahlen, die Einrichtung von Paß- und Meldeämtern sowie die Durchführung der Gewerbe-, der Gesundheits- und der Bauaufsicht. Im Rahmen der genuinen Selbstverwaltungsaufgaben im Sinne von Art. 28 Abs. 2 GG sind Pflichtleistungen – beispielsweise in den Bereichen des Jugend- und Sozialwesens, des Schulwesens, der Versorgung (Wasser) und der Entsorgung (Abwasser) – zu erbringen. Darüber hinaus werden freiwillig übernommene Leistungen – beispielsweise in den Bereichen der Wirtschaftsförderung, der Kultur (Theater, Museen), des Sportes und der Erholung sowie der Versorgung (Krankenhäuser, Altenheime) – bereitgestellt.

Die Aufgaben der **Europäischen Union**, die in diese Betrachtung grundsätzlich einzubeziehen sind, ergeben sich schließlich aus dem EWG-Vertrag und aus den Vereinbarungen von Maastricht. Dabei geht es vor allem um die Errichtung der Wirtschafts- und Währungsunion, um eine gemeinsame Agrarpolitik, um Aufgaben der Regionalentwicklung, der Sozialpolitik und der Forschung in einem vereinten Europa. Insbesondere den Leistungen aus dem EU-Haushalt mit der Zielrichtung einer Strukturveränderung und Kohäsion sind Merkmale einer finanzausgleichenden Wirkung zuzuschreiben. Derartigen Komponenten des EU-Haushalts wird zukünftig eine wachsende Bedeutung zuzumessen sein. Dies gilt generell für die Union als ganzes wie auch für die Einnahme- bzw. Lastenverteilung der einzelnen Mitgliedstaaten. Die Frage der **Netto-Zahlerposition** wird die weiteren Diskussionen über den EU-Haushalt in den nächsten Jahren in starkem Maße beeinflussen.

(2) Die Verteilung der Ausgaben

Die Ausgabenverteilung stimmt grundsätzlich mit der Verteilung der Aufgaben überein (Art. 104 a GG). Allerdings gibt es **Ausnahmen** von dieser Regel. Sie gilt insbesondere nicht bei der Erfüllung von Auftragsangelegenheiten, welche eine nachrangige Gebietskörperschaft (Länder oder Gemeinden) für eine jeweils übergeordnete Körperschaft (Bund oder Land) erledigt, sowie im Fall der Gemeinschaftsaufgaben und der Aufwendungen für die Bildungsplanung und die Wissenschaftsförderung. An der Förderung der Gemeinschaftsaufgaben „Hochschule" und „regionale Wirtschaftsstruktur" beteiligt sich der Bund zur Hälfte der Ausgaben in jedem Land. Die Finanzierung der Gemeinschaftsaufgabe „Agrarstruktur" wird zu 60 Prozent und die der Gemeinschaftsaufgabe „Küstenschutz" gar zu 70 Prozent vom Bund getragen; die verbleibenden Anteile werden vom jeweiligen Land übernommen. Derartige Abweichungen vom Konnexitätsprinzip finden sich schließlich auch bei besonderen Geldleistungen, die aus Bundesgesetzen resultieren, sowie bei einzelnen kommunalen Aufgaben, an denen der Bund sich beteiligt. Hiervon betroffen sind vor allem der Straßenbau, die Stadtsanierung und Stadtentwicklung sowie der soziale Wohnungsbau. Bei der zugehörigen Mittelzuweisung werden auch Belange der neuen Länder bevorzugt berücksichtigt; insoweit kommt es hier zu entsprechenden Gewichtsverschiebungen. Dabei wird eine (finanzielle) Beteiligung des Bundes an Aufgaben nachrangiger Gebietskörperschaften häufig unter dem Stichwort der **Mischfinanzierung** diskutiert. Da die Mittel allein zweckgebunden zur Verfügung gestellt werden, kann die Zentralinstanz auf diese Weise in erheblichem Umfang Einfluß auf die politische Eigenständigkeit von Ländern und Gemeinden ausüben, wodurch das Autonomieprinzip entsprechend geschwächt wird („Goldene Zügel").

2.2.3.2 Regelungen des aktiven Finanzausgleichs

Die Regelungen des aktiven Finanzausgleichs betreffen sowohl die Verteilung als auch die anschließende Umverteilung der öffentlichen Einnahmen (Steuern) auf die einzelnen Gebietskörperschaften. Dies geschieht in vier Schritten: Im Rahmen der Einnahmenverteilung handelt es sich dabei zum einen um die vertikale sowie um die horizontale Steuerverteilung. Zum anderen geht es – im Rahmen der Einnahmenumverteilung – um den horizontalen Länderfinanzausgleich (i. e. S.) sowie um die Bundesergänzungszuweisungen.

(1) Die Verteilung der Einnahmen

(a) Vertikale Steuerverteilung

Die vertikalen Finanzierungsregelungen beziehen sich im wesentlichen auf die Verteilung der Steuern und des Steueraufkommens. Dabei ist die Gesetzgebungshoheit über Steuern in Art. 105 GG vorgegeben. Die aus fiskalischer Sicht weitaus bedeutsamere Ertragshoheit ordnet Art. 106 GG.

– Danach stehen allein dem **Bund** das Aufkommen der Branntweinsteuer und anderer Verbrauchsteuern (z. B. Tabak- und Kaffeesteuer) zu, soweit diese nicht als Ländersteuern erhoben werden (siehe unten). Darüber hinaus erhält der Bund das Aufkommen der Versicherungsteuer sowie die Ergänzungsabgabe (Solidaritätszuschlag) zur Einkommen- und zur Körperschaftsteuer oder auch eine Vermögensabgabe.

– Die Zölle und das Aufkommen der Abgaben im Rahmen der **Europäischen Union** weist das Grundgesetz zwar ebenfalls dem Bund zu, doch reduziert sich diese Kompetenz in der Praxis auf die Verwaltungshoheit, da jene Einnahmen an den Haushalt der EU abgeführt werden. Zudem sind die Länder seit 1996 an der Mineralölsteuer beteiligt (Art. 106 a GG); deren Aufkommen floß bis dahin dem Bund allein zu. Die (anteiligen) Einnahmen dienen nunmehr den Ländern zur Finanzierung des öffentlichen Personennahverkehrs.

– Ausschließlich die **Länder** erhalten das Aufkommen der Erbschaft-/Schenkungsteuer, der Kraftfahrzeugsteuer, der Grunderwerbsteuer, der Biersteuer, der Spielbankenabgabe, der Renn-, Wett- und Lotteriesteuer sowie schließlich der (zweckgebundenen) Feuerschutzsteuer.

– Schließlich ist den **Gemeinden** das Aufkommen der Gewerbeertragsteuer und der Grundsteuer (als sogenannte Realsteuern) sowie der örtlichen Verbrauch- und Aufwandsteuern (beispielsweise Getränkesteuer, Hundesteuer und Vergnügungsteuer) vorbehalten.

Obwohl ein überwiegender Teil der 38 Steuerarten vom Grundgesetz auf diese Weise prinzipiell jeweils nur einer Gebietskörperschaft zugewiesen wird, beträgt deren Aufkommen insgesamt weniger als ein Fünftel der gesamten Steuereinnahmen. Die aufkommenstarken Abgaben – Lohn- und Einkommensteuer, Mehrwertsteuer und Körperschaftsteuer (wie auch letztlich die Gewerbeertragsteuer) – sind hingegen Gemeinschaftsteuern und fließen mehreren, zum Teil allen Gebietskörperschaften zu. Dieser – seit dem Jahre 1970 bestehende – **große Steuerverbund** (im Einzelverbund) sieht in seiner gegenwärtigen Ausgestaltung die folgende Aufteilung der Steuereinnahmen vor:

– Das Aufkommen der **Einkommensteuer** (mit der Lohnsteuer und der veranlagten Einkommensteuer) steht dem Bund und den Ländern zu jeweils 42,5 Prozent, den Gemeinden dementsprechend zu 15 Prozent zu. In einem Anrechnungsverfahren sind die Gemeinden im übrigen am Aufkommen der im Rahmen der Einkommensbesteuerung erhobenen **Zinsabschlagsteuer** mit 12 Prozent beteiligt. Die Verteilung der Einkommensteuer ist durch ein Bundesgesetz mit Zustimmung der Länder zu regeln; das Grundgesetz selbst schreibt nur einen jeweils hälftigen Anteil des Bundes und der Länder am Aufkommen der Einkommensteuer nach Abzug eines Gemeindeanteils vor (Art. 106 Abs. 5 GG). Die Zinsabschlagsteuer fällt demnach zu einem Anteil von jeweils 44 Prozent an den Bund und an die Länder. Die **Körperschaftsteuer** und die **Kapitalertragsteuer** teilen sich Bund und Länder jeweils zur Hälfte. Nach Art. 106 Abs. 5 Satz 3 GG kann in einem Ausführungsgesetz zur Beteiligung der Gemeinden an der Einkommensteuer (derzeit geregelt im Gemeindefinanzreformgesetz) bestimmt werden, daß die Gemeinden Hebesätze für den gemeindlichen Anteil an der Einkommensteuer festsetzen. Diese Möglichkeit ist bisher allerdings noch nicht genutzt worden.

– Das **Umsatzsteueraufkommen** (einschließlich Einfuhrumsatzsteuer) verteilt sich derzeit zu 56 Prozent auf den Bund, womit für die Länder ein Anteil von 44 Prozent verbleibt (Art. 33 des Gesetzes zur Umsetzung des Föderalen Konsolidierungsprogramms – FKPG). Allerdings ist im Rahmen des sogenannten „Jahressteuergesetzes 1996“ zwischen dem Bund und den Ländern vereinbart worden, daß dem Bundeshaushalt für die Jahre 1996 und 1997 nur 50,5 Prozent, den Ländern hingegen 49,5 Prozent zustehen. Diese Anteilsänderung gründet auf dem Umstand, daß sich die Länder ab 1996 an den Ausgaben für den Familienleistungsausgleich beteiligen; verfassungsrechtlich ist dafür nun ein Verhältnis von 74 (Bund) zu 26 (Länder) vorgegeben. Für die Zeit ab 1998 sollen die entsprechenden Anteile überprüft und gegebenenfalls neu festgesetzt werden, um die Belastung der Bundesländer aus der Umstrukturierung des Familienleistungsausgleich zu kompensieren. Ab 1998 sind zudem die Gemeinden mit 2,2 Prozent am Umsatzsteueraufkommen beteiligt – als Kompensation für die Abschaffung der Gewerbekapitalsteuer. Der Bund bestreitet ferner aus seinem Mehrwertsteueraufkommen die zugehörigen Mitgliedszahlungen an die EU (1998 rd. 36 Mrd. DM), wobei Zahlungen auf der Grundlage der sogenannten Eigenmittel-Beschlüsse deren wichtigste Einnahmequelle darstellen. Letztlich verbleibt dem Bund gegenwärtig ein Anteil von deutlich weniger als 50 Prozent des Umsatzsteueraufkommens.

Die Aufteilung der Umsatzsteuer ist wiederum durch ein Bundesgesetz zu regeln, welches einer Zustimmung der Länder bedarf. Das Grundgesetz selbst schreibt ergänzend dazu im Rahmen einer Revisionsklausel vor, daß Bund und Länder einen gleichmäßigen Anspruch auf Deckung ihrer notwendigen Ausgaben haben, daß die Deckungsbedürfnisse zur Vermeidung einer Überlastung der Steuerpflichtigen sowie zur Wahrung der Gleichwertigkeit der Lebensverhältnisse abzustimmen sind und daß bei einem nachhaltigen Finanzgefälle zwischen Bund und Ländern aufgrund einer unterschiedlichen Entwicklung von Ausgaben und Einnahmen eine Neufestsetzung der Umsatzsteueranteile vorzunehmen ist (Art. 106 Abs. 3 f. GG).

– Am Aufkommen der **Gewerbesteuer** partizipierten der Bund und die Länder (im Austausch zur Beteiligung der Gemeinden an der Einkommensteuer) in Form der Gewerbesteuerumlage. Dabei handelte es sich ursprünglich – bei der Einführung im Jahre 1970 – um einen Anteil von 40 Prozent des Gesamtaufkommens. Infolge zahlreicher Eingriffe des Gesetzgebers in die Gewerbesteuer (aufgrund der Abschaffung der Lohnsummensteuer sowie schließlich aufgrund der Beteiligung der Gemeinden an der Finanzierung des „Fonds Deutsche Einheit") wurde das für die Umlageermittlung geltende Berechnungsverfahren mehrfach geändert. Gegenwärtig sind der Bund und die Länder mit jeweils etwa acht Prozent beteiligt, so daß den Gemeinden ein Anteil von rund 84 Prozent des Gewerbesteueraufkommens verbleibt. Ergänzend dazu ist zu beachten, daß die Gewerbesteuerhebesätze der Gemeinden in den vergangenen 25 Jahren erheblich gestiegen sind; im Bundesdurchschnitt beträgt der Hebesatz 428 Prozent (1999).

Über diese grundlegende Zuordnung der Steuereinnahmen hinaus ist ergänzend nun die horizontale Steuerverteilung zu regeln. Hierbei geht es um die weitere Aufteilung jener Einnahmen, welche im Rahmen des vertikalen Steuerverbundes den Ländern in ihrer Gesamtheit zugewiesen sind.

(b) Horizontale Steuerverteilung

Die horizontale Steuerverteilung unter den Bundesländern gründet auf Art. 107 Abs. 1 GG und unterliegt damit grundsätzlich dem **„Prinzip des örtlichen Aufkommens"**. Demnach stehen den einzelnen Ländern die Landessteuern und der Länderanteil an der Einkommen- und Körperschaftsteuer insoweit zu, wie die Steuern von den dortigen Finanzbehörden vereinnahmt werden. In Abweichung vom strengen Prinzip des örtlichen Aufkommens erfolgt die Verteilung des Länderanteils am Einkommen- und Lohnsteueraufkommen unter den einzelnen Bundesländern jedoch gemäß dem **Wohnsitzprinzip**, d. h. die Einkommen- und Lohnsteuerzuweisung richtet sich nach dem Wohnort des Zensiten. In konzeptioneller Entsprechung folgt die Verteilung der Körperschaftsteuer dem sogenannten **Betriebsstättenprinzip**. Diese Abweichungen tragen dem Sachverhalt Rechnung, daß Verzerrungen des örtlichen Aufkommens eintreten, wenn ein Unternehmen mit mehreren

Betrieben (in verschiedenen Bundesländern) seine Lohn- und Körperschaftsteuer an dasjenige Finanzamt abführt, welches für das jeweilige Bundesland zuständig ist, in dem die Unternehmenszentrale ihren Sitz hat. In solchen Fällen wird eine entsprechende Korrektur nach zugehörigen Abrechnungsvorgaben vorgenommen.

Die Ansprüche auf die **Einkommen- oder Körperschaftsteuer** für ein Kalenderjahr stehen demnach (anteilig) jeweils dem Land zu, in dem der Steuerpflichtige am 10. Oktober des betreffenden Jahres seinen Wohn- bzw. seinen Geschäftssitz (Ort der Leitung) hat. Kommt es zu einer Steuerzahlung an eine dafür nicht empfangsberechtigte Finanzverwaltung, so hat diese eine entsprechende Weiterleitung der Mittel an das steuerberechtigte Land zu veranlassen, soweit der fragliche Betrag 50.000 DM übersteigt. Für die **Lohnsteuerzerlegung** gilt die Regel, daß die von einem Arbeitnehmer geschuldete und vom Arbeitgeber abgeführte Lohnsteuer grundsätzlich demjenigen Land zusteht, in dem der Arbeitnehmer seinen Wohnsitz hat. Für die Zerlegung der **Körperschaftsteuer** gelten darüber hinaus bei über zwei oder mehr Länder verteilt liegenden Betriebsstätten (unter Beachtung von Grenzen des steuerpflichtigen Einkommens und der Einkünfte aus Gewerbebetrieb, die mindestens 3 Mio. DM betragen) gesonderte Bestimmungen, welche im allgemeinen denjenigen der Gewerbesteuerzerlegung entsprechen: Als Zerlegungsmaßstab gilt das Verhältnis, in dem die Summe der Arbeitslöhne, welche an die bei allen Betriebsstätten beschäftigten Arbeitnehmer gezahlt worden sind, zu denjenigen Arbeitslöhnen steht, welche an die Beschäftigten in den einzelnen Betriebsstätten gezahlt worden sind. Ergänzend dazu ist die Zerlegung der **Zinsabschlagsteuer** geregelt, wonach eine Konzentration des örtlichen Steueraufkommens an bestimmten Bankplätzen vermieden werden soll: Vorgegeben ist zunächst die Aufteilung zwischen den alten und den neuen Ländern; der sogenannte Westanteil fällt von 95 Prozent (1993) auf 91 Prozent (1997), während der sogenannte Ostanteil von fünf Prozent (1992) auf neun Prozent (1997) ansteigt. Für diese Anteilswerte gelten dann jeweils weitergehende Schlüsselzahlen zur Aufteilung des Aufkommens auf die einzelnen Länder und deren Gemeinden. Bei den alten Ländern wird dazu auf drei verschiedene Prozentwerte zurückgegriffen (Verteilung der Einkünfte aus Kapitalvermögen, Verteilung des vorjährigen Körperschaftsteueraufkommens und Verteilung des vorjährigen Aufkommens der veranlagten Einkommensteuer). Demgegenüber ist für die Aufschlüsselung des Ostanteils die jeweilige Einwohnerzahl zum 30. Juni des Vorjahres maßgebend.

Der **Länderanteil** am Umsatzsteueraufkommen in einer Höhe von derzeit noch 44 Prozent des gesamten Umsatzsteueraufkommens wird in verschiedenen Schritten geschlüsselt: Zunächst wird der Länderanteil zu 75 Prozent nach dem Verhältnis der Einwohnerzahlen der Länder bemessen. Diese Berücksichtigung der Einwohnerzahl bei der Schlüsselung beruht auf dem Tatbestand, daß die Umsatzsteuer als eine sogenannte indirekte Steuer auf den Letztverbraucher überwälzt wird. Steuerzahler und Steuerträger sind also nicht identisch. Zudem wird diese Steuer häufig in einem anderen Land an den Fiskus abgeführt als in demjenigen Land, in welchem der Verbraucher seinen Wohnsitz hat. Die danach verbleibenden 25 Prozent des Aufkommenanteils sind als sogenannte Ergänzungsanteile zur Aufbesserung finanzschwacher Länder bestimmt. Diejenigen Länder, deren Steueraufkommen aus den jeweiligen Landessteuern, aus dem jeweiligen Länderanteil an der Einkommen- und Körperschaftsteuer sowie aus der Gewerbesteuerumlage je Einwohner unter 92 Prozent des Länderdurchschnitts liegt, erhalten eine Vorabauffüllung, um die festgestellte Fehlmarge auszugleichen. Reichen die zur Verfügung stehenden Mittel für eine Verwirklichung der beschriebenen Ergänzungszahlungen nicht aus, so werden diese entsprechend gekürzt. Im umgekehrten Fall wird ein gegebenenfalls verbleibender Restbetrag nach der Einwohnerzahl auf die Länder verteilt.

An dem so ermittelten Anteil der alten Länder partizipiert nun wiederum der Bund auf zweierlei Weise: Zum einen erhält er 50 Prozent der jeweiligen Zuschüsse erstattet, welche dieser für den „Fonds Deutsche Einheit" aufzubringen hat; zum anderen wird dieser variabel gehaltene Betrag um einen absoluten Anteil von 2,1 Mrd. DM jährlich erhöht. Die Aufteilung dieser Umlage auf die davon betroffenen Länder erfolgt zur einen Hälfte nach der Einwohnerzahl des jeweiligen Landes und zur anderen Hälfte im Verhältnis der Finanzkraft der Länder nach dem Länderfinanzausgleich (siehe unten). Der Anteil des Landes Berlin daran wird vorweg nach der Einwohnerzahl (des ehemaligen Westteils) berechnet. Die solchermaßen errechneten Anteile der alten Länder an den Entlastungszahlungen zugunsten des Bundes erfahren allerdings noch eine weitere Korrektur, um die entstehenden finanziellen Strukturverschiebungen zwischen den finanzschwachen und den finanzstarken alten Ländern und um überdies die Belastungen durch die Einbeziehung der neuen Länder in den Finanzausgleich teilweise zu kompensieren. Während einer Übergangsphase werden die oben ermittelten Finanzierungsanteile über ein Volumen von insgesamt 848 Mio. DM erhöht bzw. vermindert. Vorstehend genannter Betrag galt für das Jahr 1995; in den Folgejahren 1996 bis 2000 verringern sich die Zahlungen stufenweise um jeweils fünf Prozent und in den Jahren 2001 bis 2005 nochmals um jeweils 15 Prozent der oben genannten Ausgangsbeträge. Mit Abschluß der Übergangsphase werden diese Zahlungen folglich auslaufen.

Die dargelegte Umsatzsteuerverteilung zwischen den Ländern hat in jedem Fall entsprechende Finanzausgleichswirkungen zur Folge. Durch eine Annäherung diesbezüglicher Steuereinnahmen der einzelnen Länder – vor allem auch der alten Länder – werden die jeweiligen Unterschiede in der Leistungskraft bereits an dieser Stelle vermindert. Jenseits dessen ist das „Kernstück" einer föderalen Umverteilung staatlicher Einnahmen zwischen den Ländern jedoch der nachgeschaltete horizontale Länderfinanzausgleich (i. e. S.), der – wie erwähnt – durch das Instrument der Bundesergänzungszuweisungen vervollständigt wird.

(2) Umverteilung der Einnahmen

(a) Der Länderfinanzausgleich (i. e. S.)

Im Mittelpunkt des Länderfinanzausgleichs stehen die unmittelbaren Zahlungen der ausgleichspflichtigen an die ausgleichsberechtigten Länder. Den Ausgleichsbeiträgen zu einem solchen „Ausgleichstopf" stehen dann entsprechende Ausgleichszuweisungen gegenüber. Dabei sind als Grundlage die Finanzkraft (**Finanzkraftmeßzahl**) und der Finanzbedarf (**Ausgleichsmeßzahl**) eines Landes zu ermitteln und einander vergleichend gegenüberzustellen. Ausgleichsberechtigt sind diejenigen Länder, deren Finanzkraftmeßzahl die Ausgleichsmeßzahl nicht erreicht.

Die **Finanzkraft** ergibt sich dabei als Summe aus den Steuereinnahmen eines Landes und der Hälfte der Steuereinnahmen seiner Gemeinden (§§ 7 f. FAG), wobei für die Ermittlung des Gewerbe- und Grundsteueraufkommens fiktiv ein bundeseinheitlicher Hebesatz unterstellt wird.

Bei den Steuereinnahmen eines Landes werden unter anderem auch die festgestellten Anteile an der Umsatzsteuer erfaßt. Allerdings bleiben dabei die oben beschriebenen Korrekturmaßnahmen der Ausgleichszahlungen an den Bund und die Verrechnungszahlungen zwischen den alten Bundesländern unberücksichtigt. Den Einnahmen der Länder wird überdies gegebenenfalls das Aufkommen der Förderabgabe / Förderzins (Erdgas, Erdöl) hinzugerechnet. Die Anwendung einheitlicher Hebesätze bei der Ermittlung des Steueraufkommens der Gemeinden ist aus Gründen der Vergleichbarkeit erforderlich. So können die Gemeinden – wie dargelegt – die jeweils geltenden Hebesätze für die Gewerbesteuer und für die Grundsteuer autonom festlegen, um auf diese Weise die Höhe des eigenen Steueraufkommens zu beeinflussen. Zur Ermittlung der Steuerkraft wird – hier vereinfacht aufgeführt – das tatsächliche Aufkommen der jeweiligen Steuer durch den tatsächlichen Hebesatz dividiert, um den Grundbetrag zu ermitteln, der dann wiederum mit dem jeweils vorgegebenen einheitlichen Hebesatz multipliziert wird (für die Gewerbesteuer mit 250 Prozent, für die Grundsteuer bei Grundstücken in Abhängigkeit von der Höhe des Grundbetrages zwischen 180 und 250 Prozent sowie für die Grundsteuer bei Grundstücken der Land- und Forstwirtschaft mit 180 Prozent).

Zur Berücksichtigung von Sonderlasten beim Unterhalt von Seehäfen werden ergänzend dazu die Finanzkraftmeßzahlen von Bremen, Hamburg sowie von

Mecklenburg-Vorpommern und Niedersachsen – um jeweils stark voneinander abweichende Beträge (zwischen 18 und 142 Mio. DM) – vermindert. Die so ermittelten Summen werden dann als Finanzkraftmeßzahl je Einwohner abgebildet, damit bevölkerungsstarke Bundesländer nicht allein wegen ihres absolut höheren Steueraufkommens ausgleichspflichtig werden.

Der **Finanzbedarf** eines Landes ergibt sich aus dem fiktiven Länder- und Gemeindesteueraufkommen, welches verwirklicht worden wäre, wenn die tatsächliche Entwicklung im jeweiligen Bundesland der Entwicklung im Bundesdurchschnitt entsprochen hätte. Es handelt sich also um eine bundesdurchschnittliche Finanzkraftmeßzahl, d. h. um das Steueraufkommen pro Kopf der Länder im Bundesdurchschnitt multipliziert mit der Bevölkerungszahl des jeweiligen Landes (§ 6 Abs. 2 FAG). Der Begriff des „Finanzbedarfs" ist insoweit irreführend: Ermittelt wird nicht ein landesspezifischer Mittelbedarf, sondern lediglich die im Durchschnitt gegebene Finanzkraft der Bundesländer. Gegenstand des Vergleichs ist also nicht das Verhältnis von Finanzkraft und Finanzbedarf; vielmehr geht es allein um die Feststellung von Über- bzw. Unterdurchschnittlichkeit der jeweiligen Landesfinanzkraft. Ein gleiches Pro-Kopf-Steueraufkommen wird folglich als Finanzbedarf definiert. Letztgenannter „Bedarf" ist damit eine Funktion der Einwohnerzahl des jeweiligen Landes sowie der Höhe des bundesdurchschnittlichen Steueraufkommens, weshalb an dieser Stelle von einer normativen Kraft des Faktischen gesprochen werden kann.

Zur Berücksichtigung länderspezifischer Strukturunterschiede erfolgt im weiteren eine **Veredelung der Einwohnerzahlen.** Für die Stadtstaaten Berlin, Bremen und Hamburg geschieht dies durch eine Gewichtung von 135 v. H. Die Einwohnerzahlen der Gemeinden innerhalb der Länder werden mit Prozentsätzen gewichtet, die zwischen 100 Prozent (für die ersten 5.000 Einwohner) und 130 Prozent (für die über eine Million hinausgehende Einwohnerzahl) liegen. Gemeinden mit mehr als 500.000 Einwohnern erhalten prozentuale Zuschläge für den Ansatz bei der Einwohnerzahl, welche mit steigender Besiedlungsdichte von zwei bis sechs Prozent anwachsen. Diese „Einwohner-Veredelung" rekurriert auf das sogenannte **Brechtsche Gesetz** der Parallelität von Ausgaben und Bevölkerungsmassierung: Danach wird unterstellt, daß Bevölkerungsdichte und Verstädterung progressiv auf die öffentlichen bzw. auf die kommunalen Ausgaben in Form von erhöhten Bedarfs- und Kostenstrukturen einwirken (Ballungskosten).

Aus der in dieser Weise „bereinigten“ Finanzkraft und jener (als „Finanzbedarf“ bezeichneten) Finanzkraft, welches das einzelne Land unter bundesdurchschnittlichen Voraussetzungen realisiert haben würde, wird ein Quotient gebildet (§ 10 FAG): Ist dieser Anteilswert kleiner als Eins, so handelt es sich – wie erwähnt – um ein „finanzschwaches“ Land, welches Ausgleichszuweisungen erhält. Dabei werden Fehlbeträge bis 92 v. H. vollständig, jene zwischen 92 und 100 v. H. zu 37,5 Prozent durch Zuweisungen ausgeglichen. Als (vorläufiges) Resultat dieser Auffüllung befindet sich dann jedes Land auf einem Finanzkraftniveau von mindestens 95 v. H. des Länderdurchschnitts.

Die Bemessung der für einen solchen Ausgleich erforderlichen Beiträge erfolgt anhand eines gestaffelten Abschöpfungssystems mit gebrochen-progressivem Tarif, d. h. „finanzstarke“ Länder zahlen mit zunehmender Finanzkraft einen jeweils höheren Anteil. Zur Berechnung der ausgleichspflichtigen Überschüsse wird die Finanzkraft zwischen 100 und 101 v. H. der Ausgleichsmeßzahl mit 15 Prozent, zwischen 101 und 110 v. H. mit 66 Prozent und über 110 v. H. mit 80 Prozent angesetzt. Die so ermittelten Überschüsse bilden die ausgleichspflichtigen Beträge der betroffenen Bundesländer, aus deren Gesamtheit die erforderlichen Zuweisungen an die ausgleichsberechtigten Länder gespeist werden. Dabei werden die ausgleichspflichtigen Länder mit einem identischen Prozentsatz ihrer ausgleichsrelevanten Überschüsse solange herangezogen, bis das erforderliche Mindestniveau (siehe oben) bei allen Ländern erreicht ist. Aufgrund dieser Regelung kann der insoweit von den Überschüssen abgeschöpfte Prozentsatz also auch mehr als 100 v. H. betragen.

Sofern durch letztgenannten Vorgang die Finanzkraft eines ausgleichspflichtigen Landes unter die Ausgleichsmeßzahl (d. h. unter den Länderdurchschnitt) absinkt, übernehmen die anderen ausgleichspflichtigen Länder 25 Prozent dieses Fehlbetrages, höchstens jedoch jenen Betrag, der den Ausgleichsleistungen des betroffenen Landes entspricht. Eine weitere Beschränkung der Umverteilungswirkungen enthält § 10 Abs. 4, Satz 3 FAG: Hiernach müssen jedem ausgleichspflichtigen Land von seiner Finanzkraft zwischen 100 und 101 v. H. mindestens 85 Prozent, von der Finanzkraft über 101 v. H. der Ausgleichsmeßzahl mindestens 20 Prozent verbleiben. Eine abschließende Korrekturrechnung stellt sicher, daß keines der Zahlerländer unter 100 Prozent, keines der Empfängerländer unter 95 Prozent der durchschnittlichen, rein länderbezogenen Steuereinnahmen (also ohne Berücksichtigung der jeweiligen Gemeindefinanzkraft) sinken kann; die Rangfolge bleibt im übrigen unverändert (Ländersteuergarantie).

Im gesamtdeutschen Länderfinanzausgleich waren in der Vergangenheit die neuen Länder sowie Berlin, Bremen, Niedersachsen, Rheinland-Pfalz und das Saarland Empfänger von Zuweisungen; die Geberländer waren Hessen, Baden-Württemberg, Bayern und Nordrhein-Westfalen.

(b) Bundesergänzungszuweisungen

Der vorstehend erläuterte Länderfinanzausgleich (i. e. S.) wird durch einen vertikalen Finanzausgleich mit horizontalem Effekt vervollständigt, wobei der Bund sogenannte Ergänzungszuweisungen als „abschließendes Finanzausgleichsinstrument" an leistungsschwache Länder zahlt. Im Gegensatz zu Finanzhilfen, die stets an bestimmte Verwendungszwecke gebunden sind, können die Empfängerländer über die Mittel aus Bundesergänzungszuweisungen frei verfügen.

Es steht dem Bund frei, die Finanzkraft leistungsschwacher Länder allgemein durch sogenannte **Fehlbetrags-Bundesergänzungszuweisungen** mit einem jährlichen Volumen von 5 bis 6 Mrd. DM anzuheben. Diesbezüglich legt § 11 Abs. 1 FAG fest, daß den finanzschwachen Ländern Ergänzungszuweisungen in Höhe von 90 Prozent desjenigen Betrages, der ihnen an der durch die Ausgleichsmeßzahl ausgedrückten durchschnittlichen Finanzkraft noch fehlt, durch den Bund zugewiesen werden. Da sich diese Länder nach dem Verfahren des horizontalen Länderfinanzausgleichs ohnedies bereits auf einem Niveau von 95 v. H. der Ausgleichsmeßzahl befinden (siehe oben), führt die Fehlbetrags-Bundesergänzungszuweisung zu einer Anhebung der Finanzkraft bei den finanzschwachen Ländern auf mindestens 99,5 Prozent der durchschnittlichen Länderfinanzkraft.

Daneben berücksichtigt der Bund Sonderlasten einzelner Länder durch die Gewährung sogenannter **Sonderbedarfs-Bundesergänzungszuweisungen**. Derartige Zuweisungen dienten vormals allein dem Zweck, überproportional hohe Ausgaben für die politische Führung in kleinflächigen Bundesländern finanzieren zu helfen. Aufgrund der Regelung in § 11 Abs. 3 FAG erhalten Länder mit weniger als 4 Mio. Einwohnern einen Ausgleich ihrer „Kosten der Kleinheit" in einem Gesamtvolumen von rund 1,5 Mrd. DM.

An die neuen Länder (einschließlich Berlin) zahlt der Bund zum Abbau teilungsbedingter Sonderlasten sowie zum Ausgleich einer unterproportionalen kommunalen Finanzkraft dieser Länder ab 1995 bis zum Jahre 2004 **Sonderbedarfs-Ergänzungszuweisungen** in einer Höhe von 14 Mrd. DM jährlich.

Darüber hinaus zahlt der Bund bis zum Jahre 2004 sogenannte **Übergangs-Bundesergänzungszuweisungen** an finanzschwache alte Länder in einem Volumen von rund 0,9 Mrd. DM (1998); diese Zuweisungen vermindern sich ab 1996 um einen Anteilwert von jährlich 10 Prozent.

Schließlich erhalten das Saarland und Bremen in den Jahren von 1995 bis 1998 Bundesergänzungszuweisungen von jährlich 3,4 Mrd. DM zur Milderung ihrer Haushaltsnotlage (für Bremen 1,8 Mrd. DM, für das Saarland 1,6 Mrd. DM). Die Bundesregierung beabsichtigt, die im Jahr 1998 ausgelaufenen **Sanierungshilfen** auf der Grundlage einer Entscheidung des Bundesverfassungsgerichts als gemeinsame Finanzierung – je zur Hälfte – von Bund und Ländern fortzusetzen.

Aufgrund dieser Regelungen erhalten elf von sechzehn Ländern derartige Bundesergänzungszuweisungen. Mit insgesamt mehr als 25 Mrd. DM pro Jahr liegt deren Volumen weit über demjenigen des Länderfinanzausgleichs (i. e. S.). Die Bedeutung der Bundesergänzungszuweisungen hat sich seit 1995 drastisch erhöht, betrug doch deren Volumen im Jahre 1992 demgegenüber nur 3,7 Mrd. DM. Es war im übrigen auf einen Anteil von 2 v. H. des Umsatzsteueraufkommens im alten Bundesgebiet beschränkt. Diese quantitative Bindungsregel wurde mit der Neuordnung des bundesstaatlichen Finanzausgleichs abgeschafft. Schließlich bleibt anzumerken, daß der Bund den neuen Ländern jenseits des dargelegten Finanzausgleichs seit 1995 für die Dauer von zehn Jahren zusätzliche Finanzhilfen „als weitere flankierende Maßnahme" auf der Grundlage von Art. 104 a Abs. 4 GG in einer Höhe von 6,6 Mrd. DM jährlich gewährt (Investitionsförderungsgesetz Aufbau Ost).

2.2.3.3 Der deutsche Finanzausgleich in ökonomischer Kritik

Vor dem Hintergrund der eingangs formulierten Zielsetzungen einer föderalen Staatlichkeit und wegen der Notwendigkeit, die neuen Länder in die Regelungen des Finanzausgleichs zu integrieren, wurden diesbezügliche Neuregelungen im ökonomischen Schrifttum von zahlreichen Vorschlägen und Stellungnahmen begleitet. Die daraus abgeleitete Kritik am geltenden Finanzausgleichssystem bezieht sich zum einen auf Unstimmigkeiten innerhalb des geschilderten Verfahrens. Zum anderen wird das praktizierte System als solches grundsätzlich in Frage gestellt.

– Die Vorwürfe zur Existenz **verfahrenstechnischer Widersprüche** beziehen sich zum einen auf die mangelnde Gleichbehandlung der Länder im

Rahmen der Bundesergänzungszuweisungen sowie zum anderen auf die unausgewogene Vorgehensweise bei der Ermittlung der Länderfinanzkraft.

Mit Blick auf die Praxis einer Gewährung von Bundesergänzungszuweisungen zur Bestreitung der „Kosten politischer Führung" zugunsten vergleichsweise kleiner Bundesländer bleibt insbesondere offen, weshalb die Hansestadt Hamburg in diesem Zusammenhang unberücksichtigt bleibt. Letztgenannter Sachverhalt widerstrebt zumindest einem föderalen Gleichbehandlungsgebot der Gebietskörperschaften. Ferner werden bei der Ermittlung der jeweiligen Länderfinanzkraft *erstens* bei bestimmten Bundesländern – wie dargelegt – besondere Kosten beim Unterhalt von Seehäfen berücksichtigt. Abgesehen von dem Umstand, daß eine ökonomisch überzeugende Begründung derartiger „Sonderlasten" bisher aussteht, ist anzumerken, daß die Umverteilungswirkung dieser Regelung wegen nicht einheitlicher Beträge zum einen per Saldo eine Schlechterstellung einzelner betroffener Länder zur Folge hat. Zum anderen fällt auf, daß das Bundesland Schleswig-Holstein (mit dem Seehafen Kiel) bei dieser Entlastungsmaßnahme unberücksichtigt bleibt. *Zweitens* werden die Einnahmen der Gemeinden eines Bundeslandes bei der Finanzkraftermittlung nur jeweils zur Hälfte berücksichtigt, was zwar auf der einen Seite eine Besserstellung jener Bundesländer bedeutet, welche vergleichsweise „reiche Gemeinden" beheimaten. Dieses Vorgehen entbehrt jedoch auf der anderen Seite einer zum übrigen Finanzausgleichssystem konsistenten Begründung.

– Jenseits solcher Unstimmigkeiten im Detail weist das in Deutschland geltende Finanzausgleichssystem jedoch vor allem auch **grundsätzliche Mängel** auf. Die dabei wesentlichen Kritikpunkte beziehen sich auf systematische Widersprüche, auf effizienzschädliche und insoweit unerwünschte Anreizstrukturen sowie auf die mangelnde Transparenz des Verfahrens insgesamt. Systembezogene Widersprüche lassen sich insbesondere an zwei Stellen erkennen: Zum einen handelt es sich um die gewählte Vorgehensweise im Zusammenhang mit den Umsatzsteuerergänzungsanteilen sowie zum anderen um die sogenannte „Einwohner-Veredelung" auf der Landes- und auf der Gemeindeebene.

Hinsichtlich der **Umsatzsteuer-Ergänzungsanteile** ist *erstens* ein grundsätzlicher Systembruch dahingehend erkennbar, daß die horizontale Steuerverteilung nach dem Prinzip des regionalen Aufkommens, nicht jedoch nach örtlichen Bedarfslagen ausgerichtet sein soll. *Zweitens* gehören die hieraus resultierenden Einnahmen im sich anschließenden Länderfinanzausgleich zur originären Finanzkraft eines jeden Landes. Demzufolge verringern die Ländereinnahmen aus einer Umsatzsteuer-Vorabauffüllung die zu erwartenden Ausgleichszahlungen auf dieser Stufe des horizontalen Finanzausgleichs. Der Umverteilungseffekt der Gesamtregelung wird insoweit abgeschwächt oder verschwindet – nicht zuletzt aufgrund der Fehlbetrags-Bundesergänzungszuweisungen – nahezu vollständig. Zudem ist anzumerken, daß die gewählte Vorgehensweise keineswegs regelmäßig in ein – wenn auch verwirrendes – Nullsummenspiel mündet. Per Saldo können wirksam werdende Umsatzsteuereinbußen durch eine Minderbelastung im Länderfinanzausgleich (i. e. S.) sowohl über- als auch unterkompensiert werden. Für ein a priori als „finanzschwach" charakterisiertes Land kann sich im übrigen auch ein Nettoeffekt von Null ergeben, was dann der ursprünglichen Zielsetzung seiner Besserstellung in jedem Falle widerspricht.

Tatbestände einer „**Einwohner-Veredelung**" finden im geltenden System des Finanzausgleichs – wie dargelegt – an verschiedenen Stellen statt: Auf der einen Seite erhalten kleine Bundesländer (mit weniger als 4 Mio. Einwohnern) Sonderbedarfs-Bundesergänzungszuweisungen für die „Kosten politischer Führung" oder – mit anderen Worten – zum Ausgleich ihrer „Kosten der Kleinheit". Dieser Ansatz geht offenbar auf die Vorstellung einer subadditiven Kostenfunktion bei der Erstellung öffentlicher Leistungen zurück. Auf der anderen Seite werden die Einwohnerzahlen der Gemeinden bei der Berechnung der Ausgleichsmeßzahl mit Prozentsätzen gewichtet, die zwischen 100 und 130 liegen; größere Gemeinden erhalten Zuschläge, die mit steigender Besiedlungsdichte wachsen (siehe oben). Die hier eingebrachte Vorstellung von Ballungskosten folgt damit dem bereits erwähnten Brechtschen Gesetz und unterstellt – in Umkehrung der vorbenannten Argumentation – eine offenbar superadditive Kostenfunktion bei der Erstellung öffentlicher Leistungen. Derselben „Logik" folgend werden bei der Ermittlung der Ausgleichsmeßzahlen die Einwohnerzahlen der Stadtstaaten Berlin, Bremen und Hamburg mit 135 Prozent gewertet.

Abgesehen von der Widersprüchlichkeit der Argumentationsmuster und einem damit bewirkten Eindruck von **Beliebigkeit** und politischer Willkür setzen beide Vorgänge mit der Gewichtung von Einwohnerzahlen einen Impuls, wonach geltende Finanzausgleichsregelungen dazu anreizen, eine gewachsene – und insoweit mutmaßlich effiziente – Siedlungsgrößenstruktur im Raum künstlich zu verändern. Während eine Erstattung von „Kosten der Kleinheit" zutreffend als Subventionierung der Kleinstaaterei bezeichnet werden kann, setzen Veredelungen nach dem Brechtschen Gesetz unter Umständen einen unwirtschaftlichen Anreiz zu weiterem Gemeindegrößenwachstum und hoher Besiedlungsdichte, was dann in der Tat zu massiven – gleichwohl insoweit externalisierten – Ballungskosten führen kann. In jedem Fall erscheint die einseitige Argumentation (hier: mit Größenvorteilen, dort: mit Ballungskosten) kaum sachgerecht.

Im Rahmen effizienzschädlicher Anreizwirkungen des geltenden Finanzausgleichssystems ist an erster Stelle die übermäßig starke **Nivellierungswirkung** des Ausgleichsverfahrens zu nennen. Der eingangs als Zielvorstellung benannte Grundgedanke föderalen Wettbewerbs wird durch die beschriebene Regelung, wonach die Steuereinnahmen finanzschwacher Länder auf nahezu 100 Prozent auf die länderdurchschnittliche Finanzkraft angehoben werden, fast vollständig ausgeschaltet. Den Ländern wird hierdurch kaum Veranlassung gegeben, ihre Einnahmen durch eigenständige Maßnahmen einer rationalen Finanzpolitik zu optimieren. Finanzschwache Länder können – politikunabhängig – ihrer Anhebung auf den Durchschnitt sicher sein; finanzstarke Länder verlieren bereits ab einer Finanzkraft von 101 v. H. des Länderdurchschnitts bis zu 80 Prozent ihrer „Überschüsse". Faktisch impliziert dieser Nivellierungstatbestand insofern eine bundesweit uniforme Angleichung des wertmäßigen Pro-Kopf-Angebotes öffentlicher Leistungen. Die Minimum-Orientierung an einem Durchschnittswert ist dabei geeignet, den gesamten Staatsanteil zu erhöhen. In jedem Fall wirkt die Nivellierung der Staatstätigkeit auf hohem Niveau dem Grundgedanken einer – auch einnahmebezogenen – Länderautonomie entgegen. Diese Sachverhalte begründen die auf Klage einiger zahlungspflichtiger Landesregierungen hin ergangene Entscheidung des Bundesverfassungsgerichts vom November 1999, wonach das Verteilungsverfahren bis zum Jahre 2005 neu zu regeln ist.

Für den Bereich der Sonder-Bundesergänzungszuweisungen zur Haushaltssanierung (Bremen und Saarland) ist – nicht zuletzt mit Blick auf den erweiterten Horizont einer Europäischen Union – festzustellen, daß Defizitländer – unter Rekurs auf das „Bündische Prinzip" – auf der einen Seite zwar einen legitimen Anspruch auf Unterstützung durch die übrigen Länder geltend machen können. Auf der anderen Seite besteht jedoch zum einen die Gefahr, daß insbesondere kleine Bundesländer eine **strategische Ausbeutung** der Gesamtheit betreiben, solange restriktive Obergrenzen für die Verschuldung dieses „Shirking-Verhalten" nicht verhindern. Zum anderen bewirkt eine de-facto-Garantie durch die Gesamtheit aller Gebietskörperschaften eine Risikoverringerung für den jeweiligen Kapitalgeber, deren Zinswirkung dann einen Anreiz zur effizienzmindernden Erhöhung (einzel-)staatlicher Ausgabenaktivität mit Hilfe einer Schuldenfinanzierung bedeutet. Unter dem Regime eines derart verstandenen bündischen Prinzips führt eine rationale Haushaltspolitik folglich ins Defizit, zumal von den Bewohnern einer überschuldeten Gebietskörperschaft ein genuines Konsolidierungsinteresse nicht erwartet werden kann: Externalisiert doch das bündische Prinzip die finanzwirtschaftlichen Folgen seiner schuldenfinanzierten Besserstellung auf alle (anderen) Körperschaften bzw. auf deren Bewohner. Schließlich können für den Fall fehlender Infrastrukturgüter und in Situationen gravierender exogener Störungen Transferzahlungen durch andere Gebietskörperschaften zwar durchaus effizienzsteigernd sein. Im Unterschied zu den Maßnahmen im Rahmen des Investitionsförderungsprogramms „Aufbau Ost" sind die den neuen Bundesländern zufließenden Sonderbedarfs-Bundesergänzungszuweisungen jedoch nicht im Sinne einer investiven Mittelverwendung zweckgebunden. Demgemäß entsteht für die Empfängerländer ein – nicht zuletzt arbeitsmarktpolitischer – Anreiz, die Zuwendungen für konsumtive Zwecke zu verwenden, anstatt die Mittel einer investiven Stärkung der eigenen Wirtschaftskraft zuzuführen.

Ein Rückblick auf die gegebenen Regelungen zum deutschen Länderfinanzausgleich läßt ferner erkennen, daß das diesbezügliche Verfahren durch **fehlende Transparenz** und **mangelnde Beherrschbarkeit** gekennzeichnet ist. Nachdem effizienzmindernde und bisweilen widersprüchliche Anreizwirkungen das vom föderalen Grundgedanken angestrebte Ziel einer kostenminimalen Leistungsbereitstellung durch den Staat weitgehend vereiteln und die übermäßige Nivellierung einen wirksamen Wettbewerb unter den Gebietskörperschaften kaum mehr fördern kann, beeinträchtigt eine fehlende Transparenz in entsprechender Weise die angestrebte Output-Effizienz: Hiernach sollte durch einen dezentralen Staatsaufbau gewährleistet werden, daß die Einwohner der vergleichsweise kleinen Gebietskörperschaften an Ort und Stelle eine unmittelbare demokratische Kontrolle staatlichen Handelns ausüben, um auf diese Weise auf ein präferenzgerechtes Leistungsangebot des Staates bzw. auf ein optimales Verhältnis zwischen Abgabenbelastung und öffentlichem Güterangebot hinzuwirken. Soweit demgegenüber jedoch eine unübersichtliche Finanzwirtschaft der öffentlichen Hände geeignet ist, eine entsprechende Politikbeurteilung durch den Bürger zu verhindern, wird das Demokratiegebot staatlichen Handelns verletzt. Eine Kontrolle der Output-Effizienz staatlichen

Einnahme- und Ausgabeverhaltens durch die Öffentlichkeit kann bei dieser Sachlage kaum noch stattfinden.

Der mit Blick auf das deutsche Finanzausgleichssystem vorherrschende Eindruck der Intransparenz wird besonders augenfällig, wenn die im finanzwissenschaftlichen Schrifttum zahlreich unterbreiteten Reformvorschläge zu diesem Regelungswerk in ihren wesentlichen Aussagen und Empfehlungen betrachtet werden.

2.2.4 Grundgedanken zu einer Reform des Länderfinanzausgleichs

Ausgangspunkt ökonomischer Überlegungen zur zweckdienlichen Vereinfachung des Finanzausgleichs in Deutschland ist eine Rückbesinnung auf dessen ursprüngliche Zielsetzung: Demnach sollen durch den föderalen Finanzausgleich unangemessene Finanzkraftunterschiede, welche nach der primären Steuerverteilung zwischen den Ländern noch bestehen, ausgeglichen werden. Dabei sollen die Bestimmungen allgemeinverständlich, überschaubar und dennoch so flexibel einsetzbar sein, daß der Ausgleich unterschiedlichen Belastungssituationen gerecht werden kann. Schließlich muß – nicht zuletzt mit Rücksicht auf die einschlägigen Entscheidungen des Bundesverfassungsgerichts – gewährleistet bleiben, daß die ursprünglich gegebene Finanzkraftreihenfolge der Länder durch den Finanzausgleich nicht verändert wird. Von politischer Seite sind zudem zwei weitere Vorgaben formuliert worden, welche gleichsam als Nebenbedingungen zu berücksichtigen sind: Es handelt sich dabei zum einen um den Anspruch, daß eine Finanzkraft-Mindestausstattung für die schwächsten Länder gewährleistet sein soll. Zum anderen geht es um die Forderung, daß die Inanspruchnahme finanzkraftstarker Länder mit zunehmender Leistungsfähigkeit ansteigen soll. Demgemäß wird also eine progressive Gestaltung der einzubringenden Ausgleichsbeiträge angestrebt.

Allen vorbenannten Anforderungen kann ein einfaches Verfahren – namentlich ein linearer Ausgleichstarif – genügen. Dabei werden Ausgleichsbeiträge und Zuweisungen in einem einzigen Rechenschritt ermittelt, indem auf die „Überschüsse“ bzw. auf die „Fehlbeträge“ eines Landes im Vergleich zum Länderdurchschnitt ein einheitlicher, proportionaler „Umlagesatz“ erhoben bzw. verteilt wird. Die Verpflichtung oder der Anspruch eines Landes ergibt sich – wie im gegenwärtigen Verfahren – auf Grundlage der festgestellten Differenz zwischen seiner tatsächlichen Finanzkraft und jener Finanzkraft, welche dieses Land unter durchschnittlichen Voraussetzungen erreicht haben würde. Ist diese Differenz für ein Land positiv, so ist dessen Finanzkraft überdurchschnittlich; es ist folglich als ausgleichspflichtig zu kennzeichnen. Nimmt die Differenz hingegen einen negativen Wert an, dann ist die Finanzkraft des betreffenden Landes unterdurchschnittlich; es handelt sich demgemäß um ein ausgleichsberechtigtes Land. In jedem Fall wird auf die ermittelte Differenz ein **einheitlicher Finanzausgleichsabgabesatz** als Prozentwert (beispielsweise 60 v. H.) angelegt. Dementsprechend entsteht im zweiten Fall für das ausgleichsberechtigte Land daraus ein Transferanspruch von im Beispielfall 60 Prozent des Fehlbetrages zum Länderdurchschnitt.

Die Vorzüge des beschriebenen Verfahrens gegenüber dem geltenden Finanzausgleichssystem sind bestechend, da die Summe aller Ausgleichsbeiträge stets gleich der Summe der Zuweisungen ist und die Finanzierungsregel des Länderfinanzausgleichs (i. e. S.) damit auf das Gesamtsystem übertragen wird. Darüber hinaus besteht ein besonderer Charme der beschriebenen Vorgehensweise – neben ihrer transparenzfördernden Überschaubarkeit – in einer Vermeidung der vorstehend kritisierten übermäßigen Nivellierungswirkung des geltenden Systems. Schließlich kann in dem geschilderten Arrangement auf die oben als unwirtschaftlich bemängelten Sonderregelungen verzichtet werden.

Aus finanzwissenschaftlicher Sicht wird neben dem linearen Ausgleichstarif und einer gesetzlichen Formulierung von Obergrenzen der Verschuldung für die Bundesländer in aller Regel darüber hinaus vorgeschlagen, die Umsatzsteuerverteilung zwischen den Ländern ausschließlich und vollständig nach dem Kriterium der Einwohnerzahl vorzunehmen. Ferner sollte auf jede Form einer „Einwohner-Veredelung" sowie auf die Berücksichtigung von „Hafenlasten" und anderen Sonderbedarfen im horizontalen Finanzausgleich verzichtet werden. Schließlich erscheint es aus ökonomischer Sicht zweckmäßig, die Bundesergänzungszuweisungen in ihrer jetzigen Form abzuschaffen und den vertikalen Finanzausgleich mit horizontalem Effekt – unter Zweckbindung der Mittel – allenfalls auf die Finanzhilfen des Bundes nach Art. 104 Abs. 4 GG und auf die Gemeinschaftsaufgaben nach Art. 91 a GG zu beschränken. Die jüngste Vergangenheit hat allerdings gezeigt, daß derartige Vereinfachungen im System des Finanzausgleichs kaum durchsetzbar sind. Das bestehende Finanzierungsgeflecht ist ein Ergebnis politischer „Verhandlungsrunden" und somit ein Resultat strategischer Interaktionen auf dem „föderalen Schlachtfeld". Es wird auch künftig Austragungsort finanzieller Konflikte zwischen den Interessen der verschiedenen Gebietskörperschaften sein und bis in die Verschuldungsregeln vor dem Hintergrund des Amsterdamer Vertrages hineinreichen (Stichwort: Nationaler Stabilitätspakt).

3. Der öffentliche Haushaltsplan

Dem öffentlichen Haushaltsplan kommt eine fundamentale Bedeutung zu. Er soll zugleich ein Instrument zur Wahrung der finanzwirtschaftlichen Ordnung, zur Gewährleistung der administrativen und politischen Kontrolle, zur Darstellung des politischen Programms und zur Ausübung der volkswirtschaftlichen Lenkung sein. Der Haushaltsplan berücksichtigt die damit verbundenen Informationsansprüche in unterschiedlicher Weise: Im Mittelpunkt der Darstellung steht die ministeriale (ressortmäßige) Aufgabenerfüllung und Verantwortlichkeit. Überdies werden Art und Zielsetzung der öffentlichen Ausgaben und Einnahmen kenntlich gemacht. Seinen Funktionen kann der Haushaltsplan nur gerecht werden, wenn Aufstellung und Vollzug des Budgets eindeutigen Verfahrensregeln unterworfen sind; dies leisten die Haushaltsgrundsätze.

Vor diesem Hintergrund ist die parlamentarische Demokratie aus finanzwirtschaftlicher Sicht insbesondere durch die Ausgestaltung der sogenannten **Budgetrechte** zu kennzeichnen. Diese finden ihren Niederschlag wiederum in der Ausgestaltung des öffentlichen Haushaltsplans. Damit wird dokumentiert, welche in Geldgrößen meßbare Produktion öffentlicher Leistungen vom Staat für einen vorher festgelegten Zeitraum angestrebt wird. Der Haushaltsplan – auch Budget oder Etat genannt – ist infolgedessen eine systematische Zusammenstellung aller mit der geplanten Aufgabenerfüllung eines öffentlichen Haushalts voraussichtlich einhergehenden Zahlungsströme, mithin aller Ausgabenansätze sowie der zu deren Deckung voraussichtlich erforderlichen Einnahmen. Die Festlegung erfolgt durch das Haushaltsgesetz oder – bei den Gemeinden – durch die Haushaltssatzung, wobei die zugehörigen Normen jedoch keine unmittelbare Wirkung als Anspruchsgrundlage nach außen entfalten, sondern nur innerhalb der Verwaltung vollzugsverbindlich sind (§ 3 Abs. 2 Haushaltsgrundsätzegesetz).

3.1 Funktionen und Systematik des Haushaltsplans

Der öffentliche Haushaltsplan – im weiteren wird insbesondere auf den Etat des Bundes abgestellt – hat Instrumentalcharakter. Er dient der Erfüllung der sogenannten **Budgetfunktionen**, die dem Haushaltsplan im Entwicklungsprozeß der öffentlichen Finanzwirtschaft allmählich zugestanden wurden. Dabei lassen sich die Funktionen des Haushaltsplans im einzelnen aus dessen Entstehungsgeschichte ableiten:

– Zur Zeit des Absolutismus mit seiner zunächst dezentralisierten Verwaltung – der sogenannten Fondswirtschaft – hatte die Zusammenfassung der Einzeletats in einem einheitlichen Budget die Aufgabe, dem Landesherrn die Kontrolle und Lenkung seiner Verwaltung zu erleichtern. Der **administrativen Kontrollfunktion** entsprechend verkörpert der Haushaltsplan die gesetzliche Bewirtschaftungsgrundlage für die mit dem Vollzug des Etats betraute Verwaltung. Einerseits bindet das Budget deren Handeln, andererseits soll der Regierung und dem Parlament eine Kontrolle über die Administration ermöglicht werden. Eine solche Kontrolle kann zweckmäßig nur durchgeführt werden, wenn die staatlichen Aktivitäten in einem zentralen Plan zusammengefaßt sind, da bei einer dezentralen Anlage die Übersicht eher verloren geht.

– Im Eindruck einer sich allmählich ausbreitenden bürokratischen Verwaltung schließt sich an diese Zielsetzung die Vorstellung an, bei der Haushaltsführung ökonomische Rationalität walten zu lassen und ein Gleichgewicht von Einnahmen und Ausgaben zu erreichen. Der **finanzwirtschaftlichen Ordnungsfunktion** folgend sollen demnach die für eine Planungsperiode gegenübergestellten Ausgabenansätze und Einnahmenschätzungen sowohl das finanzielle Gleichgewicht des Gemeinwesens als auch ein wirtschaftliches Verhalten der Regierung gewährleisten. Die Forderung nach finanziellem Gleichgewicht bringt dabei zum Ausdruck, daß der öffentliche Haushalt nicht nach „Gewinn“ strebt, sondern eine Bedarfsdeckungswirtschaft betreibt. In der Gegenüberstellung von Ausgaben und Einnahmen offenbart sich gleichwohl der Zwang, die für die vorgesehenen Ausgaben notwendigen Einnahmen realisieren zu müssen.

– Im Zuge der Entwicklung zur parlamentarischen Demokratie erhielt dann das Parlament zunächst das Steuerbewilligungsrecht sowie im Anschluß daran das Mitbestimmungsrecht bei der Verwendung der Steuereinnahmen. Mit der Zusammenfassung beider Rechte und der dadurch bedingten regelmäßigen Festsetzung aller Einnahmen und Ausgaben wurden dem Haushaltsplan im Zeitverlauf politische Funktionen zugewiesen. Der Haushaltsplan gibt hiernach zum einen der Legislative das von der Regierung vorgesehene Programm bekannt; zum anderen ermöglicht er dem Parlament – insbesondere der Opposition – die vorherige und nachträgliche Kontrolle der Regierung. In diesem Sinne soll die **politische Kontrollfunktion** eine ständige Überwachung und Steuerung des Regierungshandelns ermöglichen, indem das Budget als Ausdruck der ausgabewirksamen Regierungstätigkeit regelmäßig beraten und gegebenenfalls beeinflußt wird. Diese Funktion gründet auf dem Vordringen der demokratisch-parlamentarischen Staatsform: Wurden Staatsausgaben und Steuereinnahmen ehedem durch den Monarchen hoheitlich festgelegt, so erfahren die Kontrollrechte des Parlaments nunmehr durch den Haushaltsplan ihre notwendige Absicherung.

– Bevor ein Parlament beeinflussend und beschließend sowie letztlich auch kontrollierend tätig werden kann, bedarf es eines Etats, in welchem die Regierung ihre politischen Ziele dokumentiert und in konkrete Ausgabenprogramme übersetzt. Dies entspricht der **politischen Programmfunktion**, wonach der Haushaltsplan das in Geldeinheiten ausgedrückte Handlungsprogramm der Regierung umfaßt. In diesem Zusammenhang ist zu vergegenwärtigen, daß der Haushaltsplan heutiger Prägung vor allem auch zur Erfüllung gesamtwirtschaftlicher Ziele eingesetzt wird; er erhält damit eine allokations- und verteilungspolitische Bedeutung. Das Budget erfüllt demnach auch eine **volkswirtschaftliche Lenkungsfunktion**. In diesem Sinne wird – wie im einzelnen noch darzulegen ist – die gesamtwirtschaftliche Nachfrage über die öffentlichen Ausgaben direkt und über die öffentlichen Einnahmen indirekt beeinflußt. Vergleichbare Überlegungen gelten für die Veränderung der Angebotsbedingungen – beispielsweise im Bereich der Infrastruktur. Dem Haushaltsplan soll zumindest ansatzweise zu entnehmen sein, in welchem Umfang und in welcher Richtung eine Regierung politische Lenkungsabsichten verfolgt.

Die vorstehend aufgeführten Budgetfunktionen stellen nun unterschiedliche Anforderungen an den **Aufbau** eines Haushaltsplans. Diesem Zweck dienen die Vorschriften des Haushaltsrechts (Haushaltsgrundsätzegesetz, Bundes- und Länderhaushaltsordnungen sowie Gemeindeordnungen). In aller Regel enthält ein Haushaltsplan mehrere systematische Darstellungen nebeneinander, um den unterschiedlichen Informationsansprüchen gerecht zu werden. Im Mittelpunkt steht dabei der **Einzel- oder Ministerialplan**. Die Gliederung des Etats nach dem Ministerial- oder Ressortprinzip legt also fest, welches Verfassungsorgan bzw. welcher Minister für welchen Teil des Haushalts verantwortlich ist. Auf diese Weise präsentiert sich der Bundeshaushaltsplan – wenngleich nicht fortlaufend durchnumeriert – in 27 Einzel- und Ministerialplänen.

Die Ministerialpläne sind des weiteren nach **Kapiteln** unterteilt, in denen jeweils mehrere Haushaltstitel einem Sachgebiet oder einer Behörde zugewiesen werden (siehe dazu die nachstehende Übersicht 6). So unterscheidet beispielsweise der Einzelplan 14 (Geschäftsbereich des Bundesministers der Verteidigung) des Bundeshaushaltsplans nicht weniger als 23 Kapitel.

Übersicht 6: Vertikale Gliederung des Bundeshaushaltsplans

Bundeshaushaltsplan

untergliedert in *Einzelpläne*:

01 Bundespräsident und Bundespräsidialamt
02 Deutscher Bundestag
⋮
08 Bundesminister der Finanzen
09 Bundesminister für Wirtschaft
⋮
14 Bundesminister der Verteidigung
⋮
19 Bundesverfassungsgericht
20 Bundesrechnungshof
⋮
36 Zivile Verteidigung
60 Allgemeine Finanzverwaltung

Einzelplan

untergliedert in *Kapitel*:

01 Bundesmimisterium der Verteidigung
02 Allgemeine Bewilligungen
⋮
07 Rechtspflege
08 Sanitärwesen
⋮
22 Bewilligungen im Rahmen der Mitgliedschaft zur NATO und zu anderen internationalen Organisationen
23 Sozialversicherungsbeiträge und Fürsorgemaßnahmen für Soldaten

Unter den **Titeln** eines Haushalts werden jeweils haushaltswirtschaftlich oder ökonomisch verwandte Einnahmen und Ausgaben sowie gegebenenfalls eingeräumte Verpflichtungsermächtigungen (damit werden die Ressorts zur Übernahme von Zahlungsverpflichtungen ermächtigt, welche zugehörige Ausgaben erst in zukünftigen Budgetperioden bewirken) zusammengefaßt. Ein Titel benennt den Zweck einer Zahlung und quantifiziert den dafür in Ansatz gebrachten Geldbetrag. Gegebenenfalls werden die dem Zweck oder dem Ansatz zugrundeliegenden Bestimmungen und Annahmen erläutert.

Da der Bundeshaushaltsplan eine große Zahl von Haushaltstiteln ausweist, setzt dies – über die Zusammenfassung der Ministerialpläne hinaus – eine übersichtliche Darstellung der nach zusätzlichen Merkmalen zusammengestellten Titel voraus, die zu diesem Zweck nach einem **Gruppierungs**- und nach einem **Funktionenplan** mit einer Gruppierungsnummer und mit einer funktionalen Kennziffer versehen sind (siehe dazu die nachfolgende Übersicht 7). Eine solche Ordnung von Haushaltsansätzen nach der Art der Einnahmen und Ausgaben macht sich den Umstand zunutze, daß über alle Einzelpläne hinweg Einnahme- und Ausgabegruppen mit gleichartigen wirtschaftlichen Wirkungen festgestellt werden können. Die sogenannte **Gruppierungsübersicht** unterscheidet infolgedessen zehn Hauptgruppen, welche ihrerseits eine noch weitergehende Differenzierung – in zweiziffrige Obergruppen und schließlich dreistellige Untergruppen – ermöglichen.

Übersicht 7: Horizontale Gliederung des Bundeshaushaltsplans

Gruppierungsübersicht	Funktionenübersicht
Gruppierungsnummer	Funktionale Kennziffer
0 Einnahmen aus Steuern und steuerähnlichen Abgaben	0 Allgemeine Dienste
1 Verwaltungseinnahmen, Einnahmen aus Schuldendienst und dergleichen	1 Bildungswesen, Wissenschaft, Forschung, Kulturelle Angelegenheiten
2 Einnahmen aus Zuweisungen und Zuschüssen mit Ausnahme von Investitionen	2 Soziale Sicherung, soziale Kriegsfolgeausgaben, Wiedergutmachung
3 Einnahmen aus Schuldenaufnahmen, aus Zuweisungen und Zuschüssen für Investitionen sowie besondere Finanzierungseinnahmen	3 Gesundheit, Sport und Erholung
	4 Wohnungswesen, Raumordnung und kommunale Gemeinschaftsdienste
4 Personalausgaben	5 Ernährung, Landwirtschaft und Forsten
5 Sächliche Verwaltungsausgaben, militärische Beschaffungen usw., Ausgaben für den Schuldendienst	6 Energie und Wasserwirtschaft, Gewerbe, Dienstleistungen
6 Ausgaben für Zuweisungen und Zuschüsse mit Ausnahme von Investitionen	7 Verkehrs- und Nachrichtenwesen
7 Baumaßnahmen	8 Wirtschaftsunternehmen, Allgemeines Grund- und Kapitalvermögen, Sondervermögen
8 Sonstige Ausgaben für Investitionen und Investitionsförderungsmaßnahmen	
9 Besondere Finanzierungsausgaben	9 Allgemeine Finanzwirtschaft
↓	↓

Haushaltsquerschnitt
als Matrix von Gruppierungs- und Funktionenübersicht

Eine andere Zusammenfassung der Haushaltsansätze geht von dem Tatbestand aus, daß Einnahmen und Ausgaben für identische (oder doch ähnliche) Zwecke von verschiedenen Ressorts getätigt werden (Gliederung der Einnahmen und Ausgaben nach Funktionen / Aufgabenbereichen). Daraus resultiert die sogenannte **Funktionenübersicht**, welche wiederum zehn hauptsächliche Aufgabenbereiche unterscheidet, die ihrerseits weiter untergliedert sind.

Funktionenübersicht und Gruppierungsübersicht werden schließlich in einer Matrix vereint, dem sogenannten **Haushaltsquerschnitt.** Dieses Tableau könnte, wenn es sorgfältig geführt wird, einen zweckdienlichen Überblick – über alle Haushaltsansätze hinweg – als Entscheidungshilfe für das Parlament und die Regierung bieten, da es dem Grunde nach Auskunft darüber geben kann, welche Ausgabearten in welcher Höhe der Erfüllung welcher Aufgaben in den Ressorts zugedacht sind. Tatsächlich wird in haushaltspolitischen Debatten darauf praktisch jedoch kein Bezug genommen.

Rückblickend wird erkennbar, daß die Gliederung eines Haushaltsplans nach dem Ministerialprinzip vornehmlich der administrativen Kontrolle dient: Die politische und finanzielle Verantwortung der mittelbewirtschaftenden Stellen wird damit klar zum Ausdruck gebracht. Demgegenüber zielt die Gruppierungsübersicht durch eine Kennzeichnung der Einzelpläne nach volkswirtschaftlichen Einnahme- und Ausgabekategorien am ehesten auf eine Verdeutlichung der volkswirtschaftlichen Lenkungsfunktion. Die Funktionenübersicht ist schließlich bestrebt, die institutionelle Transparenz des Ministerialprinzips durch eine funktionelle Zuordnung zu ergänzen, wobei allerdings zu beachten ist, daß oftmals verschiedene Ministerien mit gleicher Zielsetzung tätig werden. Jeder Ansatz im Haushaltsplan ist deswegen mit der dargestellten Funktionskennziffer versehen, wobei die Zuordnung der Funktionenkennziffern auf der Grundlage des vergleichsweise statisch angelegten Funktionenplans jedoch unter Umständen willkürlich erfolgt. Soweit allerdings sichtbar wird, wieviel Mittel für welche Zwecke eingesetzt werden, ist diese Gliederung der politischen Programmfunktion verpflichtet.

Von den restlichen Übersichten eines Haushaltsplans sind insbesondere noch die **Übersicht über die Verpflichtungsermächtigungen,** die **Finanzierungsübersicht** – zum Zweck der Ermittlung des Finanzierungssaldos (Defizit oder Überschuß) – mit dem zugehörigen **Kreditfinanzierungsplan** – zur Verdeutlichung der Verschuldungsvorgänge (Brutto- und Nettoverschuldung / Verschuldungsstruktur) sowie die **Personalübersicht** mit der Auflistung der genehmigten Planstellen zu nennen. Im einzelnen ist der Haushaltsplan damit aus den elf Positionen zusammengesetzt, welche in der nachfolgenden Übersicht 8 aufgeführt sind.

Übersicht 8: Bestandteile des Haushaltsplans

1. Haushaltsgesetz
2. Haushaltsübersicht (als Saldoaufnahme der Ministerialpläne nach Einnahmen und Ausgaben)
3. Übersicht über die Verpflichtungsermächtigungen
4. Finanzierungsübersicht
5. Kreditfinanzierungsplan
6. Gruppierungsübersicht
7. Funktionenübersicht
8. Haushaltsquerschnitt
9. Übersicht über die den Haushalt durchlaufenden Posten
10. Personalübersicht
11. Einzelpläne (Ministerialpläne)

Die Kennzeichnung des Haushaltsplans als „Plan" ist generell jedoch nur unter der Voraussetzung sinnvoll, wenn dessen Verabschiedung *vor* Beginn der Budgetperiode erfolgt. Ein Haushaltsplan kann seinen Funktionen letztlich allerdings nur dann gerecht werden, wenn bei dessen Aufstellung und bei dessen Vollzug geeignete Regeln beachtet werden. Derartige Budgetgrundsätze sind im Grundgesetz (GG), im Haushaltsgrundsätzegesetz (HGrG) und in der Bundeshaushaltsordnung (BHO) verankert.

3.2 Haushaltsgrundsätze und Haushaltskreislauf

Bei der Haushaltsplanung sind gleichsam naturgemäß und ohne besondere Hervorhebung zunächst die Prinzipien der Vorherigkeit (Art. 110 Abs. 2 GG), der Wahrheit und Klarheit sowie der Wirtschaftlichkeit und Sparsamkeit (§ 6 HGrG, § 7 BHO) zu beachten. Darüber hinaus sind zudem die in der nachstehenden Übersicht 9 dargestellten Haushaltsgrundsätze zu berücksichtigen.

– Der **Grundsatz der Vollständigkeit** (Art. 110 Abs. 1 GG, §§ 8, 12 HGrG, §§ 11, 15 BHO) fordert, daß *alle* voraussichtlich zu erwartenden Ausgaben und Einnahmen in einem Budget zusammengefaßt werden. Der Zweck dieses Grundsatzes liegt in der Verhinderung von unkontrollierten Finanztransaktionen. Folglich müssen sämtliche Zahlungen nach dem *Bruttoprinzip* in Ansatz gebracht werden: Eine Saldierung von Einnahmen und Ausgaben ist unzulässig. Ausnahmen vom Bruttoprinzip sind bei kaufmännisch geführten öffentlichen Betrieben zugelassen, welche nur mit ihrem Nettoergebnis in den Haushalt eingehen. Zudem wird die Neuverschuldung als Nettogröße nach Abzug der Tilgungsleistungen für bestehende Schulden ausgewiesen. Die Finanzierungsübersicht in Verbindung mit dem Kreditfinanzierungsplan schafft hier aber den erforderlichen Einblick. Eine besondere Bedeutung erlangen in diesem Zusammenhang beispielsweise die Zins- und Tilgungsverpflichtungen aus den aufgenommenen Schulden, die übernommenen Pensionsverpflichtungen für aktive und für nicht mehr aktive Beamte oder die Eventualverpflichtungen für bereitgestellte Gewährleistungen: Damit entstehen Verbindlichkeiten, die im Budget nicht ausgewiesen werden. Ergänzend ist auf Vorgänge des „versteckten öffentlichen Bedarfs“ hinzuweisen, welche gleichfalls im Haushaltsplan nicht erfaßt werden (können). Die Vollständigkeit der aufzulistenden Vorgänge ist für die Erfüllung aller Budgetfunktionen unabdingbar.

Übersicht 9: Haushaltsgrundsätze und Budgetfunktionen

Haushalts-grundsatz	Budgetfunktionen				
	Administrative Kontroll-funktion	Finanzwirt. Ordnungs-funktion	Politische Kontroll-funktion	Politische Programm-funktion	Volkswirtschaftliche Lenkung
Vollständigkeit	+	+	+	+	+
Einheit	(+)	+	(+)		
Öffentlichkeit			+	(+)	
Non-Affektation	(+)		(+)	(+)	
Spezialität	+	(+)	+		–
Haushaltsausgleich		+			
Genauigkeit	+	+	+	+	+
Jährlichkeit	+	–	+	–	–

Ein nach diesen Grundsätzen geplanter und vollzogener Haushalt
+ hilft, diese Funktion (mit Einschränkung) zu erfüllen
– erschwert die Erfüllung dieser Funktion.

Quelle: In Anlehnung an Rürup / Hansmeyer (1984), S. 14 ff.

– Ebenfalls zur Verhinderung unkontrollierten Finanzgebarens fordert der **Grundsatz der Einheit** (Art. 110 Abs. 1 GG; §§ 8, 18 HGrG, §§ 11, 26 BHO), daß alle veranschlagten Einnahmen und Ausgaben in *einem* Haushaltsplan zusammengefaßt werden; allein die Teilung in einen Verwaltungs-

und einen Finanzhaushalt (für Investitionsausgaben) wird zugestanden. Verstöße sind in Form sogenannter Neben- oder Schattenhaushalte – dazu gehören beispielsweise zahlreiche „Sondervermögen" – in vielfältiger Weise bekannt. Keine Verstöße stellen dagegen die Ergänzungshaushalte und die Nachtragshaushalte dar, da sie mit dem ursprünglichen Haushaltsplan verschmelzen: Ergänzungshaushalte verändern den noch in der Haushaltsberatung stehenden Etatentwurf; Nachtragshaushalte umfassen außerplanmäßige und überplanmäßige Ausgaben, welche im Rahmen des Haushaltsvollzugs den bereits verabschiedeten Haushalt entsprechend verändern. Bei solchen Ansätzen muß ein unvorhersehbarer Bedarf (etwa zum Schadensausgleich bei Katastrophen) oder ein unabweisbarer Bedarf (insbesondere bei Rechtsansprüchen an den Staat) nachgewiesen werden.

– Der **Grundsatz der Öffentlichkeit** (Art. 110 Abs. 2 GG) besagt, daß alle Stadien der Haushaltsführung für die Öffentlichkeit erkennbar sein sollen. Jeder Bürger soll demnach in die Lage versetzt werden, sich ein zutreffendes Bild vom öffentlichen Finanzgebaren verschaffen zu können. In seiner allgemeinpolitischen Funktion soll dieser Grundsatz bewirken, daß dem Bürger die Verwendung der Steuermittel offengelegt wird. In seiner finanzpolitischen Funktion erhöht dieser Grundsatz die Dispositionssicherheit der privaten Wirtschaftssubjekte. Prinzipiell sind dazu nur zwei Ausnahmen zulässig: Aus Sicherheitsgründen können in bestimmten Fällen „Geheim"-Vermerke angebracht sein. Überdies wird dem Bundeskanzleramt ein sogenannter „Reptilienfonds" (mit geringem Umfang) zugestanden. Unabhängig davon sind Gestaltungsspielräume bei der „Budgetpolitik" infolge von Schätz- und Veranschlagungsschwierigkeiten gegeben und teilweise auch geboten (z. B. für die Einplanung von Tariferhöhungen für die Beschäftigten).

– Der **Grundsatz der Non-Affektation** (§ 7 HGrG, § 8 BHO) fordert die Deckung aller Ausgaben durch die Gesamtheit aller Einnahmen; eine Zweckbindung von Einnahmen ist demnach nicht zulässig. Auf diese Weise soll zum einen die Gleichwertigkeit aller Staatszwecke garantiert werden, während zum anderen die Flexibilität des Etats und damit die Handlungsfähigkeit des Parlaments erhalten bleibt. Verstöße gegen diesen Grundsatz waren und sind wiederholt zu beobachten, wobei die Gründe für eine Zweckbindung vor allem im finanzpsychologischen Bereich zu suchen sind. Der Widerstand gegen eine Zahlung von Steuern wird sich in dem Umfang vermindern, wie die Zahlungspflicht gegen eine Leistung des Staates aufgerechnet werden kann. Bewußt zu machen ist in solchen Fällen jedoch, daß Zweckbindungen zum einen geeignet sind, Ausgabeautomatismen zu installieren. Zum anderen gerät die Erfüllung der jeweils betreffenden Aufgabe durch ein Affizieren bestimmter Einnahmen in Abhängigkeit von eben dieser Einnahmeart. Beide Sachverhalte erscheinen – zumal in langfristiger Perspektive – bedenklich, da sie die politische Planungs- und Handlungsfähigkeit des Parlaments – hausgemacht – beschränken.

– Der **Grundsatz der Spezialität** – verteilt über eine Vielzahl von Bestimmungen des Grundgesetzes, des Haushaltsgrundsätzegesetzes und der Bundeshaushaltsordnung – besagt, daß die im Haushaltsplan angesetzten Mittel nur für den dort vorgegebenen Zweck (**qualitative Spezialität**), nur in der dort vorgegebenen Höhe (**quantitative Spezialität**) und nur in der dort vorgegebenen Zeit (**temporäre Spezialität**) verausgabt werden dürfen. Ausnahmen von der qualitativen Spezialität sind zulässig, sofern Haushaltstitel im Rahmen von sogenannten Deckungsklauseln für ein- oder wechselseitig dekkungsfähig erklärt sind. Ausnahmen von der quantitativen Spezialität sind erlaubt, soweit über- und außerplanmäßige Ausgaben zu leisten sind. Zwar ist auch eine Einsparung von Mitteln möglich, doch wird ein Ressortverwalter stets um eine volle Ausschöpfung seiner Haushaltstitel bemüht sein, da dies zum einen vermeintlich den Grad seines Erfolges erhöht und zum anderen zumindest gleichhohe Ressortansätze in den nachfolgenden Budgetperioden verspricht (Dezemberfieber). Von der temporären Spezialität kann abgewichen werden, wenn Ausgaben als übertragbar gekennzeichnet sind; dies gilt wegen der häufig erforderlich werdenden Ausreifungszeit vorzugsweise für Investitionen.

– Der **Grundsatz des Haushaltsausgleichs** (Art. 110 Abs. 1 GG; § 17 HGrG, § 25 BHO) verlangt einen in Ausgaben und Einnahmen ausgeglichenen Haushalt. Diese Forderung ist für sich genommen inhaltsleer, da ein formaler Ausgleich – in aller Regel werden die Ausgaben die Einnahmen überragen – stets problemlos mit Hilfe einer unterstellten Kreditfinanzierung zu bewirken ist. Eine materielle Bedeutung erlangt dieser Grundsatz allerdings in solchen Fällen, bei denen die geplante Kreditaufnahme an rechtliche oder marktmäßige Grenzen stößt.

An dieser Stelle ist auf Art. 115 Abs. 1 GG, § 13 HGrG, § 18 BHO zu verweisen: Danach dürfen Einnahmen aus Krediten nur bis zur Höhe der Summe der Ausgaben für Investitionen im Haushaltsplan veranschlagt werden. Ausnahmen sind nur zur Abwehr einer Störung des gesamtwirtschaftlichen Gleichgewichts zulässig. In diesem Fall sind besondere Darlegungspflichten zu erfüllen. – Daneben sind die Vorgaben zur Haushaltsdisziplin des Art. 104 Amsterdamer Vertrag i. V. m. dem Protokoll über das Verfahren bei einem übermäßigen Defizit beachtlich. Hier werden – bezogen auf die Gebietskörperschaften insgesamt – die Netto-Neuverschuldung auf 3 Prozent und der Schuldenstand auf 60 Prozent des Bruttoinlandsprodukts begrenzt. Im föderalen System unterliegt die Einhaltung dieser Referenzwerte einem gesonderten Verfahren, das derzeit noch nicht abschließend geklärt ist.

– Der **Grundsatz der Genauigkeit** fordert, daß eine möglichst exakte Veranschlagung der voraussichtlichen Ausgaben und der zu erwartenden Einnahmen erreicht wird. Die Abweichung von den tatsächlichen Ausgaben und Einnahmen soll demnach möglichst gering sein. Der Zweck dieses Grundsatzes besteht in einer Verhinderung von Scheinbudgets, welche faktisch das Budgetbewilligungsrecht des Parlaments unterlaufen würden. Die Forderung erweist sich auf der Ausgabenseite des Budgets als unproblematisch, solange Zahlungen auf eindeutigen gesetzlichen Grundlagen beruhen und entsprechend konkretisierbar sind; dies gilt beispielsweise für Pensionen und Beamtengehälter oder für das Kindergeld. Schwierigkeiten ergeben sich dagegen für solche Ausgaben und Einnahmen, welche durch das Mitwirken der Bürger oder durch die gesamtwirtschaftliche Entwicklung beeinflußt werden. Viel schwieriger ist die Sachlage auf der Einnahmenseite des Etats zu beurteilen. Hier ist der Arbeitskreis Steuerschätzung (vertreten sind darin der Bund, die Länder, die Gemeinden, die Deutsche Bundesbank, die wissenschaftlichen Forschungsinstitute und der Sachverständigenrat zur Begutachtung der gesamtwirtschaftlichen Entwicklung) zweimal im Jahr darum bemüht, verläßliche Zahlen über die absehbaren Steuereinnahmen insgesamt und für die einzelnen Gebietskörperschaften auf der Grundlage von Konjunkturmodellen und Angaben zu den Steueraufkommenselastizitäten zu erarbeiten. Dieses Unterfangen führt infolge laufender Steuerrechtsänderungen, sich ändernder wirtschaftlicher Rahmenbedingungen und entsprechender Reaktionen der Wirtschaftssubjekte in zunehmendem Maße zu unsicheren Ergebnissen.

– Der **Grundsatz der Jährlichkeit** (Art. 110 Abs. 2 GG, § 9 HGrG, § 12 BHO) besagt schließlich, daß sich eine Haushaltsperiode in der Regel über ein Jahr oder gegebenenfalls über zwei Jahre – dann indes nach Haushaltsjahren getrennt (Doppelhaushalt) – erstreckt. Die darin verankerte Regelmäßigkeit erleichtert die Kontrolle von Regierung und Administration.

Werden die Haushaltsgrundsätze in Beziehung zu den Budgetfunktionen gesetzt, so dürfen sie als funktional einseitig angelegt gelten (siehe nochmals die obige Übersicht 9). Während die administrative und die politische Kontrollfunktion dominieren, bestehen hinsichtlich der Programm-, der Ordnungs- und der Lenkungsfunktion mitunter erhebliche Schwachstellen. Die politische

Programmfunktion wird in der Weise vernachlässigt, wie der Haushaltsplan nicht in der Lage ist, Wünschenswertes und Machbares, Gegenwarts- und Zukunftsinteressen sowie Bundes- und Länderinteressen jeweils aufeinander abzustimmen. Infolgedessen werden in der Regel Ausgaben, nicht aber Aufgaben formuliert. Die Haushaltspolitik orientiert sich häufig zunächst am Tagesgeschehen; die von künftigen Generationen zu tragenden Folgelasten bleiben dabei meistens unberücksichtigt. Die finanzwirtschaftliche Ordnungsfunktion erfährt eine nachrangige Beachtung, indem der Fluß von Ausgaben und Einnahmen nicht über mehrere Budgetperioden verteilt werden kann, Doppelplanungen verschiedener Ministerien nicht rechtzeitig erkannt werden und zukünftige Belastungen des Etats aufgrund gesetzlich vorgegebener, gleichsam automatischer Ausgabenzwänge sich nicht verdeutlichen lassen. Die volkswirtschaftliche Lenkungsfunktion wird schließlich nur eingeschränkt erfüllt, da die Gestaltung der Budgetansätze sowohl ihrer Struktur als auch ihrem Volumen nach weder eine Vermeidung von Unterbeschäftigung noch eine Verhinderung von Inflation sicherstellen kann. Überdies werden die privatwirtschaftlichen Dispositionen auf mittlere Sicht durch den kurzfristig angelegten Haushaltsplan kaum erleichtert.

Die Einhaltung der vorstehend aufgeführten Haushaltsgrundsätze steht sodann stets auf dem Prüfstand, wenn es um die Abwicklung des Haushaltsverfahrens geht. Der **Haushaltskreislauf** ist dabei in vier Phasen aufzuteilen: den Entwurf, die Beratung, den Vollzug und die Kontrolle des Haushalts.

– Der **Entwurf** eines Etats läuft nahezu zwei Jahre vor der Budgetperiode an, für welche der Haushalt erstellt wird. Der damit einhergehende Informations- und Koordinationsprozeß läßt sich verkürzt als Abstimmung „von unten nach oben“ charakterisieren. In einem ersten Schritt werden die Bedarfe innerhalb der Ressorts an ihrer Realisierbarkeit gemessen, wobei die Anmeldungen – zunächst beginnend bei der untersten Dienststelle – entsprechend der Ressorthierarchie an die jeweils nächsthöhere Instanz weitergeleitet und aufeinander abgestimmt werden. Die Vorschläge der Ministerien werden im Anschluß an diese grobe Koordination im Finanzministerium durch eine Rückkoppelung mit den einzelnen Ministerien überarbeitet und an den erwarteten Finanzierungsrahmen angepaßt. Der ausgehandelte Planentwurf wird danach dem Kabinett zugeleitet, der genehmigte Plan dann als Gesetzentwurf an die Legislative zur Verabschiedung übersandt. Damit endet die Phase des Entwurfs. Ein maßgeblicher Kritikpunkt an diesem Prozeß ist die „Übermacht der Exekutive“ (*G. Schmölders*): Das Kabinett vollzieht nur nach, was die Ressorts erarbeitet haben; die Rationalität des Regierungshandelns wird nicht offenbar, die finanzwirtschaftliche Ordnungsfunktion wird nur eingeschränkt erfüllt.

– Die Phase der **Beratung** des Etats sieht nach einer ersten Lesung (Generaldebatte) im Bundestag die Überweisung des Entwurfs an den Haushaltsausschuß vor. In diesem Gremium, in welchem fachkundige Vertreter aller Fraktionen wirken, werden die Einzelpläne gleichsam Titel für Titel durchforstet und nach Bedarf korrigiert. Sodann wird im Anschluß an eine zweite und dritte Lesung im Bundestag über die Einzelpläne des Haushalts abgestimmt. Nach der Zustimmung des Bundesrates, die unter Umständen erst unter Hinzuziehung des Vermittlungsausschusses zustande kommt, kann das Haushaltsgesetz schließlich verkündet werden. Die Beratungsphase macht eine Schwäche vor allem im Hinblick auf die politische Programmfunktion deutlich: Sofern überhaupt eine sachliche Auseinandersetzung mit den Planvorgaben stattfindet und nicht nur auf eine öffentlichkeitswirksame Selbstdarstellung der Beteiligten abgezielt wird, stehen die Ministerialpläne im Vordergrund der Debatten. Bewertungen auf der Grundlage der Gruppierungs- und der Funktionenübersicht kommen dabei – wie bereits angemerkt – oftmals zu kurz.

– Der **Vollzug** des Etats beginnt, sobald die Mittel vom Bundesfinanzministerium den einzelnen Exekutivorganen abschnittsweise zur Bewirtschaftung zugewiesen werden. Da das Budget prinzipiell vollzugsverbindlich ist, kann die Verwaltung auf eine Veränderung des gesellschaftlichen und wirtschaftlichen Umfeldes nicht oder nur unzureichend reagieren. Dies geht mit einer Beeinträchtigung vor allem der volkswirtschaftlichen Lenkungsfunktion einher, da Handlungsspielräume beispielsweise zum Ausgleich von unerwarteten Beschäftigungs- oder Preisschwankungen kaum gegeben sind.

– Die Phase der **Kontrolle** bildet den Abschluß eines Haushaltskreislaufs. Ist das Budget vollzogen und die Rechnungslegung erfolgt, liegt das Schwergewicht der administrativen Kontrolle beim Bundesrechnungshof, welcher die Ordnungsmäßigkeit und Wirtschaftlichkeit der Haushaltsführung über die ersten drei Phasen hinweg begleitend prüft. Die politische Kontrolle wird dagegen zum einen vom Haushaltsausschuß während des Vollzugs, zum anderen nach Vorlage des Prüfungsberichts des Bundesrechnungshofes durch die Legislative selbst ausgeübt. Indem die politische Kontrolle mit einer erheblichen zeitlichen Verzögerung vorgenommen wird, sind die gleichnamigen Funktionen des Budgets allenfalls eingeschränkt erfüllt. Zum Zeitpunkt der Kontrolle ist längst ein neuer, zukünftiger Haushaltsplan in den Mittelpunkt des Interesses gerückt. Die den Haushaltskreislauf abschließende Entlastung der Bundesregierung durch die Legislative ist infolgedessen zumeist nur eine Formalität. Die Haushaltspolitiker müssen also stets vier Pläne gleichzeitig überwachen: die Kontrolle des vorherigen, den Vollzug des laufenden, die Beratung des folgenden sowie schließlich den Entwurf des zukünftigen Budgets.

Während bereits die Gegebenheiten des Haushaltskreislaufs eine konzeptionell mehrjährige Anlage der Budgetplanung und -beratung nahelegen, ist darüber hinaus zu beachten, daß zahlreiche staatliche Maßnahmen ihre Einnahme- bzw. Ausgabewirkung über einen längeren Zeitraum entfalten. Dabei ist beispielgebend an ordnungspolitische Eingriffe und prozeßverändernde Regelungen im Steuerrecht oder an größere Investitionsvorhaben des Staates zu denken, deren finanzwirtschaftliche Folgewirkungen absehbar „unbegrenzt" sind. In Verbindung mit dem normativen Anspruch der zuvor benannten Haushaltsgrundsätze begründen solche Vorgänge dann die Frage, wie die ökonomische Rationalität finanzwirtschaftlicher Entscheidungen verbessert werden kann.

3.3 Ansätze zur Verbesserung budgetwirksamer Entscheidungen

Die durch den skizzierten Budget-Inkrementalismus, d. h. durch eine Fortschreibung bestehender Haushaltstitel bewirkte Input-Orientierung der staatlichen Budgetierungspraxis, und die damit bisweilen einhergehende Erstarrung von Budgetstrukturen haben im Laufe der Zeit verschiedene Reformansätze für die staatliche Haushaltswirtschaft hervorgebracht. Dazu rechnet in Deutschland beispielsweise die Einführung der Mittelfristigen Finanzplanung (§§ 9 ff. StabG sowie §§ 50 ff. HGrG). Darüber hinaus werden zum einen das Programmbudget sowie zum anderen das Zero-Base-Budgeting und die Sunset Legislation diskutiert.

3.3.1 Mittelfristige Finanzplanung und Programmbudget

Die **Mittelfristige Finanzplanung** (MFP) wurde konzipiert, um Mängel bei der staatlichen Haushaltsplanung zu reduzieren und um die finanzwirtschaftliche Langfristplanung sowie die damit verbundene staatliche Prioritätenwahl für das Parlament und für den Bürger transparent und nachvollziehbar zu gestalten. Sie hat diese ursprünglich in sie gesetzten Erwartungen gleichwohl zu keinem Zeitpunkt hinreichend erfüllen können.

Grundgedanke der MFP war eine Abkehr vom Jährlichkeitsprinzip und ein explizit planerischer Einbezug einerseits von Folgekosten staatlicher Maßnahmen sowie andererseits künftig zu erwartender Finanzierungsspielräume der öffentlichen Hände innerhalb des – mittelfristigen – zeitlichen Horizonts des vorgenannten Haushaltskreislaufs mit nunmehr fünf Jahren. Ausgangspunkt der Projektion sind dabei die Ist-Ergebnisse des laufenden Haushaltsjahres, woran sich der Entwurf des Haushaltsplans für das Folgejahr anschließt; hinzu kommen drei „echte" Planjahre. Bei der MFP handelt es sich insoweit einmal mehr um die Fortschreibung eines bestehenden Haushaltsplans, weniger um dessen in die Zukunft gerichtete Planung. Die zugehörige „Finanzplanung der Bundesregierung" bezieht sich damit auf den genannten dreijährigen Planungshorizont und besteht im wesentlichen in der laufenden und gleitenden Anpassung der Planung an die Entwicklung tatsächlicher Gegebenheiten. Dies geschieht unter Berufung auf scheinbare oder faktische Zwangsläufigkeiten. Damit wird freilich eine prinzipielle Umkehrung der ursprünglich intendierten Kausalitätsbeziehung vollzogen, wonach finanzwirtschaftliche Fakten an ihrer vorherigen Planung, nicht jedoch die Planung ex post an den Fakten ausgerichtet werden sollte.

Immerhin ermöglicht die tatsächliche Vorgehensweise zumindest dem Grunde nach eine Quantifizierung der ökonomischen Auswirkungen politischer Vorgänge und Maßnahmen auf die finanzwirtschaftliche Planung der Regierung. Da jedoch eine parlamentarische Mitwirkung am Finanzplan der Bundesregierung nicht vorgesehen und dessen materieller Gehalt auf den Charakter einer bloßen Absichtserklärung des Kabinetts ohne eigene Vollzugsverbindlichkeit beschränkt ist, bleibt die planerische Potenz der MFP als Grundlage ökonomischer und politischer Wirtschaftlichkeits- und Wirksamkeitskontrolle begrenzt.

Trotz aller berechtigten Kritik kann die Finanzplanung aber gleichwohl als zumindest konzeptionell hilfreicher Beitrag zur **Absicherung zentraler Budgetfunktionen** angesehen werden: Die MFP liefert – ihrem Anspruch nach – eine mehrjährig angelegte Gesamtschau der politischen Handlungsziele der Regierung und ist somit der politischen Programmfunktion verpflichtet. Sie mag darüber hinaus das öffentliche Bewußtsein über die politische Programmsetzung schärfen. Durch die quantitative Operationalisierung der Programme in längerfristige Einnahme- und Ausgabewirkungen dient sie ferner der finanzwirtschaftlichen Ordnungsfunktion. Ihre indirekte Ausrichtung an den Zielen des Stabilitätsgesetzes verpflichtet die Budgetplanung in institutionalisierter Form der volkswirtschaftlichen Lenkungsfunktion des Budgets, wobei jedoch auf eine Verdeutlichung denkbarer oder tatsächlich gebotener Alternativen zum jeweils gewählten Programm regelmäßig verzichtet wird. Eine per Saldo wohlwollende Beurteilung des Grundkonzeptes vermag allerdings nicht über die evidenten Schwächen bei der praktischen Umsetzung hinwegzutäuschen. Dabei besteht insbesondere politisch die Gefahr, das als transparenzfördernd konzipierte Planungsinstrument als eine Legitimationsfassade der damit befaßten Gremien zu mißbrauchen. Als hierfür ursächlich kann vor allem auch die weitgehende Ablaufidentität und gemeinsame Ausgabenorientierung von Haushalts- und Finanzplanung gelten, bei der sich die Ausgabenansätze aus einem Anforderungssystem „von unten nach oben" ergeben und die Planung in den Händen von politisch letztlich nicht verantwortlichen Instanzen liegt.

In gleicher Weise wie die MFP ist auch das Konzept des **Programmbudgets** („Planning-Programing-Budgeting-System" / PPBS) der hehren Zielsetzung verpflichtet, einen systemtheoretisch begründeten Prozeß abzubilden, aus dem der Haushaltsplan als Endergebnis eines mehrfach rückgekoppelten integrierten Aufgaben- und Ausgabenplanungsprozesses hervorgehen sollte. Im *ersten Schritt* der Planungsphase erfolgt dabei eine Zielbestimmung und Spezifizierung der Staatstätigkeit, indem normative Grundaussagen operationalisiert und quantifiziert werden. Dabei sind im Rahmen der Prioritätenwahl grundlegende Wertvorstellungen zu formulieren und gegebenenfalls bestehende Zielkonflikte aufzudecken. Beispielgebend mag aus dem Grundwert „Schutz und Erhalt des menschlichen Lebens" als politisches Ziel u. a. die Förderung der Volksgesundheit abgeleitet werden. In einem *zweiten Schritt* der „Programmierung" sind aus der qualitativ spezifizierten allgemeinen Zielsetzung dann bestimmte Handlungsfelder mit einzelnen Maßnahmenprogrammen zur Implementierung abzuleiten. Aus dem oben genannten Ziel einer Förderung der Volksgesundheit ließen sich dann beispielsweise – unter Rekurs auf eine vorbeugende Gesundheitspflege – umweltpolitische Aktivitäten (etwa der Luftreinhaltung) ableiten. Deren Prüfung und Bewertung vollzieht sich dann im Rahmen einer Kosten-Nutzen-Analyse: Vor Durchführung einzelner politischer Programme sollen die bewerteten Vorteile den jeweiligen Kosten einer staatlichen Maßnahme gegenübergestellt werden, um auf dieser Grundlage eine rationale, d. h. wirtschaftliche und wirksame staatliche Handlungswahl zu gewährleisten. Im Fortgang einer derart zunehmenden **Konkretisierung politischer Ziele** sind die abgeleiteten Programme laufend zu überwachen und zu evaluieren. Ein *dritter Schritt* der Budgetierung beinhaltet eine Transformation des mittel- und langfristigen Aktionsprogramms in ein jährliches Exekutivbudget, welches laufend an die getroffene Programmplanung anzupassen und fortzuschreiben ist. Im vorgenannten Beispiel wären demnach Haushaltsmittel in konkreter Höhe zur Subventionierung des Filtereinbaus in Kraftwerkanlagen auszuweisen. An die Durchführung der zugehörigen Maßnahmen schließt sich dann die politische und finanzwirtschaftliche Kontrolle des Staatshandelns als Grundlage einer ex post-Evaluation an: Demnach wäre in diesem *vierten Schritt* zu prüfen, inwieweit die in der Programmplanung vorgesehenen Ziele durch die konkret getroffenen Maßnahmen zielgerecht umgesetzt worden sind. Ergänzend können aus dieser Erfahrung dann Regelgrößen für die langfristige und zukünftige Planung gewonnen werden. In der somit vorgestellten Leitidee des PPBS konkretisiert sich folglich als Idealbild die Vorstellung einer staatlich rationalen Handlungswahl, wie sie dem Grunde nach in der zuvor dargelegten Mittelfristigen Finanzplanung angelegt sein sollte. Tatsächlich ergeben sich jedoch erhebliche methodische, technische und politische Probleme, sobald die beschriebenen Grundgedanken in die politisch-planerische Praxis umgesetzt werden sollen. Dabei steht an erster Stelle die Schwierigkeit einer **Operationalisierung** der Kosten und Erträge der staatlichen Maßnahme.

Da eine Bewertung staatlich bereitgestellter Güter in Geldeinheiten – beispielsweise der Umweltqualität – im Regelfall schwer durchführbar ist und auch die Kostenseite methodische Unsicherheiten sowie auch intangible (monetär nicht bewertbare) Komponenten enthält, läuft eine pragmatische Anwendung der **Kosten-Nutzen-Analyse** stets Gefahr, zur scheinbar ökonomischen Begründung für letztlich doch willkürlich durchgesetzte Maßnahmenprogramme zu degenerieren. Angesichts der problematischen Nutzenbewertung bestimmter Kollektivgüter stellt dann die sogenannte **Kosten-Wirksamkeits-Analyse** eine gleichsam zweite Verteidigungslinie der staatlich rationalen Programmplanung dar: Hier wird eine bestimmte Maßnahme als politisch vorgegeben akzeptiert und einer weiteren Bewertung dann nicht mehr unterzogen. Die Planungsprozesse beschränken sich vielmehr auf einen Kosten- und Wirksamkeitsvergleich alternativer Maßnahmenbündel zur Realisierung des vorgegebenen Ziels. Eine solche – erheblich weniger anspruchsvoll konzipierte – Vorgehensweise trifft dann freilich auf das Problem, daß ein Sachverhalt, der aus finanzwirtschaftlicher Sicht zweifelsfrei als Kostentatbestand zu identifizieren ist, aus politischer Sicht demgegenüber eine Nutzen- bzw.

Ertragsqualität erlangt, welche sich auf potentielle Stimmengewinne bei der demokratischen Willensbildung bezieht. Beispielsweise können die mit einem Investitionsprojekt verbundenen öffentlichen Ausgaben aus (regional-)politischer Sicht durchaus den Charakter einer Ertragskomponente annehmen, indem die örtlich ansässigen Produktionsbetriebe mit entsprechenden Aufträgen und einer Teilhabe an den Folgeausgaben rechnen dürfen.

Aus dem in praxi weitgehenden Scheitern der zuvor benannten Budgetierungskonzepte resultierte das Bedürfnis nach zweckdienlichen Verfahren einer möglichst umfassenden Ausgabenkürzung bzw. -begrenzung. Die beiden in diesem Zusammenhang hervorzuhebenden Verfahren eines sogenannten **„Cutback-Managements"** sind nunmehr darzustellen.

3.3.2 Zero-Base-Budgeting und Sunset-Legislation

Grundidee der „Null-Basis-Planung" (**Zero-Base-Budgeting** / ZBB) ist die Erkenntnis, daß bei traditioneller Budgetplanung der finanzwirtschaftliche Gestaltungsspielraum – vor allem bei der Übernahme neuer Aufgaben oder bei einer Verringerung der verfügbaren Einnahmen – spürbar eingeengt ist. Es besteht insofern eine Wettbewerbsverzerrung zwischen alten und neuen Aufgaben zu Lasten notwendig werdender neuer Aktivitäten. Letztere können im Budget häufig nur dann untergebracht werden, wenn – weitere – Mehreinnahmen disponibel sind. Zweck des ZBB ist es deswegen, den budgetären Handlungsspielraum dadurch zurückzugewinnen bzw. zu erweitern, daß bestehende Programme in gleicher Weise einem **Rechtfertigungszwang** unterworfen werden wie in Angriff zu nehmende neue Maßnahmen. Beim ZBB werden deshalb alle – auch die bereits bestehenden – Haushaltsansätze von Grund auf als zunächst gleichberechtigt behandelt und hinsichtlich ihrer politischen Qualität und Dringlichkeit überprüft. Bei vereinfachter Betrachtungsweise wird das ZBB von der Exekutive dabei in drei Schritten abgewickelt: *Zunächst* sind innerhalb der Ressorts die haushaltsrelevanten Entscheidungseinheiten gegeneinander abzugrenzen, welche für die Formulierung von Anträgen zum Zweck der Mittelanforderung an das Budget zuständig sind. Dabei sind die jeweils verantwortlichen Entscheidungsebenen derart zu differenzieren, daß diesen einzelne Programme bzw. Leistungen in sinnvoller Weise zugeordnet werden können. *Im Anschluß* daran sind durch die festgelegten Entscheidungseinheiten auf der Grundlage von vorgegebenen Planungsrichtlinien jeweils Entscheidungsvorlagen über Programmelemente der zugehörigen Aktivitäten zu erarbeiten. Ausgangspunkt für die Prüfung alternativer Lösungsansätze ist die Bestimmung eines Mindestbedarfs an erforderlichen Ressourcen, um solche Leistungen noch in zweckmäßiger Form anbieten zu können. Darüber hinaus werden quantitativ und qualitativ abgestufte Leistungsalternativen bis hin zu der als optimal empfundenen Lösung unter Rückgriff auf Kosten-Nutzen- und Kosten-Wirksamkeits-Analysen miteinander verglichen und hinsichtlich der jeweils zu erreichenden Wirkungen sowie bezüglich der jeweils zu realisierenden Zielerreichungsgrade bewertet. In eine solche Rechnung soll gegebenenfalls auch ein vollständiger Leistungsverzicht einbezogen werden. Mit derart alternativ gegenübergestellten Lösungsansätzen müssen naturgemäß notwendige Angaben über die jeweils vorzusehende Dringlichkeit der Maßnahmen sowie über die dafür anzusetzenden Haushaltsmittel verbunden sein. *Schließlich* werden die dezentral erstellten Vorlagen der benannten Entscheidungseinheiten über ein mehrstufiges Abstimmungsverfahren des zuständigen Ressorts in eine Rangordnung gebracht. Damit wird das Gewicht der einzelnen Vorhaben im Rahmen der gesamten Ressortplanung (Budgetvorschlag) und zwischen den einzelnen Projekten bestimmt. Nach Festlegung der dem Ressort zuzuweisenden Haushaltsmittel können – gegebenenfalls mit einem prozentual reduzierten Ansatz im Vergleich zur Vorperiode – folglich nur jene Maßnahmen gemäß der Rangordnung verwirklicht werden, welche von den jeweiligen Mittelzuweisungen (noch) gedeckt sind. Politisch umstritten sind in einzelnen Grenzbereichen dann vor allem diejenigen Projekte, welche bei annähernd gleicher Wertigkeit gerade noch oder eben gerade nicht mehr finanzierbar sind.

Die mit dem ZBB angestrebte prinzipielle Gleichwertigkeit aller Staatsaufgaben gründet auf dem oben erwähnten Grundsatz der Non-Affektation, wonach alle Einnahmen zur Deckung aller Ausgaben bestimmt sind. Insofern trägt das Verfahren zwar prinzipiell dazu bei, die erwähnte Wettbewerbsverzerrung zwischen alten und neuen Aufgaben zu verringern. Der permanente Zwang zur Operationalisierung von Zielen, zur Begründung und Überprüfung von Programmplanungen sowie zur Vorgabe einer Rangordnung von Programmangeboten kann im übrigen dazu beitragen, die Wirtschaftlichkeit der staatlichen Organisation und die Zielorientierung der öffentlichen Leistungserstellung zu erhöhen. Dabei muß zum einen aber bewußt bleiben, daß der Aufbau von derartigen Rangordnungen für die einzelnen staatlichen Leistungen zusätzliche Planungskapazitäten bindet, was damit reale Opportunitätskosten zur Folge hat. Diese sind gegen den finanzwirtschaftlich in Aussicht stehenden Ertrag abzuwägen. Zum anderen ist davon auszugehen, daß die am Planungsprozeß beteiligten Entscheidungsträger in jedem Fall darum bemüht sein werden, sich in Kenntnis des Verfahrens zur Wahrung des eigenen Vorteils strategisch zu verhalten, um auf diese Weise die Verwirklichung individueller Planungsziele bestmöglich durchzusetzen. Dies wäre bei der Einführung des Konzepts im Vorfeld angemessen zu berücksichtigen.

Grundidee einer Gesetzgebung auf Zeit („Sonnenuntergangs-Gesetzgebung" / **Sunset-Legislation**) ist die Feststellung, daß der Gesetzgeber mitunter den Überblick über die Wirksamkeit verabschiedeter Gesetze, über die damit eingerichteten Verwaltungen und über die dadurch in Gang gebrachten staatlichen Programme verliert bzw. zu verlieren in Kauf nimmt (Verlust an Transparenz). Demzufolge bleibt im Zeitverlauf weitgehend ungeprüft, ob die Exekutive (noch) zieladäquat handelt und ob der Leistungskatalog der öffentlichen Hand nach Umfang oder Struktur noch zielgerecht ausgestaltet ist. Zweck der Sunset-Legislation ist es deswegen, die Entscheidungsgrundlagen einer benevolenten Legislative zu verbessern. Indem die Legislative den ihr übertragenen Kontrollaufgaben dann in vollem Umfang gerecht wird, soll eine höhere Flexibilität bei der Haushaltsplanung erreicht werden. Bei diesem Konzept werden also die von der Legislative erlassenen Gesetze von vornherein mit einem „Verfalldatum" versehen und somit gleichsam einer befristeten Laufzeit unterworfen. Das betreffende Gesetz verliert demnach zu einem vorgegebenen Termin seine Gültigkeit, soweit die Exekutive nicht auf der Grundlage von entsprechenden Programm-Evaluationen, also durch Wirtschaftlichkeits- und Wirksamkeitsanalysen, rechtzeitig belegen kann, daß eine Weiterführung der jeweils betroffenen Maßnahme in gleicher oder in modifizierter Form begründet ist und sich der Gesetzgeber diesem Votum anschließt. Zum einen werden Regierung und Verwaltung auf diese Weise vom Parlament im Vorhinein verpflichtet, regelmäßig über die zielbezogene Wirksamkeit aller laufenden staatlichen Aktivitäten Rechenschaft abzulegen. Zum anderen unterwirft sich das Parlament in einem Akt legislativer Selbstdisziplinierung eigenen Terminvorgaben: „Fällige" Programme müssen auf die Tagesordnung gesetzt und einer (neuen) Entscheidung zugeführt werden.

Dabei ist es aus finanzwirtschaftlicher Sicht zweifellos zweckmäßig, die Existenzberechtigung von Behörden und die Aufgabenstellung einzelner Gesetze in regelmäßigen Abständen durch Programmevaluationen zu überprüfen, um jenseits der Aufgabenerfüllung liegende eigendynamische Entwicklungen und Beharrungstendenzen in der Administration aufzudecken und um Verkrustungserscheinungen bei der Aufgabenerfüllung zu vermeiden. Sunset-

Legislation setzt insofern die Administration unter einen dauernden Erfolgsdruck. Die Zielbezogenheit von Art und Umfang der jeweils wahrgenommenen Aktivitäten bzw. der bereitgestellten Leistungen sind regelmäßig nachzuweisen; das Leistungspotential der Verwaltung soll hierdurch besonders herausgefordert und aktiviert werden. Im übrigen wird die Legislative dazu veranlaßt, die ihr aufgetragenen parlamentarischen Kontrollfunktionen – ergänzend zur üblichen Prüfungstätigkeit des jeweils zuständigen Rechnungshofs – verstärkt wahrzunehmen. Die Erfüllung dieser Aufgabe ist dabei nicht zuletzt von der Qualität des jeweiligen Evaluationsverfahrens abhängig. Allerdings setzt die Verwirklichung der beschriebenen Konzeptes zum einen voraus, daß die zugehörige Parlamentsarbeit – zu Lasten anderer Aktivitäten – ausgeweitet und intensiviert wird. Zum anderen wird eine größere organisatorische und personelle Flexibilität in der Exekutive erforderlich, damit die aufgrund der Prüfungsergebnisse für geboten erachteten Änderungsmaßnahmen auch realisiert werden (können). Dazu gehört ferner eine Anpassung zentraler Rechtsgrundlagen (beispielgebend des Haushaltsrechts oder des Beamtenrechts) und schließlich auch der erforderliche Gestaltungswille der Entscheidungsträger, die gegebenenfalls erkannten Notwendigkeiten einer Änderung von Budgetstrukturen im politischen Tagesgeschäft durchzusetzen.

Mit den genannten Planungstechniken wird demnach beabsichtigt, die öffentliche Finanzwirtschaft stärker an Kriterien ökonomischer Rationalität auszurichten. Zu diesem Zweck sollen zum einen die Prozesse der Prioritätenfindung und Abstimmung auf eine überprüfbare Grundlage gestellt werden. Zum anderen sollen die maßgeblichen Wirkungen und Ergebnisse einzelner Programme bzw. Maßnahmen im Vergleich zur vorgegebenen operationalisierten Zielsetzung im Sinne einer output-orientierten Planung als Grundlage politischer Entscheidungen dienen. Die Planungsansätze können damit grundsätzlich – zumindest in Teilbereichen staatlicher Leistungsbereitstellung – dazu beitragen, daß einer einfachen Programmfortschreibung durch einen hohen und stetigen **Legitimationszwang** entgegengewirkt und somit die Flexibilität des Haushaltsgebarens insgesamt erhöht wird. Dennoch haben sich diese Konzepte in der Praxis bisher nicht durchsetzen können, weil neben verfahrenseigenen Hemmfaktoren und Schwächen auch das Beharrungsvermögen der politischen Entscheidungsträger und der Verwaltung eine grundlegende Änderung der Planungspraxis verhindert hat.

Nachdem mit dem Vorstehenden ein Überblick über das finanzwirtschaftliche Staatshandeln und dessen Rahmenbedingungen gewonnen ist, sind nachfolgend nun die öffentlichen Einnahmen und Ausgaben als Bestandteile der beiden Seiten des Budgets sowie als Instrumente der öffentlichen Finanzwirtschaft darzustellen.

Teil II: Instrumente der öffentlichen Finanzwirtschaft

4. Die öffentlichen Einnahmen im Systemverbund

Die nachfolgenden Ausführungen betreffen die verschiedenen Einnahmearten der Gebietskörperschaften und der diesen Haushalten gegebenenfalls eingegliederten öffentlichen Unternehmen. Außer acht bleiben hier insbesondere die Einnahmen der Sondervermögen sowie die Einnahmen der oben behandelten para- und nonfiskalischen Einrichtungen.

Die folgende Übersicht 10 verdeutlicht zunächst, daß bei einer Systematisierung der öffentlichen Einnahmen zwischen originären und derivaten Einnahmen zu unterscheiden ist. Dabei bezeichnen die **abgeleiteten Einnahmen** jene Mittelzuflüsse, die den Gebietskörperschaften in Form von Zuweisungen und Zuschüssen im Rahmen des Finanzausgleichs entstehen. Von maßgeblicher Bedeutung ist dabei die an den jeweils zugewiesenen Aufgaben orientierte (Um-)Verteilung der finanziellen Mittel, die den einzelnen Hoheitsträgern vornehmlich im Rahmen des großen Steuerverbundes zufließen.

Gegenstand einer derartigen föderalen Einnahmen-Umverteilung ist damit ein überwiegender Teil der originären Staatseinnahmen. Hierbei handelt es sich um Finanzierungsformen der öffentlichen Hand, welche entweder aus einseitigen Zahlungen der privaten Wirtschaftssubjekte an den Staat oder aus dessen Beteiligung an der volkswirtschaftlichen Wertschöpfung resultieren.

Bei den **originären** Staatseinnahmen sind nun die monetären von den nichtmonetären Einnahmearten zu trennen. Während der Begriff der **monetären Einnahmen** ausschließlich Geldleistungen der privaten Wirtschaftssubjekte an den Staat umfaßt, zielt der Terminus **nicht-monetärer Einnahmen** auf die geldwerte Übertragung von Gütern, vornehmlich von Dienstleistungen. Der damit zugewiesene Tatbestand des bereits oben genannten versteckten öffentlichen Bedarfs bezeichnet insbesondere die nicht oder nicht marktgerecht entgoltenen Mitwirkungspflichten privater Wirtschaftssubjekte bei der Erstellung öffentlicher Leistungen (Wehr- und Zivildienst, Anfertigung von betrieblich zu erstellenden Statistiken, Übernahme einer Vormundschaft oder eines Schöffendienstes u. a. m.). In der Summe werden die für den Staat verfügbaren Mittel hierdurch auf der Einnahmeseite entsprechend erhöht. Derartige Realleistungen können ausgabeseitig jedoch auch – da hierdurch entsprechende Markttransaktionen des Staates zumindest anteilig vermieden werden – als Minderausgaben gekennzeichnet werden.

Übersicht 10: Raster der öffentlichen Einnahmen

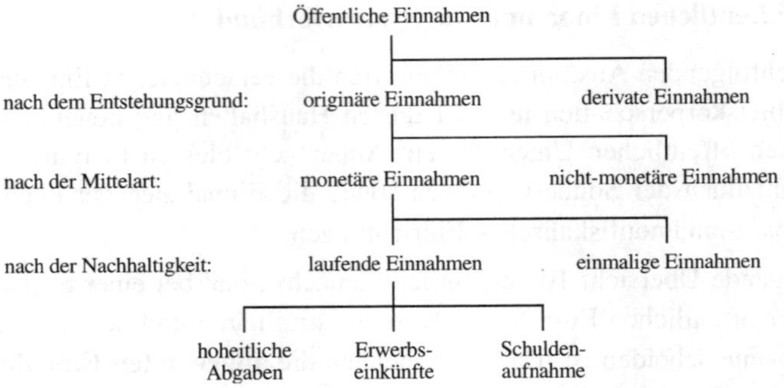

Jenseits der vorstehend aufgeführten Abgrenzungen ist zwischen **laufenden Einnahmen** und **einmaligen Mittelzuflüssen** zu unterscheiden. Den unregelmäßig anfallenden Staatseinnahmen sind vor allem Erlöse aus der Veräußerung von Gegenständen aus Grund- oder Kapitalvermögen des Staates (Privatisierungserlöse) zuzurechnen. Außerdem können Schenkungen / Erbschaften und Spenden an staatliche Einrichtungen dieser Einnahmeart zugewiesen werden. Ob der von der Bundesbank an den Bund abzuführende Notenbankgewinn noch zu den einmaligen Einnahmen gehört, ist strittig, da diese (immer im April fälligen) Überweisungen mittlerweile zum Normalfall geworden sind. Die regelmäßig erhobenen Einnahmen des Staates sind dann weiterführend nach drei Kategorien zu differenzieren – nach den hoheitlichen Abgaben, den öffentlichen Erwerbseinkünften und der Schuldenaufnahme.

4.1 Hoheitliche Abgaben

Für die Finanzierung öffentlicher Haushalte sind die hoheitlichen Abgaben zweifellos von herausragender Bedeutung. Dabei sind – wie das die Übersicht 11 verdeutlicht – zunächst Abgaben *ohne* einen besonderen Verpflichtungsgrund (**Zwangsabgaben**) von solchen *mit* einem besonderen Verpflichtungsgrund zu unterscheiden.

Übersicht 11: Abgabenarten

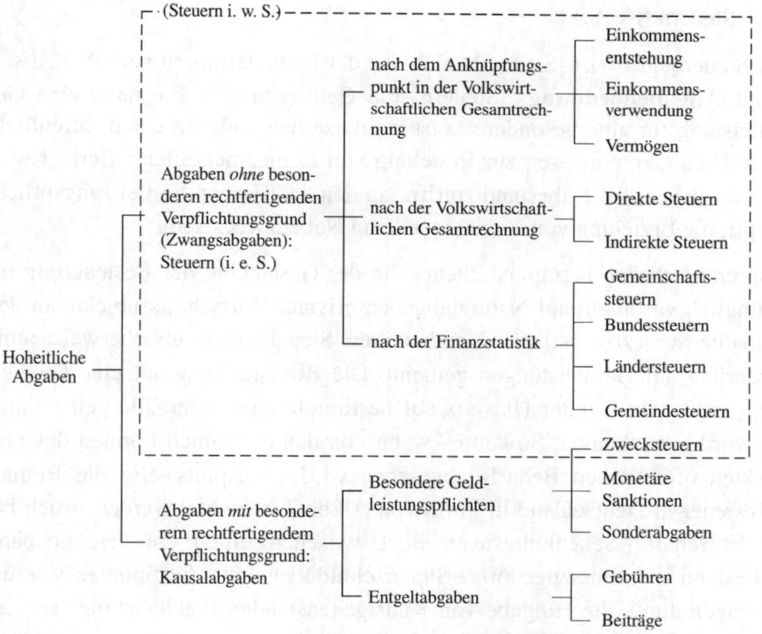

Während Steuereinnahmen (i. e. S.) zur Finanzierung übergreifender Staatsaufgaben im Rahmen des allgemeinen öffentlichen Haushalts dienen und damit insbesondere zur Erstellung von Kollektivgütern herangezogen werden, liegt der Erhebung von Kausalabgaben ein demgegenüber spezifischer Verpflichtungsanlaß – die causa – zugrunde. Hierbei handelt es sich entweder um die Gegenleistung für eine – nachfolgend noch näher zu spezifizierende – besondere staatliche Leistung (Entgeltabgaben) oder aber um die Realisierung einer ordnungs- oder prozeßpolitisch angelegten Lenkungs- oder Finanzierungswirkung (Besondere Geldleistungspflichten). Die weitere Unterscheidung von Steuern (i. e. S.) gegenüber einem weiter gefaßten Abgabenbegriff beruht also auf dem mit der Abgabenerhebung verfolgte Zweck: Während die Steuer (i. e. S.) durch das Fehlen einer besonders legitimierenden causa sowie durch die Wahrnehmung einer reinen und allgemeinen Staatszwecken dienenden Finanzierungsfunktion gekennzeichnet ist, wird im Fall der aufgeführten **Zwecksteuer** sehr wohl eine solche causa – nämlich die gewünschte Lenkungswirkung – vorgegeben. Diese beiden Abgabenarten zusammen umfassen dann den Steuerbegriff im weiteren Sinne.

4.1.1 Steuern (i. e. S.)

Der Steuerbegriff (i. e. S.) ergibt sich aus der Legaldefinition nach § 3 Abs. 1 Satz 1 **Abgabenordnung**: „Steuern sind Geldleistungen, die nicht eine Gegenleistung für eine besondere Leistung darstellen und von einem öffentlich-rechtlichen Gemeinwesen zur Erzielung von Einnahmen allen auferlegt werden, bei denen der Tatbestand zutrifft, an den das Gesetz die Leistungspflicht knüpft; die Erzielung von Einnahmen kann Nebenzweck sein."

Während sich der Terminus „Steuer" in der Geschichte der Besteuerung ursprünglich vor allem auf Naturalabgaben privater Wirtschaftssubjekte an den Feudalherrn bezog, ist mit dem heutigen Steuerbegriff üblicherweise eine Forderung auf Geldleistungen gemeint. Die Beschränkung auf eine Geldleistung muß jedoch unter Hinweis auf bestimmte Ausnahmefälle gelegentlich fragwürdig erscheinen: So kann – wenn von den erwähnten Formen des versteckten öffentlichen Bedarfs abgesehen wird – beispielsweise die Branntweinsteuer in Deutschland in Form von Alkohol entrichtet werden. Auch bei der Erbschaft- / Schenkungsteuer liegt zwischenzeitlich ein vergleichbarer Tatbestand vor: Eine zugehörige Steuerschuld kann unter bestimmten Voraussetzungen durch die Hingabe von Kunstgegenständen (Sachleistung) an ausgewählte öffentliche Einrichtungen getilgt werden.

Bezüglich der oben zitierten Legaldefinition ist zudem anzumerken, daß die Steuerzahlung keinesfalls einen Anspruch des Steuerzahlers auf eine *besondere* Leistung des Staates begründet. Darüber hinaus wird auch der Anspruch auf eine *allgemeine* oder irgendwie anders geartete Gegenleistung unter Bezugnahme auf die Steuerzahlung dadurch nicht gerechtfertigt. Es handelt sich also um reine Zwangsabgaben an den Staat und damit um **Zahlungen à fonds perdu**, was in Verbindung mit der prinzipiell postulierten Gleichwertigkeit aller Staatszwecke den Haushaltsgrundsatz der Non-Affektation begründet.

Bei der fiskalischen Funktion der Steuer steht – naturgemäß – die Erzielung von Einnahmen im Vordergrund. Die vorgenannte Formulierung scheint in der Tat den rein fiskalischen Zweck der Abgabenerhebung als notwendiges Merkmal für die Verwendung des Steuerbegriffs festzuschreiben. Tatsächlich hat jedoch eine Erweiterung der Einsatzbereiche steuerlicher Eingriffsinstrumente auf staatliche Lenkungszwecke längst stattgefunden, was zur Aufnahme des zweiten Halbsatzes in den Gesetzestext geführt hat („die Erzielung von Einnahmen kann Nebenzweck sein.“). Nicht-fiskalische Ziele erlangen deshalb bei vielen Steuern bzw. Maßnahmen von Steuerrechtsänderungen eine zentrale Bedeutung. Der Sinn der ursprünglichen Beschränkung auf den fiskalischen Steuerzweck bestand freilich wohl weniger in einer deterministisch-positiven Festlegung auf die staatliche Einnahmeerzielung, sondern vielmehr in einer negativen Abgrenzung von anderen Formen öffentlicher Abgaben. Die vor allem in verwaltungsrechtlich angelegten Veröffentlichungen frühzeitig vorgenommene und explizite Ausgrenzung von Gebühren und Beiträgen sowie auch der Geldstrafen aus dem Steuerbegriff – darauf wird im einzelnen noch einzugehen sein – zielte dabei auf die Betonung der Voraussetzungslosigkeit der Steuer („Zahlungen ohne Motiv“), welche im Gegensatz zu anderen Arten öffentlicher Einnahmen für die Steuer kennzeichnend ist. Grundsätzlich handelt es sich bei der Besteuerung insoweit um ein monetäres Opfer: Nach dem **Leistungsfähigkeitsprinzip** als einer ersten Rechtfertigungsalternative staatlicher Einnahmeerzielung werden vom Steuerbürger solche Abgaben verlangt, deren Umfang von der Fähigkeit des Bürgers abhängt, Leistungen an den Staat zu erbringen. Dabei handelt es sich um einen **erzwungenen Verzicht auf private Dispositionskraft** über Einkommen und damit über Güterbündel (*F. Neumark*).

Das deutsche Steuersystem kennt nach offizieller Abgrenzung gegenwärtig etwa dreißig verschiedene Steuern. Bei weiter gefaßter Definition sind dieser Zahl wohl nahezu zwanzig weitere Zwecksteuern hinzuzurechnen, welche in der Literatur auch als **Quasi-Steuern** bezeichnet werden.

Steuern können unter Anwendung zweckdienlicher Ordnungskriterien in verschiedener Weise strukturiert werden. Eine *erste Gliederung* orientiert sich am Anknüpfungspunkt der Steuer im Rahmen des **gesamtwirtschaftlichen Güter- und Geldkreislaufs** anhand von Strom- und Bestandsgrößen. Zentriert auf die besteuerungsrelevanten Sachverhalte bei Unternehmen und bei privaten Haushalten können dazu vornehmlich drei **Besteuerungskomponenten** herausgearbeitet werden:

– Die Betrachtung konzentriert sich zuerst auf die Besteuerung der **Einkommensentstehung**: Zum einen geht es um die Ertragsbesteuerung von Unternehmen, wobei der Steuerzugriff sich auf die von Produktionsfaktoren erstellte Leistung richtet. Dies gilt für die Besteuerung der Produktionsergebnisse durch die Gewerbesteuer, die Grundsteuer und die Körperschaftsteuer. Zum anderen geht es um die Einkommensbesteuerung privater Haushalte, denen Faktorentgelte in unterschiedlicher Form und personell zurechenbar zufließen. Neben der Einkommensteuer sind als deren Gliedsteuern die Lohnsteuer, die Kapitalertragsteuer und die Zinsabschlagsteuer zu nennen. Hinzu kommt für beide Ansatzstellen gegebenenfalls der Solidaritätszuschlag.

– Die Ordnung systematisiert die Besteuerung sodann nach der **Einkommensverwendung:** Zum einen setzt die Besteuerung bei Unternehmen an, von denen Sachgüter und Dienstleistungen in den Tauschverkehr eingebracht werden. Gemeint ist die allgemeine Umsatzbesteuerung in Form der Mehrwertsteuer. Zum anderen geht es um die Besteuerung an dem Ort, an dem Einkommen von privaten Haushalten zu Konsumzwecken verwendet wird. Diesbezügliche Konsumgüter werden aus dem Markt herausgenommen. Eine derartige Verbrauchsbesteuerung in Form der Steuern auf spezielle Güter betrifft beispielsweise die Tabak-, die Mineralöl- oder auch die Sektsteuer.

– Während in den beiden vorgenannten Bereichen – wie angedeutet – volkswirtschaftliche Stromgrößen als Ansatzstellen der Besteuerung dienen, werden ergänzend dazu auch Bestandsgrößen außerhalb des unmittelbaren Kreislaufgeschehens einer **Vermögensbesteuerung** unterworfen. Entsprechende Ansatzstellen ergeben sich für den Vermögensverkehr in Form der Grunderwerb- sowie der Schenkung- und Erbschaftsteuer. Die Besteuerung auf den Vermögensbestand in Form der Vermögensteuer und der Gewerbekapitalsteuer wurde im Jahr 1997 bzw. im Jahr 1998 beendet.

Bewußt bleiben muß bei alledem, daß die Zuordnung einzelner Steuern zu einer derartigen Systematik nicht in allen Fällen zweifelsfrei möglich ist. Beispielsweise wird die Mineralölsteuer nicht nur von den privaten Haushalten im Zuge der Einkommensverwendung, sondern auch von Unternehmen (beim Einsatz des betrieblichen Fuhrparks) entrichtet. Vergleichbare Einwände gelten für die Kraftfahrzeugsteuer, die als eine Abgabe auf die Einkommensverwendung oder auch als Faktorsteuer auf die Produktion von Sachgütern und Dienstleistungen deklariert werden kann. Insoweit wird erkennbar, daß eine solche Vorgehensweise weniger die Abgaben als vielmehr die Argumente zu deren Diskussion systematisiert, wobei im übrigen die methodischen Anforderungen an ein Kategorienschema nach Ausschließlichkeit und Vollständigkeit der Zuordnungsmöglichkeiten mitunter verletzt werden. Vergleichbare Einwände gelten für Versuche einer Systematisierung von Steuern nach nichtfiskalischen Zielen, welche mit deren Einsatz neben dem grundsätzlich vorrangigen Motiv einer Einnahmesicherung verbunden sein können. In diesem Sinne wird dann beispielsweise geprüft, ob es sich bei einzelnen Steuern um Abgaben mit einer vorgegebenen allokations-, stabilisierungs- oder distributionspolitischen Ausrichtung handelt. Auch hier können allenfalls Indizien anhand bestimmter einnahmesystematischer Details herausgearbeitet werden, die ergänzend dazu eigene Untergliederungen erfordern.

Eine *zweite*, an **Überwälzungsvorgängen** orientierte *Gliederung* der Steuern ist in der Volkswirtschaftlichen Gesamtrechnung angelegt, wo zwischen Tatbeständen der direkten und der indirekten Besteuerung unterschieden wird: **Direkte Steuern** sind demnach Zwangsabgaben, die das Einkommen derjenigen privaten Haushalte und Unternehmen vermindern, welche die Abgabenzahlung auch unmittelbar zu leisten haben. Beispielgebend sind dafür die Einkommen-, Schenkung-, Erbschaft- und Körperschaftsteuer sowie – auf der Ebene des privaten Haushalts – die Kraftfahrzeugsteuer anzuführen. Kennzeichnend für eine direkte Steuer ist also die Identität von Steuerschuldner und Steuerträger. **Indirekte Steuern** sind demgegenüber Zwangsabgaben, die vom Staat bei den Produzenten erhoben werden und welche bei der Gewinnermittlung abzugsfähig sind. Dazu zählen die Produktionssteuern (beispielsweise in Form der Gewerbe-, der Grund-, der Grunderwerb-, der Versicherung- oder auch der Verbrauchsteuern), die nicht abzugsfähige Umsatzsteuer (soweit diese eben nicht als Vorsteuer abgezogen werden darf) und die Einfuhrabgaben, welche beim Import von Sachgütern und Dienstleistungen in Form von Zöllen, Verbrauchsteuern auf Einfuhren oder Abschöpfungen erhoben werden. Folglich sind bei den indirekten Steuern Steuerschuldner und Steuerträger voneinander verschieden. Unbeschadet ihrer saldenmechanischen Bedeutung muß bei einer solchen Kategorisierung freilich bewußt bleiben, daß sich diese allein an formalen, rein buchungstechnischen Kriterien orientiert und damit vergleichsweise willkürlich gewählt ist.

Eine *dritte Möglichkeit* unterteilt die Steuern nach der **Ertragshoheit** bzw. nach dem jeweiligen Steuergläubiger. Dieser Vorgehensweise folgt – auf Grundlage der Bestimmungen gemäß Art. 106, 107 GG – die Berichterstattung der Finanzstatistik. Zu den gemeinschaftlichen Steuern, welche dem Bund, den Ländern und den Gemeinden gemeinsam zustehen, gehören – wie dargelegt – die veranlagte Einkommensteuer, die Lohnsteuer, die nicht veranlagten Steuern vom Ertrag, die Körperschaftsteuer, die Mehrwertsteuer einschließlich der Einfuhrumsatzsteuer. Zu den Bundessteuern rechnen unter anderem die Tabaksteuer, die Kaffeesteuer, die Mineralölsteuer (mit der oben vorgetragenen Einschränkung) und die Versicherungsteuer. Bei den Ländersteuern sind die Schenkung- und Erbschaftsteuer, die Kraftfahrzeugsteuer, die Biersteuer und – prinzipiell – die Grunderwerbsteuer zu benennen, wenn von den sonstigen Ländersteuern einmal abgesehen wird. Zu den Gemeindesteuern zählen die Gewerbeertragsteuer, die Grundsteuer sowie örtliche Verbrauch- und Aufwandsteuern (z. B. die Hunde- und die Vergnügungssteuer). Der Vorzug dieser wie auch anderer institutionell angelegter oder an rechtlichen Tatbeständen orientierter Gruppierungen ist vor allem in dem Tatbestand zu suchen, daß ein solches Schema den genannten Anforderungen nach **Ausschließlichkeit und Vollständigkeit** in befriedigender Weise gerecht wird: So kann eine beliebige Steuer zweifelsfrei als Gemeinschafts-, Bundes-, Landes- oder Gemeindesteuer identifiziert werden, was eine solche Klassifizierung als vornehmlich geeignet für jene Fälle empfiehlt, in denen eine zuvor schwer überschaubare Vielzahl von Singularitäten erfaßt, geordnet und in einem Überblick präsentiert werden soll. Darüber hinausgehende Anliegen – etwa die Reflexion über Ziele und Wirkungen des jeweiligen Instrumenteneinsatzes – können hierdurch allenfalls im Sinne einer Bestandsaufnahme vorbereitet werden; die institutionelle Systematik bedarf stets der entsprechenden Weiterführung und Ergänzung.

Allgemein und mit Blick auf die oben genannten Unterscheidungsmöglichkeiten verschiedener Steuerarten ist festzustellen, daß einige Bundessteuern – in ähnlicher Weise wie die (indirekten) Steuern auf die Einkommensverwendung – den bereits erwähnten Zwecksteuern nahekommen: Beispielsweise strebt der Bund nach eigenem Bekunden mit der Erhebung der Tabaksteuer gesundheitspolitische und mit der Erhebung der Mineralölsteuer auch umweltpolitische Zielsetzungen an. Derartige Vorgaben weisen unter Umständen Berührungspunkte zu der zweiten hier zu behandelnden Abgabenkategorie – den Kausalabgaben – auf.

4.1.2 Kausalabgaben

Bei den Kausalabgaben ist zwischen den „Entgeltabgaben“ (Gebühren und Beiträge) einerseits sowie den „Besonderen Geldleistungspflichten“ (Sonderabgaben, monetäre Sanktionen und Zwecksteuern) andererseits zu unterscheiden. Beiden Einnahmegruppen ist zunächst gemeinsam, daß mit ihrer Erhebung der – bereits angeführte – **besondere rechtfertigende Verpflichtungsgrund** verbunden ist. Während bei den Besonderen Geldleistungspflichten jedoch spezifische Lenkungs- bzw. Finanzierungsabsichten des Staates auf der

Grundlage von Anreizfunktionen im Vordergrund stehen, ist diese causa im Fall der Entgeltabgaben stets durch eine Gegenleistung charakterisiert.

4.1.2.1 Entgeltabgaben

Gebühren und Beiträge sind durch den Sachverhalt gekennzeichnet, daß sie zwangsweise (hoheitlich) für spezielle öffentliche Leistungen erhoben werden – und zwar mit dem Hinweis auf die Begünstigung des Abgabenpflichtigen (*H. C. Recktenwald*):

– Die **Gebühr** wird dabei als individuelle Entgeltabgabe von demjenigen Bürger erhoben, der eine öffentliche Leistung in Anspruch nimmt und daraus einen unmittelbaren, direkten und persönlich zurechenbaren Vorteil zieht. Dabei ist ergänzend zwischen Benutzungs-, Verwaltungs- und Verleihungsgebühren zu unterscheiden: Preisähnliche **Benutzungsgebühren** werden für die Inanspruchnahme einer öffentlichen Einrichtung oder Anlage erhoben. Als Beispiel sind die Kanal- und die Müllabfuhrgebühr, eine Autobahngebühr nach dem Muster des „Road pricing" oder ein Kolleggeld zu nennen. **Verwaltungsgebühren** werden demgegenüber als Gegenleistung für die Vornahme von Amtshandlungen oder sonstigen Tätigkeiten der Verwaltung erhoben. Beispielgebend dafür sind Ausfertigungsgebühren für Urkunden oder Patente sowie Justiz- oder Standesamtsgebühren anzuführen. **Verleihungsgebühren** bezeichnen schließlich ein Entgelt, welches der Staat für die Übertragung von bestimmten Nutzungsrechten erhebt, die er privaten Wirtschaftssubjekten einräumt. Zum Beispiel ist hier auf den Fall der Erhebung eines Förderzinses (bei Gas, Erdöl) oder auf die Entrichtung von Konzessionsabgaben (für eine Kabelverlegung) zu verweisen.

Die damit getroffene Unterscheidung dreier Gebührenbegriffe orientiert sich folglich an der **Art der staatlicherseits erbrachten Leistung**. Für die Bereitstellung eines primär sachgebundenen Produktions- oder Dienstleistungsapparats ist eine Benutzungsgebühr zu entrichten. Durch eine Verwaltungsgebühr wird eine staatliche Leistung bezahlt, die von einer im wesentlichen personell bestimmten Behörde angeboten wird. Ein Vorgang, welcher zur Erhebung einer Verleihungsgebühr führt, stellt demgegenüber nicht einen faktischen Vorteil (Sachnutzung oder Verwaltungstätigkeit) dar; vielmehr wird dem Vorteilsnehmer ein Nutzungsrecht zugestanden. Die Gebühr ist also als eine dem Grunde nach individuell veranlaßte Nutzung eines privaten Gutes zu bewerten, wobei die Höhe der Gebühr in zumindest grundsätzlich erkennbarer Beziehung zu den (Grenz-)Kosten der Leistungserstellung oder zur Häufigkeit sowie zur Art der Inanspruchnahme stehen soll. Die Erhebung von Gebühren realisiert damit in besonderem Maße eine zweite Rechtfertigungsalternative der Staatsfinanzierung, welche mit dem Begriff des **Äquivalenzprinzips** zu verbinden ist. Sie bildet insofern – vor allem durch ihre explizite Bezugnahme auf die Kosten öffentlicher Leistungserstellung bzw. der daraus resultierenden Vorteile für den jeweiligen Empfänger – einen begrifflichen Antagonisten zum bereits erwähnten Leistungsfähigkeitsprinzip. Im Gegensatz zum strengen *do ut des* der Gebühren gilt für die zuvor behandelten Steuern (i. e. S.) – wie dargelegt – eine charakteristische Voraussetzungslosigkeit der Zahlung. Dabei muß allerdings bewußt bleiben, daß eine Ermittlung der zugehörigen Kosten häufig nicht leicht fällt. Von den Kosten losgelöste Gebühren sind deswegen vielfach anzutreffen – aufgrund allgemeiner politischer Zielsetzungen in Form einer versteckten partiellen Begünstigung oder einer versteckten Besteuerung und Lenkung. Zur Beantwortung der Frage, ob und wieweit Gebühren zum Zweck einer Realisierung lenkungspolitischer Ziele vom Prinzip der Kostendeckung abweichen können bzw. dürfen, ist zunächst der Sachverhalt maßgeblich, daß die der Entgeltabgabenerhebung zugrundeliegende Amtshandlung vom Abgabepflichtigen nicht notwendigerweise als vorteilhaft empfunden werden muß. Statt dessen wird auf das **Prinzip der Vorteilsneutralität** Bezug genommen: Danach ist die subjektive Vorteilhaftigkeit für die Gebührenerhebung ebenso wenig maßgeblich wie die Freiwilligkeit der Leistungsinanspruchnahme. Maßgeblich ist allein der Tatbestand einer individuellen Nutzung öffentlicher Leistungen, wobei diese Leistung zwar im öffentlichen Interesse, aber zugleich auch erzwungenermaßen sowie zum subjektiven Nachteil des Betroffenen erfolgen kann.

– Der **Beitrag** ist hingegen dazu bestimmt, den Bürger die Einräumung einer Rechtsposition entgelten zu lassen, wonach diesem die Gelegenheit der Inanspruchnahme einer öffentlichen Einrichtung eröffnet wird. Entscheidend ist bei dieser Zahlungspflicht folglich nicht die tatsächliche (individuelle) Inanspruchnahme einer öffentlichen Leistung, sondern vielmehr der Umstand, daß einem abgegrenzten Personenkreis die Möglichkeit zur Wahrnehmung eines Vorteils gegeben wird. Der charakteristische Unterschied zu den Gebühren besteht dabei in der ausschließlich kollektiven Zurechenbarkeit des Nutzens, welcher aus dem beitragspflichtigen Vorgangs resultiert: Entweder wird eine öffentliche Einrichtung auf Veranlassung einer bestimmten Gruppe erstellt oder diese Einrichtung gewährt einer Gruppe bestimmte Sondervorteile. Im Bereich der Beiträge sind demnach zwei Entgeltformen zu unterscheiden: Der Begriff der **Vor-**

teilsentgelte bezeichnet eine Zahlung, deren Höhe sich nach den Bereithaltungskosten des jeweiligen Kollektivgutes richtet. Äquivalent hierzu dient als individuelle Bemessungsgrundlage der für den Beitragspflichtigen persönlich und nach einem Wahrscheinlichkeitsmaßstab zu erwartende potentielle Vorteil, den er aus der öffentlichen Leistung ziehen kann. Beim **Veranlassungsentgelt** (beitragsähnlichem Entgelt) wird der einzelne Abgabepflichtige in demjenigen Ausmaß zur Entgeltzahlung herangezogen, wie dieser zur Erstellung der öffentlichen Leistung einen Anlaß gegeben hat.

In beiden Fällen muß die betreffende Maßnahme wiederum keineswegs von den entgeltpflichtigen Personen erwünscht oder erbeten sein. Die mit der öffentlichen Maßnahme verbundenen Aufwendungen einerseits und die hieraus resultierenden Vorteile andererseits sind in aller Regel nicht individuell zurechenbar, was eine kollektive Umlage der Kosten erforderlich macht. Als Beispiel sind der Anliegerbeitrag für die Kanalisation und den Straßenbau oder auch die in zahlreichen deutschen Kurorten erhobene Kurtaxe zu nennen. Bei den Beiträgen handelt es sich also typischerweise um Finanzierungsbeiträge: Entgolten wird die Option auf die Nutzung eines in abgestuften Graden öffentlichen Gutes; darauf wird zurückzukommen sein. Die Höhe des Beitrags richtet sich dabei grundsätzlich nicht nach dem Prinzip der (Voll-)Kostendeckung, wie zuvor bei der Gebühr. Es soll vielmehr ein Kostenbeitrag erhoben werden. Diese Sachlage ist durch den Umstand begründet, daß mit der bereitgestellten Leistung zugleich auch Kollektivbedürfnisse gedeckt werden, welche deswegen anteilig aus Steuermitteln zu finanzieren sind.

4.1.2.2 Besondere Geldleistungspflichten

Abgaben, die im oben beschriebenen Sinne weder als Steuern noch als Entgeltabgaben zugeordnet werden, sind unter dem Begriff der **Besonderen Geldleistungspflichten** zu erfassen. Dazu rechnen drei Einnahmekategorien: die Sonderabgaben, die monetären Sanktionen und die Zwecksteuern.

– Eine derartige Negativ-Abgrenzung einer bestimmten Kategorie öffentlicher Einnahmen betraf im Schrifttum zunächst ausschließlich die sogenannten **Sonderabgaben**. Mit diesem Begriff wird eine in zunehmendem Maße anwachsende Abgabengruppe bezeichnet, welche wiederholt Gegenstand von politischen und wissenschaftlichen Diskussionen war und mehrfach das Bundesverfassungsgericht beschäftigte. Die Bestrebungen im Rahmen höchstrichterlicher Entscheidungen um eine allgemeingültige Definition für Sonderabgaben haben die terminologische Auseinandersetzung mit dieser Frage jedoch zwischenzeitlich zur Ruhe kommen lassen. Allgemein handelt es sich bei den Sonderabgaben um zusätzliche Zahlungspflichten, welche neben die allgemeine Steuerlast der privaten Wirtschaftssubjekte treten. Ihr zweckgebundenes Aufkommen unterliegt nicht der periodischen Haushaltsentscheidung des Parlaments, weshalb jene gleichsam als „Fremdkörper" im System der öffentlichen Abgaben charakterisiert werden. Sie sind der finanzverfassungsrechtlichen Aufteilung bezüglich der Gesetzgebungs-, Verwaltungs- und Ertragshoheit nicht unterworfen. Beispielgebend können die Schwerbehinderten- und die Fehlbelegungsabgabe sowie die Abwasserabgabe den nachfolgend noch näher abzugrenzenden Sonderabgaben zugeordnet werden.

– Neben die Sonderabgabe ist die seit jeher verhängte **monetäre Sanktion** zu stellen, deren Erhebung bei der Strukturierung öffentlicher Einnahmen (und beim Nachweis des Aufkommens) oft unberechtigterweise vernachlässigt wird. Die monetäre Sanktion umfaßt alle unmittelbaren finanziellen Nachteile, die bei Übertretung rechtlicher Normen staatlicherseits durchgesetzt werden. Mit der Verhängung einer monetären Sanktion soll folglich eine Normverletzung mittels Verschlechterung der Einkommens- bzw. Vermögenslage beim Normadressaten geahndet werden. Neben einer „Buße" können die „Werkzeuge" zur Vorbereitung oder Begehung eines Rechtsbruchs sowie dessen „Produkte" eingezogen werden. Des weiteren rechnet auch der Verfall eines wirtschaftlichen Vorteils dazu, welcher aus der Normverletzung resultieren kann. Vom Ansatz her wird mit der monetären Sanktion jedoch eine präventive Absicht im Sinn einer **Lenkungsfunktion** verfolgt. Prinzipiell soll mit der Androhung einer (monetären) Sanktion die Einhaltung bestehender Normen sichergestellt werden (Abschreckungswirkung). Monetäre Sanktionen werden in Form von Geldstrafen, Geldauflagen, Einziehung und Verfall unrechtmäßig erworbener Güter (nach dem Strafgesetzbuch), in Form von Geldbußen und Verwarnungsgeldern (nach dem Ordnungswidrigkeitenrecht), in Form von Ordnungsgeldern (nach prozessualem Verfahrensrecht) sowie in Form von Zwangsgeldern und Zahlungen (bei der Ersatzvornahme nach den Verwaltungsvollstreckungsgesetzen) erhoben. In der Summe resultieren aus der Verhängung monetärer Sanktionen beachtenswerte Einnahmen der öffentlichen Hand – vor allem in den Länderhaushalten (Finanzierungswirkung).

– Bei den **Zwecksteuern** handelt es sich um Zwangsabgaben, die zum einen aus den bereits genannten nicht-fiskalischen Zielen der Besteuerung abgeleitet werden. Der Sinn ihrer Erhebung besteht dann weniger in der Erzielung von Staatseinnahmen als vielmehr in der politisch gewollten Verminderung ihrer jeweiligen Bemessungsgrundlage (**Wirkungszweck- oder Quasi-Steuern**). Als Beispiel für eine solche Abgabe ist – bei gesundheitspolitischer Rechtfertigung – die Tabaksteuer zu nennen. Die Einnahmen aus dieser Abgabe fließen dem Bund zu (siehe oben); über eine (teilweise) Zweckbindung des Mittelaufkommens zugunsten der Krankenkassen wird gelegentlich nachgedacht. Zumindest für den Fall einer Prohibitivsteuer steht das idealerweise anzustrebende Mittelaufkommen von Null in einem (potentiellen) Zielkonflikt zu – gegebenenfalls verschleierten – fiskalischen Ambitionen des Steuergesetzgebers. Zum anderen sind Zwecksteuern zu benennen, deren Erhebung über eine zweckgebundene Verwendung ihres fiskalischen Aufkommens – folglich unter Abkehr vom Non-Affektationsprinzip – legitimiert wird (**Beitrags- oder Verwendungszwecksteuer**). Diese Kennzeichnung gilt beispielgebend für den bereits erwähnten Solidaritätszuschlag. Die Kombination beider Zielsetzungen durch den Steuergesetzgeber führt freilich zu widersprüchlichen Aussagen. In diesem Sinne kann auf die geplante Erhöhung der Mineralölsteuer verwiesen werden: Einerseits sollten die hieraus resultierenden Mehreinnahmen zur Finanzierung einer Entschuldung der Deutschen Bahn AG (Bundeseisenbahnvermögen) bzw. zur Entlastung der Rentenversicherung verwandt werden. Andererseits ist – dem Vernehmen nach – eine staatliche Beeinflussung des Verbraucherverhaltens dahingehend beabsichtigt, daß der private Pkw-Verkehr möglichst durch eine Inanspruchnahme öffentlicher Verkehrsmittel substituiert wird. Bei erfolgreicher Durchsetzung dieser Lenkungsabsicht würde zumindest ein Teil der Mehreinnahmen ausbleiben.

Die hier idealtypisch angelegte Unterscheidung der Besonderen Geldleistungspflichten ermöglicht allerdings nicht immer eine zweifelsfreie Zuordnung real vorliegender Abgaben. Dazu sind – die bisherigen Charakteristika ergänzend und vertiefend – vier vom Bundesverfassungsgericht entwickelte **Prüfkriterien** zu benennen, welche die Einnahmeart der Sonderabgabe von den Zwecksteuern und von den monetären Sanktionen abgrenzen.

– Das **Kriterium der rechtlich fixierten Verhaltenspflicht**: Zu prüfen ist zunächst, ob die Zahlung auf eine öffentlich-rechtliche Verhaltenspflicht Bezug nimmt, zu deren Einhaltung der Bürger angetrieben bzw. deren Nichterfüllung geahndet werden soll, oder ob dafür besondere Verhaltenspflichten nicht erkennbar sind. Ist eine solche (explizite) Verhaltenspflicht gegeben, so handelt es sich bei der betreffenden Einnahmeart entweder um eine monetäre Sanktion oder um eine Sonderabgabe mit Antriebs- oder Ausgleichsfunktion.

Zur weiteren Abgrenzung dieser beiden Einnahmearten ist auf ein zweites Kriterium zurückzugreifen.

– Das **Kriterium der staatlichen Mißbilligung**: Soweit der Eintritt der Zahlungspflicht oder die Höhe der Zahlung auf einem staatlichen Werturteil im Sinne einer ausdrücklichen Verhaltensmißbilligung gründet, handelt es sich dabei um eine monetäre Sanktion. Die Zielsetzung derartiger Abgaben besteht darin, den Normadressaten im oben beschriebenen Sinn zu einem normgerechten Verhalten zu veranlassen (Generalprävention als ex-ante-Motiv) oder – für den Fall einer realisierten Normverletzung – den daraus erzielten Vorteil zunichte zu machen und erzieherisch für die Zukunft zu wirken (Spezialprävention als ex-post-Motiv). Zwar werden Sonderabgaben mit Antriebs- oder Ausgleichsfunktion ebenfalls mit dem Hinweis auf die Einhaltung von Rechtspflichten legitimiert. Jene sind den monetären Sanktionen jedoch deshalb nicht zuzurechnen, weil hier weder der Eintritt der Zahlungspflicht noch die Höhe der Zahlung als ein Ausdruck staatlicher Mißbilligung von individuellem (Fehl-)Verhalten zu werten ist. Vielmehr soll für den Fall normabweichender Aktivitäten ein daraus potentiell resultierender Vorteil relativiert bzw. ausgeglichen werden. Beispielgebend ist die bereits genannte Schwerbehindertenabgabe von bestimmten Arbeitgebern als Sonderabgabe zu entrichten, wenn diese ihrer Verhaltenspflicht zur Beschäftigung schwerbehinderter Bürger nicht oder nicht im vorgeschriebenen Maße nachkommen. Wenn sich betroffene Arbeitgeber dieser Abgabe durch falsche Erklärungen zu entziehen suchten, wäre im Falle der Aufdeckung einer solchen Normverletzung jenseits der Zahlung der Sonderabgabe eine monetäre Sanktion in Form eines Bußgeldes oder einer Strafe zu entrichten.

– Das **Kriterium der gruppennützigen Verwendung**: Soweit das erstgenannte Kriterium der rechtlich fixierten Verhaltenspflicht nicht erfüllt ist, muß zur Unterscheidung weiterer Einnahmearten auf das Kriterium der gruppennützigen Verwendung zurückgegriffen werden. Falls das aus der Abgabenregelung resultierende Mittelaufkommen zweckgebunden im Interesse einer Gruppe eingesetzt wird, deren Mitglieder auch die Abgabepflichtigen sind, so handelt es sich um eine gruppennützige Sonderabgabe. Die Erhebung solcher gruppennützigen Sonderabgaben ist – nach zugehörigen Vorgaben des Bundesverfassungsgerichts – unter den folgenden Voraussetzungen zulässig:

Erstens muß durch die Abgabe eine gesellschaftliche Gruppe belastet sein, die durch eine gemeinsame Interessenlage oder durch besondere gemeinsame Gegebenheiten klar abgrenzbar ist (Erfordernis der **homogenen Gruppe**).

Zweitens muß eine enge Verbindung zwischen den Abgabepflichtigen und dem Abgabezweck bestehen: Die belastete Gruppe muß dem mit der Abgabeerhebung verfolgten Zweck eindeutig näher stehen als jede andere Gruppe oder als die Allgemeinheit der Steuerzahler. Hieraus wird dann eine spezielle Finanzverantwortlichkeit der Gruppe abgeleitet (Erfordernis der **Sachnähe**).

Dabei müssen *drittens* – wie schon erwähnt – die anfallenden Einnahmen auch im Interesse der Abgabenpflichtigen verwandt werden (Erfordernis der **gruppennützigen Verwendung des Abgabeaufkommens**).

Schließlich müssen *viertens* der spezielle Finanzbedarf und die Finanzverantwortlichkeit der Abgabeschuldner fortdauern, damit die weitere Erhebung der Sonderabgabe gerechtfertigt ist (Erfordernis einer periodisch wiederkehrenden **Legitimation der Abgabe**).

Bei diesen strengen Einsatzkriterien beruhte die ursprüngliche Vorstellung des Gerichts auf einer Kreislaufidee: Der Staat organisiert als ein an der Einnahmeerzielung „uninteressierter" Vermittler einen Finanzierungskreislauf, bei dem lediglich eine Lastenverteilung zwischen den Mitgliedern einer wohl abgegrenzten homogenen Gruppe und der sie umschließenden Gruppe von begünstigten Wirtschaftssubjekten stattfindet. Beispielgebend könnte für einen solchen Fall auf die Abwasserabgabe verwiesen werden: Abgabepflichtig sind alle Wirtschaftssubjekte, welche Abwasser unmittelbar in ein Gewässer leiten (sogenannte „Direkteinleiter"). Das Mittelaufkommen steht zweckgebunden den Länderhaushalten für Maßnahmen zur Erhaltung oder Verbesserung der Gewässergüte – und damit der Allgemeinheit aller Gewässernutzer – zur Verfügung. Eine derart gruppennützige Mittelverwendung wird bei den zuvor genannten Sonderabgaben mit Antriebs- oder Ausgleichsfunktion mitunter gleichfalls erkennbar: So kann den Mietern öffentlich geförderter Wohnungen die sogenannte Fehlbelegungsabgabe nach dem Gesetz zum Abbau der Fehlsubventionierung und der Mietverzerrung im Wohnungswesen auferlegt werden, sofern deren jeweiliges Familieneinkommen die zum Bezug einer Sozialwohnung berechtigende Einkommensgrenze übersteigt. Die daraus resultierenden Einnahmen werden zweckgebunden für den sozialen Wohnungsbau eingesetzt. Mit einer der Fehlbelegungsabgabe zugrundeliegenden rechtlich fixierten Verhaltenspflicht wird letztlich angestrebt, daß ein nicht mehr anspruchsberechtigter Mieter die von ihm genutzte Sozialwohnung zugunsten eines anspruchsberechtigten Nachmieters räumt. Wird eine derart gruppennützige Verwendung des Mittelaufkommens demgegenüber nicht oder nur mit Einschränkungen vorgegeben, so ist zur weiteren Unterteilung das Motiv einer Vorteilsabschöpfung zu prüfen.

– **Das Kriterium der staatlichen Vorteilsabschöpfung**: Wenn und soweit bestimmten Wirtschaftssubjekten aufgrund staatlicher Aktivitäten unbeabsichtigte Vorteile entstehen, kann es das Ziel einer Abgabeerhebung sein, diesen unbegründeten oder gar unerwünschten individuellen (Sonder-)Vorteil abzuschöpfen. In diesem Sinne kann beispielgebend die sogenannte Wertzuwachssteuer angeführt werden: Dieser vieldiskutierte – im geltenden Steuerrecht gleichwohl nicht realisierte – Abgabentyp räumt dem Gesetzgeber die Möglichkeit ein, den Wertzuwachs eines unbebauten Grundstücks abzuschöpfen, der dem Eigentümer gegebenenfalls aufgrund der behördlichen Ausweisung des Geländes als Bauland entstanden ist. Es handelt sich dabei nicht um ein Entgelt, da sich die Abgabe nicht auf den Aufwand an öffentlicher Leistungserstellung, sondern auf den hieraus erzielten Vorteil unter der besonderen Bedingung bezieht, daß dieser Vorteilseintritt – im Gegensatz beispielsweise zu verleihungsgebührenfähigen Tatbeständen – unbeabsichtigt ist (Gegenleistungsabhängige Sonderabgabe). Ist demgegenüber vornehmlich nicht eine Vorteilsabschöpfung beabsichtigt, sondern eine staatlich definierte Verhaltenslenkung, so ist die zugehörige Abgabe eine Zwecksteuer.

4.2 Erwerbseinkünfte

Öffentliche Erwerbseinkünfte sind Einnahmen des Staates, welche die öffentliche Hand durch ihre Beteiligung an der Wertschöpfung einer Volkswirtschaft erzielt, ohne sich dabei ihrer Hoheitsgewalt zu bedienen. Bei solchen Einnahmen handelt es sich folglich um Erlöse bzw. Gewinne aus Aktivitäten, bei denen sich der staatliche Träger an wirtschaftlichen Transaktionen des Marktes beteiligt. Die durch Marktteilnahme erzielten **Entgelte** für Sachgüter und Dienste stellen demnach das Ergebnis einer ihrer Natur nach freiwilligen Handlung dar. In Sonderheit sind dazu noch ergänzend die Einnahmen des Bundes aus dem ihm zustehenden **Münzregal** zu nennen: Vom Ansatz her handelt es sich um eine hoheitliche Beteiligung am Wirtschaftsverkehr; der Bund verkauft die in seinem Auftrag geprägten Münzen zum jeweiligen Nominalwert an die Deutsche Bundesbank. Nach Abzug der Prägekosten verbleibt dem Bund ein sogenannter Münzgewinn. An diesem Vorgang wird sich durch das Inverkehrbringen des Euro nichts Wesentliches ändern.

Eine weitergehende systematische Erfassung derartiger Erwerbseinkünfte kann im übrigen an die verschiedenen **Formen des staatlichen Erwerbsvermögens** anknüpfen: *Erstens* ist in diesem Zusammenhang das Kapitalvermögen des Staates zu nennen. Die öffentliche Hand ist – ganz oder nur teilweise – Eigentümer von Unternehmen, welche sich am Wirtschaftsgeschehen beteiligen. Dazu rechnen insbesondere Eigenbetriebe (z. B. Stadtwerke), Sondervermögen (z. B. Zweckvermögen bei der Deutschen Siedlungs- und Landesrentenbank), öffentlich-rechtliche Kreditinstitute (z. B. Landesbanken, Sparkassen) und Aktiengesellschaften (z. B. Beteiligung des Bundes an der Deutschen Telekom AG oder des Landes Niedersachsen an der Volkswagen AG). *Zweitens* ist das staatliche Grundvermögen außerhalb einer direkten Nutzung durch die öffentliche Verwaltung in Form von Immobilien anzuführen. Eine entgeltliche Überlassung zu erwerbswirtschaftlichen Zwecken führt hier zu öffentlichen Einnahmen aus Vermietung oder Verpachtung. Schließlich ist *drittens* auf (marktliche) Entgelte für die Überlassung von Geldvermögen hinzuweisen. Hierbei handelt es sich um Einlagen- und Darlehenszinsen auf Forderungen der öffentlichen Hand gegenüber privaten Wirtschaftssubjekten (einschließlich der Zinsen auf Steuerrückstände). Unabhängig davon entstehen kassenwirksame Mittelzuflüsse aufgrund der Rückzahlung von Darlehen (zu Förderzwecken).

Hinsichtlich der rechtlichen und politischen Vorgaben zur Ertragsbegrenzung sind in diesem Zusammenhang ergänzend kostendeckende Betriebe von solchen mit oder demgegenüber ohne **Gewinnlimitierung** zu unterscheiden. Mit den Einnahmen aus kostendeckenden Betrieben ist freilich der Übergang zur bereits behandelten Gebühr vollzogen, da sich bei der Erzielung solcher Erwerbseinkünfte unter Umständen hoheitliche und nicht-hoheitliche Vorgänge vermischen. Darüber hinaus kann der Übergang zwischen Entgeltabgaben und Erwerbseinkünften fließend sein, da das Äquivalenzprinzip in beiden Fällen angewandt wird. Im Bereich der Gebühren meint der Äquivalenzgedanke dabei insbesondere eine kostenmäßige Äquivalenz. Angestrebt wird folglich eine Gleichwertigkeit zwischen den Kosten der öffentlichen Leistungserstellung und den erhobenen Abgaben. Für die Erwerbseinkünfte stellt der Äquivalenzgedanke jedoch auf eine marktmäßige Äquivalenz ab: Hierdurch wird der Preisbildungsprozeß für privat angebotene Güter auf die Versorgung mit öffentlichen Leistungen übertragen. Umfang und Struktur eines solchen Leistungsangebots werden demnach prinzipiell durch die individuelle Nachfrage, nicht hingegen durch den politischen Willensbildungsprozeß bestimmt.

Bei den Erwerbsbeteiligungen ohne Gewinnlimitierung handelt es sich demnach um Vermögensbestandteile des Staates, deren **Privatisierung** aus ordnungspolitischen Gründen grundsätzlich stets zu erwägen ist. Diesbezügliche Verkaufserlöse werden dann unter den oben erwähnten einmaligen Einnahmen erfaßt. In diesem Zusammenhang ist also ergänzend zu berücksichtigen, daß sich die erwerbswirtschaftliche Tätigkeit der öffentlichen Hand in marktwirtschaftlichen Gesellschaftssystemen idealerweise – im Sinne des Subsidiaritätsprinzips – sowohl hinsichtlich ihres Umfanges als auch hinsichtlich ihrer Art lediglich als Impetus der privaten Initiative zu verstehen hat. Bei der Erfüllung einer ursprünglich öffentlichen Aufgabe kann auf eine Beteiligung des Staates verzichtet werden, wenn diese durch private Unternehmen wirtschaftlicher zu erfüllen ist. Eine Sonderstellung ist in diesem Zusammenhang jedoch der **Deutschen Bundesbank** zuzuweisen. Sie nimmt die ihr übertragene Aufgabe der Sicherung der Währung grundsätzlich jenseits einer Gewinnerzielungsabsicht wahr. Die aus dieser Tätigkeit resultierenden Gewinne (der sogenannte Restbetrag) sind an den Bund als Eigner abzuführen, dem das Grundkapital der Notenbank zusteht. An dieser Einschätzung hat sich durch die Einrichtung der Europäischen Zentralbank prinzipiell nichts geändert.

4.3 Schuldenaufnahme

Das bezüglich der Erwerbseinkünfte angeführte Kriterium einer auf Freiwilligkeit beruhenden öffentlichen Beteiligung an der Wertschöpfung einer Volkswirtschaft gilt in vergleichbarer Weise für die Einnahmen aus staatlicher Schuldenaufnahme. Hier tritt die öffentliche Hand als Nachfrager auf den Kreditmärkten auf. Die Überlassung von Kapital an den Staat wird durch eine marktliche Verzinsung entgolten. Sie ist Ausdruck freiwilliger Dispositionen der Eigentümer von Liquidität, wenn von dem Fall einer Zwangsanleihe (Steuer mit Anspruch auf Rückzahlung) beispielsweise in Form eines rückzahlbaren Konjunkturzuschlags abgesehen wird. Im Unterschied zu den öffentlichen Erwerbseinkünften (und allen anderen Einnahmen) haben die Mittel aus der Schuldenaufnahme jedoch prinzipiell nur einen zeitlich befristeten Charakter: Darlehen sind durch entsprechende Tilgungsleistungen an die jeweiligen Gläubiger zurückzuzahlen.

Generell verfolgt eine öffentliche Verschuldung den Zweck, zeitliche Disparitäten im Einnahmen-/Ausgabenstrom des öffentlichen Haushalts auszugleichen. Allerdings ist diese Einnahmeposition keineswegs als eine „Residualgröße“ zu kennzeichnen. Zum einen geht es dabei um die Überbrückung von Liquiditätsengpässen vorübergehender Art im laufenden Haushalt, welche in Form sogenannter **Kassenkredite** (Kassenverstärkungskredite) gedeckt werden und welche innerhalb eng gesetzter Fristen zurückzuzahlen sind. Zum anderen ist die Fremdmittelaufnahme zur Finanzierung staatlicher Ausgaben in Form von sogenannten **Deckungskrediten** (Haushaltsfinanzierung) bestimmt. Durch eine zugehörige Verschuldung auf dem Kreditmarkt erweitert der öffentliche Schuldner zumindest zeitpunktbezogen seinen Handlungsspielraum, geht dabei zugleich aber auch Verpflichtungen hinsichtlich des erwähnten Schuldendienstes (Verzinsung und Tilgung) in der Zukunft ein. Wegen dieser Bindungswirkung ist eine solche Verschuldung an die Beachtung spezieller gesetzlicher Normen gebunden. Beispielgebend ist für den Bund auf den oben bereits erwähnten Art. 115 Abs. 1 Satz 2 GG mit seinen rechtlichen Grenzziehungen zu verweisen. Überdies sind die schon genannten Defizitkriterien von Art. 104 des Amsterdamer Vertrages anzuführen.

Hinsichtlich ihrer **Ausstattungsmerkmale** lassen sich die öffentlichen Schuldtitel insbesondere nach folgenden Merkmalen kennzeichnen:

- Beim Begebungsverfahren ist die Eigenemission, bei welcher der Schuldner den Verkauf der Schuldtitel selbst übernimmt, von der Fremdemission zu trennen, bei der die Emission der Schuldtitel einem Bankenkonsortium übertragen wird.
- Bei der Nominalverzinsung der Schuldtitel kann zwischen einem festen, für die gesamte Laufzeit des Kredits unveränderlichen Zinssatz, und einem variablen, sich den ändernden Marktverhältnissen anpassenden Zinssatz unterschieden werden.
- Bezüglich der vertraglichen Laufzeit werden kurzfristige (bis zu zwei Jahre), mittelfristige (bis zu fünf Jahre) und langfristige (über fünf Jahre) Schuldtitel den Anlegern angeboten.
- Die (potentiellen) Gläubiger sind die Adressaten des öffentlichen Schuldners. Dazu rechnen die Banken, die Kapitalsammelstellen, die privaten Haushalte und Unternehmen im Inland sowie entsprechende Anlegergruppen im Ausland.

Die vorliegenden Formen öffentlicher Schuldenaufnahme bestehen dabei in **Schuldscheindarlehen** zur kurz-, mittel- und langfristigen Kreditgewährung. Ein solcher nicht börsen- und zentralbankfähiger Schuldschein wird dem Kapitalmarkt zugerechnet und in einer Stückelung ab 1 Mio. DM emittiert. Bei einer Laufzeit von in der Regel zehn Jahren dient er – bei festem Zinssatz – den Gebietskörperschaften zur Finanzierung über größere Banken und andere institutionelle Anleger. **Bundesschatzbriefe** werden – gleichfalls nicht börsen- und zentralbankfähig – in zwei Typen A und B bei einer Stückelung von 100 und 50 DM sowie einer Laufzeit von sechs und sieben Jahren vom Bund über die Notenbank emittiert. Die Papiere wenden sich bei einem laufzeitgestaffelten Zinssatz an private Haushalte sowie an gemeinnützige Einrichtungen; Gebietsfremde und Kreditinstitute sind bei dieser Schuldenform als Gläubiger ausgeschlossen. Diese Titel sind – ein besonderes Merkmal – mit einem Gläubigerkündigungsrecht ausgestattet. **Anleihen** dienen als längerfristige Finanzierungsinstrumente der Gebietskörperschaften und sind börsen- sowie lombard- und pensionsfähig. Die Laufzeit beträgt auch hier – bei einer Stückelung ab 100 DM – i. d. R. zehn Jahre; auch längere Laufzeiten (30 Jahre) sind anzutreffen. Der Verkauf erfolgt an jedermann. Als Kapitalmarktpapiere unterliegen diese Titel gegebenenfalls einer Kurspflege im Auftrag und auf Rechnung des öffentlichen Schuldners durch die Notenbank. **Bundesobligationen** sind unter bestimmten Voraussetzungen börsen- und (nach Zweiterwerb) zentralbankfähig; deren Laufzeit beträgt fünf Jahre bei festem Zinssatz und einer Stückelung von 100 DM. Kreditnehmer ist bei diesen Titeln nur der Bund, der sich in erster Linie an private Wirtschaftssubjekte im In- und Ausland als Gläubiger wendet. Diese Papiere werden laufend über die Deutsche Bundesbank emittiert und unterliegen, wie die Anleihen, einer Kurspflege. **Kassenobligationen** (verzinsliche Schatzanweisungen) dienen der mittelfristigen Finanzierung von Bund und Ländern. Je nach Laufzeit gehören sie dem Geld- oder Kapitalmarkt an; sie sind börsen- sowie lombard- und pensionsfähig. Bei einer Stückelung von 5.000 DM und einer Laufzeit von drei bis sechs Jahren wenden sich der Bund und die Länder als Kreditnehmer mit diesen Papieren bei festem Zinssatz vornehmlich an Banken. **Unverzinsliche Schatzanweisungen** (U-Schätze und Finanzierungsschätze) sind nicht-börsenfähige Geldmarkttitel mit einer Laufzeit von meist 24 Monaten. Die Verzinsung erfolgt durch Diskontierung beim Erwerb, wobei sich die U-Schätze bei vergleichsweise großer Stückelung von 100.000 DM vornehmlich an institutionelle, die Finanzierungsschätze bei einer Stückelung von 1.000 DM an jedermann – mit Ausnahme von Kreditinstituten und Gebietsfremden – wenden. **Schatzwechsel** sind ebenfalls nicht-börsenfähige Geldmarktpapiere mit Zentralbankfähigkeit. Deren Stückelung beträgt – bei einer Laufzeit von bis zu 90 Tagen – 10.000 DM oder ein Vielfaches davon. Sie dienen der kurzfristigen Finanzierung von Bund und Ländern; sie werden gleichfalls beim Erwerb diskontiert.

Mit der Vielfalt der Erscheinungsformen derartiger Schulden und ihren unterschiedlichen Ausstattungsmerkmalen versucht der öffentliche Schuldner, den wechselnden Gläubigerinteressen entgegenzukommen, um die erforderlichen Mittel auf dem Markt zu möglichst günstigen Konditionen im Sinne einer hohen Nettoergiebigkeit und unter praktikablen Liquiditätsdispositionen bei den jeweiligen Fälligkeiten aufnehmen zu können. Spätestens an dieser Stelle wird das Einnahmeraster mit dem Ausgabenraster verknüpft. Der zu leistende Schuldendienst betrifft nämlich die Ausgabenseite des Budgets.

5. Die öffentlichen Ausgaben im Systemverbund

Wenn die Erfüllung öffentlicher Aufgaben anhand von Budgetzahlen zu prüfen ist, richtet sich das Augenmerk des Betrachters meist auf die Ausgabenseite des öffentlichen Haushalts. Den vorstehend behandelten Einnahmen wird insoweit der fiskalische Zweck zugewiesen, die erforderlichen Finanzmittel im gebotenen Umfang und zum gewünschten Zeitpunkt bereitzustellen. Eine Analyse der Ausgaben kann dabei auf eine Fülle von Systematisierungen zurückgreifen: Nach herkömmlichem Verständnis werden zu den öffentlichen Ausgaben die geplanten oder die tatsächlichen Geldzahlungen und die in Geld bewerteten Naturalleistungen der öffentlichen Hände an den privaten Sektor (Haushalte und Unternehmen) sowie an andere Hoheitsträger im In- und Ausland gerechnet. Die Ausgaben basieren dabei auf besonderen Leistungsgesetzen oder beruhen auf vertraglichen Beziehungen zwischen der zuständigen Gebietskörperschaft und dem jeweiligen Leistungsempfänger. Eine erste Gliederung der öffentlichen Ausgaben kann dabei nach administrativen Merkmalen oder nach volkswirtschaftlicher Kennzeichnung vorgenommen werden. Dabei geht es in dem einen Bereich um die Erfassung und Benennung der Ausgaben mit Blick auf haushälterische Kriterien und haushaltsrechtliche Normen. In dem anderen Bereich sind volkswirtschaftliche Wirkungen der Ausgaben für ihre Systematisierung bestimmend.

5.1 Die Systematik in der Haushaltsstatistik

Zu den administrativ angelegten Gliederungen der öffentlichen Ausgaben gehören – neben den oben bereits dargelegten Gliederungen nach dem Ressortprinzip – insbesondere die Darstellungen mit finanzstatistischer Zwecksetzung. Dabei werden zum einen die finanziellen Verflechtungen innerhalb des öffentlichen Sektors bzw. zwischen den verschiedenen Gebietskörperschaften und öffentlichen Stellen sichtbar gemacht; zum anderen werden die Ausgaben nach ihren konsumtiven bzw. nach ihren investiven Anteilen am gesamten Ausgabenvolumen voneinander getrennt.

Bei der erstgenannten finanzwirtschaftlichen Zusammenstellung der Ausgaben ist gemäß der Übersicht 12 vor allem auf die Unterscheidung zwischen Bruttoausgaben, Gesamtausgaben und Nettoausgaben zu achten.

Übersicht 12: Erfassung der Ausgaben im Rahmen der Haushaltsstatistik

	Personalausgaben
+	Laufender Sachaufwand
+	Sachinvestitionen
=	**Direkte Ausgaben** (Letztverwendung)
+	Zahlungen an Unternehmen und private Haushalte
=	**Unmittelbare Ausgaben**
+	Zahlungen an öffentliche Verwaltungen
=	**Bruttoausgaben**
+	Zahlungen von öffentlichen Verwaltungen gleicher Ebene
=	**Gesamtausgaben**
+	Zahlungen von öffentlichen Verwaltungen anderer Ebene
=	**Nettoausgaben**

Quelle: In Anlehnung an Freund (1977), S. 598

Die Bruttoausgaben umfassen alle Ausgaben einer Gebietskörperschaft einschließlich der Zahlungen an andere öffentliche Verwaltungen. Bei den Gesamtausgaben handelt es sich demgegenüber um einen niedrigeren Betragsansatz, weil davon die (empfangenen) Zahlungen seitens öffentlicher Stellen der gleichen Ebene abgesetzt sind. Beispielgebend ist in diesem Zusammenhang an Mittelzuweisungen im Rahmen des Finanzausgleichs zwischen den Bundesländern zu denken. Zur Ermittlung der Nettoausgaben sind die Gesamtausgaben schließlich um Zahlungen von öffentlichen Stellen anderer gebietskörperschaftlicher Ebenen zu bereinigen. Hinzuweisen ist etwa auf Erstattungen des Bundes an die Länder im Rahmen der Gemeinschaftsausgaben.

Der vorerwähnte Ansatz zur Ermittlung der Nettoausgaben ist allerdings nicht mit dem **Nettoprinzip** zu verwechseln, wonach Einnahmen und Ausgaben miteinander saldiert werden. Dessen Anwendung ist nach den haushaltsrechtlichen Bestimmungen zur Wahrung der Haushaltsgrundsätze der Klarheit und Vollständigkeit (siehe oben) prinzipiell untersagt. Bei der Haushaltsplanung ist wegen der besseren Aussagefähigkeit der Etatansätze demgegenüber das **Bruttoprinzip** zu beachten, wonach Einnahmen und Ausgaben getrennt voneinander zu erfassen sind. Durch dieses Berechnungsverfahren für die getätigten Ausgaben eines bestimmten öffentlichen Haushalts soll die Vergleichbarkeit einzelner Budgets in regionaler und auch in zeitlicher Hinsicht gewährleistet werden. Würde eine solche Korrekturrechnung hingegen unterbleiben, käme es zu Mehrfachzählungen. Dies aber hätte nicht nur Verzerrungen bei der Darstellung des jeweiligen Leistungsumfangs, sondern auch beim Ausweis der jeweiligen Leistungsstrukturen zur Folge. Zugehörige Verzerrungen würden Fehlinterpretationen des Finanzgebarens und Fehlentscheidungen bei der zukünftigen Ausgabenpolitik begründen.

Bei einer zweiten finanzwirtschaftlichen Zusammenstellung der Ausgaben (gemäß der Übersicht 13 auf der nächsten Seite) werden ergänzend dazu die öffentlichen Zahlungen nach zwei großen Ausgabenblöcken strukturiert: Zum einen geht es um die Ausgaben der laufenden Rechnungen (Beispiel: Personalausgaben) sowie zum anderen um die Ausgaben der Kapitalrechnung (Beispiel: Baumaßnahmen). Hinzuzurechnen sind ferner die Positionen der **Globalen Mehr- bzw. Minderausgaben**. Dabei handelt es sich um weitgehend unspezifizierte Ermächtigungen der Legislative an die Finanzverwaltung, zusätzliche Ausgaben zu tätigen bzw. an anderer Stelle vorgesehene Ausgaben zu kürzen.

Die letztgenannten Budgetansätze haben sich in der Haushaltspraxis ohne eine Legitimation durch das Haushaltsrecht eingebürgert. Auf dieses Instrument der Budgetgestaltung wird aus Gründen einer erhöhten politischen und verwaltungstechnischen Flexibilität in zunehmendem Maße zurückgegriffen. Allerdings wird der damit gewonnene finanzwirtschaftliche und verwaltungstechnische Vorteil durch eine Kompetenzverwischung zwischen Legislative und Exekutive erkauft. Überdies kommt es dadurch zu einem Transparenzverlust bezüglich der jeweiligen Budgetstrukturen und des Budgetvolumens. Nachrichtlich werden zudem die Besonderen Finanzierungsvorgänge (mit Zahlungen für Zwecke der Schuldentilgung, der Rücklagenzuführung und der Deckung von Vorjahresfehlbeträgen) angeführt.

Übersicht 13: Ausgaben und Ausgabearten

Öffentliche Ausgaben

Laufende Rechnung	Kapitalrechnung	Globalansätze
– Personalausgaben	– Sachinvestitionen	– Globale Minderausgaben
– Laufender Sachaufwand	– Vermögensübertragungen	– Globale Mehrausgaben
– Zinsausgaben	– Darlehensgewährung, Erwerb von Beteiligungen	
– Laufende Zuweisungen und Zuschüsse		

Die damit vorgenommene Unterscheidung zwischen öffentlichen Ausgaben mit konsumtiver bzw. investiver Zielsetzung hat zunächst eine allgemeine und übergreifende Bedeutung: Nach landläufiger Meinung sind konsumtive Ausgaben im Vergleich zu investiven Ausgaben des Staates per se zu kritisieren. Abgesehen davon, daß nicht jede öffentliche Investition ohne weiteres als volkswirtschaftlich zweckmäßig bzw. vertretbar zu bewerten sein dürfte, bleibt zu bedenken, daß Investitionen aufgrund ihrer Nutzung in der Regel Konsumausgaben als Folgekosten nach sich ziehen. Mit zunehmendem Kapitalstock der öffentlichen Hand müssen folglich und nahezu zwangsläufig auch die Konsumausgaben steigen. Darüber hinaus ist anzumerken, daß mit dem Umfang öffentlicher Investitionen zugleich auch eine maßgebliche Begrenzung für die gesetzlich zulässige Höhe der öffentlichen Verschuldung gemäß Art. 115 Abs. 1 GG vorgegeben wird.

5.2 Die Systematik nach marktwirtschaftlichen Kriterien

Die finanzwissenschaftliche Auseinandersetzung mit den öffentlichen Ausgaben nach volkswirtschaftlichen Merkmalen ist in starkem Maße von Systematisierungsansätzen geprägt, welche dazu von *G. Colm* und von *A. C. Pigou* vorgelegt wurden. In einer ersten Unterteilung geht es *Colm* dabei um eine Kennzeichnung der Ausgaben unter dem Blickwinkel ihrer Beziehungen zur **marktwirtschaftlichen Ordnung**. Dabei werden zunächst Ausgaben benannt, welche zur Erhaltung und Sicherung der staatlichen Existenz bestimmt sind. Da diese keinen unmittelbaren Bezug zur Marktwirtschaft aufweisen, werden sie als systemindifferent bezeichnet (Beispiel: Ausgaben für die Innere und Äußere Sicherheit). Auch Ausgaben für die Entfaltung des freien Ablaufs marktwirtschaftlicher Kräfte werden in diesem Sinne als Produktionsfaktor höherer Ordnung interpretiert (Beispiel: Ausgaben zur Wahrung des Geldwesens). Derartige Ausgaben betreffen einen Großteil der staatlichen Ausgabentätigkeit, wie beispielsweise jene für das Bildungswesen. Durch sie greifen Hoheitsträger in die marktwirtschaftlich zustandekommende Versorgung ein: Die Finanzierung betriebswirtschaftlich unrentabler Eisenbahnlinien verdeutlicht diesen Sachverhalt. Ersichtlich wird, daß eine solche Untergliederung insbesondere für die ordnungspolitische Bewertung wichtige Beurteilungsmaßstäbe liefert. Dies gilt beispielsweise für die Prüfung einer Ausweitung der staatlichen Ausgabenpolitik oder für den Abbau staatlicher Leistungen im Sinne einer Konsolidierung.

In einer weiterführenden Gliederung von *Colm* und einer vergleichbaren Unterteilung von *Pigou* geht es um eine Ordnung der Ausgaben nach Wirkungsmerkmalen im volkswirtschaftlichen Produktions- und Verteilungsprozeß, wie dies oben bei den Darlegungen zur Staatsquote bereits kenntlich gemacht wurde. Unterschieden werden dabei staatliche **Verwaltungsleistungen** (Exhaustive expenditures, Real expenditures oder Non-transfer expenditures), welche Personal- und Sachausgaben bedingen, von **Geldleistungen** (Transfer expenditures), die als Transferzahlungen gewährt werden. Bei den erstgenannten Ausgaben handelt es sich um Entgelte für die Inanspruchnahme von Leistungen der Faktor- und Gütermärkte. Die von der öffentlichen Hand nachgefragten Ressourcen stehen dem privaten Sektor folglich nicht mehr zur Verfügung. Diesbezügliche Ausgaben des Staates betreffen die Besoldung bzw. die Bezahlung von Beamten, Angestellten und Arbeitern des öffentlichen Dienstes sowie die (Real-)Ausgaben für den laufenden Bedarf und für Investitionszwecke. Bei den Transferzahlungen ist demgegenüber eine unmittelbare Gegenleistung (von der Einhaltung bestimmter Empfangs- oder Verwendungsauflagen abgesehen) nicht erkennbar. Statt dessen kommt es zu einer Umleitung von Kaufkraft ohne Schaffung eines zusätzlichen Einkommens. Dies gilt zum einen für Transfers an private Haushalte mit dem Zweck, deren individuelle Einkommenslage zu verbessern (z. B. Sozialleistungen). Ebenfalls einzubeziehen sind an dieser Stelle Pensionen und Zinszahlungen. Zum anderen betrifft dies die Subventionen an private Unternehmen.

Bei der damit vorgenommenen Strukturierung öffentlicher Ausgaben bleiben allerdings einige **Zuordnungsfragen** ungeklärt: Beispielsweise resultiert aus dem Kauf von Vermögensgegenständen durch den Staat keine Erhöhung des Volkseinkommens, wie dies ansonsten bei Verwaltungsleistungen unterstellt wird. Vielmehr kommt es dadurch lediglich zu einer Umschichtung von Vermögen. Bei der Gewährung von Krediten durch die öffentliche Hand (z. B. BAföG-Darlehen) handelt es sich weder um eine Realausgabe (Güterkauf) noch um eine Transferzahlung: Letztgenannte ergibt sich erst infolge des Verzichts des Staates auf eine marktmäßige Verzinsung in Form von Mindereinnahmen. Bezüglich einer Zuordnung von Pensionsleistungen zu den Transferzahlungen ist ferner zu prüfen, inwieweit eine Vorleistung in Form geringerer laufender Bezüge während der Dienstzeit im Vergleich zur Faktorvergütung in der gewerblichen Wirtschaft gegeben ist. Eine Kennzeichnung der Zinszahlungen für öffentliche Schulden als Transferleistung ist schließlich unzutreffend, da hier zweifelsfrei eine Gegenleistung in Form der dem Staat vorübergehend vom Gläubiger überlassenen Liquidität erbracht wird. Gleichwohl ist aber einzuräumen, daß mit dieser Gliederung zentrale Ansatzpunkte für eine wirkungsbezogene Beurteilung der öffentlichen Ausgaben mit Blick auf die maßgeblichen **gesamtwirtschaftlichen Ziele** genannt sind. Zu prüfen ist jeweils, in welcher Weise sich eine Änderung des Ausgabenvolumens oder eine Änderung der Ausgabenstruktur auf das Preisniveau, auf die Beschäftigung, auf die Wirtschaftsstruktur und das Wirtschaftswachstum sowie auf die außenwirtschaftlichen Beziehungen und die Verteilung auswirken.

Im Mittelpunkt diesbezüglicher Analysen stehen dann vornehmlich die Nachfragewirkungen der Staatsausgaben. In der Regel wird dabei unterstellt, daß die staatlichen Ausgaben für den Kauf von Gütern unmittelbar und vollständig auf dem Markt nachfragewirksam werden, während Transferzahlungen von den Empfängern der Leistungen nur teilweise und mittelbar in Marktnachfrage umgesetzt werden. Dieser Sachverhalt ist für die Beschreibung sogenannter Multiplikatoreffekte von Bedeutung: Da aus zusätzlicher Nachfrage Einkommen entsteht, werden Teile davon wiederum nachfragewirksam. Mit der daraus entstehenden erneuten Einkommensbildung schließt sich der Kreis. Zu unterscheiden ist dabei zwischen Primäreffekten eines Impulses und Sekundäreffekten als Folgewirkungen. Diese Wirkungen beschreiben in der Summe dann den Multiplikator- und den Akzeleratorprozeß.

Mit Blick auf die Staatsausgaben ist also festzustellen, daß die oben vorgestellte Ordnung öffentlicher Ausgaben in diesem Sinne weitergeführt werden kann: Der durch die Staatsausgaben ausgelöste Nachfrageimpuls entspricht in der Regel nicht exakt dem Ausgabenbetrag, sondern kann von diesem abweichen. Beispielsweise wird von einer Erhöhung der Lohn- und Gehaltszahlungen im öffentlichen Dienst nur der konsumtive Teil als unmittelbarer Nachfrageimpuls im Inland wirksam, während andere Einkommensteile für eine Importnachfrage verwendet oder von den Zahlungsempfängern gespart und auf diese Weise nur mittelbar (z. B. über den Kapitalmarkt) nachfragewirksam werden. In diesen Fällen ist die Relation zwischen öffentlichem Ausgabebetrag und Nachfrageimpuls also zunächst kleiner Eins. Ein überproportionaler Nachfrageimpuls ergibt sich demgegenüber beispielsweise bei staatlichen Zinssubventionen, wenn mit derartigen Leistungen zumindest in der Ausgangsphase ein größeres nachfragewirksames Kreditvolumen mobilisiert wird. Diese Hinweise auf die gesamtwirtschaftliche Einschätzung staatlicher Ausgabenpolitik verdeutlichen, daß eine zielbezogene Wirkungsanalyse der öffentlichen Ausgaben unter Beachtung der jeweiligen Ausgabenart und der Marktbedingungen differenziert erfolgen muß.

5.3 Staatsausgaben im System der Volkswirtschaftlichen Gesamtrechnung

Die von *G. Colm* und *A. C. Pigou* vorgetragene Strukturierung der öffentlichen Ausgaben ist im Prinzip auch in der Volkswirtschaftlichen Gesamtrechnung (VGR) anzutreffen. Hier werden jene staatlichen Aktivitäten erfaßt, welche mit dem Kauf von Waren und Diensten sowie mit der Bereitstellung von Transferzahlungen in Verbindung stehen.

Wie bereits erwähnt, ist der öffentliche Sektor in der VGR jedoch anders abgegrenzt als in der Finanzstatistik. Die Unterschiede betreffen zum einen die **institutionelle Zuordnung**: So werden einerseits die Aktivitäten der Sozialversicherungen wegen ihres Zwangscharakters dem öffentlichen Sektor zugerechnet, während andererseits ganz oder teilweise im Eigentum der öffentlichen Hand befindliche Unternehmen dem privaten Sektor zugewiesen werden, selbst wenn von diesen öffentliche Aufgaben erfüllt werden (z. B. Deutsche Bundesbank). Zum anderen unterliegen in **instrumenteller Hinsicht** die Ausgaben bzw. Einnahmen, welche aufgrund von Veränderungen der Forderungen (bzw. Verbindlichkeiten) nur die Finanzierungsrechnung betreffen (z. B. Gewährung von Wohnungsbau-Darlehen oder die Tilgung öffentlicher Schulden), einer anderen Zuordnung. Namentlich handelt es sich insoweit um Auszahlungen und nicht um Ausgaben des Staates.

Im einzelnen gelten als Ausgaben des Staates gemäß der nachfolgenden Übersicht 14 die Aufwendungen für den sogenannten Staatsverbrauch, die geleisteten Übertragungen, die Bruttoinvestitionen und die Zinsen auf die öffentlichen Schulden.

Übersicht 14: Öffentliche Ausgaben in der Volkswirtschaftlichen Gesamtrechnung

Öffentliche Ausgaben

Staatsverbrauch	Geleistete Übertragungen	Brutto-Investitionen	Zinsen auf öffentliche Schulden
= Käufe von Gütern für die laufende Produktion	= Laufende Übertragungen in Form von Subventionen und sozialen Leistungen sowie sonstige laufende Übertragungen	= Käufe neuer Ausrüstungen	
+ geleistete Einkommen aus unselbständiger Arbeit	+ Vermögensübertragungen in Form von Investitionszuschüssen und sonstigen Vermögensübertragungen	+ Käufe neuer Bauten	
+ Produktionssteuern		+ Käufe abzüglich Verkäufe von gebrauchten Anlagen und Land	
+ Abschreibungen		+ Vorratsveränderungen	
– Verkäufe von Waren und Dienstleistungen			
– selbsterstellte Anlagen			

Auf dem **Produktionskonto** des Staates werden die Käufe von Waren und Diensten als Vorleistungen für die laufende Produktion erfaßt. Da derartige Leistungen nicht unter Marktbedingungen an den privaten Sektor verkauft, sondern diesem unentgeltlich zur Verfügung gestellt werden, ist deren Bewertung mit Hilfe von Marktpreisen ausgeschlossen. Ersatzweise wird dafür auf die Faktorkosten (unter Einbeziehung der Zinszahlungen an private Haushalte und von Abschreibungen auf das staatliche Sachkapital) zurückgegriffen. Da eine Aufteilung der staatlichen Leistungsabgabe zu Faktorkosten auf die privaten Haushalte für Konsumzwecke und auf die Unternehmen als Vorleistungen nicht durchführbar ist, wird hilfsweise unterstellt, daß der Staat seine Leistungen selbst verbraucht. Diese werden deshalb als Eigenverbrauch des Staates (staatlicher Konsum) behandelt.

Auf dem **Einkommenskonto** des Staates werden (neben dem bereits erwähnten Eigenverbrauch) ausgabeseitig die Übertragungen erfaßt, also Zahlungen, für welche der Empfänger keine Gegenleistung zu erbringen hat. Dazu gehören Subventionen in Form von geleisteten Geldzahlungen für laufende Produktionszwecke, soziale Zuwendungen (Transfers) an private Haushalte (z. B. Rentenzahlungen), sonstige laufende Übertragungen (z. B. Beiträge an die Europäische Union) und schließlich vom Staat geleistete Vermögensübertragungen (z. B. Investitionszuschüsse zur Förderung von Bauvorhaben). Zinszahlungen des Staates für aufgenommene Schulden sind aus dem Einkommenskonto nicht unmittelbar ersichtlich. Sie werden mit den empfangenen Faktoreinkommen (Einnahmen) des Staates in Form von Dividenden aus Direktbeteiligungen an Unternehmen oder in Form von Zinsen aus vergebenen Krediten verrechnet.

Auf dem **Vermögensänderungskonto** werden ausgabeseitig die staatlichen Bruttoinvestitionen erfaßt. Hierbei geht es um den Erwerb und den Bau von Investitionsgütern, den Kauf von Grundstücken und den Kauf von Gütern für eine längerfristig bestimmte Vorratshaltung. Soweit es sich um Bauinvestitionen handelt, ist für den jeweiligen Ansatz nicht – wie in der Finanzstatistik – die dafür geleistete Bezahlung maßgeblich. Bestimmend sind dafür vielmehr vorliegende Angaben aus der Bau- und Handwerkerberichterstattung über geleistete Arbeitsstunden und getätigte Umsätze. Der abschließende Saldo des Vermögensänderungskontos spiegelt die Änderung der Forderungen gegenüber den Änderungen der Verbindlichkeiten wider. Ein positiver Finanzierungssaldo bedeutet demgemäß, daß eine Geldvermögensbildung über die Kreditaufnahme hinaus stattgefunden hat. Bei einem negativen Finanzierungssaldo ist demgegenüber die Zunahme der Verbindlichkeiten größer als die Zunahme der Forderungen. Diese Transaktionen finden auf dem Finanzierungskonto ihre Entsprechung.

Bei einer Analyse der öffentlichen Ausgaben anhand der Angaben aus der VGR ist neben den bereits angeführten Besonderheiten der institutionellen und instrumentellen Abgrenzung ergänzend zu beachten, daß dieses Konzept sowohl ausgabeseitig (als auch einnahmeseitig) erhebliche **fiktive Bestandteile** enthält: Beispielsweise werden auf dem Produktionskonto bei den Beamtenbezügen anteilige Beitragszahlungen für die Altersversorgung unterstellt. Tatsächlich aber werden diesbezügliche Leistungen an einen Rentenversicherungsträger bisher nicht erbracht (die neuerdings vorgenommene Einrichtung von Pensionsfonds schafft hier nur eine punktuelle und zeitlich befristete Abhilfe). Die den Ruhestandsbeamten aus dem Haushalt gezahlten Pensionen werden auf dem Einkommenskonto unter den Posten „soziale Leistungen“ subsumiert. Ebenso werden Abschreibungen in den Staatsverbrauch einbezogen, während gleichzeitig auf dem Vermögensänderungskonto die Investitionen mit ihren Bruttobeiträgen angeführt werden. Bezüglich der angesetzten Abschreibungen ist zusätzlich anzumerken, daß Abschreibungen bei staatlichen Tiefbauten (z. B. Land- und Wasserstraßen) nicht vorgenommen werden; hier wird unterstellt, daß der Wert der Anlagen aufgrund vorgenommener Reparaturen erhalten bleibt.

5.4 Öffentliche Ausgaben und gesamtwirtschaftliches Produktionspotential

Ein weiterer Ansatz zur Systematisierung der öffentlichen Ausgaben verbindet die von *G. Colm* und *A. C. Pigou* vorgetragenen Abgrenzungsmerkmale der Ausgabenwirkungen mit administrativ ausgerichteten Kriterien.

Übersicht 15: Ökonomische Gliederung der öffentlichen Ausgaben

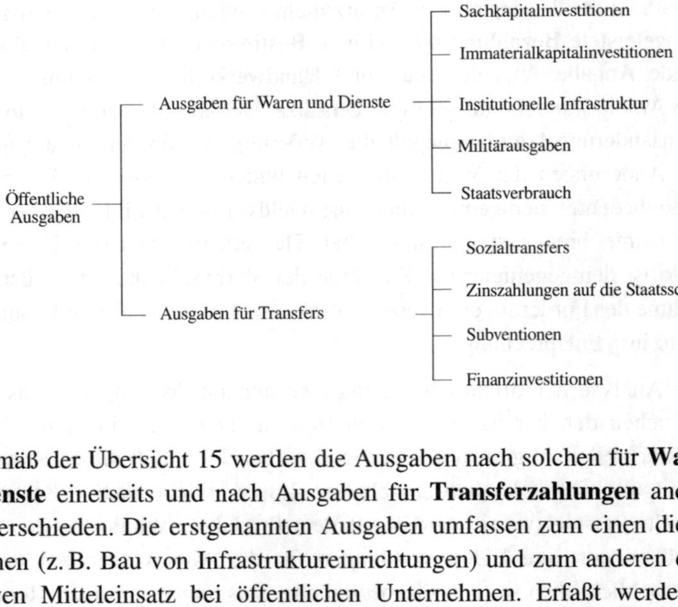

Gemäß der Übersicht 15 werden die Ausgaben nach solchen für **Waren und Dienste** einerseits und nach Ausgaben für **Transferzahlungen** andererseits unterschieden. Die erstgenannten Ausgaben umfassen zum einen die Investitionen (z. B. Bau von Infrastruktureinrichtungen) und zum anderen den investiven Mitteleinsatz bei öffentlichen Unternehmen. Erfaßt werden zudem Ausgaben zum Aufbau und zur Bewahrung immateriellen Kapitals – vornehmlich zu verstehen als Humankapital (z. B. Personalausgaben im Bildungsbereich) und für die institutionelle Infrastruktur (z. B. Ausgaben für das Rechtswesen). Diesen Ausgabenkategorien wird eine besondere Bedeutung mit Blick auf gesamtwirtschaftliche Produktivitätssteigerungen beigemessen. Des weiteren gehören zu diesem ersten Aufgabenbereich die Sach- und Personalausgaben für militärische Zwecke sowie der Staatsverbrauch. Zu den Transferausgaben als dem zweiten Ausgabenbereich zählen dann die Sozialtransfers, die Zinszahlungen auf öffentliche Schulden, die Subventionen und schließlich die Finanzinvestitionen (z. B. Mitteleinsatz für eine Kapitalerhöhung bei einem öffentlichen Unternehmen).

Hinsichtlich einer damit vorbereiteten Unterscheidung zwischen **konsumtiven** von demgegenüber **investiven** öffentlichen Ausgaben ist jedoch zu gegenwärtigen, daß Investitionen aufgrund ihrer Nutzung bestimmte konsumtive Ausgaben als Folgekosten nach sich ziehen. Mit einem zunehmendem Kapitalstock der öffentlichen Hand müssen dementsprechend und nahezu zwangsläufig auch die Konsumausgaben steigen. Differenzierungen zwischen investiven und konsumtiven öffentlichen Ausgaben haben zum einen bedeutsame Rückwirkungen auf die Begrenzung der gesetzlich zulässigen Höhe der öffentlichen Verschuldung auf der Grundlage des bereits erwähnten Art. 115 GG. Zum anderen ist aber darauf aufmerksam zu machen, daß die Kennzeichnung von Zinszahlungen für öffentliche Schulden als Transferausgaben mit Blick auf deren Entgeltcharakter nicht zutreffend ist. Diese Feststellung gilt in ähnlicher Weise auch für die Finanzinvestitionen: Soweit es sich dabei um staatliche Darlehen handelt und diese vertragsgemäß zurückgezahlt werden, wird ein Transfervorgang darin kaum erkennbar. Nicht überzeugend ist ferner die dadurch bedingte Trennung der Finanzinvestitionen von den anderen Investitionsausgaben.

Eine an die vorstehende Systematisierung öffentlicher Ausgaben unmittelbar anschließende Strukturierung verdeutlicht den Einfluß öffentlicher Ausgaben auf die Produktionskapazitäten der Volkswirtschaft, wie das die anschließende Übersicht 16 verdeutlicht.

Nach dieser Ausgabensystematik, welche von der Europäischen Kommission erarbeitet wurde und die an den oben vorgestellten Haushaltsquerschnitt erinnert, ist zwischen vermögenswirksamen Ausgaben (z. B. Investitionen), Ausgaben für laufende Käufe von Gütern (z. B. Aufwendungen für militärische Bauten) und sonstigen laufenden Ausgaben (z. B. Zinsen auf öffentliche Schulden) zu unterscheiden. In erster Linie kennzeichnet die Kommission auf diese Weise Ausgaben, welche

- zur Erweiterung der Produktionskapazitäten inländischer öffentlicher und privater Unternehmen bestimmt sind (z. B. Bau einer Autobahn),
- zur Aufrechterhaltung oder Erweiterung der Produktionskapazität des inländischen Staatssektors beitragen (z. B. Anschaffung einer Rechneranlage für ein Finanzamt),

– ohne Einfluß auf die Produktionskapazität der inländischen Unternehmen oder des inländischen Staatssektors bleiben (z. B. Einkommensübertragungen an private Haushalte) sowie schließlich

– Zahlungsvorgänge, welche als sonstige Ausgaben einzustufen sind (z. B. Einkommensübertragungen an das Ausland).

Übersicht 16: Matrix der öffentlichen Ausgaben nach Kapazitätsmerkmalen

Öffentliche Ausgaben nach Kapazitätswirkungen	Öffentliche Ausgaben nach Arten: Vermögenswirksame Ausgaben: – Investitionen – Vermögensübertragungen – Darlehen, Beteiligungen	Öffentliche Ausgaben nach Arten: Laufende Ausgaben für Käufe von Waren und Dienstleistungen (Staatsverbrauch)	Öffentliche Ausgaben nach Arten: Sonstige laufende Ausgaben: – Subventionen – Sonstige Einkommensübertragungen – Schuldzinsen
zur Erweiterung der Produktionskapazität oder zur Steigerung der Produktivität öffentlicher und privater Unternehmen			
zur Aufrechterhaltung oder Erweiterung der Produktionskapazität des Staatssektors			
Ausgaben im Inland ohne Einfluß auf die Produktionskapazitäten			
Sonstige Ausgaben ohne Zuordnungsmöglichkeit zu den vorgenannten Kategorien			

Quelle: In Anlehnung an Kommission der Europäischen Gemeinschaften (1983), S. 183

Mit Hilfe dieses Klassifikationsschemas soll der Beitrag der öffentlichen Ausgaben zur Erhöhung des Produktionspotentials und der Produktivität einerseits und des öffentlichen oder privaten Verbrauchs andererseits abgeschätzt werden.

Während die vorgenannten Gliederungsansätze gleichsam die wachstumserhöhenden Wirkungen der öffentlichen Ausgaben (vom Budget nach außen) abzubilden suchen, prüfen andere Schemata, in welcher Weise aufzuzeigende Veränderungen vom (wachsenden) Realeinkommen auf die Höhe und auf die Struktur der Staatsausgaben ausgehen, also sich von außen auf die Budgetansätze auswirken. Zu diesem Zweck ist nach Vorstellungen von *H. Haller* (1966) – wie das die nachstehende Übersicht 17 verdeutlicht – zunächst zwischen konstanten und variablen Ausgaben zu unterscheiden:

– Als **konstant** gelten Ausgaben, welche generell für die unverzichtbaren öffentlichen Grundleistungen zu veranschlagen sind. Es handelt sich dabei folglich um das kontinuierlich bereitzustellende Angebot von staatlichen Einrichtungen und Diensten, welche unabhängig von der Einkommensentwicklung und von der Struktur der privaten Einkommensverwendung bereitzustellen sind (z. B. Ausgaben für die Legislative). Bestimmend für diese Ausgabenkategorie ist die Annahme einer gleichbleibenden oder einer sich nur geringfügig ändernden Bevölkerungszahl sowie die Vorstellung von einer annähernden Konstanz der realen staatlichen Grundleistungen. Preissteigerungen auf den Güter- und Faktormärkten bleiben infolgedessen ebenso außer Betracht, wie qualitative Veränderungen bei den öffentlichen Leistungen infolge technischen Fortschritts und aufgrund von regionalen oder sektoralen Verschiebungen (Agglomerationskosten).

Übersicht 17: Ausgaben in Abhängigkeit vom Wirtschaftswachstum

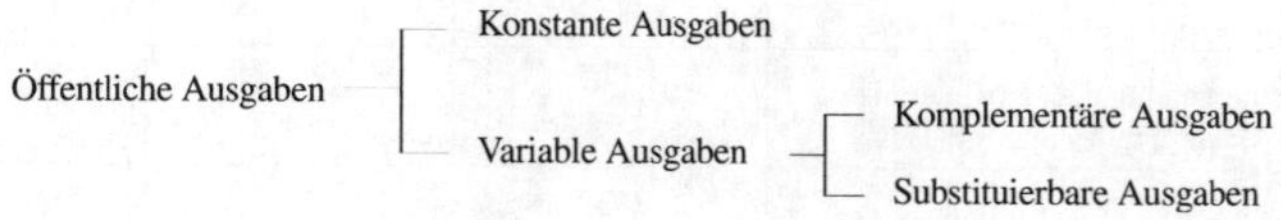

– Anders verhält es sich demgegenüber mit den weitaus bedeutsameren **variablen** Ausgaben, deren Höhe sich in Abhängigkeit von der Entwicklung des Sozialprodukts ändert. Hierbei sind die Ausgaben danach zu trennen, ob sie als **investitions- bzw. konsumkomplementäre Ausgaben** eine zu den privaten Investitionen oder zum privaten Konsum ergänzende Funktion erfüllen oder ob sie als demgegenüber **investitions- bzw. konsumsubstituierbare** Ausgaben einzustufen sind: Während bei erstgenannten Ausgabearten im Zuge der wirtschaftlichen Entwicklung mit einer Steigerung zu rechnen ist (z. B. Ausbau des Autobahnnetzes infolge eines wachsenden Gütertransports mit Lastkraftwagen oder wegen einer vermehrten Nutzung privater Kraftfahrzeuge), nehmen die Ausgaben der zweiten Kategorie mit dem volkswirtschaftlichen Wachstum ab (z. B. Verringerung der Inanspruchnahme öffentlicher Darlehen oder von Transferzahlungen aufgrund steigender Gewinne und Einkommen).

Rückblickend ist hinsichtlich der vorgestellten Systematisierungsansätze festzuhalten, daß diese stets mit jeweils eigenen Zuordnungs- und Abgrenzungsfragen belastet sind: Zu den beschriebenen Lösungen kommt es aus Zweckmäßigkeitserwägungen und vor dem Hintergrund politisch-pragmatischer Gründe. Insofern sind solche Schemata – ähnlich wie beim Überblick über die Einnahmen – für eine konkrete Abbildung tatsächlicher Verhältnisse des Ausgabengeschehens nicht immer ohne weiteres zu übernehmen. Aus den Überschneidungen und Interdependenzen der Systematisierungs- und Beurteilungskriterien können jedoch hilfreiche Zusatzinformationen für die Beschreibung und Analyse des öffentlichen Ausgabenverhaltens abgeleitet werden. Deswegen ist es auch kaum zweckmäßig, sich bei der vergleichenden Wertung öffentlicher Ausgaben und deren Entwicklung im Zeitverlauf nur auf einen bestimmten Systematisierungsansatz zu beschränken. Welcher Unterteilung der öffentlichen Ausgaben aus volkswirtschaftlicher Sicht im Einzelfall der Vorzug gegeben wird, hängt vielmehr vom jeweiligen Untersuchungsziel der Analyse ab.

Teil III: Zielsetzungen finanzpolitischer Intervention

Nachdem die Rahmenbedingungen und Instrumente der öffentlichen Finanzwirtschaft nun vorgestellt sind, werden nunmehr die finanzwirtschaftlichen Aktivitäten des Staates mit Blick auf die damit verbundenen Zielvorstellungen sowie im Zusammenwirken mit den ökonomischen Aktivitäten privater Wirtschaftssubjekte näher betrachtet. Beabsichtigt ist dabei allerdings nicht eine wissenschaftliche „Politikberatung" im Sinn einer Formulierung ökonomisch mehr oder weniger fundierter Handlungsempfehlungen: Dies kann – wie sich nachfolgend im einzelnen erweisen wird – unter anderem deshalb nicht geleistet werden, weil die mit finanzpolitischen Eingriffen verbundenen Verteilungskonsequenzen mit wissenschaftlich befriedigendem Anspruch nicht abschließend beurteilt werden können. Statt dessen sollen die Ausführungen einen Beitrag dazu leisten, die Qualität gesellschaftlicher Politikdiskurse zu erkennen, indem über wirtschafts- und finanzpolitische Handlungsoptionen sowie über deren ökonomische Konsequenzen informiert wird.

Finanzpolitische Eingriffe des Staates in das Wirtschaftsgeschehen werden in diesem Zusammenhang meist unter Hinweis auf die Frage gerechtfertigt, wie sich der private Sektor voraussichtlich verhalten würde, wenn der Staat auf einen Eingriff demgegenüber verzichtete. Sofern privatwirtschaftliche Aktivitäten dabei zu unbefriedigenden Resultaten führen, kann dieser Überlegung folgend ein staatlich-finanzwirtschaftlicher Eingriff in private Wirtschaftsabläufe gerechtfertigt werden. Nach *R. A. Musgrave* sind drei Funktionen des hoheitlichen Budgeteinsatzes zu unterscheiden:

– **Allokationsfunktion**: In marktwirtschaftlich organisierten Gesellschaftssystemen regeln dezentrale Tauschvorgänge auf Märkten die Aufteilung knapper Ressourcen (Produktionsfaktoren und Güter) auf konkurrierende Verwendungsalternativen (Allokation) . Ein solcher Primat des Marktes als Allokationsinstrument ergibt sich aus dem Sachverhalt, daß das Ergebnis funktionsfähiger Wettbewerbsmärkte stets effizient ist: Zum einen entspricht die Gesamtheit aller produzierten Güter nach Menge, Zusammensetzung und Qualität den Präferenzen der Bürger. Zum anderen findet keine Verschwendung von Produktionsfaktoren statt. Als Resultat ergibt sich – durch den Markt gleichsam erzwungen – ein Zustand allgemeiner Güterversorgung, bei dem kein Wirtschaftssubjekt bessergestellt werden kann, ohne daß hierfür ein anderes schlechtergestellt werden müßte (Pareto-Effizienz). Sobald jedoch in der Realität eine oder mehrere der zugehörigen Prämissen verletzt sind, ist zu fragen, ob und gegebenenfalls in welcher Weise der Staat durch geeignete Eingriffe das Marktergebnis beeinflussen kann, um die Voraussetzungen für ein Erreichen effizienter Resultate (wieder) herzustellen.

– **Distributionsfunktion**: Den Marktvorgängen ist dabei eine bestimmte Verteilung von Einkommen und Vermögen vorgelagert oder stellt sich als deren Ergebnis ein. Sofern diese Einkommensverteilung – als die jeweils persönliche Verfügungsgewalt der Individuen über das Sozialprodukt – in Widerspruch zu gesellschaftlichen Gerechtigkeitsvorstellungen steht, kann gefragt werden, ob und gegebenenfalls in welcher Weise der Staat durch Einsatz seiner finanzwirtschaftlichen Instrumente eine Umverteilung von Einkommen und Vermögen vornehmen kann bzw. sollte, um auf diese Weise gesellschaftlich empfundene Ungerechtigkeiten („Gerechtigkeitslücke“) zu mildern oder zu beseitigen. Ausgangspunkt ist dabei freilich die Operationalisierung eines ökonomischen Gerechtigkeitsbegriffs, da das vorgenannte Pareto-Kriterium ausschließlich auf die Effizienz der Ressourcenallokation zielt und deswegen zu Fragen der Verteilungsgerechtigkeit nur wenige Anhaltspunkte bietet.

– **Stabilisierungsfunktion**: In entwickelten Wirtschafts- und Gesellschaftssystemen führt das Marktsystem nicht immer und notwendigerweise zu Preisniveaustabilität und Vollbeschäftigung im Sinne einer effizienten Auslastung der Produktionsfaktoren. Auch der Auslastungsgrad (Konjunktur) und die Entwicklung (das Wachstum) des Produktionspotentials sowie die wirtschaftlichen Ergebnisse des Außenhandels können unter bestimmten Voraussetzungen beeinträchtigt sein. In solchen Fällen wird geprüft, in welcher Weise der Staat durch zweckdienlichen Einsatz seiner Einnahmen- und Ausgabeninstrumente zielgerecht in das gesamtwirtschaftliche Geschehen eingreifen kann.

6. Öffentlicher Haushalt und effiziente Allokation knapper Ressourcen

Finanzwissenschaftliche Argumente, die den politischen Einsatz öffentlicher Finanzen aus allokativer Sicht legitimieren, lassen sich unter den Begriff des klassischen Marktversagens subsumieren. Dessen wichtigste Erscheinungsformen (öffentliche Güter, monopolistische Angebotsbedingungen und externe Effekte) sind nachfolgend vorzustellen und in ihren Auswirkungen zu bewerten. Im Anschluß daran ist auf Bereiche staatlicher Intervention einzugehen, bei denen der Staat in Marktprozesse eingreift, jedoch ohne daß die zuvor genannten Fälle von Marktversagen zwingend zu konstatieren sind. Es handelt sich dabei um Staatseingriffe, welche zwar nicht mit dem Hinweis auf deren allokationsverbessernde Wirkung gerechtfertigt werden (können). Gleichwohl haben entsprechende Aktivitäten eine allokative Wirkung, welche im vorliegenden Kontext zu erläutern ist. Eine zugehörige Wertung finanzwirtschaftlichen Staatshandelns führt dann zu einer typisierenden Gegenüberstellung von Privatwirtschaft auf der einen sowie Staatswirtschaft auf der anderen Seite.

6.1 Suboptimale Allokation

Die Effizienz von Marktergebnissen wird insbesondere durch drei Kategorien von Wirkungsmechanismen beeinträchtigt, die nachfolgend diskutiert werden.

6.1.1 Öffentliche Güter, Mischgüter und natürliche Monopole

Zum Verständnis der besonderen Problemlagen bei der Allokation öffentlicher Güter ist es zweckmäßig, zunächst die prinzipielle Funktionsweise von Märkten und das Ergebnis der privaten Allokation eines Gutes in Erinnerung zu rufen: Wie erwähnt, führt die Bereitstellung privater Güter über marktliche Austauschvorgänge zu einem effizienten Resultat, weshalb staatliches Eingreifen insoweit nicht erforderlich ist. Beispielgebend wird im folgenden auf einen Markt für Videokameras Bezug genommen. Darauf aufbauend wird gezeigt, unter welchen Voraussetzungen und weshalb die marktliche Allokation solcher Kameras (als private Güter) in befriedigender Weise gelingt, während dies bei anderen (eben den sogenannten „öffentlichen") Gütern – beispielsweise einem Leuchtturm an der Meeresküste – nicht ohne weiteres zu erwarten ist.

Die nachfolgende Abbildung 2 zeigt im Modell einen gleichgewichtigen Markt als geometrischen Ort des Aufeinandertreffens freiwillig offenbarter Angebots- und Nachfragepläne für Videokameras. Dabei stellt die Marktangebotsfunktion eine Zusammenfassung (horizontale Aggregation) des relevanten Teils der Grenzkostenfunktionen aller potentiellen Anbieter dar. Die Mengenkoordinate eines beliebigen Punktes auf der Angebotsfunktion gibt also Auskunft darüber, welche Anzahl von Kameras zu einem bestimmten Preis auf dem Markt angeboten wird. Entsprechend bildet die Marktnachfragefunktion die Nutzenvorstellungen ab, welche potentielle Nachfrager mit einer Videokamera verbinden. Demnach gibt die Mengenkoordinate eines beliebigen Punktes auf der Nachfragefunktion Auskunft darüber, welche Anzahl von Kameras zu einem bestimmten Preis ihren Abnehmer findet.

Abbildung 2: Ein idealtypischer Markt für Videokameras

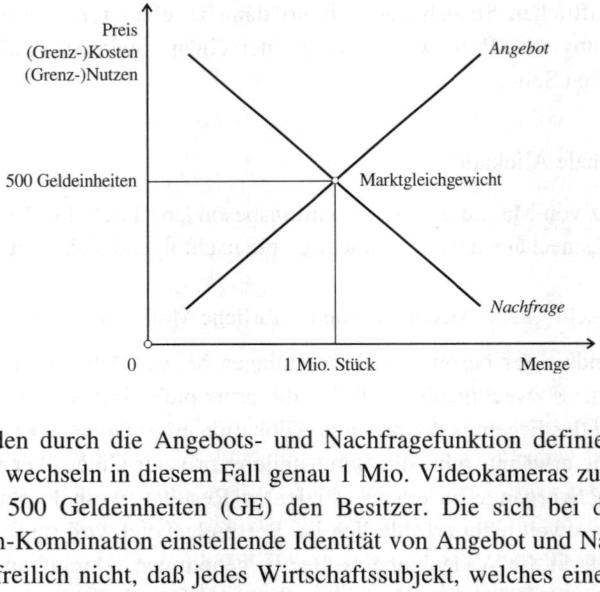

Unter den durch die Angebots- und Nachfragefunktion definierten Bedingungen wechseln in diesem Fall genau 1 Mio. Videokameras zum Preis von jeweils 500 Geldeinheiten (GE) den Besitzer. Die sich bei dieser Preis-Mengen-Kombination einstellende Identität von Angebot und Nachfrage bedeutet freilich nicht, daß jedes Wirtschaftssubjekt, welches eine solche Kamera gern in seinem Besitz hätte, diese auch tatsächlich erhält. Umgekehrt kann nicht jeder Produzent seine Angebotspläne realisieren: In gleicher Weise, wie manche potentiellen Nachfrager zu ihren jeweils maßgeblichen, individuellen Preis- bzw. Nutzenvorstellungen keinen Anbieter finden, der ihnen – beispielsweise für 450 GE – eine Videokamera überläßt, finden manche Anbieter zu ihren (kostenbedingten) Preisvorstellungen – beispielsweise in Höhe von 600 GE – keinen Abnehmer. Infolgedessen bleibt die rechts vom Gleichgewicht liegende Marktseite unbedient: Anbieter mit derartig hohen Produktions-(Grenz-)Kosten scheiden aus dem Markt aus. Ebenso gehen Nachfrager mit einem vergleichsweise niedrigen Nutzengewinn aus einer Videokamera leer aus. So schmerzlich dieser Sachverhalt aus Sicht der „rechtsseitigen" Marktteilnehmer auch sein mag – aus gesamtwirtschaftlicher Sicht ist deren Versorgung mit Kameras nicht erwünscht: Eine Befriedigung letztgenannter Angebots- bzw. Nachfragepläne würde nämlich mehr Kosten verursachen, als an Bedürfnisbefriedigung insgesamt hierdurch zu gewinnen wäre. Folglich realisiert der letzte Nachfrager, der auf diesem Markt noch eine Videokamera erhält, grob gesprochen ein Nullsummengeschäft. Der zu entrichtende Kaufpreis entspricht genau der bekundeten Zahlungsbereitschaft. Dessen Nutzengewinn aus dem erworbenen Gegenstand ist für ihn genauso groß, wie der (potentielle) Nutzengewinn aus anderen Gütern, die er für den entrichteten Kaufpreis alternativ hätte erwerben können. – Das Allokationsergebnis des hier betrachteten Marktes für Videokameras ist effizient.

Eine für das Funktionieren des Marktes **notwendige Bedingung** wird unmittelbar aus dem Beispiel ersichtlich: Alle potentiellen Marktteilnehmer müssen ihre Wirtschaftspläne offenlegen, damit die zugehörigen Tauschvorgänge ihre allokative Aufgabe erfüllen können. Jeder Interessent für eine Kamera hat dabei in der Tat alle Veranlassung, seine Zahlungsbereitschaft (und damit seine individuelle Nutzenvorstellung) für ein solches Gerät zu offenbaren – stellt dies doch seine einzige Möglichkeit dar, eine Videokamera in sein Eigentum zu überführen. Verschweigt er statt dessen seine Zahlungsbereitschaft, so kann er nicht am Markt teilnehmen. Untertreibt er seine Zahlungsbereitschaft, so riskiert er, auf eine Videokamera verzichten zu müssen, obwohl ein Marktaustausch mit dem Produzenten auch zu einem höheren Preis für ihn ein Gewinn gewesen wäre. Übertreibt er seine mit der Zahlungsbereitschaft geäußerte Nutzenvorstellung, so müßte er hinnehmen, für die Videokamera mehr Kaufkraft aufzugeben, als ihm die Benutzung eines solchen Gegenstandes wert ist. Von entscheidender Bedeutung ist also der Sachverhalt, daß die Kamera einem Marktteilnehmer nur unter der Voraussetzung überlassen wird, daß dieser zuvor seine individuelle Zahlungsbereitschaft wahrheitsgemäß offenbart. Wirtschaftssubjekte, die ihre zugehörigen Nutzenvorstellungen demgegenüber nicht artikulieren, bleiben von der Nutzung des jeweiligen Gutes ausgeschlossen – es gilt das sogenannte **Marktausschlußprinzip**.

Das Marktausschlußprinzip stellt sicher, daß die Marktteilnehmer einen hinreichenden Anreiz verspüren, ihre Präferenzen zu bekunden. Dies geschieht, indem die Nachfrager ihre Zahlungsbereitschaft signalisieren. Die korrekte Artikulierung von Nutzenvorstellungen ergibt sich dabei aus dem Sachverhalt, daß ein rigoroser Marktausschluß alle potentiellen Nachfrager dazu veranlaßt, um die Nutzung des jeweiligen Gutes offen zu konkurrieren. Wie dargelegt, besteht für keinen Marktteilnehmer ein Anreiz, seine subjektiven Nutzenempfindungen im Marktgeschehen zu unter- oder zu übertreiben. Dies findet seine maßgebliche Ursache in dem Umstand, daß die exklusive Nutzung eines privaten Gutes (hier: einer Videokamera) durch ein Wirtschaftssubjekt deren gleichzeitige Nutzung durch ein anderes Wirtschaftssubjekt ausschließt. Mit anderen Worten: Die Nutzung einer bestimmten Kamera reduziert – bezogen auf das jeweilige Gerät – uno actu die entsprechenden Möglichkeiten einer Bedürfnisbefriedigung für ein anderes Wirtschaftssubjekt. Es liegt **Rivalität im Konsum** vor, was umgekehrt einen Marktausschluß begründet.

Von gänzlich anders zu beurteilender Qualität sind die marktlichen Austauschmöglichkeiten im Fall **öffentlicher Güter**, zu deren Verdeutlichung auf das bereits benannte Beispiel eines Leuchtturms zurückgegriffen werden kann. Zunächst ist im Fall des Leuchtturms bei gegebenen technischen Möglichkeiten ein Marktausschluß nicht durchführbar: Selbst wenn ein Bootsfahrer seine Präferenzen für eine solche Orientierungshilfe verheimlicht, also unzutreffenderweise den Eindruck erweckt, das Errichten eines Leuchtturms bedeute ihm keinen Nutzengewinn, so ist es dennoch nicht möglich, ihn von der Nutzung des Leuchtturms – wenn er denn erst einmal errichtet ist – auszuschließen – *Sol lucet omnibus*. Einen derart clever-schweigsamen Bootsfahrer von der Nutzung des Leuchtturms auszuschließen ist aber nicht nur – gleichsam technisch – unmöglich. Vielmehr ist sein Ausschluß vor dem Hintergrund der vorangegangenen Überlegungen sogar suboptimal und wäre insoweit nicht gerechtfertigt: Da der Nutzen, den alle anderen Bootsfahrer aus dem Leuchtfeuer ziehen, durch den zusätzlichen Nutzengewinn des „Spitzbuben" nicht beeinträchtigt wird, sind die realen Opportunitätskosten seiner Besserstellung gleich Null – der **Konsum rivalisiert nicht**. Selbst wenn also die in der Zahlungsbereitschaft geäußerte Nutzenvorstellung für den einzelnen Bootsfahrer tatsächlich gering ist, kann dessen Ausschluß von einer Nutzung des Leuchtturms mit allokativen Argumenten dennoch nicht begründet werden. Da aber die individuelle Zahlungsbereitschaft jedes einzelnen Marktteilnehmers dafür maßgeblich ist, in welcher Höhe er letztlich zur Zahlung herangezogen wird, konvergiert auch der Beitrag des clever-schweigsamen Bootsfahrers zur Finanzierung des Leuchtturms gegen Null. Entsprechend gelagerte Anreizstrukturen gelten freilich nicht nur für einen bestimmten Bootsfahrer, sondern für die Gesamtheit aller (potentiellen) Leuchtturmnutzer. Alle beteiligten Wirtschaftssubjekte werden sich deshalb in Schweigen hüllen und eine **Trittbrettfahrerposition** einnehmen – aus der berechtigten Befürchtung heraus, anderenfalls für die Leistungsinanspruchnahme zur Zahlung herangezogen zu werden. Dieser Umstand hat zur Folge, daß der Leuchtturm – dessen Errichtung den Einsatz knapper Ressourcen erfordert – nicht gebaut wird, obwohl dies doch für alle Beteiligten von Vorteil wäre. Eine derart mißliche Konstellation von Anreizen, in der sich individuelle und kollektive Rationalität widersprechen und einzelwirtschaftlich rationales Verhalten zu gesamtwirtschaftlich unerwünschten Ergebnissen führt, wird gelegentlich auch als **Rationalitätenfalle** bezeichnet und in der Literatur unter dem Begriff des Sozialen Dilemmas bzw. des Gefangenendilemmas näher diskutiert. Das beschriebene Problem des Trittbrettfahrerverhaltens tritt um so stärker in den Vordergrund, je größer die Gruppe der potentiellen Nutzer des Gutes ist, da in großen Gruppen die Handlungsoption auf unerkannt strategisches Verhalten wegen geringer sozialer Kontrollmöglichkeiten einzelwirtschaftlich besonders attraktiv ist.

Die bisherigen Ausführungen zusammenfassend läßt sich also festhalten, daß bei **privaten Gütern**, deren allokationseffiziente Bereitstellung über Märkte in befriedigender Weise gelingt, ein Marktausschluß technisch möglich und seine Anwendung aus ökonomischen Gründen zweckmäßig ist, da beim Konsum des jeweiligen Gutes eine Rivalität zwischen den (potentiellen) Verwendungsmöglichkeiten herrscht. Im Fall der sogenannten **reinen öffentlichen Güter** ist eine Anwendung des Marktausschlußprinzips demgegenüber zum einen aufgrund technischer Probleme oder wegen der **Unteilbarkeit** des jeweiligen Gutes nicht möglich. Umgekehrt kann das einzelne Wirtschaftssubjekt nicht verhindern, daß es gegebenenfalls in den „Genuß" eines solchen Gutes kommt: Der Einfluß einer Existenz des öffentlichen Gutes auf die individuelle Nutzenposition ist für den einzelnen unabwendbar, der Konsum kann praktisch nicht verweigert oder zurückgewiesen werden. Zum anderen weist der Konsum keine Rivalität auf, was einerseits als direkte Folge der fehlenden Ausschlußmöglichkeit anzusehen ist. Andererseits ist ein Marktausschluß aber auch nicht wünschenswert, weil der Konsum des öffentlichen Gutes durch ein (zusätzliches) Wirtschaftssubjekt die Konsummöglichkeiten der anderen Wirtschaftssubjekte nicht beeinträchtigt. Mit anderen Worten: Die (Grenz-)Opportunitätskosten einer zusätzlichen Einheit einer diesbezüglichen Bedürfnisbefriedigung sind Null, womit auch der insoweit adäquate Preis des betreffenden Gutes gleich Null ist. Der entscheidende Grund für suboptimale Marktergebnisse im Fall öffentlicher Güter liegt also nicht etwa darin, daß ein

Bedarf an öffentlichen Gütern „kollektiv", ein Bedarf für private Güter hingegen „individuell" empfunden wird. Bedürfnisse und Präferenzen entstehen immer und ausschließlich bei privaten Individuen. Der Unterschied manifestiert sich vielmehr darin, daß die Nutzungsmöglichkeiten öffentlicher Güter nicht – wie im Fall privater Güter – auf den einzelnen Konsumenten beschränkt sind, sondern der Allgemeinheit aller potentiellen Interessenten zugute kommen. Der Nutzen aus einer Bereitstellung des öffentlichen Gutes ist auf die Gesamtheit aller Nutzer „externalisiert".

Im Spiegel der genannten Kriterien: Ausschlußprinzip, Rivalität des Konsums und Gruppengröße beteiligter Wirtschaftssubjekte ist eine Lokalisierung rein öffentlicher Güter anhand der Abbildung 3 demnach wie folgt darzustellen:

Abbildung 3: Ein Spektrum vom privaten zum öffentlichen Gut

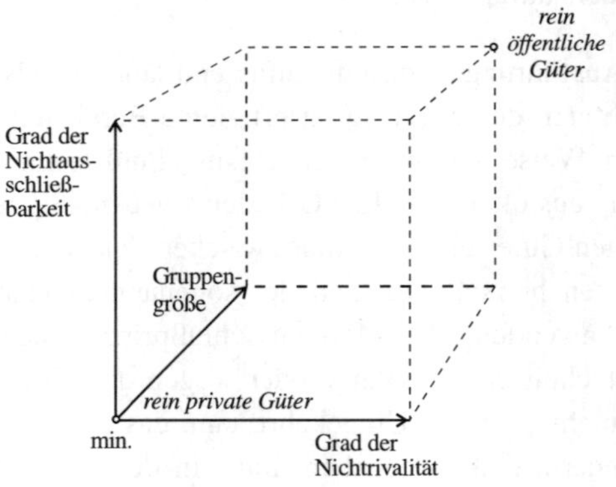

Quelle: Brümmerhoff (1996), S. 88.

Häufiger als der Fall öffentlicher Güter treten in der Realität Mischformen der genannten Kriterien auf. So liegt beispielsweise in Form der Qualität der natürlichen Umwelt ein Gut vor, bei dem der Konsum sehr wohl rivalisiert: Nutzt ein Wirtschaftssubjekt beispielsweise die atmosphärische Luft als Deponie für Schadstoffe, so wird hierdurch deren Verwendungsmöglichkeit als natürliche Lebensgrundlage aus der Sicht anderer Individuen unter Umständen erheblich beeinträchtigt. In diesem Fall wäre ein Marktausschluß aus allokativen Gründen durchaus zielgerecht, da hierdurch die wesentliche Voraussetzung für einen funktionsfähigen Allokationsmechanismus – nämlich denjenigen eines Marktes – gegeben wäre. Ein solcher Ausschluß ist aus technischen Gründen jedoch nicht durchführbar, politisch nicht gewollt oder scheitert an prohibitiv hohen Kosten. Es handelt sich in solchen Fällen um ein sogenanntes **Allmendegut**. Da das fehlende Ausschlußprinzip dazu führt, daß die privaten Nutzer ihre Präferenzen für die natürliche Umwelt nicht zahlungswirksam offenbaren und sich als Trittbrettfahrer verhalten, gibt es keine marktwirksame Nachfrage nach einer bestimmten Umweltqualität – und infolgedessen auch kein Angebot; der Markt bricht zusammen bzw. entsteht erst gar nicht.

Umgekehrt sind Konstellationen denkbar, bei denen ein Marktausschluß sehr wohl möglich ist, der Konsum jedoch nicht rivalisiert. In diesem Fall ist von sogenannten **Mautgütern** zu sprechen. Das Beispiel einer – nicht überfüllten – Autobahn verdeutlicht diese Situation: Eine effiziente Nutzung der Autobahn verlangt, daß die Preise den Grenzkosten entsprechen. Diese Kosten einer Zulassung der Nutzung der Autobahn durch ein weiteres Fahrzeug sind hier allerdings gleich Null – der Preis sollte daher ebenfalls gleich Null sein. Nun wäre es ohne weiteres möglich, eine Benutzungsgebühr für die Autobahn, eine sogenannte „Maut", zu erheben. Solange die Straße nicht überfüllt ist, wäre ein solches Vorgehen allerdings suboptimal, da infolge der Gebührenpflicht das Ausmaß der Autobahnnutzung c. p. zurückgehen würde: Nachfragepläne würden unbefriedigt bleiben, obwohl deren Erfüllung geringere Kosten verursachte, als daraus Nutzen gezogen werden könnte. Sollten jedoch alle Nutzer zu einem Preis von Null zugelassen werden, ergibt sich zum einen das Überlastungsproblem (Stau); zum anderen ist zu fragen, wie die Kosten zur Bereitstellung der Autobahn auf die Nutzer verteilt werden sollen.
Zur Erläuterung der aus einer solchen Konstellation resultierenden Schwierigkeiten soll vereinfachend die Angebots- bzw. Kostensituation eines Einproduktunternehmens betrachtet werden, welches ein solches Mautgut, hier: eine Fernstraße, herstellt. Die nachstehende Abbildung 4 verdeutlicht zum einen die Nachfrage der Autobahnnutzung (*N*), sowie die totalen Durchschnitts- und Grenzkosten (*DTK* und *GK*) der Bereitstellung. Zum anderen ist der zur Nachfragefunktion gehörende Grenzerlös (*GE*) dargestellt. Da die Zulassung eines weiteren Fahrzeugs zur Fahrbahnbenutzung auf der einen Seite nur minimale Zusatzkosten verursacht, verlaufen die Grenzkosten auf sehr niedrigem Niveau. Auf der anderen Seite ist die (kapitalintensive) Bereitstellung einer Autobahn mit hohen Fixkosten verbunden, was die totalen Durchschnittskosten über den gesamten nachfragerelevanten Bereich sinken läßt.

Abbildung 4: Preisbildung bei einer Fernstraße

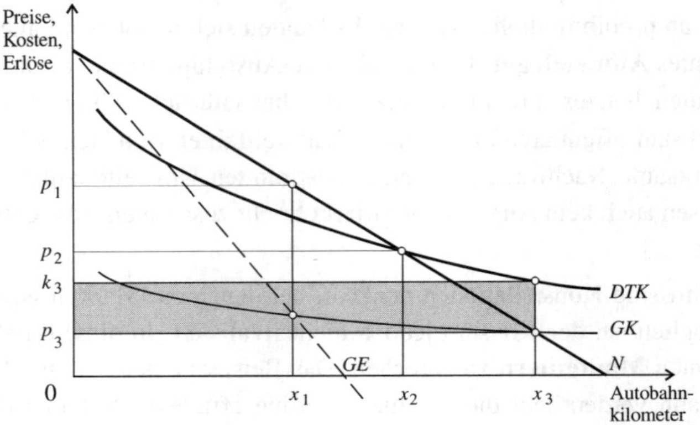

Unter den beschriebenen Bedingungen könnte ein privater Anbieter sich als gewinnmaximierender Cournot-Monopolist verhalten und eine Angebotsmenge an Fahrbahnkilometern nach der Grenzerlös-Grenzkostenregel planen; das Resultat wäre eine Preis-Mengen-Kombination (x_1, p_1). Abbildung 4 zeigt zunächst, daß dieses Marktergebnis – wie im Monopolfall zumeist – suboptimal ist, da rechts von x_1 unbefriedigte Nachfragepläne existieren, mit deren Befriedigung geringere Kosten verbunden wären als hierdurch Nutzengewinn erzielt werden könnte. In langfristiger Betrachtung ist es jedoch unwahrscheinlich, daß ein Monopolpreis p_1 durchsetzbar bleibt: Die damit verbundenen (zusätzlichen) Gewinne stellen als Monopolrente für andere Unternehmen einen starken Anreiz dar, als Konkurrenten in den Markt einzutreten, wodurch ein Preissenkungsdruck in Richtung auf p_2 entsteht – ein Preis, zu dem gerade noch eine Kostendeckung gewährleistet ist (langfristige Preisuntergrenze). Aufgrund der vorliegenden speziellen Kostenkonstellation, bei der die Grenzkosten über den gesamten Nachfragebereich sinken, entwickelt sich demnach eine besondere strategische Situation: Auf der einen Seite können potentielle Wettbewerber mit Markteintritt drohen, was die Monopolsituation angreifbar („contestable") werden läßt. Auf der anderen Seite kann ein etablierter Anbieter jedoch den Sachverhalt nutzen, daß für einen Eintritt in den betreffenden Markt hohe Anfangsinvestitionen als Fixkosten anfallen. Die zugehörigen Aufwendungen wären bei einem Marktaustritt als versunkene Kosten einerseits nicht reversibel („Sunk costs"). Andererseits sind diese Kosten für die

Preiskalkulation des etablierten Unternehmens nicht mehr entscheidungsrelevant, weshalb dieses gegenüber potentiellen Konkurrenten mit einer (vorübergehenden) Preissetzung zu Grenzkosten (p_3) drohen kann. Die infolgedessen zu erwartenden Verluste wirken als Markteintrittsbarriere, da für die Investitionsentscheidung potentieller Konkurrenten alle Kosten relevant sind. Insoweit entsteht *erstens* eine Situation, wonach sich gleichsam von allein nur ein einziger Anbieter am Markt behaupten kann: Dieser ist in der Lage, den Autobahnmarkt kostengünstiger zu versorgen als eine Vielzahl von Anbietern – es handelt sich hier um ein sogenanntes „**natürliches Monopol**". *Zweitens* können in dieser Situation in der Regel zwar keine Cournot-Preise in Höhe von p_2 durchgesetzt werden; dennoch bestehen aber Preissetzungsspielräume jenseits einer Kostendeckung. Abgesehen vom Fall einer zu niedrigen Angebotsmenge setzt die insoweit garantierte Kostendeckung für den Monopolisten insbesondere den Anreiz zur kostenminimalen Produktion außer Kraft, was zu einem technisch unwirtschaftlichem Verhalten verleitet.

Ein *erster Grund* für staatliche Eingriffe im Fall des natürlichen Monopols ist demnach von wettbewerbspolitischer Natur: Durch ordnungspolitische Regulierung des Monopolisten oder Übernahme der Produktion durch ein staatliches Unternehmen soll Monopolmacht politisch kontrolliert werden. Darüber hinaus legitimiert als ein *zweiter Grund* die mangelnde Allokationseffizienz monopolistischer Märkte den staatlichen Eingriff: Zu beachten ist in diesem Sinne nämlich, daß sowohl der Cournot-Preis p_1 als auch die Preissetzung mit voller Kostendeckung (p_2) einen Wohlfahrtsverlust bedeuten, da auch zwischen x_2 und x_3 Nachfragepläne bestehen, deren Befriedigung geringere (Grenz-)Kosten verursachen als demgegenüber Nutzengewinne ermöglichen würde. Allerdings verursacht eine Produktionsausweitung bis x_3 Verluste in Höhe einer Fläche $(k_3 - p_3)x_3$, die beim staatlichen Angebot beispielsweise durch eine anteilige Abgaben- oder Schuldenfinanzierung aufgebracht werden müßten.

Für den Fall einer Bereitstellung des Mautgutes durch die öffentliche Hand lassen sich damit nun die finanzwirtschaftlichen Alternativen einer zugehörigen Entgeltabgabenerhebung sowohl in den Kategorien des Einnahmerasters als auch mit den Prinzipien der Äquivalenz und der Kostendeckung in Verbindung bringen. Wie dargelegt, bewirkt eine staatliche Entgeltforderung zu Grenzkosten erhebliche Verluste. Bei einer Erhebung von Benutzungsgebühren für eine staatlich bereitgestellte Autobahn ist unter Hinweis auf die extrem niedrigen Grenzkosten, die dem Staat durch einen zusätzlich auf der Fernstraße gefahrenen Pkw-Kilometer entstehen, also hervorzuheben, daß die Benutzungsgebühr eine außerordentlich geringe Höhe annehmen müßte, wenn auf diesem Wege die Wohlfahrtsverluste jeder anderen Preissetzung vermieden werden sollten. Die vorgenannten Verluste entstehen dabei nicht allein durch Kostenunterdeckung bei der Bereitstellung bzw. „Produktion" der Straße, sondern darüber hinaus aufgrund der beträchtlichen Erhebungskosten – zumal in einem vergleichsweise dicht besiedelten Volkswirtschaft wie Deutschland. Die geringe (bzw. negative) Nettoergiebigkeit einer solchen Abgabe würde also auf eine Ressourcenvernichtung hinauslaufen: Zwar ließen sich auf diesem Wege einerseits die Wohlfahrtsverluste vermeiden, welche auf einem monopolisierten Markt für Fernstraßennutzung entstehen könnten. Andererseits müßte der Staat der massiven Kostenunterdeckung jedoch begegnen, indem die dafür erforderlichen Mittel entweder durch Besteuerung oder durch Schuldenaufnahme akquiriert werden. Beide Finanzierungswege bedingen jedoch in der Regel eigene Wohlfahrtsverluste, die den Effizienzgewinn im Fernstraßenbereich dann unter Umständen überkompensieren. Mit gutem Grund läßt sich insoweit die Position vertreten, aus Effizienzgründen auf jede Gebührenerhebung zu verzichten. Freilich führt ein entsprechendes Arrangement *erstens* zur übermäßigen Nutzung des betreffenden Gutes; darauf wird zurückzukommen sein. *Zweitens* unterscheidet sich die Gruppe der Kostenträger von der Gruppe jener Wirtschaftssubjekte, welche durch die staatliche Güterbereitstellung begünstigt werden. An dieser Stelle wird besonders deutlich, daß eine politische Abkehr vom Prinzip der marktlichen Äquivalenz keineswegs dazu führt, daß vermeintlich „unfaire" Marktergebnisse mit der staatlichen Übernahme der Produktionspläne überwunden werden können. Das Gegenteil ist der Fall: Unabhängig vom gewählten Arrangement existieren stets Gewinner und Verlierer – eine Rollenzuweisung, über die im Einzelfall dann politisch zu entscheiden ist.

Sofern der Hoheitsträger angesichts dieser Schwierigkeiten einer Preissetzung zu Grenzkosten bzw. zum Nulltarif sich statt dessen zur Erhebung kostendekkender Entgelte entschließt, existieren grundsätzlich zwei Möglichkeiten: Entweder die Festsetzung eines Entgelts zu Durchschnittskosten oder die Kombination von Beitrag und Gebühr in Form der sogenannten **gespaltenen Tarife**. Bei einer Entgeltkalkulation zu Durchschnittskosten in Höhe von p_2 sind zwei Sachverhalte zu vergegenwärtigen (siehe nochmals Abbildung 4): *Erstens* bewirkt eine derartige Preissetzung zwar eine – wohlfahrtsökonomisch erwünschte – Mengenausweitung von x_1 nach x_2 im Vergleich zur Cournot-

Lösung. Dennoch verbleiben – wie bereits dargelegt – zwischen x_2 und x_3 unbefriedigte Nachfragepläne, was als suboptimal zu kennzeichnen ist. Mithin entstehen auf dem Fernstraßenmarkt auf diese Weise zwar weder Gewinne noch Verluste; das Allokationsergebnis ist aber gleichwohl inferior. *Zweitens* ist in dynamischer Hinsicht hervorzuheben, daß vollkostendeckende Arrangements den unter Marktbedingungen gegebenen Anreiz zu kostenminimaler Produktion und Innovation beseitigen. Ein möglicher Ausweg sind die vorgenannten gespaltenen Tarife: In solchen Fällen wird zur Deckung der Fixkosten ein *Beitrag* als Pauschalumlage im Kreise derer erhoben, die – wie oben ausgeführt – über die „Möglichkeit zur Inanspruchnahme" des betreffenden Mautgutes verfügen. Die tatsächliche Inanspruchnahme wird demgegenüber durch eine grenzkostendefinierte *Benutzungsgebühr* entgolten. Das ansonsten drohende Defizit wird demnach durch eine Pauschalabgabe vermieden, welche von den potentiellen Nutzern erhoben wird. Letztgenannte werden durch die grenzkostenabhängige Gebühr mit einem Anreizmechanismus konfrontiert, die betreffende Ressource in effizientem Ausmaß zu beanspruchen. Auch gespaltene Tarife sind freilich nicht unbedingt effizient, da einzelne Wirtschaftssubjekte unter Umständen durch den eingeforderten Beitrag (eben nicht „Grund*gebühr*") von einer – unter dem Effizienzkriterium erwünschten – Nachfrage abgehalten werden.

Einmal mehr wird also deutlich, daß allein auf der Grundlage ökonomischer Effizienzerwägungen nicht immer eindeutige und allgemeingültige Politikempfehlungen abgeleitet werden können. Diese erfordern stets eine genauere Betrachtung der Gegebenheiten im Einzelfall und eine politische Abstimmung, bei der neben Wirtschaftlichkeitskriterien nicht zuletzt Gerechtigkeits- bzw. Verteilungserwägungen von zentraler Bedeutung sind. Mit Blick auf die in diesem Zusammenhang der Finanzwissenschaft zugedachte Rolle ist *erstens* hervorzuheben, daß auch der Verteilungssektor einer hilfreichen ökonomischen Beurteilung durchaus zugänglich ist; darauf ist im nachfolgenden Kapitel ausführlich einzugehen. *Zweitens* kann die Ökonomie mit Hilfe von Effizienzbetrachtungen politische Entscheidungen im Sinne des oben skizzierten pragmatischen Modells von Fall zu Fall verbessern, indem sie systematisch über gegebene Handlungsmöglichkeiten diskutiert und im Rahmen einer Wirtschaftlichkeitsbetrachtung aufdeckt, welche zielbezogenen Verzichtskosten mit der politischen Entscheidung für eine bestimmte Maßnahme jeweils verbunden sind. Eine politiknahe Funktion der Finanzwissenschaft besteht also im oben genannten Sinne darin, an der Fundierung gesellschaftlicher

Politikdiskurse mitzuwirken, indem sie über politische Optionen und deren Konsequenzen, insbesondere über relative Opportunitätskosten, informiert. Abschließend dazu verdeutlicht die nachfolgende Übersicht 18 im Überblick idealisierte Güterkategorien in Abhängigkeit von Ausschlußmöglichkeit und Rivalität im Konsum.

Übersicht 18: Marktausschluß und Rivalität im Konsum

Konsum	Marktausschluß gegeben	Marktausschluß nicht gegeben
rivalisiert (Individualgüter)	private Güter	Allmendegüter
rivalisiert nicht (Kollektivgüter)	Mautgüter	öffentliche Güter

Quelle: In Anlehnung an Musgrave / Musgrave / Kullmer (1994), S. 71.

Die bisherigen Ausführungen haben vor allem erkennbar werden lassen, daß für die Nutzer im Fall öffentlicher Güter eine Trittbrettfahreroption besteht, welche verhindert, daß private Wirtschaftssubjekte ihre Präferenzen offenbaren und entsprechend zur Finanzierung herangezogen werden (können). Es mag deshalb die Empfehlung naheliegen, der Staat möge das betreffende Kollektivgut bereitstellen und gleichzeitig die Privaten von den Problemen unerwünschter Anreize befreit, indem die Finanzierung über die Einziehung hoheitlicher Zwangsabgaben gewährleistet wird. Die dann verbleibende Schwierigkeit besteht allerdings darin, zu ermitteln, welche Menge und welche Qualität von welchem öffentlichen Gut angeboten werden soll: So wurde im Fall der Videokameras durch die offenbarte Zahlungsbereitschaft der Marktteilnehmer nicht nur festgelegt, welches Wirtschaftssubjekt welchen Preis für die Übereignung bzw. Nutzung des Gutes zu bezahlen hat, sondern darüber hinaus auch, welche Menge an Kameras bei gegebenen Kosten der Produktion überhaupt hergestellt werden soll. Bedingt durch den Sachverhalt, daß der individuelle Konsument bei einem öffentlichen Gut also keine Veranlassung hat, einem (öffentlichen) Produzenten freiwillige Zahlungen anzubieten, gibt es damit auch keinen Anhaltspunkt für eine Antwort auf die Frage, welchen Wert jener der öffentlichen Leistung beimißt.

Zur Verdeutlichung der allokativen Probleme, die aus dem Fehlen eben dieser Information über die relative Wertschätzung des öffentlichen Gutes durch die Privaten resultieren, ist es zweckmäßig, sich das theoretisch **effiziente Ausmaß** einer Bereitstellung des öffentlichen Gutes zu vergegenwärtigen. Hierfür soll beispielgebend auf das öffentliche Gut der Landesverteidigung durch Militärausgaben für Rüstungsgüter zurückgegriffen werden:

Der Schutz von Leben und Eigentum vor dem gewaltsamen Zugriff anderer Staaten befriedigt das individuelle Bedürfnis nach Sicherheit; das Ausmaß dieser Sicherheit sei eine Funktion der (kollektiven) Verteidigungsausgaben. Der individuelle Nutzen aus einer Erhöhung zugehöriger Sicherheitsleistungen steige annahmegemäß mit den Ausgaben für Landesverteidigung absolut an, wobei der Grenznutzen aus jeder zusätzlich für Verteidigungszwecke eingesetzten Geldeinheit fällt (Gesetz vom abnehmenden Grenznutzen).

In der nachstehenden Abbildung 5 werden drei Individuen A, B und C betrachtet. Der für diese jeweils unterschiedliche Verlauf der Grenznutzenkurve aufgrund der Bereitstellung des Gutes „Außere Sicherheit" basiert auf dem Sachverhalt, daß das individuell unterschiedlich ausgeprägte Bedürfnis nach Sicherheit beispielsweise von der jeweiligen Risikobereitschaft und vom subjektiven Wert des jeweils zu schützenden Eigentums abhängt. In der Gesamtbetrachtung wird deutlich, daß Verteidigungsausgaben, welche eine Höhe von v_0 überschreiten, für das Individuum A keinen Nutzengewinn bedeuten – der Grenznutzen zusätzlicher Verteidigungsausgaben wäre an dieser Stelle für das Individuum A gleich Null. Eine Erhöhung der Verteidigungsausgaben über v_0 hinaus wird demgegenüber von den beiden anderen Wirtschaftssubjekten durchaus noch positiv bewertet. Beim Individuum B würde dies einen Nutzenzuwachs von drei Einheiten, beim Individuum C noch einen Nutzenzuwachs von zwei Einheiten bewirken. Erst bei Verteidigungsausgaben von v_M ist der Grenznutzen einer weiteren Erhöhung dieser Ausgaben für alle betrachteten Wirtschaftssubjekte gleich Null.

Da der Konsum des öffentlichen Gutes Äußere Sicherheit nicht rivalisiert und ein Marktausschluß nicht stattfindet, steht der Nutzen aus einer zusätzlichen Einheit des Gutes „Landesverteidigung" allen betrachteten Wirtschaftssubjekten gleichermaßen zur Verfügung. Wenn also eine Gesamt-„Nachfragefunktion" dieses öffentlichen Gutes ermittelt werden soll, so müssen für jedes Ausmaß „Landesverteidigung" – d. h. in Abbildung 5: für jeden Punkt der Abszisse – die jeweils individuellen Grenznutzen vertikal aggregiert werden. Die Gesamtpräferenz für Landesverteidigung entspricht im hier betrachteten

Wirtschaftsraum also der **Quasi-Nachfragefunktion** $\tilde{N}$ im unteren Teil der Abbildung. Der Verlauf der jeweils individuellen Grenznutzenverläufe konstituiert so in seiner Summe die Höhe der gesamtwirtschaftlichen Zahlungsbereitschaft für das Gut Äußere Sicherheit.

Abbildung 5: Zahlungsbereitschaft für das öffentliche Gut Äußere Sicherheit

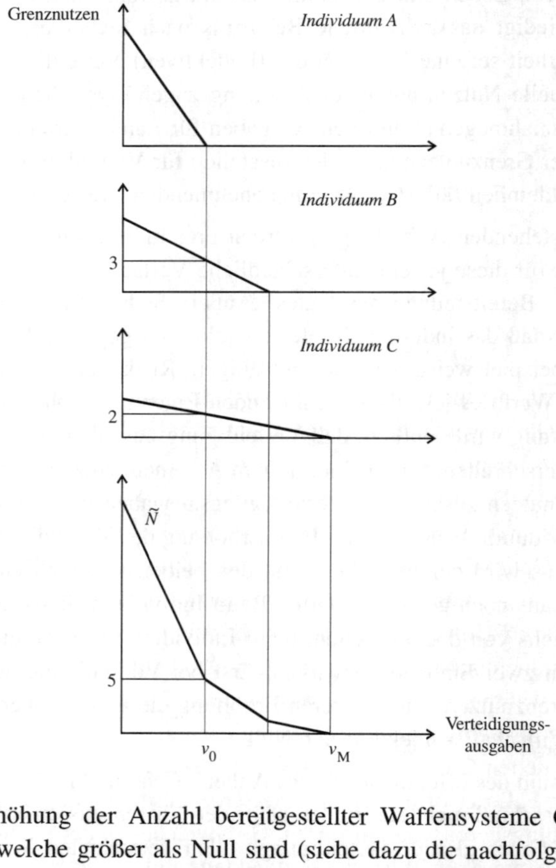

Da eine Erhöhung der Anzahl bereitgestellter Waffensysteme Grenzkosten verursacht, welche größer als Null sind (siehe dazu die nachfolgende Abbildung 6), entspricht die optimale Versorgung des betrachteten Wirtschaftsraumes mit dem öffentlichen Gut Äußere Sicherheit genau einem Ausmaß, welches durch den Punkt v^* bestimmt ist: Die Summe der individuellen Grenznutzen (und damit der Zahlungsbereitschaften) entspricht hier den Grenzkosten der Bereitstellung. Eine Erhöhung der Ausgaben für Landesverteidigung über v^* hinaus ist demgegenüber suboptimal, weil die zugehörigen Grenzkosten dort höher sind als der aus zusätzlich bereitgestellter äußerer Sicherheit erzielbare Nutzengewinn; Entsprechendes gilt in Umkehrung für geringere Verteidigungsausgaben als v^*.

Abbildung 6: Effiziente Bereitstellung des öffentlichen Gutes Äußere Sicherheit

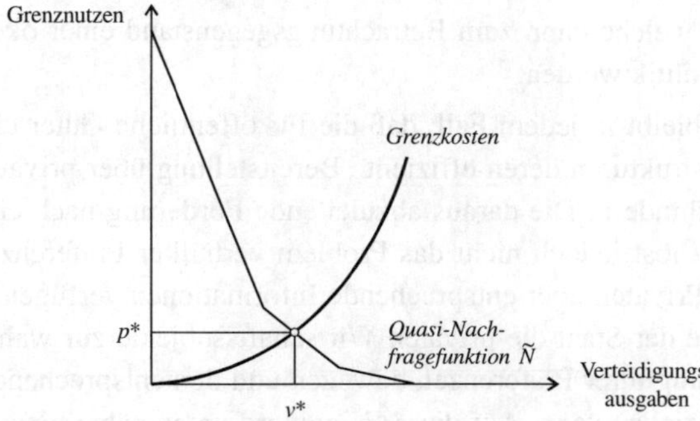

Eine dergestalt abzuleitende Optimalitätsbedingung für die Bereitstellung öffentlicher Güter weicht also in einem entscheidenden Punkt von der Optimalbedingung für private Güter ab (vgl. dazu das oben zitierte Beispiel der Videokameras): Bei privaten Gütern bewirken Marktausschluß und Rivalität des Konsums in Verbindung mit der gegebenen Teilbarkeit des (privaten) Gutes einen Optimalzustand marktlicher Interaktion, bei dem der Güterpreis die Identität von Grenzkosten und Grenznutzen im Gleichgewicht verdeutlicht. Die Marktnachfragefunktion entsteht dabei als horizontale Aggregation der individuellen Nachfragepläne (d. h. Zahlungsbereitschaften), welche spontan und wahrheitsgemäß offenbart werden. Diese horizontale Aggregation bedeutet also eine Zusammenfassung der individuell nachgefragten und exklusiv genutzten Gütermengen. Demgegenüber markiert die vertikale Aggregation im Fall der öffentlichen Güter eine Zusammenfassung der individuellen Zahlungsbereitschaften für ein Gut, welches in der einen jeweils betreffenden Menge allen Wirtschaftssubjekten zugleich zur Verfügung steht (gemeinsamer Konsum). Das Gleichgewicht in der Abbildung 6 bleibt dennoch so lange hypothetisch, wie kein Anbieter in der Lage ist, die potentiellen Nutzer der öffentlichen Güter zu einer wahrheitsgemäßen Offenlegung ihrer (Grenz-)Nutzenvorstellung zu veranlassen.

In der Konsequenz hat die mehr oder weniger willkürliche Festlegung einer bestimmten Produktionsmenge des öffentlichen Gutes durch staatliche Anordnung bzw. durch Eigenproduktion in aller Regel einen Wohlfahrtsverlust zur Folge, sofern nicht zufällig dem in der Abbildung 6 verdeutlichten Optimum entsprochen wird. Sofern über die Produktionsmenge öffentlicher Güter demgegenüber nicht auf dem Befehlswege, sondern im Rahmen demokratischer Abstimmungen entschieden wird, entstehen ökonomische Fragen besonderer Art, welche dann zum Betrachtungsgegenstand einer ökonomischen Theorie der Politik werden.

Festzuhalten bleibt in jedem Fall, daß die für öffentliche Güter charakteristischen Anreizstrukturen deren effiziente Bereitstellung über private Märkte in der Regel verhindern. Die daraus abzuleitende Forderung nach einem staatlichen Angebot löst jedoch nicht das Problem verhüllter Präferenzen. Für den Fall, daß die Privaten über entsprechende Informationen verfügen, ist deshalb zu prüfen, wie der Staat die privaten Wirtschaftssubjekte zur wahrheitsgemäßen Offenlegung ihrer Präferenzen bewegen und dementsprechend zur Finanzierung heranziehen kann. Auf diese Frage wird unten näher einzugehen sein. Zuvor ist eine weitere mögliche Ursache für suboptimale Allokationsergebnisse zu erörtern, welche durch eine besondere ökonomische Nähe zum vorgestellten Konzept der öffentlichen Güter gekennzeichnet ist.

6.1.2 Externe Effekte

Zur Verdeutlichung der allokativen Schwierigkeiten, welche beim Vorliegen externer Effekte wirksam werden, soll nachfolgend der bereits dargelegte Erklärungsansatz der Allmendegüter aufgegriffen und präzisiert werden. Es wird sich erweisen, daß das Allokationsproblem von öffentlichen Gütern und von Allmendegütern lediglich den Spezialfall bzw. eine Extremform des Problems externer Effekte bedeutet.

6.1.2.1 Externalitäten und der Öffentlichkeitsgrad von Gütern

Die „**Allmende**“ bezeichnete im Altertum (von der Zeit der Germanen bis zur Neuordnung des Bauernrechts im 19. Jahrhundert) eine Form des Gemeinschaftseigentums von Dorfgemeinden an der landwirtschaftlichen Kulturfläche, zumeist an Weideland oder Waldparzellen, welche gemeinschaftlich ohne exklusive Eigentumsrechte einzelner Landwirte genutzt wurden. Um die für diesen Fall charakteristischen Allokationsprobleme zu erläutern, soll nachfolgend die Entscheidungslage eines Viehbauern betrachtet werden, der vor der Frage steht, ob er ein (zusätzliches) Rind auf der Allmende weiden läßt. Zur Beantwortung dieser Frage trifft der Landwirt eine Abwägung zwischen dem erwarteten Ertrag, den er für ein (weiteres) Rind auf dem Markt erzielen kann und den Anschaffungskosten für das Kalb. Bei gegebenem Kälberpreis mag nun der Bauer – und alle anderen nutzungsberechtigten Landwirte mit ihm – davon ausgehen, daß ein Kalb nach sechs Weidemonaten im Durchschnitt (!) 100 kg an Gewicht zugenommen haben wird. Mit dem Marktpreis für Rindfleisch bewertet, vergleicht er den insoweit erwarteten (Durchschnitts-)Erlös mit den Anschaffungskosten für das Kalb und wird sich für eine Allmendenutzung entscheiden, solange der Kälberpreis kleiner ist als eben dieser zu erwartende Durchschnittsertrag. Nun ist allerdings – unter ertragsgesetzlichen Bedingungen – davon auszugehen, daß das Durchschnittsprodukt der Kälbermast auf der Allmende fällt: Jedes zusätzlich auf die Weide getriebene Kalb reduziert die im Durchschnitt zu erwartende Gewichtszunahme je Kalb und Zeiteinheit, da hierdurch die für jedes Kalb verfügbare Grünfuttermenge sinkt. Befänden sich die Weide und alle Rinder demgegenüber im Privateigentum eines einzigen Landwirts, so würde dieser also nicht den **Durchschnittsertrag**, sondern vielmehr den **Grenzertrag** eines zusätzlichen Kalbes mit den Grenzkosten verglichen haben, da er den verminderten Masterfolg bei allen anderen Kälbern in sein Wirtschaftlichkeitskalkül mit einzubeziehen hätte. Da bei fallenden Durchschnittserträgen die Grenzertragsfunktion unterhalb der Durchschnittsertragsfunktion verläuft, führt das Optimalkalkül im Fall der Allmende also zu einer – gemessen an den Grenzkosten – zu hohen Kälberanzahl auf der Weide und damit zu einer übermäßigen und insoweit unwirtschaftlichen Nutzung der Allmende.

Von zentraler und entscheidender Bedeutung ist hier der Sachverhalt, daß der einzelne Landwirt sich bei seiner Entscheidung allein an jenen Auswirkungen orientiert, die das Weiden eines zusätzlichen Rindes auf seine eigenen Erlöse hat, nicht aber an jenen Wirkungen, die seine Entscheidung zugleich auch für alle anderen Landwirte mit sich bringt. Diesen Vorgang, wonach das Verhalten eines Wirtschaftssubjekts direkte Konsequenzen für die Wohlfahrtsposition anderer Wirtschaftssubjekte hat, ohne daß diese über Marktpreise entgolten werden, bezeichnet der Begriff der **externen Effekte**.

Vor dem Hintergrund der beschriebenen Wirkungsmechanismen sind dabei vier Sachverhalte besonders hervorzuheben:

– Erstens sind externe Effekte nicht stets und ausschließlich als **negative externe Effekte** (nicht entschädigte Nachteile) anzutreffen, wie dies im oben genannten Beispiel deutlich wurde. Vielmehr bedeuten Unterhalt und Pflege der Allmende für alle potentiellen Nutzer der Weide einen Vorteil, während jedoch der Aufwand für derartige Maßnahmen allein bei demjenigen Wirtschaftssubjekt anfällt, welches die Pflegemaßnahmen durchführt (im Allmendebeispiel etwa durch ein Ausbringen von Düngemitteln). Insofern gehen mit den Beiträgen zur Erstellung und zur Pflege eines (Allmende-)Gutes unentgoltene Vorteile in Form von **positiven externen Effekten** einher. Die Auswirkung der Externalitäten ist in beiden Fällen jedoch prinzipiell vergleichbar: Während die Unentgeltlichkeit im Fall der positiven externen Effekte eine tendenziell – und im Vergleich zum Grenzertrag – zu geringe Pflegeintensität bewirkt, hat die fehlende Entschädigung für negative externe Effekte zur Folge, daß die zugehörigen Aktivitäten – im Vergleich zu den hiermit verbundenen (Grenz-)Kostenwirkungen – zu intensiv vorgenommen werden. Sowohl positive als auch negative Externalitäten verändern demnach zum einen den als optimal zu bezeichnenden Zustand selbst und beeinträchtigen zum anderen – aufgrund effzienzschädlicher Anreizstrukturen – den Weg zum Optimum auf der Grundlage freiwilliger und dezentral-privatwirtschaftlicher Handlungen.

– Zweitens treten externe Effekte nicht nur im Zusammenhang mit öffentlichen oder mit Allmendegütern auf. Auch die Nutzung eines **privaten Gutes** – beispielsweise eines CD-Plattenspielers – kann und wird in aller Regel mit Externalitäten einhergehen: So mag die bei einer Examensfeier in einem Studentenwohnheim lautstarke Nutzung von CD-Aufnahmen zu mitternächtlicher Stunde andere Hausbewohner, die ihrer Prüfung noch entgegenschlummern, unter Umständen erheblich stören. Gleichwohl könnte wiederum ein anderes der insoweit unfreiwillig beschallten Wirtschaftssubjekte diesen Vorgang als willkommene Aufmunterung begrüßen. In beiden Fällen bildet der Marktpreis der Plattenspielernutzung die damit einhergehenden Wohlfahrtswirkungen also nicht korrekt ab, da mit der Belästigung gesamtwirtschaftliche Kostenkomponenten und mit der aufmunternden Stimmungsverbesserung gesamtwirtschaftliche Nutzenkomponenten der Musik unterschlagen werden. Deren Berücksichtigung ist für eine Ermittlung der optimalen Nutzung unter Berücksichtigung der Lautstärke aber zwingend erforderlich. Umgekehrt können auch mit der Produktion öffentlicher Güter (negative) externe Effekte verbunden sein: So gehen mit der Bereitstellung des Gutes Äußere Sicherheit derartige Wirkungen einher, wenn beispielsweise an den von Militärmaschinen bei Übungsflügen erzeugten Fluglärm gedacht wird.

– Drittens lassen die vorstehenden Ausführungen die enge konzeptionelle Verflechtung zwischen öffentlichen Gütern auf der einen und externen Effekten auf der anderen Seite erkennen. Zwar benötigen externe Effekte für ihr Wirksamwerden stets ein „**öffentliches Medium**" in einer Weise, wonach die von Externalitäten betroffenen Wirtschaftssubjekte zur gemeinsamen Nutzung einer Ressource (eben dieses Mediums) gezwungen sind. Hierbei kann es sich um den unabwendbaren (Mit-)Konsum eines Gutes handeln. Denkbar ist allerdings auch, daß ein (bis dahin) freies Gut lediglich als Medium für die Übertragung der Externalitäten dient. Öffentliche Güter und Allmendegüter verdeutlichen demnach besondere und extreme Fälle der umfassenden Problematik externer Effekte. Die einseitige Verbindung, wonach öffentliche Güter allein mit der konzentrierten Produktion positiver externer Effekte unter Konsumzwang gleichzusetzen seien, greift also angesichts der komplexen Interdependenz beider Phänomene zu kurz.

– Viertens ist zu betonen, daß Externalitäten – wie die zuvor erwähnten Beispiele dies nahelegen könnten – keineswegs auf die Beziehung zwischen verbundenen Produzenten (wie im Allmende-Beispiel) oder zwischen Konsumenten (wie im Beispiel der Examensfeier) beschränkt sind. Vielmehr ist ein Wirksamwerden von externen Effekten zumindest ebenso häufig zwischen **Produzenten und Konsumenten** anzutreffen, wie dies beispielgebend Umweltverschmutzungen in vielfältiger Weise verdeutlichen. Grundsätzlich unterliegt eine knappe Ressource (hier die natürliche Umwelt) in diesem Fall der Konkurrenz zumindest zweier Verwendungsalternativen: Auf der einen Seite die produktive Verwendung der Umwelt als Produktionsfaktor (als Rohstoff oder als Schadstoffdeponie) sowie auf der anderen Seite deren konsumtive Verwendung als natürliche Lebensgrundlage.

Bevor analog zur Vorgehensweise bei öffentlichen Gütern gefragt wird, welche Konsequenzen und Handlungsalternativen staatlicherseits aus dem Vorliegen externer Effekte abzuleiten sind, ist es zweckmäßig, sich den Zusammenhang zwischen externen Effekten und dem „Grad an Öffentlichkeit" vor Augen zu führen, welcher einer Ressource oder einem Gut zuzuweisen ist. Zur Abklärung der Sachlage kann zunächst erneut auf das Beispiel der **Umweltverschmutzung** zurückgegriffen werden, genauer: auf die Belastung der Erdatmosphäre durch diverse Emissionen.

Ursprünglich handelte es sich bei der Erdatmosphäre um ein sogenanntes **freies Gut**, dessen Nutzung – aufgrund natürlicher Regeneration – eine qualitative oder quantitative Beeinträchtigung nicht zur Folge hatte: Atmosphärische Luft war kostenlos in einer Menge und Beschaffenheit verfügbar, welche die Erfüllung aller maßgeblichen Verwendungspläne zugleich erlaubte. Eine zunehmende Belastung dieses Mediums infolge ökonomisch begründeter Aktivitäten führte dann jedoch zu einem Einsetzen relativer Knappheit. Die mit der Zeit einsetzende Notwendigkeit regulierender Maßnahmen zum Schutz der Atmosphäre markieren also den Übergang vom freien zum **knappen Gut**, dessen Bereitstellung und Pflege nunmehr den Verzicht auf Alternativen (Opportunitätskosten) bedeutete. Allerdings konnte bis vor einigen Jahrzehnten der Erdatmosphäre insoweit der Charakter eines rein öffentlichen Gutes zugewiesen werden, bei dem ein zunächst nicht rivalisierender Konsum den technisch ohnehin nicht durchführbaren Marktausschluß erübrigte. Die mehrheitliche Wahrnehmung der für ein solches Gut charakteristischen Trittbrettfahreroption bewirkte dann ein weitgehendes Ausbleiben von individuellen, d. h. hier einzelstaatlichen Beiträgen zur Erhaltung und zur Regeneration dieser knappen Ressource. Eine sich infolgedessen weiter verschärfende Situation relativer Knappheit – jedoch bei fortdauerndem Fehlen eines Preises als Knappheitsindikator und Allokationsinstrument – führte das öffentliche Gut „Erdatmosphäre“ durch übermäßige Inanspruchnahme und Überfüllung an dessen Kapazitätsgrenze. Ein Erreichen der Kapazitätsgrenze ist freilich gleichbedeutend mit dem Einsetzen von Rivalität im Konsum, da nunmehr eine bestimmte Nutzungsform dieser knappen Ressource stets die Realisierbarkeit anderer Nutzungsmöglichkeiten beeinträchtigt oder gar ausschließt. Die Überführung des zuvor öffentlichen Gutes in ein Allmendegut verschärft zudem das Problem einer übermäßigen Strapazierung der knappen Ressource. Das Ausmaß der Überbeanspruchung entspricht dabei der Summe der negativen externen Effekte individueller Allmendenutzung (sogenannter **Öffentlichkeitsgrad**). Auch bei Mautgütern bewirkt ein Erreichen der Kapazitätsgrenze den Übergang zur Allmendeproblematik, indem negative externe Effekte wirksam werden und den Konsum nunmehr rivalisieren lassen. Das Beispiel einer Autobahn mit Stauungen zu den Hauptverkehrszeiten verdeutlicht diesen Vorgang. Schließlich haben auch private Güter nach Maßgabe des Öffentlichkeitsgrades ihrer Nutzung, d. h. entsprechend dem Ausmaß der damit einhergehenden Externalitäten, ein Auftreten von Allmendeproblemen zur Folge. Diese betreffen nunmehr die Allokation derjenigen Ressource, die als Medium die externen Effekte überträgt. Als Beispiel wurde oben der private Musikkonsum angeführt. Ein Wirksamwerden negativer externer Effekte ist demnach stets mit einem Einsetzen der Allmendeproblematik verbunden.

Ein Vorgang, bei welchem mit der Nutzung einer privaten Ressource demgegenüber positive Externalitäten einhergehen, bezeichnet indes den Übergang zum Bereich der **Kollektivgüter** (als Sammelbegriff für Mautgüter und öffentliche Güter), wobei die letztliche Zuordnung dann von den technisch gegebenen Ausschlußmöglichkeiten abhängt: Beispielsweise ist es denkbar, daß Investitionen in private Gartenanlagen den ästhetischen Nutzen aller Anwohner der betreffenden Wohngegend erhöhen. Dieser positive externe Effekt wäre dann als Kuppelprodukt der privatwirtschaftlichen Gartenpflege und demgemäß als ein öffentliches Gut anzusehen. Zugleich wird damit aber zum einen deutlich, daß die beschriebenen Effekte nicht per se unbedingt als „positiv“ oder als „negativ“ zu kennzeichnen sind. Vielmehr erhalten sie diese Qualität erst über den Umweg individueller Wertvorstellungen im Rahmen von Nutzenfunktionen. So könnte etwa der zuletzt als Beispiel bemühte Ziergarten von einem Nachbarn, der unter einer Blütenpollenallergie leidet, trotz seines „ästhetischen Nutzwerts“ durchaus auch als negative Externalität empfunden werden. Dieser Sachverhalt bezieht sich gegebenenfalls dann allerdings nicht auf das Kollektivgut „Ziergarten“, sondern auf einen veränderten Knappheitsgrad bei der Nutzung des Allmendegutes „atmosphärische Luft“. Zum anderen ist der Öffentlichkeitsgrad eines Produktionsfaktors oder eines Gutes deshalb weniger eine substantielle Eigenschaft dieser Ressource selbst, sondern vielmehr ein Charakteristikum der rechtlichen, ökonomischen und technischen Gegebenheiten, welche über die Geltung oder Nichtgeltung des Ausschlußprinzips entscheiden.

Staatliche Interventionen, die auf ein Vorliegen von externen Effekten rekurrieren, knüpfen weiterführend an die Entstehungsprozesse von Allokationsstörungen an. Diese sind zugleich geeignet, den Unterschied zwischen zwei grundsätzlich verschiedenen Arten staatlicher Einflußnahme zu verdeutlichen. Als Ausgangspunkt dieser Betrachtung dient die folgende Übersicht 19.

Erkennbar wird, daß externe Effekte in einem *ersten* Fall mit der Nutzung privater Güter derart verbunden sein können, daß ein Allmendegut unentschädigt (bzw. unentgolten) in seiner wirtschaftlichen Qualität verändert wird (1). Beispielgebend ist für die negative Variante dabei an die Beeinträchtigung der natürlichen Umwelt durch private Pkw-Nutzung zu denken. Umgekehrt wird die Variante positiver Externalitäten am Beispiel freiwilliger Beiträge zum Umweltschutz deutlich. In einem *zweiten Fall* entstehen Externalitäten, wenn im Zusammenhang mit der Produktion oder dem Konsum eines privaten Gutes ein **Kollektivgut als Kuppelprodukt** entsteht ((2)

und (3)). Hier ist beispielsweise an die vorgenannte Landschaftsverschönerung durch privaten Gartenbau zu denken. Dieses Kuppelprodukt besteht dann vollständig aus externen Effekten in Form von individuell empfundenen Kosten-Nutzen-Wirkungen, welche unvermeidlich mit dem gemeinsamen Konsum des betreffenden Gutes verbunden sind. Da die einzelwirtschaftlichen Konsumpläne dieses Kollektivgutes charakteristischerweise nicht rivalisieren, die (Grenz-)Opportunitätskosten ihrer Befriedigung also gleich Null sind, führt ein gleichwohl praktizierter Ausschluß zu Wohlfahrtsverlusten: Beispielgebend wäre daran zu denken, daß in einem solchen Fall der wohlgepflegte private Garten mit einer hohen Mauer umgeben wird. Dies würde die kostenlos unterstellte ästhetische Zusatzbefriedigung der Nachbarn als Trittbrettfahrer zwar einerseits verhindern. Andererseits wäre deren Besserstellung aber möglich, ohne daß der private Gartenbesitzer deswegen schlechtergestellt würde. Die Errichtung einer Mauer wäre also nicht nur mit Blick auf deren Baukosten unzweckmäßig. Vielmehr würde diese Maßnahme die Möglichkeit für eine Pareto-Verbesserung vereiteln und wäre auch deshalb suboptimal. Wird ein Marktausschluß demgegenüber nicht realisiert, so findet wegen verhüllter Präferenzen und der Trittbrettfahreroption ein entsprechendes Angebot effizientem Ausmaß nicht statt.

Übersicht 19: Übergangsprozesse zwischen Individual- und Kollektivgütern

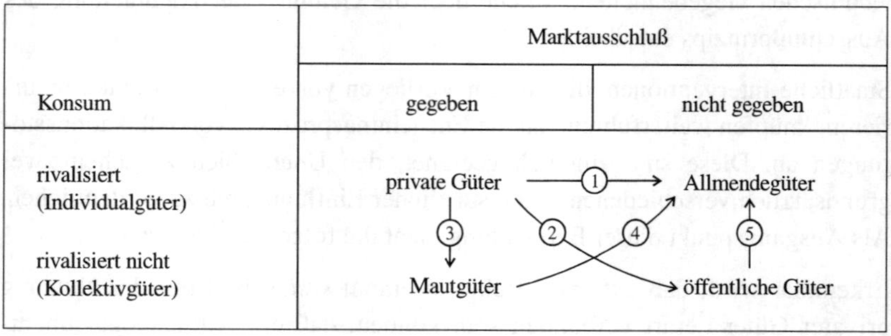

Die private, gleichwohl unbeabsichtigte Kuppelproduktion von – per Saldo positiv bewerteten – externen Effekten als Kollektivgüter wirft demnach die Frage nach einer – staatlich induzierten – **Ausweitung ihrer Bereitstellung** auf. Dies kann auf zweierlei Weise geschehen:

– Zum einen kann der Staat das Angebot des betreffenden Kollektivgutes durch **eigene Leistungen** ergänzen. Dabei ist freilich zu bedenken, daß dem

Staat weder eine verläßliche Information über das Ausmaß zur Verfügung steht, in welchem er das Kollektivgut – eingedenk der Produktionskosten – anbieten soll, noch sind ihm Anhaltspunkte dafür gegeben, in welchem Ausmaß welche Wirtschaftssubjekte zur Finanzierung des Kollektivgutes dann herangezogen werden sollen.

– Zum anderen kann der Staat die – zuvor nur beiläufig entstandenen – freiwilligen und privaten Beiträge zur Kollektivgutversorgung durch eigene **Anreize** fördern und anregen, indem beispielsweise Wettbewerbe organisiert und kollektiv finanzierte Prämien ausgelobt werden („Unser Dorf soll schöner werden!"). Würden in diesem Sinne alle positiven externen Effekte internalisiert und alle Nutzer präferenzgerecht zur Zahlung, d. h. hier zur (Ko-)Finanzierung der ausgelobten Prämien herangezogen, so wäre das Allokationsproblem gelöst. Aber: Gerade dies ist in letzter Konsequenz nicht durchführbar – eben weil es sich um ein Kollektivgut handelt, dessen Bereitstellung einzelne Bürger wiederum zum Trittbrettfahrerverhalten veranlaßt.

Ein *dritter Fall* von Allokationsstörungen vergleichbarer Art entsteht im Grenzbereich zwischen privaten Gütern und Mautgütern (3): Beispielsweise kann das Zeigen von Diabildern aus dem vergangenen Urlaub für den Freundeskreis im häuslichen Wohnzimmer zweifellos als privates Gut gekennzeichnet werden. Der Marktausschluß ist realisierbar und wird auch tatsächlich praktiziert, da sowohl Gäste als auch Gastgeber einen diesbezüglichen Verzicht als Störung der Intimität des gemeinsamen Abends empfinden würden. Insofern rivalisiert der Konsum. Ökonomisch anders ist eine Präsentation derselben Bilder zu beurteilen, wenn diese beispielsweise im Rathaussaal vor größerem (und anonymem) Publikum vorgeführt werden sollen. Unterhalb der Kapazitätsgrenze besteht hier keine Rivalität im Konsum. Der Einlaß eines zusätzlichen Besuchers erhöht weder die Produktionskosten der Diaaufnahmen (diese sind „versunken") noch die Ausgaben für Projektor und Saalmiete (Fixkosten). Auch mindert im Normalfall der Einlaß eines zusätzlichen Zuschauers für die übrigen Besucher nicht den Nutzwert der Veranstaltung, weshalb der allokationseffiziente Eintrittspreis gegen Null konvergiert. Deutlich ist jedoch, daß beim Nulltarif zum einen der Anreiz zum privaten Angebot einer solchen Veranstaltung fehlt. Zum anderen ist dann weder geklärt, auf welche Weise die Produktionskosten gedeckt werden sollen, noch kann auf der Grundlage von Effizienzkriterien ohne weiteres eine Antwort auf die Frage gefunden werden, wer welchen Anteil an den Bereitstellungskosten tragen soll. Darüber hinaus bleibt unbestimmt, ob die Filmveranstaltung angesichts jener Kosten überhaupt und gegebenenfalls in welcher Ausstattung und Qualität stattfinden soll. Bleibt die Entscheidung einem privaten gewinnmaximierenden Anbieter überlassen, so führt der praktizierte Marktausschluß in Verbindung mit dem abverlangten Eintrittsgeld dazu, daß manche Besucher der Veranstaltung mit Bedauern fernbleiben. Dies bedeutet allerdings den Verzicht auf die Möglichkeit zu einer Pareto-Verbesserung, weshalb das Marktergebnis insoweit als nicht optimal zu kennzeichnen ist. Die Alternative einer staatlichen Bereitstellung führt demgegenüber jedoch zu Anreiz- und Informationsproblemen, welche ihrerseits wiederum unwirtschaftliches Verhalten wahrscheinlich werden lassen. Es scheint an dieser Stelle also nur die Wahl zwischen zwei Kategorien suboptimaler Allokationsverfahren zu bestehen; darauf wird zurückzukommen sein.

Die vorstehende Übersicht 19 verdeutlicht ferner, daß aufgrund des Nutzungsverhaltens privater Wirtschaftssubjekte auch ein Kollektivgut in Form eines Mautguts oder eines öffentlichen Gutes in ein Allmendegut überführt werden kann (4 und 5): Während für einen entsprechenden Übergang aus dem Bereich der öffentlichen Güter einmal mehr auf die Ausbeutung natürlicher Ressourcen zu verweisen ist, führt übermäßige Nutzung auch bei Mautgütern zur Rivalität im Konsum: Angenommen, die vorerwähnte Kommune trifft eine politische Entscheidung, wonach die Kosten der Diaveranstaltung aus Steuermitteln finanziert werden und der Eintritt im übrigen ohne Entgelt gewährt wird. Ein Marktausschluß wird aufgrund einer politischen Entscheidung also nicht realisiert. Die „kostenlose" Eintrittsmöglichkeit setzt jedoch einen Anreiz zu übermäßiger Inanspruchnahme, was an der Kapazitätsgrenze zur Überfüllung und folglich zu rivalisierendem Konsum führt. Aufgrund der politischen Entscheidung, marktliche Konzepte zur Lösung des Überfüllungsproblems nicht nutzen zu wollen, bleiben als alternative Verfahren deshalb lediglich das Recht des Stärkeren, der Zufall in Form einer Verlosung der Plätze oder eine behördliche Zuteilung nach willkürlich gewählten Kriterien (Varianten einer Zentralverwaltungswirtschaft). Damit wird erkennbar, daß allein mit der politischen Entscheidung, marktliche Mechanismen außer Kraft zu setzen, Allokationsprobleme nicht gelöst werden können: Beseitigt wird auf diese Weise lediglich ein mögliches, allerdings ein vergleichsweise leistungsfähiges Instrument zu deren Bewältigung.

Sofern die Kommune im Beispielfall einen derartigen „Rückweg" zum Mautgut nicht vollziehen will, verbleiben zwei Alternativen: Zum einen kann diese (wiederum aus öffentlichen Mitteln) entweder die Kapazität bis zur Sättigungsgrenze erweitern und auf diese Weise die Rivalität im Konsum beseitigen. Dem entspräche dann die Überführung des zum Allmendegut mutierten Mautgutes in ein öffentliches Gut. Zum anderen könnte die Gemeinde entsprechende Entgeltabgaben erheben, indem beispielsweise die Fixkosten durch einen Beitrag finanziert werden, während die vom Nutzungsgrad abhängigen variablen Kosten die Höhe einer Benutzungsgebühr festlegen (siehe oben). Je stärker die jeweils eingesetzten Formen von Entgeltabgaben in konzeptionelle Nähe zu marktwirtschaftlichen Preisen geraten, desto deutlicher vollzieht die Kommune dabei den Übergang zu einer „Privatisierung" des betreffenden Versorgungsbereichs.

Alternativ könnte die Kommune schließlich den Versuch unternehmen, durch geeignete Anreize diejenige Aktivität einzudämmen, welche ansonsten zur übermäßigen Strapazierung des Allmendegutes führt. In diesem Sinne könnte *erstens* der Durchschnittsertrag aus der Allmendenutzung in Höhe seiner Differenz zum Grenzertrag besteuert werden. *Zweitens* könnten die negativen externen Effekte der Allmendenutzung durch eine geeignete Besteuerung einzelwirtschaftlich (grenz-)kostenwirksam erfaßt werden. Gelingt eine solche Internalisierung, so wäre auch in diesem Fall das Allokationsproblem des Allmendegutes gelöst. Allerdings trifft eine hierfür erforderliche Quantifizierung und Monetisierung der negativen externen Effekte auf Schwierigkeiten der Operationalisierung.

Zusammenfassend sind für den Bereich der Kollektivgüter und der externen Effekte demnach folgende **Ergebnisse** festzuhalten:

– Bei Vorliegen von Kollektivgütern (d. h. bei Mautgütern oder bei öffentlichen Gütern) geht es – unterhalb der Kapazitätsgrenzen (!) – eben *nicht* um Privatisierungsvorgänge zur Schaffung eines (künstlichen) Marktausschlusses. Ein solcher Marktausschluß wäre wegen fehlender Rivalität im Konsum in der Regel sogar unwirtschaftlich. Vielmehr besteht das allokative Problem darin, den einzelnen Nutzer idealerweise in dem Maße zur Finanzierung des Kollektivgutes heranzuziehen, wie er hieraus individuellen Nutzen zieht. Dieser individuelle Nutzen determiniert dann – in der Summe über alle beteiligten Wirtschaftssubjekte – auch die effiziente Menge, in welcher das Kollektivgut bereitgestellt werden soll. Ein solcher Vorgang, bei dem eine Belastung individueller Wirtschaftssubjekte nach Maßgabe ihrer jeweiligen Nutzengewinne aus dem Kollektivgut erfolgt, ist dann gleichbedeutend mit einer Internalisierung der positiven (vormalig externen) Effekte, welche daraus resultieren. Gleichwohl bewirkt eine derart vollständige Internalisierung keineswegs den Verlust der kollektiven Qualität des betreffenden Gutes, da der Konsum nach wie vor nicht rivalisiert. Von daher würde eine dezentral-privatwirtschaftliche Bereitstellung der Leistung zu Wohlfahrtsverlusten führen. Dies leitet grundsätzlich zu der Frage über, ob ein Angebot des betreffenden Gutes über den staatlichen Sektor zweckdienlich ist.

– Die Forderung nach einer Internalisierung externer Effekte im Fall nichtkollektiver Güter in Form von Allmendegütern oder bei privaten Gütern ergibt sich stets dort und in dem Maße, wie bei deren Produktion oder beim Konsum positive oder negative Externalitäten wirksam werden. Andernfalls ist das Ausmaß suboptimal, in dem die jeweilige Ressourcenbeanspruchung bzw. Güterproduktion stattfindet. Die vom Externalitätenproblem jedoch prinzipiell unberührte nicht-kollektive Qualität der jeweiligen Ressource legt aber grundsätzlich deren Bereitstellung über den privaten Sektor nahe – wenngleich unter möglichst weitgehender Internalisierung der externen Effekte mittels Sicherung des Ausschlußprinzips. Sofern zur Überwindung der jeweils charakteristischen Allokationsprobleme von Kollektiv- oder Allmendegütern also Mechanismen installiert werden sollen, welche den einzelnen Bürger zurechenbar mit den vollständigen Kosten und Erträgen seiner individuellen Entscheidungen konfrontieren, wird hierdurch der Öffentlichkeitsgrad der jeweiligen Ressourcennutzung reduziert. Dies bedeutet aber nichts anderes, als daß die zuvor nicht entschädigten Nachteile bzw. unentgoltenen Vorteile einzelwirtschaftlicher Aktivitäten sich dann eben nicht mehr „extern" auf unbeteiligte Wirtschaftssubjekte auswirken, sondern vielmehr zum „internen" Bestandteil der einzelwirtschaftlichen Entscheidung des jeweils Handelnden werden: Die externen Effekte werden im Moment der Wirksamkeit der erwähnten Regelungen insofern **„internalisiert"**.

– An dieser Stelle wird ersichtlich, daß ein Auftreten externer Effekte weniger als eigenständige Ursache für suboptimale Marktergebnisse, denn vielmehr als **Symptom** zu identifizieren ist: Zum einen kann das Vorliegen externer Effekte bedeuten, daß bei einem ehemaligen Kollektivgut (nunmehr Allmendegut) die Kapazitätsgrenze erreicht ist, ohne daß jedoch ein wirksamer (Preis-)Mechanismus existiert, der in der Lage wäre, die rivalisierenden Konsumpläne effizient zu koordinieren. Zum anderen kann die Produktion oder die Nutzung eines privaten Gutes mit Kosten- bzw. Nutzenwirkungen für Dritte einhergehen, welche bewirken, daß die ursprünglich nicht rivalisierenden Konsumpläne für das „zwischengeschaltete" Kollektivgut nun sehr wohl in Konkurrenz zueinander treten. Da aufgrund des Kollektivgutcharakters ein

Marktausschluß aber nicht zweckmäßig oder technisch nicht möglich ist, bleibt dann zu fragen, auf welche Weise der Staat einen Mechanismus einrichten kann, der dieses Problem – dessen (effiziente) Lösung ansonsten ein Marktprozeß übernehmen würde – zielgerecht bewältigt.

6.1.2.2 Internalisierungsstrategien externer Effekte

Zur Erläuterung diesbezüglich staatlicher Handlungsmöglichkeiten kann erneut auf ein Beispiel zurückgegriffen werden: An einem Flußlauf produzieren zwei Unternehmen. Bei dem einen handelt es sich um einen flußabwärts gelegenen Fischzuchtbetrieb, bei dem anderen um eine flußaufwärts gelegene Brauerei. Indem die Brauerei das Flußwasser zur Reinigung der Sudkessel nutzt, zwingt sie den flußabwärts produzierenden Fischzüchter, kostenintensive Reinigungs- und Filteranlagen einzusetzen, wenn dieser seinen Betrieb nicht verlegen oder einstellen will. Die aus dieser Konstellation abzuleitenden Zusammenhänge sind in der nachfolgenden Abbildung 7 dargestellt:

Abbildung 7: Externe Effekte der Bierproduktion

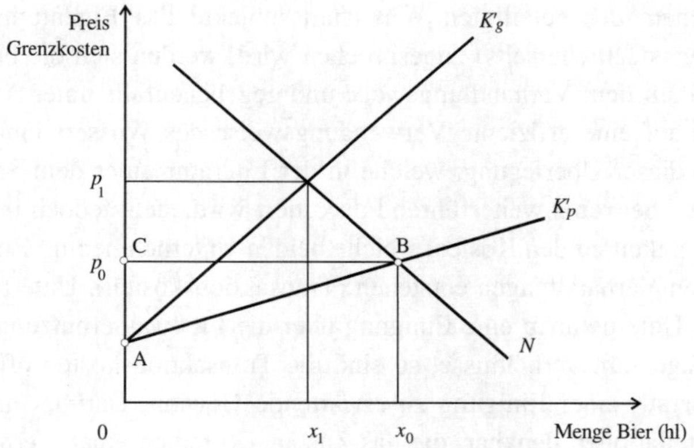

Die Funktion (K'_p) beschreibt die für die Brauerei einzelwirtschaftlich relevanten Grenzkosten in Abhängigkeit von der produzierten Biermenge. Bei den durch die Funktion (N) beschriebenen Nachfrageverhältnissen produziert die Brauerei x_0 Hektoliter (hl) Bier zu einem Preis von p_0. Der einzelwirtschaftliche Gewinn aus der Bierproduktion entspricht der Fläche ABC; die einzelwirtschaftlichen Kosten werden durch die Fläche $0x_0$BA abgebildet.

Externe Kosten der Bierproduktion bestehen nun darin, daß ein Bierausstoß in Höhe von x_0 Reinigungsmaßnahmen beim Fischzüchter erforderlich macht; diese verteuern die Fischproduktion entsprechend.

Die gesamtwirtschaftlich optimalen Produktionsergebnisse für Bier werden deutlich, wenn angenommen wird, beide Produzenten wären Betriebe einer einzigen Gesellschaft, welche das gemeinsame Produktionsergebnis optimieren will. In diesem Fall müßte bei der Bierproduktion die Kostensteigerung des Fischzuchtbetriebes berücksichtigt werden, was zu einer Gesamt(grenz-)kostenfunktion (K'_g) führen würde. Das nunmehr optimale Produktionsergebnis ist durch die Kombination $x_1 p_1$ definiert. Mit anderen Worten: Bei getrennt einzelwirtschaftlicher und gewinnmaximaler Produktion ist der Bierpreis – gemessen an den faktischen Opportunitätskosten der Produktion – zu niedrig und die produzierte Biermenge zu groß. Spiegelbildlich resultiert daraus ein zu hoher Preis und infolgedessen eine zu geringe Produktionsmenge beim Fisch.

(1) Eine *erste Möglichkeit* zur Behebung dieses Allokationsproblems besteht in der Einrichtung und Vergabe handelbarer und durchsetzungsfähiger Eigentumsrechte an der kollektiven Ressource „Flußwasser". Unabhängig davon, welchem der beteiligten Wirtschaftssubjekte das Eigentumsrecht am Flußwasser (staatlicherseits) zugesprochen wird, werden sich die beiden Unternehmen auf dem Verhandlungswege und gegebenenfalls unter Ausgleichszahlungen auf eine effiziente Verwendungsweise des Wassers einigen. Eine Gültigkeit dieser Überlegung, welche in der Literatur unter dem Sachverhalt des **Coase-Theorems** weiterführend diskutiert wird, steht jedoch in besonderer Abhängigkeit zu den Kosten, welche beiden Unternehmen im Zuge der erforderlichen Verhandlungen entstehen (Transaktionskosten). Unterbleibt zwischen den Unternehmen eine Einigung über die Flußwassernutzung trotz definierter Eigentumsverhältnisse, so sind die Transaktionskosten offenbar höher als der aus einer Einigung zu erwartende Gewinn. Darüber hinaus sind drei Konstellationen denkbar, die das Zustandekommen einer Verhandlungslösung verhindern können:

– Erstens könnten internalisierende Verhandlungen allein deswegen an prohibitiven Transaktionskosten scheitern, weil die Anzahl der an den erforderlichen Verhandlungsprozessen zu beteiligenden Wirtschaftssubjekte sehr groß ist. Zu verweisen ist beispielgebend auf die Situation eines Autofahrers, der mit allen Anwohnern seiner Wegstrecke in Internalisierungsverhandlungen bezüglich seiner Pkw-Nutzung treten müßte. Hier könnte der Staat die Transaktionskosten senken, indem er beispielsweise den Nicht-Autofahrern das Eigentumsrecht an der atmosphärischen Luft implizit zuweist und das Verhandlungsergebnis derart vorwegnimmt, daß er die Gruppe der Autofahrer mit einer Abgabe belastet; auf diese Möglichkeit wird zurückzukommen sein.

– Zweitens kann eine Durchsetzung der Verhandlungsergebnisse – und damit des Ausschlußprinzips – von vornherein technisch unmöglich sein. Beispielgebend ist hier auf globale externe Effekte im Zusammenhang mit der Entstehung des „Ozonlochs“ hinzuweisen: Weder sind die einzelwirtschaftlichen (bzw. einzelstaatlichen) Aktivitäten, die zur Entstehung des Ozonlochs beitragen, verläßlich zu beobachten noch existiert (bisher) eine supranationale Instanz, welche die getroffenen Vereinbarung überwachen und deren Einhaltung wirtschaftlich durchsetzen könnte. Auch in diesen Fällen kann die Notwendigkeit einer weiterführenden staatlichen Intervention begründet werden.

– Drittens ist das Ergebnis von Verhandlungsprozessen im vorstehenden Sinne nicht unabhängig von der ursprünglichen Verteilung der Eigentumsrechte. Sind die Verteilungseffekte selbst oder die sich daraus ergebenden allokativen Wirkungen unerwünscht, so kann sich der Staat aus diesem Grund dazu entschließen, das Externalitätenproblem nicht der dezentral-privatwirtschaftlichen Verhandlung zu überlassen, sondern das Allokationsergebnis demgegenüber zentral-interventionistisch zu beeinflussen.

(2) Damit wird eine *zweite Möglichkeit* zur Behebung von Allokationsproblemen angezeigt, welche auf ein Wirksamwerden externer Effekte zurückzuführen sind: Es handelt sich um das sogenannte Sozialkosten-Konzept der **Pigou-Steuer**. Die folgende Abbildung 8 verdeutlicht die Zielsetzung einer solchen Abgabe für den Fall des oben dargestellten Fischzüchter-Brauerei-Beispiels: Um die gesellschaftlich tatsächlich entstehenden Kosten der Bierproduktion bei der Brauerei entscheidungswirksam werden zu lassen, erhebt der Staat in diesem Fall eine Abgabe (t), deren Tarif genau mit den bei der Bierproduktion im Optimum verursachten externen Kosten übereinstimmt. Sofern es dem Staat gelingt, die zielgenaue Abgabenhöhe zu bestimmen, ist die externalitätenbedingte Fehlallokation knapper Ressourcen damit behoben.

Die korrekte Ermittlung der externen Kosten trifft in der Realität allerdings auf unüberwindliche Probleme:

– Erstens sind die externalitätenverursachenden Kausalzusammenhänge in aller Regel derart komplex, daß eine zahlungsbegründende Zuweisung zu einzelnen Aktivitäten kaum möglich ist.

– Zweitens setzt die erforderliche monetäre Bewertung der externen Effekte die Lösung erheblicher methodischer Probleme voraus. Die für diesen Zweck zu treffenden unumgänglichen Annahmen und Vereinfachungen führen regelmäßig zu einem Abgabesatz, der den im Optimum realisierten, faktischen Opportunitätskostenverhältnissen nur zufällig entsprechen kann.

– Drittens haben die im Zusammenhang mit externen Effekten stets wirksamen Kollektivgutprobleme auf seiten der betroffenen Wirtschaftssubjekte eine Anreizkonstellation zur Folge, welche – wie dargelegt – verhindert, daß jene ihre wahren Präferenzen – beispielsweise für eine saubere Umwelt – offenlegen. Da für die Ermittlung von (externen) Opportunitätskosten die individuellen Präferenzen einerseits das maßgebliche und allein bestimmende Kriterium darstellen, diese jedoch andererseits – beispielsweise wegen des bereits erwähnten Trittbrettfahrerverhaltens – nicht offenbart werden, ist die Festlegung der korrekten Höhe des Wertes maßgeblicher Externalitäten bzw. des Steuersatzes von vornherein utopisch.

Abbildung 8: Die Pigou-Steuer

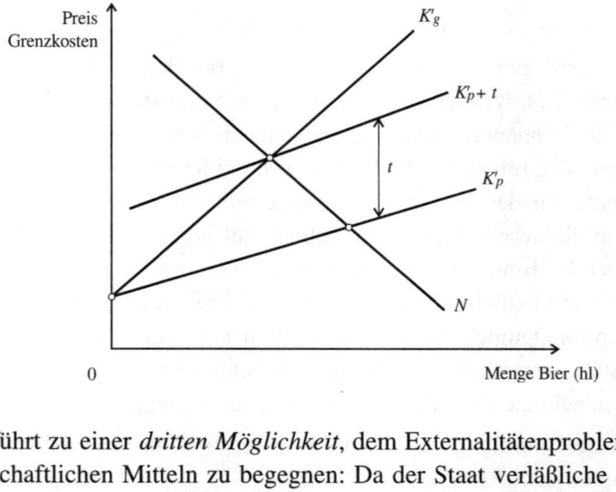

(3) Dies führt zu einer *dritten Möglichkeit*, dem Externalitätenproblem mit finanzwirtschaftlichen Mitteln zu begegnen: Da der Staat verläßliche Informationen über das effiziente Allokationsergebnis (z. B. über einen bestimmten Zustand der natürlichen Umwelt) ohnehin nicht erhalten kann, oktroyiert er – den Mangel an struktureller Effizienz seiner Intervention (nolens volens) hinnehmend – ein bestimmtes Allokationsergebnis, das er jedoch kostenminimal

zu erreichen sucht. Ein in diesem Zusammenhang hervorzuhebendes Eingriffsinstrument stellen Abgaben nach dem sogenannten **Standard-Preis-Ansatz** dar: Bezugnehmend auf das Beispiel der Umweltverschmutzung könnte der Staat eine bestimmte Gewässergüte als Zielvorgabe festschreiben und den Satz einer zugehörigen Steuer (z. B. auf das produzierte Bier) so lange variieren, bis die gewünschte Wasserqualität erreicht ist.

(4) Schließlich könnte der Staat – als eine *vierte Möglichkeit*, dem Externalitätenproblem zu begegnen – das betreffende Gut mit gestörter privatwirtschaftlicher Allokation selbst anbieten. Da eine **staatliche Bereitstellung** mit einer Produktion des Gutes durch die öffentliche Hand nicht zwingend gleichzusetzen ist, besteht innerhalb dieser Option noch die Möglichkeit, das betreffende Gut durch private Produzenten im öffentlichen Auftrag anfertigen zu lassen.

Die vorstehend benannten Ansatzpunkte, suboptimale Marktergebnisse, welche infolge externer Effekte entstehen, durch den Einsatz finanzwirtschaftlicher Instrumente zu korrigieren, verdeutlichen einerseits die vielfältigen Optionen, mit denen der Staat derartigen Problemen begegnen kann. Ergänzend dazu ist aber andererseits auf die folgenden drei Sachverhalte kritisch aufmerksam zu machen:

– Erstens ist ersichtlich, daß mit zunehmender Distanz zwischen privaten Präferenzen und staatlicher Intervention die Wahrscheinlichkeit für Suboptimalität und für damit einhergehende Wohlfahrtsverluste immer größer wird. Bei aller Vielfalt der Möglichkeiten des Staates (zum Teil: vermeintlich), allokationsverbessernd tätig zu werden, muß bewußt bleiben, daß ein Allokationsergebnis nur dadurch optimal wird, daß die Privaten es auch so bewerten. Der „**Königsweg**" effizienter Allokation führt daher stets über freiwillig-dezentrale und privatwirtschaftliche Transaktionen.

– Zweitens ist darauf hinzuweisen, daß die Internalisierung externer Effekte einerseits zwar unter Umständen allokationsverbessernd wirken kann. Andererseits kann dies jedoch nicht in jedem Fall und allein aus der Diagnose einer Existenz externer Effekte zwingend abgeleitet werden. Diese Einschränkung basiert zum einen auf dem Problem von Wohlfahrtsverlusten, welche infolge von Transaktionskosten der Internalisierung entstehen und welche durchaus auch bei staatlichen Eingriffen zu erwarten sind. Der durch die Internalisierung zu erwartende Wohlfahrtsgewinn darf hierdurch nicht aufgezehrt werden. Zum anderen ist in der Realität zumeist ein Miteinander von positiven wie auch negativen externen Effekten zu beobachten. Die Internalisierung allein einer Art der maßgeblichen Effekte kann dann erneut allokationsverzerrend wirken. Darüber hinaus ist zu berücksichtigen, daß alle vorstehenden Überlegungen von anderen Marktbeziehungen innerhalb einer Volkswirtschaft bislang abstrahiert haben. Tatsächlich bestehen jedoch Wirkungszusammenhänge zu anderen Teilbereichen des Wirtschaftsgeschehens, welche die hier getroffenen Schlußfolgerungen erheblich relativieren können.

– Drittens schließlich rechtfertigt allein der Nachweis eines Vorliegens externer Effekte nicht immer hinreichend die gleichsam mechanistisch angelegte Forderung nach staatlichem Eingriff. Hierfür muß zuvor die – keineswegs selbstverständliche – Annahme begründet werden, daß der Staat tatsächlich in der Lage ist, das betreffende Allokationsproblem besser zu lösen, als dies die Privaten – selbst bei (partiell) versagenden Marktprozessen – zu tun in der Lage sind. Dabei ist insbesondere an die Vorgänge sogenannten **Staatsversagens** zu denken.

6.1.2.3 Internalisierung versus Meritorisierung

Die vorstehend beschriebenen Maßnahmen und Grundüberlegungen zur Internalisierung externer Effekte sind allerdings von staatlichen Aktivitäten einer sogenannten **Meritorisierung** scharf zu trennen. Dabei ist zunächst die analytische Unterscheidung zwischen positiver und normativer Theorie in Erinnerung zu rufen.

– Beiträge zur **positiven Theorie** (hier der Finanzwissenschaft) haben das Ziel, reale Phänomene zu beschreiben, um sie im Anschluß daran in einem funktionalen Ursache-Wirkungs-Zusammenhang näher zu untersuchen und zu erklären. Die Fragen dazu lauten: Was ist geschehen, warum ist es geschehen und was wird unter bestimmten Annahmen also geschehen? Da sich zutreffende Antworten dabei sowohl auf vergangene als auch auf zukünftige Ereignisse beziehen können, werden hierdurch Prognosen – als in die Zukunft gerichtete Erklärungen – möglich.

– Beiträge zur **normativen Theorie** ergänzen die positiven Fragestellungen um eine Zielaussage im Sinn der Formulierung und Vorgabe eines Zustandes, der gesellschaftlich und politisch als allgemeines Desideratum akzeptiert ist. Werden also beispielsweise – wie vorstehend – allokationstheoretische Überlegungen angestellt, ob eine bestimmte Maßnahme effizient ist, so wird im wohlfahrtsökonomischen Zusammenhang in diesem Sinne meist auf das Pareto-Kriterium als allgemeine Zielvorstellung zurückgegriffen.

Es wird insoweit deutlich, daß der Begriff der Internalisierung aufgrund seiner zwingenden Verknüpfung mit dem paretianischen Individualprinzip dem Bereich der normativen Theorie zuzuweisen ist. Er eignet sich demnach nicht zur Beschreibung oder Erklärung realer Vorgänge, sondern lediglich für deren Bewertung aus Sicht der paretianischen Wohlfahrtsökonomik. Bezugnehmend auf die hier betrachteten – als allokationsverbessernd gedachten – Maßnahmen des Staates ist nun zu vergegenwärtigen, daß es sich dabei regelmäßig nicht um perfekt internalisierende Eingriffe handeln kann. Dies wäre aufgrund der dargelegten Schwierigkeiten allenfalls zufällig zu erwarten. Es vermag daher nicht zu überraschen, wenn die Theorie des „Marktversagens" – wie in der Literatur verschiedentlich beklagt wird – nicht in der Lage ist, reales Staatshandeln zu beschreiben und befriedigend zu erklären; dies ist nämlich nicht die Aufgabe einer Theorie des „Marktversagens". Vielmehr geht es darum, reale Vorgänge unter bestimmten Prämissen zu bewerten. Wenn demgegenüber die oben genannten Maßnahmen beschrieben werden sollen, mit denen der Staat gegebenenfalls realpolitisch versucht, unerwünschten Allokationsergebnissen zu begegnen, so wird hierfür – im positiven (!) Sinne – der Begriff der Meritorisierung bzw. Demeritorisierung verwandt:

– Dabei bezeichnet ein Vorgang der **Meritorisierung** eine staatliche Intervention, durch welche die private Bereitstellung einer Ressource oder der Konsum eines Gutes über dasjenige Ausmaß hinaus erweitert wird, das sich bei einem freiwilligen und interventionsfreien Zustand eingestellt hätte. Beispielgebend kann auf den Fall einer staatlichen Subventionierung von Schutzimpfungen verwiesen werden: Mit dem Konsum des individuellen Gutes „Schutzimpfung" entsteht als Kuppelprodukt das öffentliche Gut „Senkung der allgemeinen Ansteckungswahrscheinlichkeit". Das reale Phänomen einer Meritorisierung der Impfung kann aus wohlfahrtsökonomischer Sicht dann unter anderem anhand der Frage bewertet werden, ob bzw. unter welchen Voraussetzungen durch die Meritorisierung positive externe Effekte internalisiert werden und hierdurch eine Allokationsverbesserung zu erzielen ist, oder ob andere Maßnahmen (z. B. Impfzwang mit zugehörigen Kontrollen) demgegenüber als wirtschaftlicher einzuschätzen sind.

– Demgegenüber meint die Kennzeichnung einer staatlichen Intervention als **Demeritorisierung** einen Vorgang, bei dem ein sich freiwillig einstellendes Marktergebnis mittels staatlicher Einflußnahme derart verändert wird, daß sich die Bereitstellung der jeweiligen Ressource oder der Konsum des betreffenden Gutes gegenüber dem interventionsfreien Zustand verringert. Beispielgebend kann hier auf die Besteuerung des Tabakkonsums verwiesen werden: So hat das Rauchen einer Zigarette in einem geschlossenen Raum zur Folge, daß verschiedene Verwendungspläne für eine kollektive Ressource – die Luft – nunmehr rivalisieren. Das ehedem kollektive Gut wird zum Allmendegut, bei dem kein Mechanismus existiert, welcher die konkurrierenden Konsumpläne effizient koordinieren könnte. Im Anschluß an die vorgenommene Besteuerung kann dann aus wohlfahrtsökonomischer Sicht – also normativ – diskutiert werden, ob und inwieweit eine durch die Tabaksteuer bewirkte Demeritorisierung geeignet ist, die negativen externen Effekte des Tabakkonsums zu internalisieren, und ob bzw. unter welchen Voraussetzungen hierdurch eine Allokationsverbesserung zu erwarten ist. Außerdem ist auch in diesem Fall zu prüfen, ob aus allokativer Sicht alternative Maßnahmen (z. B. ein Rauchverbot) einer Tabakbesteuerung vorzuziehen sind.

Von einer solchen generell beschreibenden (positiven) Verwendung des Begriffs (de-)meritorischer Eingriffe ist der Begriff einer (De-)Meritorisierung im normativen Sinne grundsätzlich zu unterscheiden: Hier weicht der (Steuer-)Gesetzgeber explizit von den Basisannahmen der paretianischen Wohlfahrtsökonomik – insbesondere vom **Selbstbestimmungsprinzip der Individuen** – ab. Während das Selbstbestimmungsprinzip fordert, daß genau eine Instanz, nämlich jedes private Wirtschaftssubjekt selbst legitimiert ist, einen Zustand als erstrebenswert zu definieren, setzt sich ein **meritorisierender Interventionist** über diese privaten Präferenzen hinweg. Zumeist wird dann mit paternalistischem Lenkungswillen behauptet, die intervenierende Gruppe (d. h. die Regierung) verfüge – im Unterschied zu den (erziehungsbedürftigen) Privaten – über einen besseren, vergleichsweise vollständigen und korrekten Informationsstand, der den Staat zur (de-)meritorischen Intervention legitimiere. Aus paretianischer Sicht ließe sich aus diesem Sachverhalt jedoch gegebenenfalls lediglich die Forderung ableiten, diese (vorgeblich bessere) Information den Privaten zur Verfügung zu stellen. Sofern die Privaten dann jedoch zu dem Ergebnis kommen, eine solche Information nicht nachzufragen bzw. nicht verhaltenswirksam werden zu lassen, ist dies – aus paretianischer Sicht und im Unterschied zum genannten interventionistischen Anspruch – für eine Legitimation weiterer staatlicher Eingriffe unbeachtlich. Gelegentlich wird von Politikerseite in diesem Zusammenhang auch das Argument eines Vorliegens externer Effekte usurpiert. Nach wohlfahrtsökonomischer Argumentation ließe sich hieraus jedoch allein die Forderung ableiten, eben diese externen Effekte zu internalisieren, sofern aus entsprechenden Maßnahmen eine Nettoverbesserung der Ressourcenallokation zu erwarten ist. Schließlich wird zur Rechtfertigung (de-)meritorischer Staatseingriffe mitunter das Argument vorgeblich „verzerrter" Präferenzen der privaten Wirtschaftssubjekte angeführt. Diesbezüglich ist dann allerdings zu fragen, mit Blick auf welchen Referenzpunkt eine solche Verzerrung denn zu konstatieren wäre: Wie dargelegt, bildet auf paretianischem Boden allein die subjektive Einschätzung durch private Individuen eine normative Bewertungsgrundlage; jene ist insoweit die einzige maßgebliche Richtschnur für ökonomisch fundierte, wirtschaftspolitische Interventionen eines Hoheitsträgers. Aus individualistischer Sicht kann es eine „verzerrte" Präferenz demnach nicht geben. Tatsächlich empfinden Politiker private Präferenzen zumeist auch genau dann als „verzerrt", wenn dahinter Überzeugungen stehen, die sich von denjenigen des jeweils betreffenden Politikers unterscheiden. Aus wohlfahrtsökonomischer Perspektive sind (De-)Meritorisierungsargumente demnach nicht geeignet, staatliche Interventionen zu legitimieren.

6.1.3 Unsicherheit und asymmetrische Information

Neben den bisher dargestellten Ursachen suboptimaler Marktergebnisse wird die Fähigkeit von Wettbewerbsmärkten, im Konkurrenzgleichgewicht eine effiziente Ressourcenallokation zu gewährleisten, noch durch zwei weitere Problembereiche beeinträchtigt, welche mit der Verfügbarkeit und mit der Verteilung von Informationen zusammenhängen.

Das reibungslose Funktionieren von Wettbewerbsmärkten unterstellt *erstens* eine **vollkommene Information** der betroffenen Wirtschaftssubjekte. Die in der Realität allgegenwärtige Unsicherheit gefährdet die Effizienz marktlicher Austauschprozesse gleichwohl nicht, sofern das Gut „Sicherheit" – in gleicher Weise wie alle anderen Güter – auf zugehörigen (Versicherungs-)Märkten mit effizientem Ergebnis gehandelt werden kann. Zwei Problemfälle, welche unter dem Begriff der unvollkommenen Information subsumiert werden, schränken die Gültigkeit dieser Überlegung jedoch ein:

– Zum einen kann der Informationsstand der Marktteilnehmer asymmetrisch verteilt sein. Ein solcher Sachverhalt kann beispielsweise bei einer ausschließlich privatwirtschaftlich organisierten Krankenversicherung eintreten: Unter der Annahme, daß die Versicherung nicht in der Lage ist, potentielle Versicherungsnehmer effizient in unterschiedliche Risikoklassen einzuteilen, wird das Unternehmen seiner Prämienkalkulation ein durchschnittliches Krankheitsrisiko zugrunde legen. Die Ausrichtung der Prämienhöhe (als Marktpreis) am Durchschnittsrisiko bedeutet für potentielle Versicherungsnehmer mit überdurchschnittlich hohem Krankheitsrisiko einen besonderen Anreiz, ein derart kalkuliertes Versicherungsverhältnis einzugehen. Umgekehrt ist der Versicherungsanreiz für Wirtschaftssubjekte mit unterdurchschnittlich niedrigem Krankheitsrisiko sehr gering, was zu einer Konzentration schlechter Risiken in der Gemeinschaft der Versicherten führt **(adverse Selektion)**. Der Versicherungsgrundgedanke, wonach die „guten Risiken" die „schlechten" finanzieren, wird durch solche Anreizstrukturen systematisch zerstört, wobei sich der destruktive Anreiz gleichsam automatisch verstärkt: Die Konzentration schlechter Risiken erhöht das durchschnittliche Risiko, was eine (weitere) Prämiensteigerung erforderlich macht. Dies wiederum läßt den Eintritt in die Gemeinschaft der Versicherten vor allem für jene Wirtschaftssubjekte vorteilhaft erscheinen, die ein besonders hohes Krankheitsrisiko aufweisen.

Zwar kann der Staat dem Problem der adversen Selektion durch die Einführung eines Versicherungszwangs für alle potentiellen Marktteilnehmer begegnen. Ein derartiges Vernichten von Märkten auf ordnungspolitischem Wege beseitigt allerdings nicht nur Wirtschaftlichkeitsprobleme aufgrund adverser Selektion, sondern im gleichen Zuge auch alle Vorzüge der effizienten Risikoallokation, die ein privater Markt mit sich bringt – die Finanzierungsprobleme im deutschen Gesundheitswesen legen hierüber sichtbares Zeugnis ab.

Ein weiteres Problem der effizienten Risikoallokation bei asymmetrischer Information auf Versicherungsmärkten wird mit dem Begriff des moralischen Risikos beschrieben (**moral hazard**). Zugehörige Effizienzverluste treten auf, wenn einzelne Versicherungsnehmer die Eintrittswahrscheinlichkeit oder die Schadenshöhe des versicherten Ereignisses durch ihr – fahrlässiges oder gar betrügerisches – Verhalten gegenüber der Versicherung selbst beeinflussen. Eine Parallelität zu dem oben beschriebenen Problem der Rationalitätenfalle wird insoweit erkennbar. Derartige Informationsprobleme können in einer der adversen Selektion vergleichbaren Weise davon betroffene Versicherungsmärkte zerstören oder zumindest inferiore Marktergebnisse hervorrufen. Für den Staat besteht in diesem Fall allerdings keine Eingriffsmöglichkeit, welche der oben genannten Zwangsversicherung entspricht. In aller Regel ist jedoch die Lösung solcher Konflikte von privaten Unternehmen vergleichsweise eher zu erwarten als vom Staat.

– Zum anderen kann die für ein Entstehen von (versicherungs-)marktlichen Austauschvorgängen notwendige Information gänzlich fehlen. Um zu gewährleisten, daß Sicherheit bzw. Unsicherheit zu einem marktfähigen Gut werden, muß das mit dem jeweiligen Ereignis verbundene Risiko als Erwartungswert kalkulierbar sein. Ist demgegenüber eine Abschätzung der Eintrittswahrscheinlichkeit oder der Schadenshöhe von vornherein unmöglich (z. B. für den Kriegsfall), so sind zugehörige Versicherungsmärkte nicht existent. Einerseits läßt sich aus dieser Überlegung ein suboptimales Allokationsergebnis ableiten; andererseits sind öffentliche Budgets – im Sinne eines weit verstandenen Gemeinlastprinzips – von der Vergesellschaftung solcher Risiken stets potentiell betroffen. Problematisch wird das Argument fehlender Information jedoch stets dann, wenn auf dieser Grundlage nicht nur die legitime Forderung nach Informationsbereitstellung, sondern vielmehr nach substantiell staatlicher Intervention abgeleitet wird. Das in einem solchen Zusammenhang dann häufig bemühte Argument der **Umwegsrentabilität** setzt sich dann freilich regelmäßig – da nicht zu widerlegen – dem Vorwurf der Beliebigkeit aus. Gleichwohl mögen bei technischen Großprojekten und bei Bildungs-, Forschungs- oder Entwicklungsinvestitionen eine hohe Kapitalintensität, technische Unteilbarkeiten oder fehlende Möglichkeiten zur Fremdfinanzierung eine staatliche Beteiligung plausibilisieren. Die ökonomische Rechtfertigung im Sinne einer allokationstheoretisch fundierten Begründung läßt sich aus derartigen Überlegungen jedoch nur unter weiterführenden Voraussetzungen und im Einzelfall ableiten. Wie zuvor bei dem meritorischen Staatseingriffen muß nämlich die Frage offenbleiben, woher denn der Staat sein zuversichtliches Wissen um die – wenngleich auf „Umwegen“, so doch aber absehbar – eintretende Rentabilität einer Investition bezieht, zumal diese profitable Gelegenheit allen anderen Wirtschaftssubjekten trotz größter Aufmerksamkeit bisher verborgen geblieben ist. Tatsächlich geht es dem Staat bei solchermaßen legitimierten Eingriffen zumeist auch nicht um Rentabilitätserwägungen, sondern darum, einer bestimmten gesellschaftlichen Gruppe distributive Sondervorteile zu gewähren.

Zweitens berücksichtigt das oben erwähnte Effizienzpostulat privater Märkte noch nicht hinreichend die Rolle der bereits benannten **Transaktionskosten**: Unter diesen Begriff fallen jene Aufwendungen, welche privaten Wirtschaftssubjekten entstehen, um den marktlichen Austausch mit anderen Individuen erst zu ermöglichen. Hinzuzurechnen sind insbesondere Kosten zur Auffindung geeigneter Transaktionspartner, Kosten der Verhandlung und der Formulierung von Kontrakten, Kontrollkosten zur Überwachung der Vertragseinhaltung sowie Kosten der Vertragsdurchsetzung. Sofern die zugehörigen Dienstleistungen nicht wiederum effizient über private Märkte bereitgestellt werden können, ist zu fragen, ob der Staat beispielsweise durch die Vorgabe allgemeiner oder spezieller Normen in Gestalt eines Rechtssystems die privaten Transaktionskosten wohlfahrtsmehrend zu senken in der Lage ist. Freilich handelt es sich bei einem solchen Rechtssystem wiederum um die Bereitstellung eines nicht-privaten Gutes. Der Charakter eines eigenständigen Arguments kommt der Transaktionskostensenkung folglich nur in solchen Fällen zu, bei denen private Interaktionen mit faktisch positivem Netto-Wohlfahrtseffekt auf gleichwohl prohibitiv hohe Transaktionskosten treffen. Diese könnten dann durch staatliche Intervention gesenkt werden, um die privatwirtschaftlichen Aktivitäten insoweit nicht zu beeinträchtigen.

6.2 Das optimale Budget

Aus den vorstehend angeführten Ursachen für Marktstörungen ergibt sich die generelle Frage, ob und gegebenenfalls welcher Handlungsauftrag für den Staat hieraus abzuleiten ist. Da dem Problem öffentlicher Güter in diesem Zusammenhang eine zentrale Bedeutung zukommt, rückt zunächst die Frage nach einem optimalen Verhältnis zwischen öffentlichen bzw. öffentlich bereitgestellten Gütern auf der einen sowie privaten, über Märkte anzubietenden Gütern auf der anderen Seite in den Mittelpunkt der Betrachtung. Die nachfolgenden Ausführungen zum sogenannten **Optimalbudget** lassen allerdings noch keinen politisch-pragmatischen Rückschluß zu, welche konkreten Aufgaben nun durch den Staat oder durch die privaten Wirtschaftssubjekte zu erfüllen sind. Vielmehr nehmen die Ausführungen zum optimalen Verhältnis zwischen öffentlichen und privaten Gütern eine Funktion wahr, die mit der Nutzung des Firmaments für die Seefahrt vergleichbar ist: Wenn dieses auch nicht sinnvoll als eigenständiges nautisches Ziel fungieren kann, so ist es dennoch unverzichtbare Orientierungshilfe für die zu treffenden Steuerungsmaßnahmen. Selbst wenn eine Ausrichtung staatlicher Maßnahmen am Optimalbudget jedoch eindeutig möglich wäre, müßten zusätzliche Informationen darüber erarbeitet werden, in welchem relativen Ausmaß welche der öffentlichen Hand zugewiesenen Aufgaben tatsächlich erfüllt werden sollen. Diesbezügliche Hinweise zum Budgetvolumen und zur Budgetstruktur geben die im Anschluß daran vorzustellenden Methoden der Präferenzerfassung für öffentliche Güter.

6.2.1 Effizienz im Verhältnis öffentlicher und privater Güter

Private Tauschaktivitäten auf den Märkten bewirken unter geeigneten Annahmen eine effiziente Allokation knapper Ressourcen, solange der Preismechanismus mit gegebenem Marktausschluß es ermöglicht, die rivalisierenden Konsumpläne zu koordinieren. Im Fall öffentlicher Güter werden durch einen fehlenden Marktausschluß und durch die nicht rivalisierenden Nachfragepläne die Bedingungen für eine effiziente Allokation derart verändert, daß der Optimalzustand nun nicht mehr durch die Identität der (Grenz-)Kosten der Produktion mit der individuellen Zahlungsbereitschaft definiert ist. Vielmehr muß – aufgrund des gemeinsamen Konsums des öffentlichen Gutes – die Summe aller (marginalen) Zahlungsbereitschaften der Nutzer diesen (Grenz-)Kosten entsprechen. Die individuellen „Nachfragekurven“ nach öffentlichen Gütern wurden deshalb oben nicht – wie im Fall privater Güter – horizontal, sondern vertikal aggregiert. Beim Übertrag dieses Ansatzes auf die Darstellungsform einer Transformationskurve mit einem System kollektiver Indifferenzkurven als Ausdruck der sozialen Wohlfahrtsfunktion ergibt sich der in folgender Abbildung 9 abgeleitete Optimalzustand.

Abbildung 9: Optimale Bereitstellungsmenge öffentlicher und privater Güter

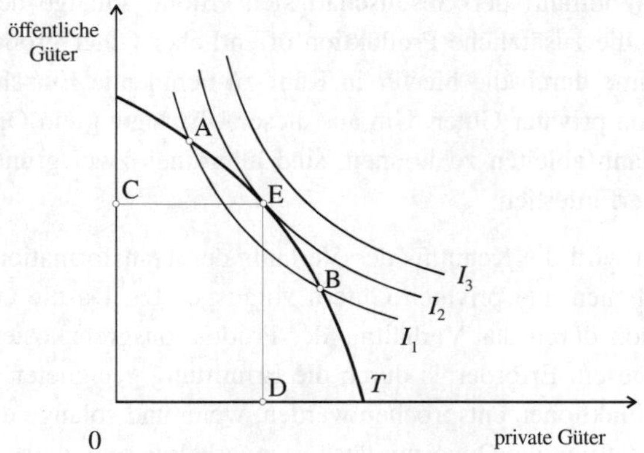

Dabei bezeichnet T die gesamtwirtschaftliche Transformationskurve zwischen öffentlichen und privaten Gütern. Diese Transformationskurve verdeutlicht die alternativen Produktionsmöglichkeiten bei gegebener Technik und bei gegebenem Ressourcenbestand. Deren Steigung – die Grenzrate der Transformation – bildet die realen Opportunitätskosten einer marginalen Veränderung der gewählten Produktionsstruktur ab. Die Grenzrate der Transformation entspricht so dem Verhältnis der (Grenz-)Kosten der Produktion von öffentlichen und privaten Gütern.

Im Optimalzustand ist bei öffentlichen Gütern – wie dargelegt – die Grenzrate der Transformation gleich der Summe der individuellen (marginalen) Zahlungsbereitschaften, d. h. gleich der kollektiven Grenzrate der Substitution zwischen dem jeweiligen öffentlichen Gut und der Gesamtheit aller alternativ produzierbaren privaten Güter. Das Optimum entspricht folglich dem Tangentialpunkt E in der Abbildung 9. Hier berührt die soziale Wohlfahrtsfunktion als Indifferenzkurve (in diesem Fall I_2), abgeleitet aus dem Nutzen des Bündels privater und öffentlicher Güter, die Transformationskurve T.

Hingegen bezeichnen weder die Punkte A noch B auf der Indifferenzkurve I_1 einen solchen Optimalzustand, weil durch eine Umschichtung zwischen privaten und öffentlichen Gütern das demgegenüber höhere Indifferenzkurvenniveau I_2 und damit ein höheres Maß an gesamtwirtschaftlicher Wohlfahrt erreicht wird, ohne daß der Ressourcenbestand sich verändert hätte. Eine Erhöhung des Ressourcenbestandes wäre für ein Erreichen der Indifferenzkurve I_3 allerdings erforderlich, was hier ausgeschlossen bleibt. Grundsätzlich besagt das Konzept bei einem begrenzten Ressourcenvorrat zunächst, daß die zu maximierende Wohlfahrt der Gesellschaft sich erhöht, solange der Nutzenzuwachs durch die zusätzliche Produktion öffentlicher Güter größer ist als die Nutzenabnahme durch die hierfür in Kauf zu nehmende Einschränkung bei der Produktion privater Güter. Um aus dieser Überlegung ein Optimalbudget tatsächlich dann ableiten zu können, sind allerdings zwei grundlegende Informationen erforderlich:

– Zum einen wird die Kenntnis des Verlaufs der Transformationskurve zwischen öffentlichen und privaten Gütern vorausgesetzt. Da die Grenzrate der Transformation durch das Verhältnis der Produktionsgrenzkosten abgebildet wird, kann diesem Erfordernis durch die Ermittlung geeigneter Produktions- bzw. Kostenfunktionen entsprochen werden, wenn und solange die Preise der Produktionsfaktoren die Opportunitätskostenverhältnisse widerspiegeln.

– Zum anderen ist die Kenntnis der sozialen Wohlfahrtsfunktion erforderlich: Für die Ermittlung der effizienten Tangentiallösung müssen also Lage und Steigung der in der Abbildung 9 dargestellten Indifferenzkurven ermittelt werden. Während die individuelle Wertschätzung von Ressourcen sich im Fall privater Güter durch artikulierte Nachfragepläne offenbart, unterbleibt im

Fall der öffentlichen Güter jedoch eine solche (freiwillige) Offenlegung der Präferenzen. Insofern rückt die Frage nach deren Ermittlung auf anderem Wege in das Zentrum finanzwissenschaftlichen Interesses.

Zuvor ist jedoch zu vergegenwärtigen, daß der oben beschriebene Optimalzustand sich insoweit problemlos nur für die Indifferenzkurvenschar *eines einzigen* Individuums ableiten läßt. Tatsächlich sind jedoch die Präferenzen einer (unter Umständen sehr großen) Gruppe von Wirtschaftssubjekten in die Betrachtung einzubeziehen. Es wird sich erweisen, daß in diesem Fall zum einen die Ausgangslage von Relevanz ist, nach welcher die Ressourcen verteilt sind, und daß zum anderen das Verfahren von entscheidender Bedeutung ist, nach welchem über die Ressourcenallokation politisch entschieden wird. Die vorstehende Abbildung trägt diesem Sachverhalt nur unter der – unrealistischen – Annahme Rechnung, daß die entsprechenden Präferenzen aller Bürger identisch sind. Für den Fall unterschiedlicher Präferenzen erweist sich der beschriebene Optimalzustand jedoch als unbestimmt. Er ist dann ein Reflex des Abstimmungsverfahrens, was nachfolgend zu erörtern ist.

6.2.2 Abstimmungsfragen der Globalallokation

Bei der sogenannten Globalallokation privater und öffentlicher Güter – hier im Sinne einer Bereitstellung durch den Markt oder durch den Staat – geht es um die Frage, in welchem Verhältnis die in einem Kollektiv verfügbaren Ressourcen zur Bereitstellung von Individual- oder Kollektivgütern eingesetzt werden sollen. Mit anderen Worten: Festzulegen ist in diesem Zusammenhang die **allgemeine Staatsquote**. Für den Zwei-Güter-Fall wurden die zugehörigen Optimalitätsbedingungen oben hergeleitet. Hiernach ist das Optimalbudget durch den Tangentialpunkt von Transformationskurve und niveauhöchster kollektiver Indifferenzkurve definiert. Falls jedoch nicht alle Kollektivmitglieder identische Präferenzen für private und öffentliche Güter haben (wovon auszugehen ist), läßt sich nach dem oben genannten Verfahren eine eindeutige und effiziente Aufteilung zwischen privaten und öffentlichen Gütern nicht bestimmen. Anders als bei der Allokation privater Güter, deren Menge je nach Nutzenschätzung von den einzelnen Kollektivmitgliedern unterschiedlich gewählt werden kann, ist das realisierte Volumen öffentlicher Güter – wie oben dargelegt – für alle Kollektivmitglieder identisch. Wie nachfolgend zu zeigen ist, hängt es bei diesbezüglichen politischen Abstimmungen von der Reihenfolge ab, in welcher die Kollektivmitglieder ihre Präferenzen für die Allokation zwischen dem öffentlichen Gut (den öffentlichen Gütern) einerseits und dem privaten Gut (den privaten Gütern) andererseits bekunden. Dieser Sachverhalt wird anhand der nachstehenden Abbildung 10 deutlich:

Abbildung 10: Ressourcenaufteilung zwischen privaten und öffentlichen Gütern

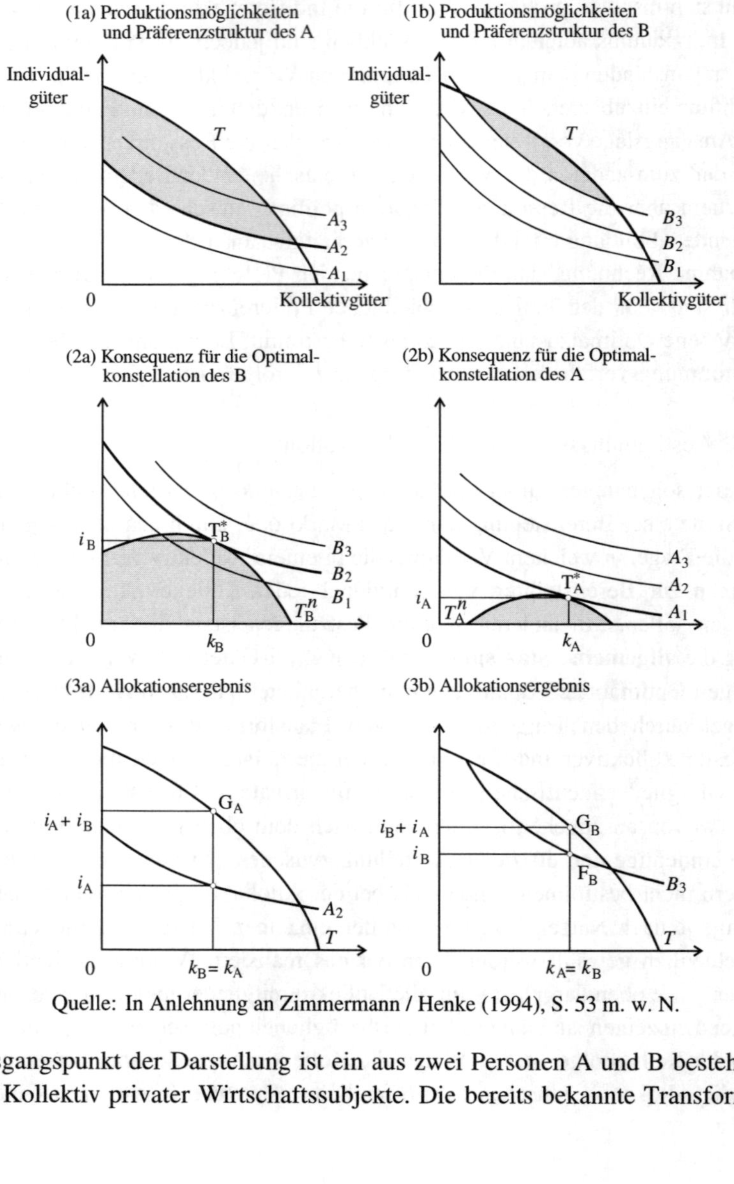

Quelle: In Anlehnung an Zimmermann / Henke (1994), S. 53 m. w. N.

Ausgangspunkt der Darstellung ist ein aus zwei Personen A und B bestehendes Kollektiv privater Wirtschaftssubjekte. Die bereits bekannte Transformationskurve T zwischen privaten und öffentlichen Gütern markiert im oberen Teil der Abbildung die gegebenen Produktionsmöglichkeiten. Die jeweils individuellen Präferenzen zwischen öffentlichen und privaten Gütern werden durch die Indifferenzkurven A_1, A_2, A_3 bzw. B_1, B_2, B_3 abgebildet. Im Diagramm 1a kann das optimale Produktionsergebnis evidentermaßen nicht durch eine einfache Tangentiallösung aus der Transformationskurve und der niveauhöchsten Indifferenzkurve des A abgeleitet werden: Zwar würde ein insoweit bestimmtes Bündel öffentlicher Güter auf der einen Seite – wegen nicht gegebener Ausschlußmöglichkeiten – beiden Individuen gleichermaßen zur Verfügung stehen. Auf der anderen Seite würde die verbleibende Menge der privaten Güter dann jedoch allein dem A verfügbar sein; die besonderen Schwierigkeiten einer kollektiven Allokationsentscheidung würden insoweit ignoriert. Soll statt dessen ein Anteil des Produktionsergebnisses für den B verbleiben, muß als Ausgangszustand demnach eine Verteilungslage zugrunde gelegt werden, welche sich aus der Sicht des A unterhalb seiner persönlichen Maximallösung befindet. Mit anderen Worten: Es wird von einem Wohlfahrtsniveau des A ausgegangen, welches – beispielsweise entsprechend der Indifferenzkurve A_2 – den gesamtwirtschaftlichen Transformationsblock schneidet. Als Konsequenz einer derart angenommenen Ausgangsverteilung ergibt sich für den B eine Nettotransformationskurve T_B^n: Zu deren Herleitung wird die graue Fläche in Diagramm 1a in das Diagramm 2a übertragen, indem dort Punkt für Punkt die senkrechten Abstände zwischen A_2 und T als Ordinatenwerte übernommen werden.

Im Szenario einer insoweit festgelegten Ausgangsverteilung wird weiterführend unterstellt, daß das Individuum B nunmehr die maßgebliche Entscheidung zur Bestimmung der letztlichen Güteraufteilung trifft. Zu diesem Zweck bestimmt B innerhalb des durch die Ausgangsverteilung A_2 vorgegebenen Rahmens seine persönliche Optimallösung als Tangentialpunkt T_B^*. Das Diagramm 2a zeigt dementsprechend an der Ordinate, welche Menge produzierbarer Individualgüter dann auf den B entfällt: Es handelt sich um die Menge i_B, welche zugleich mit einem Niveau der Kollektivgüterversorgung entsprechend k_B vereinbar ist. Diese Globalallokation ist kompatibel mit der angenommenen Ausgangsverteilung sowie mit den technischen Produktionsmöglichkeiten; sie realisiert zugleich das unter den gegebenen Verhältnissen maximale Nutzenniveau für den B. Insoweit kennzeichnet das Diagramm 3a das Allokationsergebnis: Die produzierte Kollektivgütermenge steht definitionsgemäß beiden Wirtschaftssubjekten gleichermaßen zur Verfügung ($k_B = k_A$);

die für den A verbleibende Menge an Individualgütern (i_A) entspricht einem Residuum, welches sich angesichts der Produktionsmöglichkeiten und im Eindruck der Allokationsentscheidung des B ergibt. Die im angenommenen Entscheidungsverfahren gleichgewichtige Globalallokation entspricht also dem Punkt G_A auf der Transformationskurve. Die zugehörige Menge der verfügbaren Individualgüter entspricht ($i_A + i_B$).

Dem läßt sich als Vergleichsfall eine Ausgangsverteilung gegenüberstellen, für welche die Präferenzstruktur des B maßgeblich ist (siehe dazu die rechte Seite der Abbildung 10). Hier verdeutlicht eine im Vergleich zum A größere Steigung der Indifferenzkurven des B dessen stärker ausgeprägte Präferenz für öffentliche Güter. Für eine wiederum exogen angenommene Ausgangsverteilung entsprechend dem Indifferenzkurvenniveau B_3 zeigt die Darstellung analog zur oben beschriebenen Verfahrensweise, daß bei veränderter Verteilungslage und nunmehr umgekehrter Abstimmungsreihenfolge sich ein gänzlich anderes, wenngleich ebenfalls „optimales" Allokationsergebnis G_B einstellt: Dieses ist – neben der anders gelagerten Verteilung privater Güter zwischen A und B im Ausgangszustand – gekennzeichnet durch eine vergleichsweise größere Kollektivgütermenge k ($k_A = k_B$).

Bereits für den – vergleichsweise übersichtlichen – Fall eines aus nur zwei Personen bestehenden Kollektivs erweist sich demnach, daß die Frage einer optimalen (Global-)Allokation der Produktionsfaktoren – und damit verbunden die Frage nach einer optimalen Staatsquote – nur in subjektiven Kategorien beantwortet werden kann und damit von normativer Natur ist. Wie dargelegt, wird eine diesbezügliche Antwort jedenfalls zum einen durch die relative Macht- und Verteilungsposition der Individuen sowie zum anderen durch das jeweils gewählte Verfahren der politischen Willensbildung bestimmt. Die Analyse zugehöriger Mehrheitsentscheidungen ist dann einmal mehr der Gegenstand einer ökonomischen Theorie der Politik. Die Allokation zwischen privaten und öffentlichen Gütern kann daher – anders als bei privaten Gütern – nicht durch Absprache oder Austausch zwischen den beteiligten Individuen erfolgen, sondern erfordert **kollektive Entscheidungsverfahren**, welche über die Allokation zwischen öffentlichen und privaten Gütern befinden und die festlegen, mit welcher Intensität die Präferenzen der (einzelnen) Kollektivmitglieder in diese Allokationsentscheidungen einfließen. Wird demgegenüber unterstellt, daß die mit der Aggregation individuell unterschiedlicher Präferenzen verbundenen methodischen Probleme gelöst wären, so kann die optimale Kombination zwischen öffentlichen und privaten Gütern auch dadurch ermittelt werden, daß der Nutzen der Bereitstellung öffentlicher Güter mit den Kosten ihrer Finanzierung (oder dem damit verbundenen Verzicht auf private Güter) verglichen wird. Das Optimum ist in diesem Sinne – wie bereits geläufig – genau dann erreicht, wenn der mit der Ausweitung öffentlicher Güter verbundene Grenznutzen und die damit einhergehenden Grenzopportunitätskosten aus dem Verzicht auf private Güter übereinstimmen.

6.2.3 Abstimmungsfragen der Feinallokation

Neben der beschriebenen Globalallokation beeinflußt der Staat die Güterpreisrelationen, indem er bestimmte Produkte im Verhältnis zu anderen Gütern „künstlich" verbilligt oder verteuert. Die Auswirkungen einer derartigen Meritorisierung auf die Feinallokation lassen sich anhand einer damit verbundenen Besteuerung unter Verwendung einer weiteren graphischen Darstellung verdeutlichen.

Die nachstehende Abbildung 11 zeigt beispielgebend die allokativen Auswirkungen einer steuerbedingten Bierpreiserhöhung. Aus einer Beschränkung des verfügbaren Einkommens im Ausgangszustand (gekennzeichnet als sogenannte Budgetgerade AB) resultiert in Verbindung mit den individuellen Präferenzen des hier betrachteten Wirtschaftssubjekts ein Nutzenoptimum im Punkt T_0 mit einer konsumierten Biermenge b_0. Eine nun eingeführte Besteuerung dreht die Budgetlinie nach AC. Damit wird abgebildet, daß mit dem verfügbaren Einkommen nun eine geringere Menge Bier als zuvor gekauft werden kann. Dieser Umstand führt zu einem neuen Nutzengleichgewicht im Punkt T_1 bzw. zu einer konsumierten Biermenge b_1.

Für eine nähere Betrachtung des sich in dieser Weise einstellenden allokativen Resultats ist hervorzuheben, daß das Wirtschaftssubjekt durch die Preiserhöhung „ärmer" geworden ist, da sich die Kaufkraft des gegebenen Einkommens hierdurch reduziert hat. Gefragt wird nunmehr nach der genauen Höhe einer Einkommensvariation (im Beispiel einer Einkommensverringerung), welche für das in der Abbildung 11 betrachtete Wirtschaftssubjekt dieselbe Nutzeneinbuße bewirken würde wie die steuerbedingte Bierpreiserhöhung. Hierdurch wird geklärt, ob der durch eine Biersteuererhöhung eintretende Kaufkraftverlust zu derselben (indirekten) Nutzeneinbuße führt, als wenn dem betroffenen Wirtschaftssubjekt ein aufkommensgleicher Betrag vom Einkommen direkt „weggesteuert" würde. Es wird sich erweisen, daß der Wohlfahrtsverlust, welcher durch die preisverändernde Besteuerung bestimmter Güter eintritt, in der Regel größer ist als derjenige, welcher durch eine entsprechende Einkommensbesteuerung verursacht wird.

Abbildung 11: Einkommens- und Substitutionseffekt einer Preiserhöhung

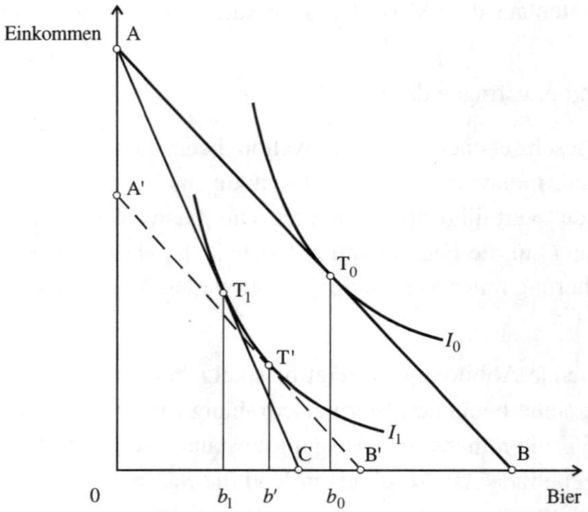

Wird also für die vorstehende Abbildung 11 eine Einkommensverringerung durchgeführt, welche dieselbe Nutzenwirkung wie die ursprüngliche Preiserhöhung hat, so muß die neue Bugetgerade eine Tangente an die Indifferenzkurve I_1 sein, da das erreichte Nutzenniveau in beiden Fällen annahmegemäß identisch bleiben soll. Darüber hinaus muß die Steigung der neuen Einkommenslinie gleich der alten sein, da sich die relativen Güterpreise durch eine (direkte) Einkommensbesteuerung nicht verändern. Die neue Budgetgerade A′B′ resultiert also aus einer Parallelverschiebung der alten, wobei als neues Haushaltsoptimum nunmehr der Punkt T′ bei einer Biermenge von *b*′ realisiert wird.

Ein Vergleich der beiden Optimalpunkte erlaubt es nunmehr, die allokative Wirkung einer Preiserhöhung anhand zweier unterschiedlicher, hierdurch ausgelöster Effekte zu verdeutlichen: Zum einen hat die Preiserhöhung eine Kaufkraftschmälerung, d. h. eine Verringerung des realen Einkommens zur Folge. Dieser gedanklich isolierbare Teileffekt entspricht einer Bewegung von T_0 nach T′ und wird als **Einkommenseffekt** der Preisänderung bezeichnet. Dieser Effekt ist bei normalen (superioren) Gütern negativ, d. h. der Einkommensverlust reduziert die nachgefragte Menge. Bei inferioren Gütern ist dieser Effekt demgegenüber positiv; die Nachfrage steigt hierbei mit sinkendem Einkommen. Die äquivalente Einkommensvariation läßt die relativen Preise betroffener Güter unverändert und führt das derart belastete Individuum auf das (niedrigere) Nutzenniveau I_1. Zum anderen hat die Preiserhöhung das betreffende Gut im Verhältnis zu allen anderen Gütern aber teurer werden lassen, was dazu führt, daß das relativ teurer gewordene Bier nun durch andere Güter substituiert wird. Die nachgefragte Menge reduziert sich also weiter als dies allein aufgrund einer Einkommensverringerung der Fall gewesen wäre (von b' nach b_1). Dieser **Substitutionseffekt** ist bei normalen (d. h. konvexen) Indifferenzkurven stets negativ; eine Erhöhung des relativen Preises reduziert die nachgefragte Menge.

Die vorgetragene Unterscheidung von Einkommens- und Substitutionseffekten einer Veränderung relativer Preise (z. B. aufgrund einer Subventionsgewährung oder einer Besteuerungsmaßnahme) erleichtert die ökonomische Bewertung finanzpolitischer Maßnahmen. Dabei ist hervorzuheben, daß der Substitutionseffekt bei superioren Gütern, deren nachgefragte Menge – wie angedeutet – mit steigendem Einkommen zunimmt, durch einen gleichgerichteten Einkommenseffekt verstärkt wird, während der Substitutionseffekt bei inferioren Gütern durch den entgegengesetzten Einkommenseffekt verringert wird. Im Extremfall (des sogenannten „**Giffen-Gutes**") wird die Nachfrageausweitung aufgrund des Substitutionseffekts infolge einer Preissenkung durch einen starken Rückgang der Nachfrage aufgrund des negativen Einkommenseffekts überkompensiert. Die Preissenkung führt dann in der Summe zu einer Nachfrageminderung (und die Preiserhöhung zu einer Nachfragesteigerung). Allokationspolitische Eingriffe des Staates verursachen (bei ex ante nicht als solchen erkannten) Giffen-Gütern deshalb mitunter unbeabsichtigte Allokationsergebnisse.

Festzuhalten ist in jedem Fall, daß die gesamtwirtschaftliche Wirkung von finanz- bzw. allokationspolitischen Maßnahmen, welche die Preisrelationen von Ressourcen verändern, jeweils vom Zusammenspiel der beiden oben dargelegten Teileffekte abhängt. Die allokative Gesamtwirkung einer Abgabenerhebung (oder Subventionierung) ergibt sich also stets aus der Summe der hierdurch induzierten Einkommens- und Substitutionseffekte. Dieser Sachverhalt wird besonders deutlich, wenn die individuelle Belastungswirkung der Besteuerung vor diesem Hintergrund weiterführend untersucht wird.

6.3 Besteuerung, Subventionierung und Allokation

Finanzpolitische Eingriffe in Form einer Abgabenerhebung lassen sich aus ökonomisch-positiver Perspektive näher untersuchen, indem gefragt wird, in welcher Weise die Allokation knapper Ressourcen durch die Besteuerung verändert wird und in welcher Weise zugehörige Sachverhalte die Wohlfahrtsposition der betroffenen Individuen verändern. Ausgangspunkt der Überlegungen ist dabei der Sachverhalt, daß die Besteuerung von Ressourcen den Abgabepflichtigen in einem Maße belastet, welches über den zu zahlenden Steuerbetrag unter Umständen hinausgeht. Dieser Tatbestand wird nachfolgend an einem Beispiel erläutert, das die oben eingeführte Unterscheidung zwischen Einkommens- und Substitutionseffekt anwendet und präzisiert:

Ein Student konsumiere monatlich insgesamt 10 Mengeneinheiten Bier zu einem Preis von 80 Pfennig je Mengeneinheit. Die Regierung erhebe nun eine Verbrauchsteuer auf Bier in Höhe von 25 Prozent, weshalb der Bierpreis auf 1 DM je Mengeneinheit ansteigt. Infolge der Preiserhöhung entschließt sich der Student, seinen Bierkonsum nunmehr auf Null zu reduzieren und den dafür ursprünglich eingesetzten Betrag von 8 DM statt dessen für den Erwerb von (insoweit steuerfreiem) Weinbrand zu verwenden. Da die konsumierte Biermenge nach der Besteuerung nun also Null beträgt, entspricht auch das (realisierte) Steueraufkommen einem Betrag von Null. Der Steuerdestinatar wird aber dennoch belastet, weil er durch die Besteuerung veranlaßt wird, ein Güterbündel zu konsumieren, welches aus seiner Sicht im Vergleich zum vorherigen die „zweite Wahl“ darstellt. Die **Belastungswirkung** einer Verbrauchsteuer kann also nicht allein an der Höhe des realisierten Steueraufkommens abgelesen werden: Selbst hinter einem Steueraufkommen von Null kann sich demnach eine erhebliche Belastung der privaten Wirtschaftssubjekte verbergen. Auch bei der Betrachtung eines entgegengesetzten Extremfalls wird deutlich werden, daß der Besteuerungsvorgang in jedem Fall die privaten Konsumentscheidungen beeinflußt. Während der Steuerdestinatar im obigen Fall auf die Bierpreiserhöhung unendlich elastisch reagierte, wäre demgegenüber auch denkbar, daß die Mengenreaktion vollkommen unelastisch ausfiele. Der Student würde bei seiner Biernachfrage dann keine Mengenreaktion auf die Besteuerung zeigen. Es wird sich erweisen, daß die Abgabenerhebung aber auch in diesem Fall eine negative Wohlfahrtswirkung auslöst, welche über den entrichteten Steuerbetrag hinausgeht. Derartige Vorgänge werden als **Zusatzlast** („**Excess burden**“) bezeichnet. Anhand dieses Konzepts kann die allokative Wirkung von Besteuerungsvorgängen unter Fortsetzung des oben genannten Beispiels näher erläutert werden (siehe Abbildung 12).

Abbildung 12: Wirkung einer Steuer nach dem Excess burden-Konzept

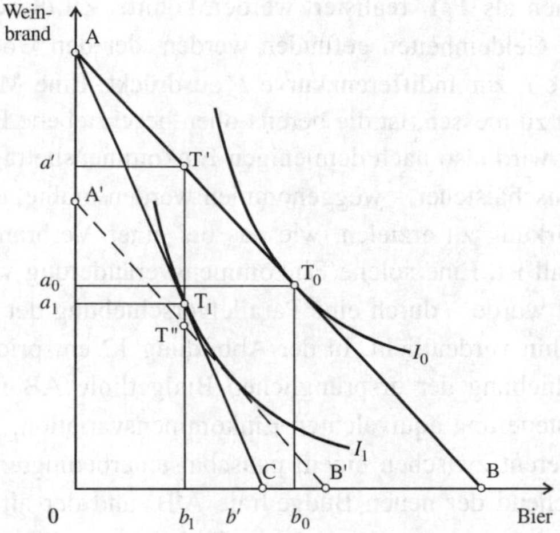

Der betroffene Student verwendet sein Einkommen im Vorsteuerzustand für einen Warenkorb (a_0, b_0), dessen Zusammensetzung sich im Nachsteuerzustand auf (a_1, b_1) verändert. Dabei ist zu beachten, daß die Steuerzahlung für jede konsumierte Biermenge dem vertikalen Abstand zwischen den Budgetgeraden im Vor- und Nachsteuerzustand entspricht. Zusammen mit einer Biermenge b_1 konnte der Student vor Einführung der Steuer Weinbrand entsprechend der Menge a' konsumieren. Nach Einführung der Biersteuer sinkt die unter b_1 realisierbare Weinbrandmenge auf a_1. Der vertikale Abstand zwischen a_1 und a' bzw. T_1 und T′ entspricht also dem Steuerbetrag, den der Student – in Form eines Verzichts auf Weinbrand – zu leisten hat. Soll der Steuerbetrag – anders als bei Branntwein möglich – nicht als Naturalie, sondern pekuniär ausgedrückt werden, so kann die Distanz zwischen T_1 und T' durch eine Multiplikation mit dem Weinbrandpreis mühelos in Geldeinheiten transformiert werden. Wenn ferner davon ausgegangen wird, daß der Preis einer Mengeneinheit Weinbrand gleich Eins ist, bleibt es für die weiteren Betrachtungen ohne Belang, ob an der Ordinate „Weinbrand" oder „Einkommen in Geldeinheiten" steht.

In seinem neuen Haushaltsoptimum entrichtet der Student also einen Steuerbetrag entsprechend der Strecke T_1T'. Da der Student sich mit T_1 auf einem niedrigeren Indifferenzkurvenniveau befindet als im Ausgangszustand, hat sich seine Wohlfahrtsposition offensichtlich verschlechtert.

Darüber hinaus wird nun geprüft, ob bei gleicher Nutzeneinbuße ein höheres Steueraufkommen als T_1T' realisiert werden könnte. Zu diesem Zweck muß ein Maßstab in Geldeinheiten gefunden werden, der den Übergang von der Indifferenzkurve I_0 zur Indifferenzkurve I_1 ausdrückt. Eine Möglichkeit, diesen Sachverhalt zu messen, ist die bereits oben beschriebene Einkommensvariation: Gefragt wird also nach demjenigen Einkommensbetrag, der dem Studenten – als Pauschalsteuer – weggenommen werden müßte, um bei ihm dieselbe Nutzenwirkung zu erzielen, wie das bei einer Verbrauchsbesteuerung von Bier der Fall ist. Eine solche Einkommensveränderung wird – wie oben bereits erläutert wurde – durch eine Parallelverschiebung der Budgetgeraden zum Ursprung hin verdeutlicht. In der Abbildung 12 entspricht das Ausmaß der Linksverschiebung der ursprünglichen Budgetlinie AB nach A′B′ also der zur Bierbesteuerung äquivalenten Einkommensvariation: Der Student ist demnach indifferent zwischen einem pauschalsteuerbedingten Einkommensverlust entsprechend der neuen Budgetlinie A′B′ und der alternativen Maßnahme einer Besteuerung von Bier, da die Budgetlinien AC und A′B′ jeweils Tangenten derselben Indifferenzkurve I_1 sind. Dabei ist bemerkenswert, daß das Aufkommen einer derartigen Pauschalsteuer ($T'T''$) größer ist als dasjenige der Biersteuer (T_1T'). Die Biersteuer bewirkt demnach eine Schlechterstellung des Studenten, welche über den tatsächlich erhobenen Steuerbetrag hinausgeht. Die Differenz – verdeutlicht durch den Streckenzug T_1T'' – entspricht somit dem Excess burden einer Verbrauchssteuer im Vergleich zu einer Pauschalsteuer, welche die relativen Preise aller Güter unverändert läßt. Derselbe Sachverhalt läßt sich auch aus einer anderen Perspektive beschreiben: Das Aufkommen einer Verbrauchssteuer kann unter einem geringeren Nutzenverlust für den Steuerzahler durch das Erheben einer äquivalenten Pauschalsteuer realisiert werden. Der zusätzliche Belastungseffekt einer Abgabe, welche die relativen Ressourcenpreise verändert, gilt stets bei Indifferenzkurven der hier angenommenen Gestalt. Eine solche Steuer ist in dem Sinne suboptimal, daß der Nutzenverlust für die Steuersubjekte größer ist als dies für ein gegebenes Steueraufkommen unvermeidlich wäre.

Vor diesem Hintergrund wird nun ersichtlich, daß Verbrauchsteuern auch dann eine Excess burden-Wirkung entfalten, wenn die Besteuerung keinerlei

Mengenwirkung auslöst: Zwar ist die nachgefragte Biermenge dann im Vor- wie im Nachsteuerzustand identisch, wie dies in der folgenden Abbildung 13 gezeigt wird: Beide Optima (T_0 und T_1) führen zu derselben Biermenge $b_0 = b_1$. Gleichwohl bewirkt die Biersteuer eine Zusatzlast: Das Biersteueraufkommen entspricht – wie oben dargelegt – $T_0 T_1$. Eine nutzenäquivalente Einkommensvariation entspräche dem Streckenzug DT′, ein Steueraufkommen, welches um den Betrag $T_1 E$ größer ist als dasjenige der Biersteuer.

Abbildung 13: Excess burden einer Steuer bei unelastischer Nachfrage

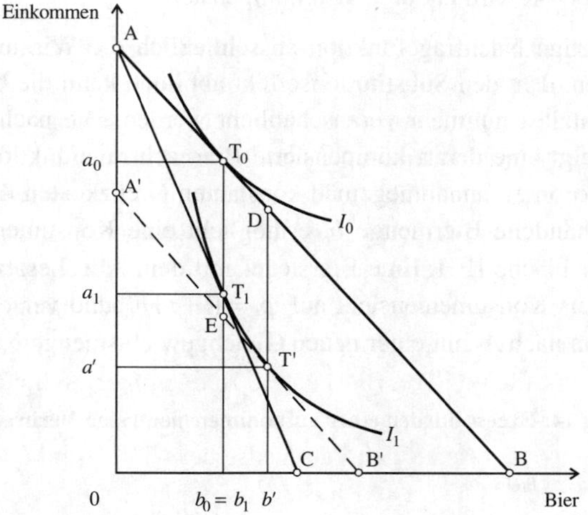

Entscheidend für ein Wirksamwerden der Zusatzlast ist demnach eine besondere Eigenschaft der Biersteuer. Durch deren Erhebung werden die Wirtschaftssubjekte bei der Zusammenstellung ihres optimalen Güterbündels gestört. Auch wenn die nachgefragte Menge des besteuerten Gutes sich nicht verändert, ist der hierdurch erzwungene Verzicht auf andere Güter größer als im Fall einer Steuer, welche die relativen Ressourcenpreise unverändert läßt.

Der Sachverhalt, daß die nachgefragte Biermenge sich in der Abbildung 13 nicht verändert, ist also auf einen – hier: positiven – Einkommenseffekt der Besteuerung zurückzuführen. Um den Effekt einer Zusatzbelastung auch für den gezeigten Fall einer völlig preisunelastischen Nachfrage in einem Preis-Mengen-Diagramm abbilden zu können, muß deshalb der Einkommenseffekt (d. h. die Bewegung von T_0 nach T′) analytisch ausgeblendet werden. Dabei beschränkt sich die nunmehr der Betrachtung zugrunde zu legende Nachfragefunktion ausschließlich auf eine Darstellung des Substitutionseffektes mit der (mengenverringernden) Bewegung von T′ nach T_1. Eine in diesem Sinne sogenannte „**kompensierte Nachfragefunktion**" nach Bier gibt insoweit den Grundgedanken einer „aufkommensneutralen" Verbrauchsteuerpolitik wieder: Sie ist ein Abbild der Biernachfrage ausschließlich in Abhängigkeit vom Bierpreis im Verhältnis zu allen anderen Ressourcenpreisen. Veranschaulicht wird damit das Biernachfrageverhalten der Privaten unter einem solchen Biersteuerarrangement, bei welchem jedem Biertrinker der gegebenenfalls gezahlte Biersteuerbetrag am Periodenende vollständig rückerstattet wird; der Einkommenseffekt wird dadurch also kompensiert.

Da eine derartige Nachfragefunktion ausschließlich die Wirkung von Preisveränderungen, d. h. den Substitutionseffekt abbildet, kann die hierdurch verursachte Zusatzlast nunmehr veranschaulicht werden. Die nachfolgende Abbildung 14 zeigt eine derart kompensierte Biernachfragefunktion *N* und eine Angebotsfunktion zu annahmegemäß konstanten Grenzkosten A_0. Die gleichgewichtig gehandelte Biermenge b_0 ermöglicht eine Konsumentenrente entsprechend der Fläche IEH. Eine Biersteuer mit dem Abgabesatz *t* erhöht den Bierpreis p_0 aus Konsumentensicht auf $p_1 = (1+t)\,p_0$ und verschiebt die Angebotsfunktion nach A_1 mit einer neuen Gleichgewichtsmenge b_1.

Abbildung 14: Excess burden einer aufkommensneutralen Verbrauchssteuer

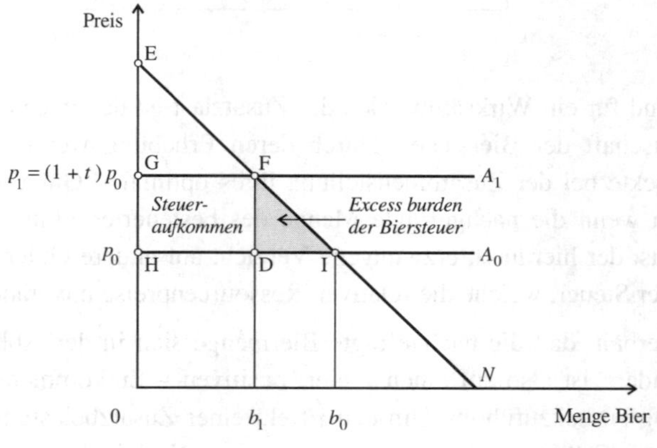

Anhand dieser Abbildung werden die allokativen Auswirkungen einer derartigen Biersteuer erkennbar: Auf der einen Seite verringert sich die Konsumentenrente auf die Fläche GFE, auf der anderen Seite entsteht ein Steueraufkommen in Höhe von $(t \cdot p_0)\, b_1$, entsprechend der Fläche HDFG. Selbst wenn dieser Steuerbetrag „**aufkommensneutral**" an die betroffenen Marktteilnehmer zurückgegeben würde, verbliebe aus deren Sicht jedoch ein Nutzenverlust in Höhe des unterlegten Dreiecks als Excess burden. Die mit Hilfe von (zusätzlichen) Verbrauchsteuern finanzierten öffentlichen Ausgabenprogramme können aus Sicht der Privaten einen (weiteren) Netto-Wohlfahrtsgewinn also nur dann realisieren, wenn der durch das betreffende staatliche Ausgabenprogramm bewirkte Nutzenzuwachs mindestens so groß ist wie die (zusätzlich) erhobenen Steuermittel zuzüglich der hierdurch induzierten Zusatzlast.

Mit Blick auf die eingangs erwähnte Zielsetzung einer finanzwissenschaftlichen Fundierung gesellschaftlicher Politikdiskurse ist an dieser Stelle allerdings **einschränkend** auf zumindest drei Sachverhalte aufmerksam zu machen, die im Vorfeld einer Anwendung der bisher erzielten Ergebnisse hinsichtlich der Besteuerung zu berücksichtigen sind, um möglichen Mißverständnissen und übereilten Schlußfolgerungen vorzubeugen.

– Erstens wurde aus der Excess burden-Perspektive zwar gezeigt, daß eine direkte Wegnahme von privaten Einkommen der indirekten Verbrauchsbesteuerung vorzuziehen ist. Gleichwohl darf die in diesem Zusammenhang erwähnte Pauschalsteuer nicht ohne weiteres mit einer Einkommensteuer gleichgesetzt werden. Dies gilt, weil eine Besteuerung beispielsweise des Arbeitseinkommens sehr wohl einen Substitutionseffekt auslöst; das Gut Freizeit wird im Vergleich zur erwerbsorientierten Arbeitszeit insoweit verbilligt. Die allokative Überlegenheit einer im Gegensatz hierzu pauschal erhobenen Kopfsteuer kann freilich in einen politischen Konflikt zu gesellschaftlichen Gerechtigkeitsvorstellungen geraten, welche insbesondere an den Leistungsfähigkeitsgedanken anknüpfen; darauf wird zurückzukommen sein. Wird in diesem Zusammenhang deshalb auf andere Indikatoren der individuellen Leistungsfähigkeit als auf das Einkommen zurückgegriffen, so sind diese aber entweder durch den Steuergesetzgeber nur eingeschränkt zu beobachten und zu operationalisieren oder deren steuerpolitische Verwendung als Bemessungsgrundlage verursacht wiederum eigene Fehlanreize, indem die Privaten versuchen, durch geeignete Re-Allokationsentscheidungen der Besteuerung zu entgehen. Die Ausführungen deuten insoweit einen Zielkonflikt zwischen finanzpolitischer Effizienz einerseits und gesellschaftlicher Gerechtigkeit andererseits an.

– Zweitens wurde bei der Begründung der allokativen Effizienzmängel spezieller Verbrauchssteuern zum einen bisher implizit unterstellt, daß auf dem betrachteten Markt im Vorsteuerzustand allokative Verzerrungen (beispielsweise in Form der oben behandelten Externalitäten) nicht vorliegen. Sofern es sich bei der betreffenden speziellen Verbrauchssteuer demgegenüber um eine internalisierende Pigou-Abgabe handelte, ist die durch deren Einführung bewirkte Zusatzlast freilich gleich Null. Es gilt das Gegenteil: Erst die Erhebung einer solchen Abgabe ermöglicht – wie oben dargelegt – die Realisierung effizienter Marktergebnisse. In der abgabepolitischen Realität müssen also häufig die Wohlfahrtswirkungen fehlerhafter Marktergebnisse mit den Wohlfahrtswirkungen von ebenfalls mitunter unwirtschaftlichen Staatsinterventionen verglichen und abgewogen werden. Zum anderen wurde bei der Kritik des Excess burden der Verbrauchsbesteuerung auf einem speziellen Markt unterstellt, daß auf weiteren, verbundenen Ressourcenmärkten nicht gleichfalls eine (besteuerungsbedingte) Zusatzlast existiert. Gegebenenfalls ist das Wohlfahrtsergebnis beider Märkte nur in der Gesamtbetrachtung zielgerichtet zu bewerten, wobei der Totaleffekt keineswegs zwingend der Summe der Suboptimalitäten beider Märkte entspricht. Der damit beschriebene Sachverhalt ist ein Beispiel für die sogenannte „**Theorie des Zweitbesten**": Sofern auf verbundenen Märkten bereits Marktstörungen existieren, können politische Maßnahmen, die für sich genommen eine effizienzfördernde Wirkung hätten, unwirtschaftlich sein (und umgekehrt).

– Drittens wurde bislang – und wird auch weiterhin – implizit unterstellt, daß eine gegebenenfalls ratsuchende Regierung das Ziel verfolgt, das Nettowohlfahrtsergebnis für den privaten Sektor zu optimieren. Im Vorfeld einer Formulierung politischer Empfehlungen ist jedoch zu vergegenwärtigen, daß die exekutiven Entscheidungsträger ihre Aktivitäten an wohlfahrtsökonomischen Erwägungen nur unter der Voraussetzung ausrichten können, wie auf diesem Wege die demokratische Zustimmung der Bürger erzielt werden kann, mithin politische Wahlen zu gewinnen sind. Hierfür ist weniger ein besonderes Machtstreben der Politiker als vielmehr der Sachverhalt ursächlich, daß die Handlungsfähigkeit einer demokratisch legitimierten Regierung von der Zustimmung einer Mehrheit der Bürger und des daraus abgeleiteten politischen Mandats abhängig ist. Darüber hinaus verfolgen sowohl Politiker als auch die Angehörigen der Verwaltung eigennützige Ziele, wie z. B. Macht, Prestige und Einkommen, die sie jedoch nicht unbegrenzt durchsetzen können, da sie zum einen auf Recht und Gesetz, zum anderen auf ihre Dienstvorgesetzten und Wähler adäquate Rücksicht nehmen müssen. Im Eindruck der insoweit entstehenden Prinzipal-Agenten-Probleme muß also der wohlwollende Diktator durch ein relationales politisches bzw. bürokratisches Vertragsverhältnis ersetzt werden. Die zugehörigen Verträge werden dabei kennzeichnenderweise unter asymmetrischer Information und zwischen eigennutzorientierten Parteien abgeschlossen und erfüllt. Derartige Vorgänge und Verhaltensweisen sind gesonderter Untersuchungsgegenstand einer ökonomischen Theorie der Politik und der Bürokratie.

Im Eindruck dieser Einschränkungen und Sachverhalte ist also festzuhalten, daß ein politikfundierender Auftrag der Finanzwissenschaft nur dann erfüllt werden kann, wenn zuvor die konkreten Eigenarten und Charakteristika des betreffenden Anwendungsfalls hinreichend geprüft und berücksichtigt werden. Das vorliegend präsentierte Instrumentarium der ökonomischen bzw. finanzwissenschaftlichen Analyse dient dabei nicht als „Patentrezept" im Sinne des eingangs skizzierten technokratischen Modells, sondern als vom konkreten Anwendungsfall unabhängiges, abstraktes Rüstzeug, mit dessen Hilfe die im politikberatenden Zusammenhang maßgeblichen Argumente strukturiert, verallgemeinert und wissenschaftlich begründet werden können. Insofern tragen Modellbetrachtungen dazu bei, die Beliebigkeit von plausibilitätsgestützten ad-hoc-Überlegungen der politischen Tagesdebatten zu überwinden.

Die unter dem Effizienzkriterium mißlichen Konsequenzen einer finanzpolitisch-meritokratischen Veränderung relativer Ressourcenpreise treten besonders deutlich auch im Anwendungsbereich paternalistischer **Subventionen** hervor. Wie nachfolgend – erneut an einem Beispiel – gezeigt wird, verursacht eine Subventionierung (hier des öffentlichen Personennahverkehrs) ebenfalls eine Zusatzlast, welche mit derjenigen der speziellen Verbrauchsbesteuerung prinzipiell vergleichbar ist.

Die folgende Abbildung 15 zeigt ein für den öffentlichen Personennahverkehr (ÖPNV) angenommenes Marktgleichgewicht, bei dem im subventionsfreien Zustand der Angebotsfunktion A_0 eine Menge von x_0 Personenbeförderungskilometern zum Preis von p_0 nachgefragt wird. Auf einen Regierungsbeschluß hin wird der ÖPNV mit einer Subvention von n Prozent gefördert, was den ÖPNV-Kilometerpreis aus Konsumentensicht auf $p_1 = (1-n) \cdot p_0$ senkt; die resultierende Angebotsfunktion entspricht A_1. Wie die Abbildung verdeutlicht, steigt die nachgefragte Beförderungsmenge im Eindruck der Subventionierung tatsächlich von x_0 auf x_1 an; die Maßnahme kann insoweit auf der einen Seite also als effektiv gekennzeichnet werden. Darüber hinaus erhöht sich die auf dem ÖPNV-Markt realisierte Konsumentenrente um die Fläche FGHI. Allerdings ist diese zusätzliche Nutzenwirkung der erhöhten Menge jedoch kleiner als die Kosten ihrer Herbeiführung: Diese entsprechen in Abbildung

15 dem Produkt aus der letztlichen Anzahl der Beförderungskilometer und dem Subventionssatz FD bzw. der Fläche JGHI.

Abbildung 15: Excess burden einer Subventionierung

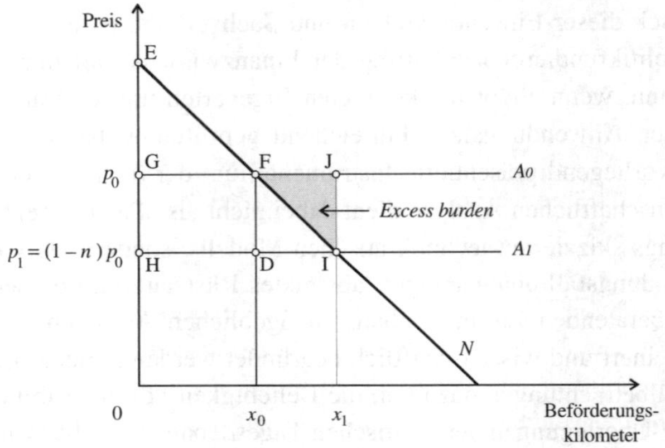

Hinzuzurechnen wären darüber hinaus – in Ergänzung zur Abbildung 15 – zum einen die Verwaltungskosten des Subventionsprogramms sowie zum anderen gegebenenfalls die Zusatzlasten, welche auf anderen Märkten entstehen, sofern die für eine Finanzierung des Programms erforderlichen Mittel dort in Form einer speziellen Verbrauchsabgabe eingefordert werden. Hiervon unabhängig wird jedoch bereits in der Abbildung erkennbar, daß die Kosten der subventionsbedingten Mengenausweitung um das graue Excess burden-Dreieck größer sind als der auf diesem Weg erzielte Nutzenzuwachs. Die – gut gemeinte – Subvention bewirkt also, daß öffentliche Verkehrsmittel nunmehr zusätzlich von Personen benutzt werden, welche aus der Beförderungsdienstleistung einen geringeren Nutzen ziehen als die Gesellschaft dafür Kosten (Kraftstoff, Personal, Material) tragen muß. Die dafür erforderlichen Ressourcen sind also *verschwendet*: Die Regierung könnte bei den privaten Wirtschaftssubjekten dieselbe Nutzenwirkung wie diejenige einer ÖPNV-Subventionierung erzielen, indem sie einen (geringeren!) Betrag entsprechend der Fläche FGHI an jene direkt auszahlen würde.

Die bisherigen Überlegungen haben sich auf Fragestellungen im Kontext von Besteuerung und Subventionierung spezieller Ressourcen konzentriert. Staatliche Interventionen, welche in das Preisgefüge eingreifen, sind in diesem

Sinne aber nicht zuletzt deshalb schwierig zu bewerten, weil die dafür erforderlichen Knappheits- und Wertschätzungsindikatoren fehlen. Der Staat muß sich deshalb bestimmter Hilfsgrößen bedienen, um den durch das öffentlich bereitgestellte Güterbündel gestifteten Nutzen näherungsweise abschätzen zu können. Dieser Zwecksetzung dienen die nachfolgend vorzustellenden Methoden zur Erfassung der Präferenzen privater Wirtschaftssubjekte für öffentlich bereitgestellte Güter.

6.4 Methoden der Präferenzerfassung

Sofern der Staat den Versuch unternimmt, wohlfahrtssteigernd in die Ressourcenallokation des Marktes einzugreifen, sieht er sich zunächst mit zwei Schwierigkeiten konfrontiert: *Erstens* kann die allokationsverbessernde Wirkung des jeweiligen Eingriffs – mehr oder weniger begründet – zunächst nur vermutet werden. Da also mutmaßliche und darüber hinaus lediglich partielle Wirkungszusammenhänge beeinflußt werden können, muß das allokative Gesamtergebnis bisweilen ungewiß und in seiner letztlichen Ausprägung – gemessen an der ökonomischen Zielvorstellung – vergleichsweise unbestimmt bleiben. *Zweitens* ist auf der Grundlage der bisher vorgetragenen Überlegungen die Gefahr paternalistisch geprägter Interventionen gegeben. Finden in diesem Sinne Staatseingriffe statt, so ist stets – und im Gegensatz zur ursprünglichen Intention – mit Wohlfahrtsverlusten durch staatliche Bevormundung zu rechnen. Aufgrund der außerordentlichen Bedeutung, welche den individuellen Präferenzen für nicht-private Güter im Zusammenhang eines allokativ optimalen Einsatzes öffentlicher Finanzen zukommt, ist deshalb auf die verschiedenen Verfahren einzugehen, welche dem Staat zur Verfügung stehen, um über private Präferenzen bezüglich dieser Ressourcen weiterführenden Aufschluß zu erhalten.

Grundsätzlich lassen sich die Methoden zur Ermittlung der privaten Präferenzen für öffentliche Güter in Methoden der direkten gegenüber einer indirekten Präferenzerfassung unterteilen. Während die direkten Methoden auf einer Befragung ausgewählter Gruppen von Individuen basieren, setzen die indirekten Verfahren am tatsächlich beobachtbaren Verhalten der privaten Wirtschaftssubjekte auf Märkten oder bei politischen Wahlen an.

(1) Im Bereich der Methoden einer **direkten Präferenzerfassung** ist die quantitative Methode der Zahlungsbereitschaftsanalyse von der qualitativ angelegten Interpretation von Meinungsumfragen abzugrenzen. Einen Sonder-

fall stellt hierbei die Konstruktion einer speziellen Abgabe, der sogenannten Clarke-Steuer, zur Aufdeckung der Präferenzen für öffentliche Güter dar.

– In **Zahlungsbereitschaftsanalysen** werden private Wirtschaftssubjekte in empirischen Erhebungen danach befragt, wieviel ihnen eine zusätzliche Einheit (oder auch eine verbesserte Qualität) des jeweiligen öffentlichen Gutes wert ist. Erfaßt wird also, auf wieviel Einkommen die Probanden für eine weitere bereitgestellte Einheit des Kollektivgutes zu verzichten bereit wären. Das dabei zu beobachtende Antwortverhalten ist – infolge der bereits erwähnten Trittbrettfahreroption – naturgemäß abhängig von dem Ausmaß, in welchem die Befragten davon ausgehen müssen, daß sie tatsächlich zur Finanzierung des Kollektivgutes herangezogen werden. Darüber hinaus beeinflußt der Informationsstand der Probanden bezüglich relevanter Wirkungszusammenhänge und hinsichtlich der Beschaffenheit des Kollektivgutes deren Antwortverhalten. Gleichwohl kann es unter Zuhilfenahme geeigneter Befragungsdesigns und entsprechender Analyseverfahren gelingen, eine zugehörige „Pseudo-Nachfragefunktion" zumindest näherungsweise abzuschätzen.

– Bei der qualitativen Analyse von **Meinungsumfragen** wird ermittelt, ob die Höhe und die Struktur öffentlicher Ausgaben in der Tendenz den jeweils individuellen Wünschen entspricht oder ob bestimmte Ausgabenprogramme erhöht bzw. gesenkt werden sollen. Zwar dient dieses Evaluierungsinstrument einer Informationsgewinnung seitens des Staates, um beurteilen zu können, ob die öffentliche Aufgabenerfüllung grundsätzlich mit den Vorstellungen der Bürger übereinstimmt. Allerdings ist auch diese Methode *erstens* konzeptionell nicht in der Lage, die strategische Einnahme einer Trittbrettfahrerposition verläßlich auszuschließen. *Zweitens* birgt eine Orientierung der Politik an derartigen Umfragen stets die Gefahr einer finanziellen Ausbeutung von Minderheiten in sich. Da das Freifahrerproblem – wie oben dargelegt – mit abnehmender Gruppengröße an Schärfe verliert, werden solche Umfragen besonders bei der politischen Willensbildung auf Gemeindeebene herangezogen.

– Bei der sogenannten **Clarke-Steuer** handelt es sich um ein Instrument, welches mit dem Ziel eingesetzt wird, das Freifahrerverhalten durch die Implementierung spezieller Abgabepflichten zu überwinden. Da private Wirtschaftssubjekte aufgrund der gemeinsamen Nutzung eines Kollektivguts dazu motiviert sind, ihre wahren Präferenzen zu über- bzw. zu untertreiben, versucht die Clarke-Steuer, den „externen Effekt", der aus einer unwahren Präferenzbekundung des einzelnen Bürgers für die Allgemeinheit gegebenenfalls entsteht, auf dem Wege einer Äquivalenzbesteuerung zu „internalisieren". Da bei geeigneter Konstruktion die individuell geäußerte Präferenz für das Kollektivgut zur Bemessungsgrundlage der vom Individuum zu erwartenden Steuerlast wird, kann dieses dazu motiviert werden, sowohl Über- als auch Untertreibungen zu unterlassen. Eine wahrheitsgemäße Präferenzbekundung wird hierdurch zur einzigen, individuell rationalen Handlungsstrategie. Da eine reale, politisch-pragmatische Anwendung der Clarke-Steuer wie auch anderer vergleichbarer Mechanismen zur Präferenzaufdeckung (Groves-Mechanismus) auf erhebliche modelltheoretische und methodisch-praktische Probleme trifft, kann auf deren Darstellung hier verzichtet werden.

(2) Im Bereich der Methoden einer **indirekten Präferenzerfassung** sind wiederum drei Verfahren zu benennen:

– Die **Aufwandsmethode** zieht die zur Nutzung eines Kollektivgutes entstandenen komplementären privaten Kosten heran, um auf dieser Grundlage die Mindestwertschätzung des jeweiligen Kollektivgutes abzubilden. Demnach wird beispielsweise der Nutzen aus der Inanspruchnahme eines Naherholungsgebietes von den Bürgern mindestens so hoch veranschlagt, wie für dessen Inanspruchnahme individuelle Aufwendungen (z. B. für die Anreise und die Übernachtung) in Kauf genommen werden. Da solche Aufwendungen subjektiv unterschiedlich hoch zu veranschlagen sind, läßt sich auf dieser Grundlage – bei allen Vorbehalten und methodischen Schwierigkeiten – eine Nachfragefunktion näherungsweise zumindest für einige Arten von Kollektivgütern ableiten. Rein öffentliche Güter, wie beispielsweise die Äußere Sicherheit eines Wirtschaftsraums, sind auf diese Weise freilich nicht bewertbar. Während im Fall des Naherholungsgebietes auf eine Komplementaritätsbeziehung zwischen kollektiven und privaten Gütern abgestellt wird, ist die Aufwandsmethode auch mit Blick auf bestehende Substitutionsbeziehungen zwischen einzelnen Gütern anwendbar: So werden gelegentlich die Präferenzen für eine Verbesserung der Umweltqualität anhand der Vermeidungs- oder Reparaturkosten erfaßt, welche in diesem Zusammenhang von privater Seite getragen werden. Vergleichbare Überlegungen gelten für private Schutzmaßnahmen im Dienst der „Inneren Sicherheit“ (Personen- und Objektschutz).

– Grundgedanke der **Marktpreismethode** basiert demgegenüber auf der Überlegung, daß der Preis eines Gutes in funktionaler Abhängigkeit zu den Eigenschaften steht, welche das jeweilige Gut charakterisieren. Verändert sich eine maßgebende Eigenschaft des Gutes, so ändert sich – über deren implizite Wertschätzung – auch der Preis des Gutes. Auf der Grundlage einer solchen marginalen Wertschätzung wird dann eine diesbezügliche Nachfragefunktion geschätzt. Beispielgebend kann auf den unterschiedlichen Marktwert zweier identischer Wohnhäuser verwiesen werden, die sich allein durch die Umweltqualität ihres jeweiligen Standortes unterscheiden. Die Preisdifferenz kann dann als Nutzen- bzw. Kostenbewertung der Umweltqualität herangezogen werden, aus welcher dann eine aggregierte Nachfragefunktion abgeleitet wird. Problematisch ist hierbei insbesondere die Frage, inwieweit alle faktischen Opportunitätskosten in den zugrunde gelegten (Immobilien-)Preis Eingang gefunden haben. Darüber hinaus sind marktspezifische Besonderheiten des herangezogenen Vergleichsgutes zu berücksichtigen, welche die skizzierte Schlußfolgerung im Ergebnis verzerren können.

– Schließlich geben Analysen regionaler **Wanderungsbewegungen** unter Umständen einen Aufschluß darüber, wie die privaten Wirtschaftssubjekte das Verhältnis zwischen Abgabenbelastung und ihrer Versorgung mit Kollektivgütern einschätzen. Da zugehörige Vorgänge einer „Abstimmung mit den Füßen" individuelle Wanderungskosten verursachen, kann – in Analogie zur Aufwandsmethode – auf einen Mindestnutzen aus dem jeweils bereitgestellten Kollektivgüterbündel geschlossen werden. Allerdings erlaubt die Auswertung zugehöriger Vorgänge kaum die exakte Erfassung der tatsächlichen Präferenz privater Wirtschaftssubjekte für genau ein bestimmtes Kollektivgut. Darüber hinaus stellt ein Wohnortwechsel keineswegs die einzige Möglichkeit der Bürger dar, auf eine unbefriedigende Kollektivgutversorgung zu reagieren. Vielmehr besteht die Option, Unzufriedenheit zu artikulieren und so auf die politische Willensbildung zweckdienlichen Einfluß zu nehmen. Die Wohnortwahl ist jedenfalls von einer Vielzahl von Einflußfaktoren abhängig, welche im einzelnen methodisch kaum zu isolieren sind. Ferner muß bewußt bleiben, daß die Kosten eines Wohnortwechsels erheblich sind und höchst unterschiedlich ausfallen, weshalb dieser Indikator nur im Grenzfall aussagekräftig ist.

Allen dargestellten Ansätzen zur Erfassung privater Präferenzen für öffentliche Güter ist folglich gemeinsam, daß auf ihrer Grundlage lediglich **Anhaltspunkte** über die wirkliche Wertschätzung dieser Güter gewonnen werden können. Die letztliche Entscheidung über Umfang und Struktur der Kollektivgüterversorgung muß demnach dem politischen Willensbildungsprozeß vorbehalten bleiben. Die ökonomischen Probleme und Wirkungszusammenhänge, welche dann mit einer (finanz-)politischen Willensbildung in der Demokratie zusammenhängen, bilden – wie erwähnt – einen ökonomischen Forschungsgegenstand sui generis.

Die vorstehenden Ausführungen zu allokationspolitischen Aktivitäten und Problembereichen der öffentlichen Finanzwirtschaft erlauben nunmehr eine Gegenüberstellung der Charakteristika privatwirtschaftlicher und staatswirtschaftlicher Allokationsverfahren.

6.5 Unterscheidungsmerkmale zwischen Privatwirtschaft und Staatswirtschaft

In gleicher Weise wie die privaten Wirtschaftssubjekte tritt auch der Staat als Nachfrager und Anbieter von Gütern und Produktionsfaktoren auf den verschiedenen Märkten in Erscheinung. Dabei lassen sich prinzipiell zunächst zwei Gemeinsamkeiten der Privatwirtschaft und der Staatswirtschaft feststellen: Zum einen dient privates wie auch staatliches Wirtschaften der **Bedürfnisbefriedigung**. Zum anderen sind die Wirtschaftssubjekte beider Sektoren dabei mit der relativen Knappheit von Ressourcen konfrontiert. Sowohl der Staat als auch die Privaten sind deshalb dem Zwang zu wirtschaftlichem Verhalten unterworfen, d. h. sie sind in gleicher Weise darum bemüht, ihre jeweiligen Ziele planmäßig und nach Maßgabe des **Rationalprinzips** anzustreben. Hiernach gilt es, Tatbestände der Verschwendung zu vermeiden, indem ein vorgegebenes Ziel mit minimalem Ressourceneinsatz verwirklicht oder eine vorgegebene Einsatzmenge an Produktionsfaktoren für ein maximales Produktionsergebnis eingesetzt wird.

Die obige Betonung des Rationalprinzips schließt im übrigen nicht aus, daß es in der öffentlichen Verwaltung immer wieder und in einem beträchtlichen Umfang zu Mittelverschwendungen kommt. Dies belegen die vom Bundesrechnungshof und von den Landesrechnungshöfen alljährlich vorgelegten Prüfberichte ebenso wie das parallel publizierte „Schwarzbuch" des Bundes der Steuerzahler. Vergleichbare Entwicklungen sind auch in der privaten Wirtschaft zu registrieren. Es muß vor diesem Hintergrund also bewußt bleiben, daß im Rahmen sowohl marktlicher als auch staatlicher Allokationsverfahren dieselben Menschen mit denselben Zielvorstellungen bestrebt sind, grundsätzlich die jeweils gleichen Bedürfnisse zu befriedigen. Unterschiede bestehen lediglich in instrumentaler Hinsicht und mit Blick auf die jeweiligen Rahmenbedingungen. Während ökonomische Managementprobleme unter bestimmten Voraussetzungen ohne den planerischen Dirigismus eines politischen Dritten bewältigt werden können, haben die vorstehenden Betrachtungen gezeigt, daß eine entsprechend dezentral-marktliche Koordination individueller Pläne und Wahlhandlungen mitunter zu unbefriedigenden Resultaten führt. Deshalb und unter dieser Voraussetzung wählen die Bürger in solchen Bereichen der Güterversorgung ein anderes Management-Instrument, namentlich „den Staat". Dieser bezeichnet als Sammelbegriff jene institutionellen Arrangements, welche die Prinzipien einer selbstbestimmten und individuell freien Handlungswahl verlassen und durch Regelmechanismen von Zwang und Gemeinschaft ersetzen. Da zugehörige Verfahren in entwickelten Gesellschaftssystemen ein nicht weniger stabiles und rechtsstaatliches Regelwerk erfordern als die privaten Märkte dies verlangen, sind die im ersten Teil beschriebenen Institutionen der öffentlichen Finanzwirtschaft also unverzichtbar und ein Reflex der staatlich legitimierten Abkehr von marktlichen Allokationsverfahren. Mit Blick auf die Unterschiede zwischen Privatwirtschaft und Staatswirtschaft können dazu einige Unterscheidungsmerkmale aufgezeigt werden, wie das in der nachfolgenden Übersicht 20 geschieht.

Übersicht 20: Staatswirtschaft versus Privatwirtschaft

Unterscheidungsmerkmal	**Privatwirtschaft**	**Staatswirtschaft**
Instrument der Wohlstands-maximierung	dezentraler und freiwilliger Tausch	zentrale Abstimmung und Zwang
Koordination der Nachfrage-pläne	Marktausschluß, individuelle Präferenzen und Kaufkraft	Budgetierung und gemeinsamer Konsum
Motivation des Angebots	Gewinn- bzw. Einkommens-maximierung	Stimmenmaximierung
Koordination der Angebotspläne	dezentral durch unterschiedliche (Grenz-)Kosten der Produktion	zentral durch vollzugsverbindliche Haushaltsplanung
Legitimation der Nachfrage-entfaltung	Einkommen und Vermögen	Staatsbürgerliche Rechte, Menschenrechte
Art der Produktfinanzierung	Äquivalenzprinzip Leistungsprinzip	Leistungsfähigkeitsprinzip Alimentationsprinzip

Quelle: In Anlehnung an Dickertmann / Diller (1986), S. 204.

– Ein erster fundamentaler Unterschied gründet auf dem jeweiligen Instrumentarium, das zur Wohlstandsmaximierung eingesetzt wird. Im Mittelpunkt der Privatwirtschaft steht der **dezentrale und freiwillige Tausch** zur unmittelbar einzelwirtschaftlichen Befriedigung von **Individualbedürfnissen**. Markante Beispiele dafür sind die Grundbedürfnisse nach Nahrung, Kleidung und Wohnraum. Die Existenz der Staatswirtschaft basiert demgegenüber auf Zielen, die im Interesse aller Bürger in Form eines „Gemeinwohls" angestrebt werden und durch spontan-freiwillige Angebots- und Nachfrageentscheidungen nur begrenzt erreichbar sind. Beispielgebend für derartige Versorgungsanliegen lassen sich etwa die „innere und Äußere Sicherheit" anführen. Allerdings muß bewußt bleiben, daß auch die Versorgung mit derartigen **Kollektivgütern** stets und allein aus Individualbedürfnissen abgeleitet werden kann. Wie die zuvor getroffene Unterscheidung von interventionistischen gegenüber internalisierenden Zielsetzungen eines Staates verdeutlicht hat, legitimiert sich das Erfordernis einer (staatlichen) Produktion von Kollektivgütern grundlegend aus dem Sachverhalt, daß effizienzschädliche Anreizmechanismen eine Befriedigung von Individualbedürfnissen durch private Anbieter vereiteln und so eine Wohlstandsmaximierung für die Allgemeinheit verhindern. In diesen Bereichen werden zentrale Abstimmung (Wahl) und der Zwang als Koordinierungsinstrumente eingesetzt.

– Eine weitere Differenzierung läßt sich nach der Koordination der Nachfragepläne vornehmen: In der Privatwirtschaft ist es die einzelwirtschaftliche Nachfrage, welche in Gestalt der **individuellen Kaufkraft** das Verlangen der Endverbraucher widerspiegelt. Eine hohe Nachfrage und damit die Lenkung der Kaufkraft in eine bestimmte Verwendungsrichtung bringt dezentral zum Ausdruck, welches Bedürfnis vordringlich befriedigt werden soll. In der Staatswirtschaft werden die Bedürfnisse demgegenüber – in Ermangelung besserer Alternativen – auf politischem Weg (mehr oder weniger) zentral ermittelt und festgelegt. In der Regel gehen den Entscheidungen über die zu befriedigenden Bedürfnisse differenzierende Kompromisse zwischen den beteiligten Interessengruppen voraus. Ursächlich für diesen Sachverhalt sind die oben behandelten Trennungsmerkmale zwischen privaten und öffentlichen Gütern. In der Privatwirtschaft kann nur derjenige konsumieren, der die erforderliche Kaufkraft besitzt. Es gilt das Prinzip, wonach jeder vom Konsum eines Gutes ausgeschlossen wird, der den für dieses Gut geforderten Preis nicht entrichtet. Die Staatswirtschaft gründet demgegenüber auf der **Budgetierung** mit zugehöriger Abgabenfinanzierung und auf gemeinsamem Konsum.

– Sofern als Träger staatlicher Maßnahmen eine Instanz unterstellt wird, welche ohne eigenständige Motive und damit stets im wohlverstandenen Interesse der Allgemeinheit handelt, sind die hinter einer Artikulation des Angebots stehenden Antriebsmotive bei privatem wie bei staatlichem Wirtschaften einander ähnlich. Während die Unternehmen und Haushalte durch **Gewinn- bzw. Einkommensmaximierung** eine effiziente Allokation der privaten Güter sicherstellen, betreibt der Staat als „wohlwollender, allmächtiger und allwissender Diktator" eine Nutzenmaximierung der Allgemeinheit für den Bereich kollektiver Güter. Hinsichtlich der Möglichkeiten einer Nachfragebefriedigung unterscheiden sich Privatwirtschaft und Staatswirtschaft dann jedoch in einer Weise, wonach privates Wirtschaften die Verfügungsgewalt über Produktionsfaktoren voraussetzt, mit deren Hilfe Waren und Dienste hergestellt und angeboten werden können. In einer Staatswirtschaft werden demgegenüber Art und Umfang der Leistungserstellung durch übergeordnete Instanzen, namentlich durch Legislative und Exekutive (Parlament und Regierung), festgestellt. Eine Nachfrage kann letztlich nur derjenige befriedigen, der über die parlamentarische Mehrheit verfügt, womit das Bild des „wohlwollenden Diktators" freilich nicht mehr angemessen ist. Der Erfolg der Staatswirtschaft schlägt sich damit in einer **Stimmenmaximierung** bei der Wahl nieder. Je höher die staatlichen Leistungen an bestimmte Wählergruppen sind, desto zufriedener werden diese unter sonst gleichen Bedingungen sein. Der Einfluß auf deren Wahlverhalten in politischen Abstimmungsprozessen wird zur politikbestimmenden Größe.

– Eine Koordinierung der Angebotspläne erfolgt in der Privatwirtschaft ebenfalls auf dem Wege **dezentraler Planung**. Im flexiblen Zusammenwirken zwischen Nachfragern und Anbietern können Märkte über den Preis geräumt werden. In der Staatswirtschaft wird die Koordination statt dessen mittels einer zentralen, dabei vergleichsweise starren Planung vollzogen. Das Angebot wird in einem prinzipiell **vollzugsverbindlichen Etat** im voraus festgelegt. Als typisches Beispiel lassen sich insbesondere die Haushaltspläne von Bund, Ländern und Gemeinden anführen, wobei – wie oben dargelegt – auch Nebenhaushalte eingerichtet werden. Durch letztere wird eine flexiblere Planung im Staatshandeln angestrebt, um die Verflechtungen und Langwierigkeiten zentraler Haushaltsvorgänge zu umgehen.

– Eine Legitimation der Nachfrageentfaltung gründet in der Privatwirtschaft auf der Verfügungsgewalt über **Einkommen und Vermögen** sowie auf der Fähigkeit, aufgrund einer Kreditaufnahme später fließendes Einkommen aus der Zukunft in die Gegenwart transferieren zu können. In einer Staatswirtschaft kann dagegen jeder Bürger ohne weiteres Nachfragepläne realisieren. Derartige Rechte sind dabei keineswegs immer an den Besitz der Staatsbürgerschaft geknüpft, da auch Bürger fremder Nationalität – allein aufgrund der Menschenrechte – Leistungen einer anderen Staatswirtschaft beanspruchen können (Recht auf Leben und körperliche Unversehrtheit). Auf das Ergebnis staatswirtschaftlicher Aktivität kann folglich derjenige zurückgreifen, der über **staatsbürgerliche Rechte** verfügt. Der Anspruch wird also nicht durch eine Steuerzahlung, sondern durch den Staatsbürgerstatus erworben.

– Schließlich begründet die Art der Produktfinanzierung eine weitere Differenzierung zwischen privatem und staatlichem Wirtschaften. In der Privatwirtschaft erfolgt die Finanzierung der Leistungsbereitstellung durch eigene finanzielle Mittel und somit letztlich durch die am Markt realisierten Entgelte. Dabei findet das **Äquivalenzprinzip** Anwendung: Zwischen Leistung und Gegenleistung besteht im Sinne eines *do ut des* eine direkte Beziehung; die Produktionsfaktorleistung wird durch das Faktoreinkommen, die Ausbringung von Gütern durch deren Bezahlung abgegolten. In der Staatswirtschaft wird die Produktfinanzierung demgegenüber mittels Zwangsabgaben in Gestalt von Steuern – prinzipiell auf der Grundlage des **Leistungsfähigkeitsprinzips** – betrieben. Dementsprechend unterscheiden sich auch die in Privat- und Staatswirtschaft wirksamen Entlohnungssysteme. In der Privatwirtschaft erfolgt die Bezahlung in der Regel nach dem **Leistungsprinzip**, d. h. der Faktoreinsatz wird gemäß der Faktorleistung entgolten. In der Staatswirtschaft wird statt dessen nach dem **Alimentationsprinzip** verfahren: Demzufolge stellt ein Beamter seine ganze Arbeitskraft dem Staat zur Verfügung und erwirbt auf diese Weise Anspruch auf eine standesgemäße Besoldung. Zwischen der Produktionsleistung des Beamten und seiner Ausstattung mit Einkommen durch den Dienstherrn besteht insofern also keine direkt zurechenbare Beziehung. Ein Beamter wirkt durch Erfüllung hoheitlicher Aufgaben an der Produktion öffentlich bereitgestellter Güter mit, deren marktliche Bewertung – wie oben eingehend gezeigt und begründet wurde – nicht immer in befriedigender Weise möglich ist. Dabei muß bewußt bleiben, daß sich der „öffentliche Dienst" keineswegs nur aus Beamten, sondern auch aus Angestellten zusammensetzt. Zudem ist darauf hinzuweisen, daß sich aufgrund der Bestrebungen der Gewerkschaften und infolge der finanzwirtschaftlichen Rahmenbedingungen die einzelnen Vergütungssysteme der genannten beiden Bereiche in zunehmendem Maße annähern. Auch die Risikoträger der Produktion sind in der Privatwirtschaft und der Staatswirtschaft demnach nicht identisch: Beim privaten Wirtschaften wird das **Risiko** eines marktlichen Fehlverhaltens – etwa in Form eines nicht bedarfsgerechten Leistungsangebots – von den privaten Unternehmen und Haushalten getragen. Als Sanktion droht den Erstgenannten die Insolvenz und die Liquidation, während letztere der Gefahr des Arbeitsplatzverlustes ausgesetzt sind. Das aus einem fehlerhaften Verhalten des Staates resultierende Risiko wird dagegen auf die Gesamtheit der Steuerzahler und auf deren Wirtschaftskraft überwälzt.

Wie eingangs erwähnt, sind die vorgenannten Unterscheidungsmerkmale zwischen Privatwirtschaft und Staatswirtschaft idealtypischer Natur. In der privatwirtschaftlichen wie auch in der staatswirtschaftlichen Praxis werden sie in Reinkultur summarisch wohl eher selten in dieser Deutlichkeit erkennbar. Es ist vielmehr zu erwarten, daß ein privatwirtschaftlich organisiertes System durchaus mitunter Merkmalsausprägungen einer staatlichen Bürokratie aufweist, während ein staatswirtschaftlich organisiertes System stellenweise privatwirtschaftliche Merkmale trägt.

7. Öffentlicher Haushalt und Umverteilung

Neben finanzpolitischen Eingriffen auf der Grundlage allokativer Fragen beeinflußt der Staat die Verteilung von Einkommen und Vermögen zwischen den Produktionsfaktoren bzw. zwischen privaten Wirtschaftssubjekten. Auf diese Weise sollen die sich aus der jeweiligen Marktbeteiligung individuell ergebenden Wohlstandsresultate einer gesellschaftlich akzeptierten Gerechtigkeitsvorstellung angenähert werden. Zur Kennzeichnung der zugehörigen finanzwirtschaftlichen Vorgänge sind in einem *ersten Schritt* zunächst grundsätzliche Überlegungen zu **alternativen Leitkonzepten** gesellschaftlicher Gerechtigkeit vorzustellen. Es wird sich erweisen, daß ein diesbezüglich verbindliches Werturteil von ökonomischer Seite nicht abschließend formuliert werden kann, sondern daß die entsprechende normative Grundaussage auf politischem Wege den Charakter eines allgemeinen gesellschaftlichen Konsenses annehmen und damit zur ökonomisch exogenen Zielgröße werden muß. Wenn eine wirtschaftswissenschaftliche Begründung von Werturteilen demnach weder zweckmäßig noch möglich ist, so lassen sich hier gleichwohl ökonomische Aussagen zu wenigstens zwei Problembereichen treffen:

– Zum einen können ökonomische Aspekte der demokratischen Willensbildung aufgedeckt und strukturiert werden, die bei der Formulierung von Gerechtigkeitsnormen wirksam werden und insoweit auf deren Gehalt und Auswirkung maßgeblichen Einfluß nehmen. Diesbezügliche Darlegungen aus dem Bereich der ökonomischen Theorie der Politik sind im verteilungspolitischen Zusammenhang also regelmäßig von Bedeutung.

– Zum anderen können gesellschaftliche und politische Debatten um den Gerechtigkeitskonsens gefördert und in ihrem Ergebnis gegebenenfalls dadurch verbessert werden, daß unterschiedliche Möglichkeiten zur Definition und Meßbarkeit eines **Gerechtigkeitsbegriffs** unter ökonomischen Kriterien entwickelt und einander vergleichend gegenübergestellt werden. Das Erfordernis eines gesellschaftlichen Werturteils kann damit zwar nicht erübrigt, dessen Grundlage jedoch unter Umständen derart fundiert werden, daß logische Implikationen deutlich werden und sich die (Opportunitäts-)Kosten der jeweils gewählten Alternative benennen lassen. An die zugehörigen Überlegungen zur Ausgangslage, zu den Zielen und zu den Grenzen staatlicher Umverteilung wird sich in einem *zweiten Schritt* eine Betrachtung der beiden wichtigsten, im ersten Kapitel bereits aufgeführten **Grundprinzipien staatlicher Abgabenerhebung** anschließen: das Äquivalenzprinzip und das Leistungsfähigkeitsprinzip.

7.1 Verteilung, Gerechtigkeit und Grenzen der Umverteilung

Während die distributiven Konsequenzen einer Anwendung des Äquivalenzprinzips einer sich marktlich ergebenden (Primär-)Verteilung nahekommen, erfordert eine Orientierung am Grundsatz der Leistungsfähigkeit zuvor eine Erörterung der Zielvorstellungen einer Sekundärverteilung. Diese bezeichnet den distributiven Zustand, der sich nach vollzogener staatlicher Umverteilung – insbesondere durch Maßnahmen der Besteuerung – ergibt. Aus finanzwissenschaftlicher Sicht sind in diesem Zusammenhang vor allem die dazu entwickelten **Opferkonzepte** zu diskutieren. Schließlich werden im Rahmen der sogenannten **Inzidenzanalyse** die tatsächlichen (Um-)Verteilungswirkungen finanzwirtschaftlichen Staatshandelns auf der Einnahmen- wie auch auf der Ausgabenseite zu benennen und zu erörtern sein.

7.1.1 Distributive Ausgangslage und Fragestellung

Den Ausgangspunkt distributiver Erwägungen bildet die Wertschöpfung des privaten Sektors. Diese ergibt sich im Rahmen des im ersten Kapitel verdeutlichten Kreislaufzusammenhangs, wobei sich das Sozialprodukt verteilungsseitig als Summe der Faktorentgelte aus dem Einsatz von Boden, Kapital und Arbeit sowie aus verteilten und unverteilten Unternehmensgewinnen ergibt. Eine ökonomische Erklärung für die relative Höhe desjenigen Anteils am Volkseinkommen, welcher den genannten Faktoren bzw. deren jeweiligen Eigentümern zufließt, knüpft demnach maßgeblich an technische Gegebenheiten an, die in der einzel- bzw. gesamtwirtschaftlichen Produktionsfunktion ihren Ausdruck finden. Zugehörige verteilungstheoretische Betrachtungen beziehen sich damit auf die erklärende und mithin positiv ausgerichtete Analyse der **funktionalen Einkommensverteilung**. Folglich analysieren angebots-, nachfrage- und machtbezogene Ansätze der Verteilungstheorie die ökonomischen Bestimmungsfaktoren jener Einkommensverteilung, die sich als Ergebnis der Produktion und des Austauschs von Gütern auf Märkten darstellt. Dabei werden zum einen die Bestimmungsfaktoren der Einkommensverteilung präzisiert. Zum anderen wird der Einfluß ihrer Veränderung auf die relative Verteilungslage abgeschätzt.

Bei der **personalen Einkommensverteilung** wird hingegen geprüft, in welchem Ausmaß das laufende Einkommen und das gegebene Vermögen zwischen ausgewählten Gruppen von Wirtschaftssubjekten mehr oder weniger gleich bzw. ungleich verteilt ist. Aus dieser konzeptionellen Zweiteilung verteilungstheoretischer Erwägungen ist abzuleiten, daß die Theorie der funktionalen Einkommensverteilung im Sinne einer streng positiven Zurechnungslehre von partiellen Faktorleistungen bzw. Faktorentgelten auf das Produktionsergebnis an normativen Gerechtigkeitserwägungen weitgehend uninteressiert ist. Genutzt wird im Rahmen einer theoretischen Explikation allenfalls die Erklärungskraft einer leistungsgerechten Entlohnung, die jeweils auf den relativen Outputanteil bezogen ist. Weitergehende Überlegungen, ob das insoweit erklärte Verteilungsergebnis dann als gerecht oder demgegenüber als ungerecht zu beurteilen ist, liegen außerhalb des wissenschaftlichen Zuständigkeitsbereiches einer ökonomischen Verteilungstheorie. Dies gilt in gleicher Weise für die ökonomische Theorie der personalen Einkommensverteilung, da auch hier die werturteilsfreie Beschreibung und Erklärung individuell unterschiedlichen „Reichtums“, nicht jedoch die Bewertung der konstatierten Sachlage im Vordergrund der Betrachtung steht. Da finanzwirtschaftliche Aktivitäten des Staates sich in aller Regel jedoch auf die Einkommens- oder Vermögensverteilung im privaten Sektor auswirken, ist eine Erörterung normativer Gerechtigkeitsvorstellungen im Vorfeld der finanzwissenschaftlichen Analyse erforderlich und zweckmäßig. Während sich demnach die allgemeine volkswirtschaftliche Verteilungstheorie vornehmlich einer Erklärung der **primären Einkommensverteilung**, d. h. der Verteilungsergebnisse ohne Berücksichtigung nachgelagerter staatlicher Umverteilungsmaßnahmen widmet, ist die **sekundäre Einkommensverteilung** in aller Regel das Ergebnis finanzpolitischer Interventionen. Derartige Maßnahmen einer Redistribution gründen auf der Erhebung von Abgaben, auf der Zahlung von Transfers und auf einer Bereitstellung öffentlicher Güter. Die Redistribution ist damit ein ureigener Untersuchungsgegenstand der Finanzwissenschaft.

Ausgangspunkt ökonomischer Überlegungen zu den Fragen von Umverteilung und Gerechtigkeit ist dabei zunächst der empirische Tatbestand wirtschaftlicher Ungleichheit. Während eine ungleiche Verteilung des relativen Reichtums, d. h. der in einem Wirtschaftsraum funktional und personal unterschiedlich ausgewiesenen Verfügungsgewalt über Güterbündel im Rahmen der Verteilungstheorie beschrieben und erklärt wird, besteht ökonomisches Interesse darüber hinaus an zumindest drei weiteren Fragen: *Erstens* kann nach den konkreten Verteilungswirkungen, d. h. nach der Inzidenz bestimmter (staatlicher) Maßnahmen der Redistribution gefragt werden. *Zweitens* ist die Aufgabe zu lösen, wie sich eine politisch vorgegebene Veränderung der Verteilungslage mit Blick auf gegebene Opportunitätskosten so günstig wie möglich, mithin unter minimaler Ressourcenbeanspruchung verwirklichen läßt. Schließlich ist es *drittens* geboten, den Gerechtigkeitsbegriff ökonomisch zu operationalisieren, um auf dieser Grundlage die Verteilungswirkungen ausgewählter Vorgänge beschreiben, antizipieren und gegebenenfalls bewerten zu können. Vor diesem Hintergrund ist in einem ersten Schritt zu prüfen, ob sich der oben bereits vorgestellte „paretianische Konsens" als tragfähiger Fixpunkt eines ökonomischen Gerechtigkeitsbegriffs verwenden läßt.

Nach dem **Pareto-Kriterium** wird ein Vorgang genau dann als wohlfahrtssteigernd identifiziert, wenn hierdurch die Besserstellung zumindest eines Wirtschaftssubjekts erreicht wird, ohne daß hierfür ein anderes schlechtergestellt werden muß. Unter Wahrung des Selbstbestimmungsprinzips läßt sich das Pareto-Kriterium auch auf Umverteilungsvorgänge übertragen: Hiernach sind solche (redistributiven) Transaktionen als effizient zu kennzeichnen, welche sowohl für den Geber als auch für den Begünstigten einen Vorteil bewirken und deswegen freiwillig stattfinden. Beide Bedingungen werden beispielgebend durch karitative Vorgänge der privaten Spendentätigkeit erfüllt. Selbst wenn derart freiwillige und damit grundsätzlich staatsferne Umverteilungsmaßnahmen realwirtschaftlich von erheblicher Bedeutung wären, vermag das hierdurch verwirklichte Umverteilungsvolumen bzw. das erreichte Umverteilungergebnis dennoch politisch nicht zu befriedigen. Auch bei Berücksichtigung freiwilliger, privater Karitas entsteht eine gesamtwirtschaftliche Verteilungslage, welche mit gesellschaftlichen Gerechtigkeitsvorstellungen offensichtlich nicht hinreichend in Einklang steht. Wenn die Notwendigkeit eines staatlichen Eingriffs insofern offenkundig ist, bleibt zu fragen, ob die oben vorgestellten Überlegungen zu den öffentlichen Gütern einen ökonomisch hinreichend leistungsfähigen Zugriff auf das Verteilungsproblem erlauben: Hiernach könnte argumentiert werden, daß die privaten Wirtschaftssubjekte es aus naheliegenden Gründen bevorzugen, in einem Wirtschafts- bzw. Gesellschaftssystem zu leben, welches sich durch soziale „Gerechtigkeit" auszeichnet. Zum einen bietet ein solches System als ergänzender Teilbereich der „Inneren Sicherheit" existentiellen Schutz vor gewaltsamen Übergriffen gesetzwidrig handelnder Dritter (**Selbstschutzmotiv**). Zum anderen begründet es die berechtigte Erwartung, in Situationen individueller Notlagen gegebenenfalls durch ein „soziales Netz" vor einem Absturz ins wirtschaftlich Bodenlose bewahrt zu werden (**Versicherungsmotiv**). Insofern reduzierte sich die Umverteilungsfrage dann auf das Problem einer effizienten Bereitstellung des öffentlichen Gutes „soziale Gerechtigkeit", womit auf eine eigenständige Diskussion – zumindest vom Grundsatz her – verzichtet und statt dessen auf die Ausführungen zur oben behandelten Allokationsabteilung öffentlicher Haushalte verwiesen werden könnte. Einer solchen Vorstellung ist jedoch entgegenzuhalten, daß auch die Interpretation von Verteilungsgerechtigkeit als öffentliches Gut eine Reflexion über den Gerechtigkeitsbegriff erfordert: Während nämlich weitgehend präzise Vorstellungen darüber, was beispielsweise unter dem (öffentlichen) Gut Äußere Sicherheit zu verstehen ist, aus dem Alltagsverständnis abgeleitet werden können, bleibt der Gerechtigkeitsbegriff auf dieser Ebene allzu diffus und daher konfliktträchtig. Die Gerechtigkeitsfrage und damit die ökonomische Legitimation von Umverteilung wird insoweit zu einem finanzwissenschaftlichen Problem. Zur Konkretisierung des Gerechtigkeitsbegriffs kann nach *R. A. Musgrave* auf *drei Konzepte* zurückgegriffen werden:

– Dabei geht ein erster Ansatz vom absoluten **Gleichheitspostulat** aus. Hiernach soll die Wohlfahrt, definiert als individuell nutzenbewertete Verfügungsgewalt über Güter, für alle Wirtschaftssubjekte gleich sein. Mit anderen Worten: Hinsichtlich der materiellen Güterversorgung soll das subjektiv empfundene Wohlergehen aller Menschen gleich sein. Eine solche Zielvorstellung identischer Nutzenniveaus trifft beim Versuch ihrer Realisierung jedoch auf die Schwierigkeit eines wenig operablen Nutzenbegriffs. Individuell empfundenes Wohlergehen („Nutzen") ist weder (kardinal) meßbar noch interpersonell vergleichbar. Gleichwohl stellt die Bezugnahme auf individuelle Nutzenniveaus die maßgebliche theoretische Grundlage einer Besteuerung der Individuen nach dem sogenannten Leistungsfähigkeitsprinzip dar. Zwei Sachverhalte sind mit Blick auf die verteilungspolitische Wirklichkeit jedoch hervorzuheben: Zum einen wird mit der Abweichung vom Gleichheitsideal der Anspruch aufgegeben, im Nachsteuerzustand identische materielle Nutzenniveaus der Menschen gewährleisten zu können, eben weil hierfür ein zuverlässiger, individuell vergleichbarer und objektiv beobachtbarer Maßstab fehlt. Statt dessen zielt der Steuergesetzgeber auf die Hinnahme individuell gleicher (oder doch zumindest vergleichbarer) *Nutzeneinbußen* im Vergleich zu einem Status quo ante. Mit dieser Formel ist freilich das Zugeständnis verbunden, daß ein gewisses Maß an verbleibender Ungleichheit auch für den Nachsteuerzustand politisch akzeptiert wird. Maßgeblicher Ausgangspunkt ist im übrigen die Verteilungslage im Vorsteuerzustand. Zum anderen bedient sich der Steuergesetzgeber der Hilfsgröße „Einkommen" als Indikator für individuelle Bedürfnisbefriedigungspotentiale. Diese sollen bei den Privaten in jeweils gleichem Maße beschnitten werden. Allerdings läuft der Hoheitsträger damit Gefahr, gegen das **formale Gerechtigkeitskriterium** zu verstoßen, wonach Gleiches gleich, Ungleiches hingegen ungleich behandelt werden soll.

Zur Verdeutlichung dieser Aussage werden beispielsweise zwei Individuen A und B betrachtet. Beide verfügen über ein Einkommen in der gleichen Höhe, unterscheiden sich jedoch hinsichtlich ihrer Hobbies. Während der A als Freizeitvergnügen seltene Antiquitäten sammelt, zieht B ein genau gleiches Maß an persönlicher Befriedigung aus ausgedehnten Waldspaziergängen. Sofern beiden Individuen aufgrund der Besteuerung nun ein gleich hoher Einkommensbetrag weggenommen wird, stellt sich unter Umständen eine eklatante Ungleichverteilung des persönlichen Nutzens ein, den jeder einzelne aus einer sich dann ergebenden Situation materieller Gleichheit erfährt: So mag *erstens* bei gleichverteiltem Einkommen der A sich nunmehr außerstande sehen, sein geliebtes Hobby des Antiquitätensammelns aufrechtzuerhalten, während demgegenüber der B seinem – weniger kostspieligen, individuell jedoch nicht weniger hoch geschätzten – Zeitvertreib weiterhin ungestört nachgehen kann. *Zweitens* ist damit zu rechnen, daß durch die staatlicherseits vorgenommene Egalisierung beider Einkommen ökonomische Anreize gesetzt werden, welche die insgesamt zur Disposition stehende Verteilungsmasse – unter Umständen erheblich – verringern. Diese Überlegung wird unter dem Begriff der Kosten bzw. der **Grenzen der Umverteilung** wieder aufzunehmen und zu vertiefen sein. Drittens sind es nicht allein staatliche Eingriffe in das individuelle Einkommen, durch welche das relative Verteilungsgefüge einer Gesellschaft beeinflußt wird. Bereits das bloße Einräumen einer Rechtsposition, die einem Individuum oder einer Gruppe beispielsweise den Konsum von Rauchtabak in einem Raum verbietet, macht die Gruppe der Nichtraucher im Vergleich zu den Rauchern insofern „reicher“, als erstgenannte das Verfügungsrecht über eine knappe Ressource – namentlich über die atmosphärische Luft als Allmendegut – staatlich zugewiesen erhalten (und vice versa). Folglich läßt sich bereits an dieser Stelle konstatieren, daß ein unreflektiertes Vollstrecken des Gleichheitsgrundsatzes auf individueller Nutzenebene als unmöglich, auf individueller Einkommensebene zudem als ungerecht, willkürlich und kontraproduktiv eingeschätzt werden muß.

– Ein zweites Konzept, der sogenannte **utilitaristische Ansatz**, zielt statt dessen auf das „größte Glück der größten Zahl“: Hiernach wäre eine gesellschaftliche Wohlfahrtsfunktion zu maximieren, die als Argumente additiv die Einkommensnutzen aller Gesellschaftsmitglieder enthält. Die einkommensbezogene relative Besserstellung eines Individuums erhöht demnach die Gesamtwohlfahrt, sofern das bessergestellte Wirtschaftssubjekt im Vergleich zu dem insofern schlechtergestellten aus seinem „Mehr“ an Einkommen ein vergleichsweise höheres Maß an Glück und Wohlbefinden erzielt als ein anderes. Wird nun angesichts der fehlenden Meß- und Vergleichbarkeit individueller Nutzenniveaus darüber hinaus postuliert, der Nutzen aus dem Einkommen sei bei allen Individuen gleich und mit wachsendem „Reichtum“ abnehmend, so wäre hieraus die Forderung nach vollständiger Einkommensgleichverteilung abzuleiten. Allerdings müssen die damit verbundenen Prämissen kritisiert werden: *Erstens* ist – wie oben dargelegt – fraglich, ob tatsächlich alle Individuen identische Einkommensnutzenfunktionen aufweisen, welche zudem das Einkommen als einziges Argument enthalten. Eine solche Annahme nimmt zum einen keine Rücksicht auf persönliche Vorlieben sowie individuell unterschiedlich empfundenes Arbeitsleid und behauptet zum anderen, daß alle Menschen aus einem gleichen Einkommen den gleichen Nutzen ziehen. Zwar kann sich eine staatliche Umverteilungspolitik darauf berufen, alle Menschen so zu behandeln, als ob diese Annahmen tatsächlich erfüllt wären. Sie nimmt damit allerdings unter Umständen in Kauf, Ungleiches gleich zu behandeln und damit unter dem Gleichheitsbanner faktisch ungerecht zu handeln. *Zweitens* ist die Annahme eines abnehmenden Grenznutzens des Einkommens zwar auf den ersten Blick plausibel. Zu vergegenwärtigen ist jedoch, daß das vertraute Gesetz vom abnehmenden Grenznutzen sich auf den Nutzenzuwachs aus dem Mehrkonsum genau eines Gutes bezieht, nicht jedoch auf eine Verfügungsoption über Güterbündel einer beliebigen Zusammensetzung. Insbesondere aufgrund der Grenzenlosigkeit der Bedürfnisse (Nichtsättigungsaxiom) führt die Annahme eines **sinkenden Grenznutzens des Einkommens** zu mitunter wenig plausiblen Ergebnissen. Beispielsweise deutet das private Zielsparen für den Erwerb hochwertiger Gebrauchsgüter darauf hin, daß persönliche Bedürfnisse unter anderem auch eine Funktion des Einkommens und des Vermögens sind. Ferner ist zu fragen, inwieweit der Grenznutzen des Einkommens von dessen Verwendung abhängt, wenn beispielsweise unteilbare Güter mit erheblicher Budgetbelastung (auf Kreditbasis) erworben werden oder wenn der Kauf von Luxusgütern eine abgeleitete Nachfrage nach anderen Gütern induziert, die zu den erstgenannten in komplementärer Beziehung stehen. Die Annahme, daß der Grenznutzen eines beliebigen Gutes mit Zunahme des verfügbaren Einkommens sinkt, ist also fragwürdig. Wird deshalb statt dessen angenommen, daß der Grenznutzen des Einkommens konstant ist, so läßt sich mit utilitaristischen Argumenten eine staatliche Umverteilung überhaupt nicht mehr rechtfertigen, da in diesem Fall eine Besserstellung des einen Bürgers stets die wertgleiche Schlechterstellung des anderen Bürgers – und damit eine Gesamtwohlfahrtsindifferenz – zur Folge hätte. Gravierend erscheint schließlich *drittens* die bisher implizit getroffene Annahme, daß die Höhe des (um-)zuverteilenden Volkseinkommens von staatlichen Redistributionsmaßnahmen unabhängig ist. Sofern jedoch die Größe des zu verteilenden „Kuchens" von den Regeln seiner Aufteilung abhängt, verringert sich aufgrund von Umverteilungsmaßnahmen unter Umständen die Masse dessen, was es zu verteilen gilt – ein Ergebnis, welches dann freilich dem „größten Glück der größten Zahl" zuwiderlaufen dürfte.

– Angesichts vorgenannter Schwierigkeiten beschränkt sich ein pragmatisch angelegter dritter Ansatz deshalb auf die sogenannten Ausstattungskriterien. Hinsichtlich des Gleichheitspostulats zielt diese Vorstellung lediglich auf eine für alle Individuen in gleicher Weise und Höhe zu gewährleistende **Minimalausstattung** mit Einkommen (Grund- oder Mindestsicherung). Jenseits dessen soll jedes Individuum diejenigen Ressourcen in seinem Verfügungsbereich behalten, welche er aus einer Beteiligung an Marktprozessen als Entgelt erzielen kann. Eine solche Vorgabe läßt sich gegebenenfalls dahingehend einschränken, daß den Individuen nur dasjenige Einkommen verbleiben soll, welches sie bei Chancengleichheit bzw. bei vollkommener Konkurrenz am Markt hätten erzielen können. Dabei bleibt offen, wie eine solche Ausgangslage vor dem Hintergrund der realen Gegebenheiten zu ermitteln wäre. Überdies ist in diesem Zusammenhang nur eine – freilich allein außerökonomisch zu begründende und politisch nicht durchsetzbare – Beschränkung des unangetasteten Rechts auf individuelles Arbeitseinkommen denkbar.

Da weder das Gleichheitspostulat noch der utilitaristische Ansatz für eine redistributive Finanzpolitik hilfreich heranzuziehen sind, wird bei den nachfolgenden Überlegungen davon ausgegangen, daß der Hoheitsträger sich nurmehr auf ein mittelbares Verteilungsziel beschränkt. Angenommen wird, daß der Staat aufgrund der ihm politisch zugewiesenen Aufgaben ein bestimmtes und insoweit vorgegebenes Budget benötigt. Zu dessen Finanzierung wird auf die privaten Einkommen zurückgegriffen, wobei – im Rahmen einer mittelbaren verteilungspolitischen Zielsetzung – nachfolgend drei Fragen zu beantworten sind:

- Welches Opfer soll der Bürger unter dem Aspekt einer an der individuellen Leistungsfähigkeit orientierten Gerechtigkeit tragen?
- Durch welche Indikatoren kann die so abverlangte Einbuße an Bedürfnisbefriedigung gemessen werden?
- In welcher Weise läßt sich aus der Opferhöhe und dem Indikator für Leistungsfähigkeit ein akzeptabler Abgaben- bzw. Steuertarif ableiten?

Bevor diese Fragen im Rahmen der Opferkonzepte näher diskutiert werden, sind jedoch zunächst die Grenzen zu verdeutlichen, die als ökonomischer Rahmen einer finanzpolitischen Umverteilung zu beachten sind.

7.1.2 Der Zusammenhang von Effizienz und Verteilung

Zur Kennzeichnung der Konsequenzen, welche sich beispielsweise auf der Basis der Einkommensbesteuerung – dem jeweils politisch gewählten Gerechtigkeitskonzept folgend – ergeben, wird der funktionale Zusammenhang zwischen der Steuersatzhöhe einerseits sowie dem Steueraufkommen bzw. dem verbleibenden Nachsteuereinkommen andererseits abgebildet.

In Tabelle 1 werden ein Steuerzahler (S) und ein Transferempfänger (T) betrachtet. Im Vorsteuerzustand resultiert aus der Fähigkeit und Bereitschaft des S zum Einkommenserwerb ein Einkommen von 60 Geldeinheiten auf der Grundlage von sechs dazu geleisteten Arbeitsstunden (Stundenlohn = 10 GE). Das entsprechende Einkommen des T betrage im Vorsteuerzustand Null, was nunmehr durch eine Einkommensbesteuerung des S in Höhe von 15 Prozent und einen betragsgleichen Transfer an den T behoben werden soll. Der sinkende Nettolohn veranlaßt den S, sein Arbeitsangebot zunächst von 6 auf 7 Stunden zu erhöhen, um auf diese Weise die Einkommensminderung zu kompensieren. Ein weiteres Anheben der Steuer setzt für den S zunehmend Anreize zum Freizeitkonsum, was die Bemessungsgrundlage der Steuer, damit auch deren Aufkommen und folglich die Höhe des Transfers an T verringert.

Tabelle 1: Grenzen der Umverteilung

	Steuerzahler (S)				Transfer-empfänger (T)
Steuersatz in Prozent	Arbeits-zeit in Std.	Einkommen vor Steuer in GE	Steuer-zahlung in GE	Einkommen nach Steuer in GE	Transfer-Einkommen in GE
0	6,0	60,00	—	60,00	—
15	7,0	70,00	10,50	59,50	10,50
30	5,0	50,00	15,00	35,00	15,00
50	2,5	25,00	12,50	12,50	12,50
80	1,0	10,00	8,00	2,00	8,00
100	—	—	—	—	—

Für die insoweit angenommene Anpassungsreaktion des S ist bedeutsam, daß sich die Summe der Einkommen des S und des T auf maximal 70 GE beläuft, und zwar bei einem (Durchschnitts-)Steuersatz von 15 Prozent. Erkennbar wird dabei, daß das erzielte Steueraufkommen mit zunehmendem Steuersatz zunächst ansteigt und infolge von Anpassungsreaktionen der Besteuerten hernach absinkt. Der damit bezeichnete Sachverhalt wird mit Hilfe der sogenannten **Laffer-Kurve** in der nachstehenden Abbildung 16 verdeutlicht: Dabei zeigt die oberste (fette) Linie die Veränderung des Gesamteinkommens beider Wirtschaftssubjekte im Eindruck der Besteuerung mit ihrem Maximum in Punkt A: Jenseits dessen wird eine „Grenze der Umverteilung" überschritten, weil eine darüber hinausgehende Besteuerung das verfügbare Gesamteinkommen vermindert. Wenn allein das Transfereinkommen des T maximiert werden soll, so liegt der optimale Steuersatz hingegen bei 30 Prozent vom Einkommen des S – freilich um den Preis, daß die Verbesserung des T um 4,5 GE das Einkommen des S um 24,5 GE senkt. Dieser Zustand wird durch die unterste Kurve mit einem Maximum in Punkt B sichtbar gemacht. Die Summe beider Einkommen wäre demnach um den Wert von 20 GE gesunken, was durch den Höhenunterschied zwischen den Punkten A und C gezeigt wird. Jenseits eines Steuersatzes von 30 Prozent hat das erzielbare Steueraufkommen sein Maximum überschritten: Die möglichen Transferzahlungen an A nehmen – bereits erheblich vor Erreichen des Gleichverteilungssteuersatzes von 50 Prozent (Punkt D) – ab. Dies bedeutet, daß eine über den Steuersatz von 30 Prozent hinausgehende Umverteilung den S schlechter stellt, ohne den T im Gegenzug hierfür besser stellen zu können. Eine solche steuerpolitisch induzierte Gleichverteilung verletzt somit das **Rawls-Kriterium**, wonach eine sinnvolle Umverteilungsmaßnahme den Nutzen des zuvor am schlechtesten gestellten Individuums erhöhen soll. Dieses nach seinem Urheber benannte Gerechtigkeitspostulat besagt demnach, daß Ungleichheit in dem Maße zu akzeptieren sei, wie dies (noch) dazu beiträgt, die Einkommensposition der jeweils ärmsten Einkommensbezieher zu verbessern.

Abbildung 16: Die Laffer-Kurve

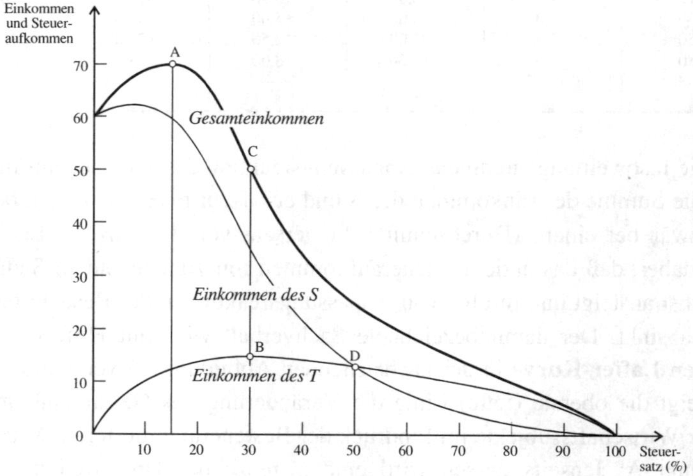

Quelle: In Anlehnung an Musgrave (1987), S. 119.

In Anwendung der oben vorgestellten Gerechtigkeitsüberlegungen lassen sich den dort und bis hierher noch abstrakten Grundsatzüberlegungen nunmehr exemplarisch konkrete Steuerpolitiken einschließlich ihrer jeweiligen ökonomischen Konsequenzen zuordnen: Ein Verfolgen des unbedingten Gleichheitskriteriums erfordert einen Steuersatz von 50 Prozent, mit dem allerdings für beide Individuen ein geringeres Einkommen verbunden ist, als dies die Verwirklichung der Rawls-Lösung (mit einem Steuersatz von 30 Prozent) ergeben würde. Unter Berücksichtigung des Gesamtverlustes, der bei einer solchen Besteuerung des S eintritt, wäre ein Steuersatz von lediglich 15 Prozent begründbar, während eine strenge Orientierung an Ausstattungskriterien jede Umverteilung und damit verbundene Besteuerung des S verbieten würde.

Bereits an dieser Stelle wird deutlich, daß einer „Produktion" des öffentlichen Gutes „soziale Gerechtigkeit" auf dem Wege der Besteuerung erkennbare Grenzen gesetzt sind. Diese ergeben sich daraus, daß sich die Besteuerten kooperativ verhalten müssen, da es ohne deren Mitwirkung nichts zu verteilen gibt. Der politische Erfolg der staatlichen Umverteilungsbemühungen ist also durch das jeweilige Anpassungsverhalten der Bürger limitiert.

7.2 Grundprinzipien der Abgabenerhebung

Ein Steuersystem umfaßt die Gesamtheit aller Steuern, die unter Berücksichtigung der herrschenden Wirtschaftsordnung und mit Blick auf die Zielvorgaben der Besteuerung zweckmäßig aufeinander abgestimmt sind bzw. sein sollten. Um ein historisch gewachsenes „Steuersystem" auf seine Rationalität hin überprüfen bzw. um neue Steuersysteme zielgerecht konstruieren zu können, sind im Schrifttum steuerpolitische Beurteilungskriterien, die **Grundsätze der Besteuerung**, entwickelt worden. Zu diesen Prinzipien zählen insbesondere die klassischen Steuergrundsätze von *A. Smith* (1776), die auf eine hohe Gleichmäßigkeit der Besteuerung, eine hinreichende Bestimmtheit der Steuergesetzgebung sowie auf die Bequemlichkeit der Steuerzahlung und die Billigkeit der Steuererhebung im Sinne einer hohen Nettoergiebigkeit abzielen.

7.2.1 Steuersystem und Besteuerungsgrundsätze

Die Besteuerungsgrundsätze heutiger Prägung hat demgegenüber *F. Neumark* präzisiert; sie kennzeichnen politische Zielvorstellungen, welche nicht zuletzt für die abgaberechtliche Perspektive und aus Verwaltungssicht für das Finanzgebaren des Staates maßgeblich sind. Diese sind in einem ersten Schritt gemäß der folgenden Übersicht 21 zu benennen und aus finanzwissenschaftlicher Sicht zu diskutieren. Dem sind in einem zweiten Schritt dann das Äquivalenz- sowie das Leistungsfähigkeitsprinzip als ökonomische Konzepte hoheitlicher Einnahmenpolitik gegenüberzustellen.

– Im Rahmen **fiskalisch-budgetärer Besteuerungsgrundsätze** verlangt der Grundsatz der Ausreichendheit der Steuererträge, das Gesamtsteuersystem unter der Voraussetzung eines rationalen vertikalen Finanzausgleichs quantitativ und qualitativ so zu gestalten, daß die Steuererträge eine nachhaltige Deckung der steuerlich zu finanzierenden Ausgaben auf jeder politischen Ebene gestatten. Der Grundsatz der deckungspolitischen Anpassungsfähigkeit (Steigerungsfähigkeit) der Besteuerung besagt, daß das Steuersystem es gestatten muß, im Bedarfsfall innerhalb kurzer Frist mittels steuerrechtlicher Maßnahmen diejenigen zusätzlichen Einnahmen zu beschaffen, die zur Deckung eines Mehrbedarfs erforderlich sind. Dabei kann es sich um neue fortdauernde oder auch um außerordentliche einmalige Ausgaben handeln.

Übersicht 21: Besteuerungsgrundsätze

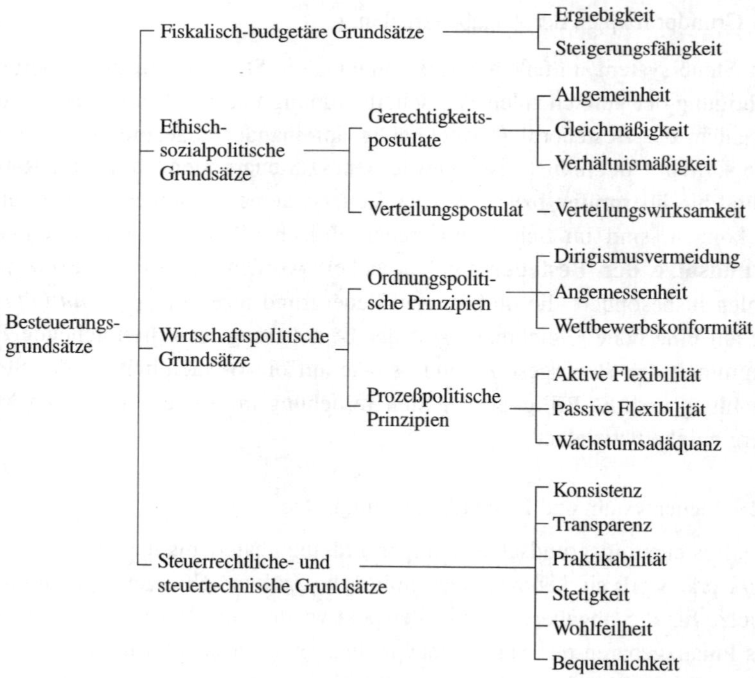

Quelle: In Anlehnung an Neumark (1970), S. 47 ff.

– Zu den **ethisch-sozialpolitischen Besteuerungsgrundsätzen** zählt das Postulat der Allgemeinheit der Besteuerung: Danach unterliegen einerseits alle (natürlichen) Personen und Körperschaften (als juristische Personen) ohne

Rücksicht auf außerökonomische Kriterien der Besteuerung, sofern jene über eine steuerliche Leistungsfähigkeit verfügen und einer der gesetzlich statuierten Steuerverpflichtungsgründe unterliegen. Andererseits sollen im Rahmen von Einzelabgaben gekennzeichnete Ausnahmen von der objektiven oder subjektiven Steuerpflicht insoweit zugelassen werden, wie dies aus jeweils zu benennenden politischen oder steuertechnischen Gründen geboten ist. Nach dem Grundsatz der Gleichmäßigkeit der Besteuerung sind Personen mit gleichen oder gleichartigen Steuermerkmalen bei der Besteuerung auch gleich zu behandeln. Eine Verletzung dieses Gleichheitsgrundsatzes ist demnach immer dann gegeben, wenn Ungleiches steuerlich gleich bzw. Gleiches steuerlich ungleich behandelt wird. Der Grundsatz der Verhältnismäßigkeit fordert die Bemessung und Verteilung der Steuerlasten nach der individuellen Leistungsfähigkeit. Die Steuertraglasten sind also zu gestalten, daß sie unter Berücksichtigung aller für die Steuerzahlungsfähigkeit bedeutsamen Merkmale die individuelle Leistungsfähigkeit widerspiegeln. Demgemäß müssen die durch die Besteuerung bewirkten Einbußen an finanzieller Dispositionskraft als gleich schwerwiegend anzusehen sein. Dieser Gedanke wird nachfolgend unter dem Begriff des Leistungsfähigkeitsprinzips eingehend auf seinen ökonomischen Gehalt zu überprüfen sein. Gemäß dem Umverteilungspostulat wird darüber hinaus verlangt, daß die individuelle Verteilung der Steuerlasten einen progressiven Verlauf nimmt. Auf diese Weise soll eine als gerecht angesehene Redistribution von Einkommen und Vermögen erreicht werden. Ob das Leistungsfähigkeitsprinzip tatsächlich in der Lage ist, beispielsweise einen progressiven Steuertarif zu begründen, wird ebenfalls zu diskutieren sein.

– Zur Berücksichtigung der **wirtschaftspolitischen Besteuerungsgrundsätze** soll sich die Steuerpolitik zur Vermeidung fiskaldirigistischer Maßnahmen jener Eingriffe enthalten, die das Wirtschaftsleben in seiner formalen Gestaltung oder dessen Entwicklung besonders begünstigen oder benachteiligen. Steuerliche Eingriffe in die Privatsphäre und in die wirtschaftliche Dispositionsfreiheit der Individuen sind so gering halten, wie dies fiskalisch-budgetäre Prinzipien und Gerechtigkeitsgrundsätze zulassen. Darüber hinaus verlangt der Grundsatz der Vermeidung ungewollter steuerlicher Beeinträchtigungen des Wettbewerbs, daß sich die Steuerpolitik beim erzwungenen Transfer ökonomischer Ressourcen von den Privaten auf den Staat aller Eingriffe enthält, welche den Konkurrenzmechanismus des Marktes beeinträchtigen. Offenkundig ist im erstgenannten Fall eine an Gerechtigkeitsvorstellungen orientierte Umverteilung des sich auf Märkten einstellenden Wohlfahrtsergebnisses angesprochen. Die im Anschluß daran vorgetragenen Prinzipien beziehen sich auf die bereits behandelten Allokationsstörungen und auf die hieraus abgeleiteten (finanz-)politischen Interventionen. Ferner ist unter dem Grundsatz der aktiven Flexibilität der Besteuerung die Forderung zu verstehen, die Steuerpolitik durch eine entsprechende Gestaltung der Steuersystemstruktur und der Besteuerungsverfahren in die Lage zu versetzen, sowohl inflatorischen als auch deflatorischen Entwicklungstendenzen entgegenzuwirken. Mit diesem Prinzip vervollständigt sich der Dreiklang von allokativer, (re-)distributiver und stabilisierender Zielsetzung öffentlicher Haushalte im Spiegelbild der Besteuerungsgrundsätze, wobei die letztgenannte „stabilisierungspolitische Abteilung" des Budgets unten aufzugreifen und zu präzisieren sein wird. Gleichfalls der Stabilisierungsabteilung ist der Grundsatz der passiven („eingebauten") Flexibilität zuzuordnen. Demgemäß ist das Steuersystem in bezug auf seine qualitative Zusammensetzung und mit Blick auf die steuertechnischen Verfahren so auszugestalten, daß die Entwicklung seiner Erträge bei gleichbleibendem Steuerrecht zur Dämpfung kurzfristiger Konjunkturschwankungen beiträgt, ohne das als angemessen angesehene Wirtschaftswachstum langfristig zu beeinträchtigen. An den Wachstumsaspekt anknüpfend ist die Steuerpolitik gemäß dem Grundsatz der wachstumspolitischen Ausrichtung der Besteuerung im ganzen wie im einzelnen so zu gestalten, daß sie einerseits wachstumshemmende Wirkungen vermeidet und andererseits das Wachstum langfristig positiv zu beeinflussen vermag.

– Im Rahmen der **steuerrechtlichen und steuertechnischen Prinzipien** erfordert der Grundsatz der Widerspruchslosigkeit und Systemhaftigkeit der Besteuerung eine solche Struktur des Steuersystems, daß gleichgeordnete Ziele nicht vernachlässigt werden, während anderen eine einseitige oder übermäßige Aufmerksamkeit zuteil wird. Darüber hinaus sollen zwischen einzelnen steuerrechtlichen Maßnahmen keine Widersprüche bestehen. Nach dem Grundsatz der Steuertransparenz sollen Steuergesetze (einschließlich Durchführungsverordnungen und Richtlinien) allgemeinverständlich ausgestaltet sein, so daß Unklarheiten über zugehörige Rechte und Pflichten weder beim Steuerzahler noch bei der Steuerverwaltung entstehen. Damit soll jede Willkür bei der Veranlagung und Erhebung von Abgaben ausgeschlossen werden. Der Grundsatz der Praktikabilität von Steuermaßnahmen fordert, die Steuerpolitik im ganzen wie im einzelnen so zu gestalten, daß deren Maßnahmen für den Steuerpflichtigen nachvollziehbar und für die Finanzverwaltung praktikabel sind. Unter dem Grundsatz der Stetigkeit steuerrechtlicher

Normen ist ferner die Forderung zu verstehen, wonach diese nur in größeren Zeitabständen und nach Möglichkeit im Rahmen umfassender Reformen geändert werden sollen. Kurzfristige Änderungen zur Wahrung der Anpassungsfähigkeit und der aktiven Flexibilität bleiben davon unbenommen. Schließlich sind die Zusammensetzung eines Steuersystems und die technische Ausgestaltung seiner Elemente gemäß dem Grundsatz der Wohlfeilheit der Besteuerung so vorzunehmen, daß die mit der Veranlagung, Erhebung und Kontrolle verbundenen Aufwendungen – sei es der Finanzbehörden, sei es der Steuerbürger – nicht das unbedingt erforderliche Maß überschreiten. Dabei ist allerdings eine gebührende Beachtung der übergeordneten wirtschafts- und gesellschaftspolitischen Ziele bei der Besteuerung erforderlich. Der Grundsatz der Bequemlichkeit der Steuererhebung verlangt dementsprechend, daß die Vorschriften der einzelnen Abgaben über die mit der Berechnung der Steuerschuld und deren Begleichung zusammenhängenden Pflichten der Steuerzahler so gestaltet werden, daß diesen alle möglichen Erleichterungen unter Berücksichtigung der übergeordneten Besteuerungsprinzipien gewährt werden.

Mit Blick auf die genannten Besteuerungsgrundsätze ergeben sich zum einen allerdings Zielkonflikte zwischen den einzelnen Postulaten. Zum anderen sind Mittelkonflikte bei deren Realisation kaum zu vermeiden: Potentielle **Zielkonflikte** bestehen *erstens* zwischen dem Grundsatz der Verhältnismäßigkeit und einer Minimierung der Eingriffe in die private Sphäre, da die nahezu beliebig auszulegende Formelhaftigkeit beider Grundsätze kaum eine konkrete Verhaltensweise der Finanzverwaltung a priori als unzulässig auszuschließen vermag. Nämliches gilt für das Verhältnismäßigkeitspostulat in Relation zu den Forderungen nach wachstumspolitischer Effizienz, nach aktiver und passiver Flexibilität sowie nach Transparenz. *Zweitens* ist die Forderung nach Ausreichendheit nicht immer mit derjenigen nach Wohlfeilheit der Besteuerung vereinbar, was in gleicher Weise mit Blick auf die wechselseitige Stimmigkeit der Postulate nach Allgemeinheit sowie nach wachstumspolitischer Effizienz der Besteuerung anzuführen ist. Darüber hinaus ist die Harmonie zwischen den Grundsätzen einer auf der einen Seite geforderten aktiven und passiven Flexibilität und der auf der anderen Seite verlangten Stetigkeit der Besteuerung fragwürdig. Es entsteht insoweit der Eindruck, daß der geneigte Steuerpolitiker sich zur Legitimation einer Abgabe nachgerade beliebig aus einem bunten Potpourri wohlfeiler Prinzipien bedienen kann, um seine Abgabenphantasie als Beitrag zu einem **„rationalen Steuersystem"** zu empfehlen. Als in dem vorgenannten Zusammenhang besonders dubios muß *drittens* der oben vorgestellte Grundsatz der Redistribution in seinem Verhältnis zu den Forderungen nach wachstumspolitischer Effizienz sowie nach einer Wettbewerbsneutralität und Gleichmäßigkeit der Besteuerung erscheinen, da das proklamierte Umverteilungsziel ex definitione eine diesbezügliche Neutralität ausschließt. Es stellt sich deshalb die Frage, ob das vorgetragene Umverteilungs- bzw. Gerechtigkeitspostulat aus ökonomischer Sicht derart reformuliert werden kann, daß dem dann konkrete Hinweise beispielsweise zur Gestaltung geeigneter Steuertarife zu entnehmen sind. Mit Blick auf einen potentiellen **Mittelkonflikt** – etwa bei der Realisierung neutraler Ziele – ist wiederum beispielgebend auf die steuerpolitischen Alternativen einer Tarifgestaltung aufmerksam zu machen: Unter anderem konkurriert die Empfehlung zur Einrichtung eines progressiven Steuertarifs (zwecks Realisation der passiven Flexibilität und der Leistungsfähigkeitsbesteuerung) mit der Forderung nach einem Proportional- oder Pauschaltarif (zwecks Realisation der Ziele einer praktikablen und transparenten Besteuerung).

Bevor im Rahmen einer weiteren Diskussion dieser Fragen insbesondere das Gerechtigkeitspostulat näher auf seinen ökonomischen Gehalt untersucht wird, ist einzuräumen, daß die skizzierten Konfliktsituationen dadurch an Schärfe verlieren, daß nicht alle Postulate das gleiche Gewicht haben und somit Zweck-Zweck- bzw. Zweck-Mittel-Kollisionen bei übergeordneten mit untergeordneten Prinzipien weniger gravierend sind. Unabhängig davon erlauben jedoch die bereits genannten Prinzipien zumindest eine Strukturierung derjenigen Argumente, welche im Rahmen einer ökonomischen Prüfung von einzelnen Abgaberegelungen oder von umfassenden Steuerreformen zu berücksichtigen sind. Anzufügen bleibt, daß ein Steuersystem nur dann funktionieren kann, wenn auf pragmatischer Ebene ein Minimum an **ökonomisch-technischen und sozialpolitischen Voraussetzungen** erfüllt ist: Als technische Minimalvoraussetzung ist dabei *erstens* erforderlich, daß für die Besteuerung auf geeignete Datenbestände aller Art zurückgegriffen werden kann. Hier sind beispielgebend die Unterlagen des Kataster- oder des Buchführungswesens anzuführen. *Zweitens* muß als eine ökonomische Voraussetzung die Erfaßbarkeit zugehöriger Einkommensströme gewährleistet sein, während *drittens* – als eine sozialökonomische Voraussetzung – eine gewisse Gewöhnung an die regelmäßige Entrichtung von Abgaben in der Gesellschaft gegeben sein muß. Andernfalls sind die zu erwartenden Steuerwiderstände zu groß. Dies bedeutet freilich nicht, daß nach dieser Vorstellung jede einzelne Abgabe vom Steuerzahler akzeptiert wird. Vielmehr muß von einer allgemeinen Fügung in den hoheitlichen Akt der Besteuerung ausgegangen werden können (**Steuermentalität**).

7.2.2 Fundamentalprinzipien der Einnahmepolitik

Wird der Staat als Funktionenträger des Gemeinwesens im vorstehenden Sinne akzeptiert, so ergibt sich die Notwendigkeit einer Erzielung laufender Einnahmen aus den vorgenannten Zielen der Allokation, der (Re-)Distribution und der gesamtwirtschaftlichen Stabilisierung. Mithin wird die Erhebung von Zwangsabgaben erforderlich, damit der Staat die ihm zugewiesenen Aufgaben erfüllen kann. Hinsichtlich einer Verteilung der zugehörigen Abgabenlast können die öffentlichen Einnahmen nach zwei grundsätzlichen Leitgedanken – nach dem **Äquivalenzprinzip** und nach dem **Leistungsfähigkeitsprinzip** – klassifiziert werden. Beide Maximen werden als Grundprinzipien der Besteuerung oder als Fundamentalprinzipien der Einnahmepolitik bezeichnet.

7.2.2.1 Das Äquivalenzprinzip

Das Äquivalenzprinzip ist Ausdruck eines Postulats, wonach zwischen den von den Bürgern zu tragenden Lasten und den dafür von ihnen empfangenen Leistungen ein Ausgleich bestehen soll. Mit anderen Worten: Von maßgeblicher Bedeutung ist eine Gegenüberstellung von Leistung und Gegenleistung (do-ut-des-Prinzip), wodurch zugleich auch die Höhe der Abgabe definiert ist. Dieser Grundsatz entstammt der sophistischen Staatsauffassung, wonach der Staat als Zweckverband der privaten Wirtschaftssubjekte zur Erreichung gemeinsamer Ziele verstanden wird. Demnach ist die Steuer mit einem Monopolpreis für staatlich bereitgestellte Leistungen vergleichbar. Die Bürger besteuern sich gleichsam selbst, indem sie staatliche Leistungen nachfragen. Dieser Grundgedanke entspricht zudem der sogenannten Kontrakttheorie des Staates, wonach zwischen den Bürgern und dem Staat ein Dienstleistungsvertrag hauptsächlich zum Schutz ihres Lebens und des persönlichen Eigentums abgeschlossen wird.

Nach *H. Haller* (1981) können ergänzend folgende Arten der Äquivalenz unterschieden werden:

– **Marktmäßige Äquivalenz** liegt vor, sofern im öffentlichen Sektor eine marktwirtschaftliche Preisbildung erfolgt. Zugehörige Abgaben sind dann als Preise für staatliche Leistungen zu verstehen, wobei sich die jeweilige Höhe und Zusammensetzung dieser Leistungen an der Nachfrage ausrichtet. Je nachdem, ob sich die marktmäßige Äquivalenz auf die Gesamtheit aller bezogenen öffentlichen Leitungen oder demgegenüber nur auf eine Auswahl dessen bezieht, ist zwischen einer totalen und einer partiellen marktmäßigen Äquivalenz zu differenzieren.

– **Kostenmäßige Äquivalenz** liegt demgegenüber vor, wenn der Staat Abgaben zur Deckung der Kosten der öffentlichen Leistungserstellung erhebt. Dabei wird über die Höhe und Zusammensetzung der staatlicherseits angebotenen Leistungen politisch entschieden. Unter Rekurs auf die oben dargestellten Entgeltabgabearten sind dabei Kosten zu unterscheiden, welche aus einer Inanspruchnahme der Leistung durch ein Individuum erwachsen (individuelle kostenmäßige Äquivalenz bei Gebühren) oder durch eine Gruppe entstehen (gruppenbezogene kostenmäßige Äquivalenz der Beiträge). In Abhängigkeit vom Umfang der vorgenommenen Kostenzurechnungen kann wiederum zwischen einer totalen oder einer demgegenüber partiellen kostenmäßigen Äquivalenz unterschieden werden.

Die hierbei unterstellte Nachfrage nach öffentlichen Leistungen kommt also zustande, weil die Bürger sich von der Inanspruchnahme einen Nutzen versprechen. Ausdruck dieser Nutzenvorstellung ist die Bereitschaft zur finanziellen Gegenleistung. Angesichts einer derart plausibilisierten Leistungs-Gegenleistungsbeziehung sind allerdings zumindest zwei Sachverhalte – die Tragfähigkeit dieser Überlegung begrenzend – zu beachten:

– Erstens sind – wie oben dargelegt – Gebühren und Beiträge mitunter sowohl vom Grundsatz der reinen Kostendeckung als auch vom Grundsatz der Freiwilligkeit der Leistungsinanspruchnahme befreit. Es existieren also Entgeltabgaben, welche weder allein an der marktmäßigen Äquivalenz noch streng an der kostenmäßigen Äquivalenz ausgerichtet sind. Für die erstgenannte Form muß ein – zumindest imaginärer – Markt (als das Aufeinandertreffen *freiwilliger* Angebots- und Nachfragepläne) unterstellbar sein. Dies ist jedoch nachfrageseitig bei erzwungenen Transaktionen in gleicher Weise nicht der Fall, wie auf seiten des staatlichen Angebots, welches kennzeichnenderweise auf einer gesetzlichen Verpflichtung zur Leistung beruht. Darüber hinaus besteht für die tatsächlich marktmäßigen Transaktionen zwischen Staat und privaten Wirtschaftssubjekten zumindest in jenen Fällen ein Legitimationsdefizit, wo eine staatliche Güterbereitstellung sich nicht auf die vorgenannten Fälle berufen kann. Für die zweitgenannte Form muß demgegenüber auf eine äquivalente Bezahlung verzichtet werden, wenn besondere staatliche Ziele im Bereich der Redistribution und der Stabilisierung erreicht werden sollen: Die beabsichtigte Umverteilung schließt dann eine Gegenleistung aus. Auch eine ggf. angestrebte Stabilisierung gründet nicht auf freiwillige Tauschvorgänge, sondern zielt auf notwendig erscheinende materielle Anreizeffekte. Das Äquivalenzprinzip eignet sich demnach vor allem für eine ordnungspolitisch-normative Diskussion. Insbesondere für jene finanzpolitischen Interventionsbereiche, in denen der Hoheitsträger sich auf eine marktmäßige Äquivalenz seiner Wirtschaftstätigkeit beruft, ist vor dem Hintergrund des Subsidiaritätsgrundsatzes zu prüfen, ob die betreffende Leistung aus der staatlichen Regie herausgenommen werden kann (Privatisierung). Im Rahmen politischer Debatten muß überdies bewußt bleiben, daß das Äquivalenzprinzip oftmals lediglich dem politikstrategischen Zweck dient, Abgabenwiderstände zu überwinden.

– Zweitens ist die Überlegung, wonach der Staat dort Abgaben erheben darf, wo seine Leistung nachgefragt und empfangen wird, nicht immer erfüllt: Im Fall einer unteilbaren Leistung, wie beim Gut der „Äußeren Sicherheit", kommt das Ausschlußprinzip nicht zum Tragen, womit eine quantitative Beziehung zwischen Leistung und Gegenleistung nicht herstellbar ist. Kennzeichnenderweise existiert hier weder ein Markt noch eine an ihm zu messende Äquivalenz. Eine totale marktmäßige Äquivalenz ist insoweit folglich nicht praktikabel. Wäre sie demgegenüber anwendbar, so könnte auf die staatliche Intervention verzichtet werden. Deshalb werden mit dem Äquivalenzgedanken häufig politische Ziele der Umverteilung (beispielsweise durch „soziale Tarife" für öffentliche Leistungen) verbunden. Allerdings haben die vorstehenden Ausführungen zum Excess burden diesbezüglich gezeigt, daß die Verzerrung relativer Güterpreise eine besonders kostspielige Form der Umverteilung darstellt; demgemäß lassen sich dieselben Redistributionseffekte in der Regel unter geringerem Mitteleinsatz durch andere Maßnahmen erreichen.

Bezüglich der legitimen Höhe einer (Äquivalenz-)Abgabenlast muß also bewußt bleiben, daß im Fall der marktmäßigen Äquivalenz ein Markt für die öffentlich bereitgestellte Leistung unterstellt wird. Ist ein solcher Markt aber gegeben, so fehlt die Legitimation eines staatlichen Güterangebots per se, womit sich weitere Erwägungen einer legitimen Abgabenhöhe erübrigen. Daneben tritt – bei Abwesenheit eines funktionsfähigen Marktes – das Problem einer Ermittlung der relevanten Nachfragefunktionen: Folgt der Staat im Sinne der vorgenannten wirtschaftspolitischen Besteuerungsgrundsätze einem **Neutralitätspostulat**, wonach bestehende Präferenzen der Bürger als gegeben hinzunehmen sind, so wird das Konzept einer marktmäßigen Äquivalenz verlassen, sobald die private Nachfrage nach Umfang oder Struktur staatlicherseits beeinflußt wird. Im Fall der kostenmäßigen Äquivalenz müßte doch zumindest eine exakte Kostenermittlung für die Bereitstellung des betreffenden Gutes möglich sein. Eine derartige Kostenzurechnung ist allerdings nur in wenigen Leistungsbereichen durchführbar. Unter dem Äquivalenzkriterium ist dann zudem zu fragen, nach welchem Schlüssel beispielsweise die öffentlichen „Gemeinkosten" auf die privaten Wirtschaftssubjekte verteilt werden sollen. Eine einfache Umlage dieser Kosten auf die Gesamtheit der Staatsbürger als eine Art „**Kopfsteuer**" wäre so lange unproblematisch, wie alle die jeweiligen öffentlichen Leistungen in gleichem Umfang in Anspruch nehmen. – Zum einen ist eine solche Vorstellung jedoch wenig realistisch. Zum anderen entfaltet eine Kopfsteuer wiederum beachtliche Verteilungswirkungen, da die Höhe der Abgabenlast allein an den vom Staat verausgabten Mitteln, nicht jedoch an der relativen wirtschaftlichen Potenz des Steuerpflichtigen orientiert ist. Letztere Überlegung tritt demgegenüber beim zweiten Grundprinzip staatlicher Einnahmepolitik in den Vordergrund – dem Leistungsfähigkeitsprinzip.

7.2.2.2 Das Leistungsfähigkeitsprinzip

Das Leistungsfähigkeitsprinzip besagt, daß vom Bürger zwangsweise Abgaben verlangt werden, deren Höhe von dessen Fähigkeit abhängt, auf Einkommensbestandteile zu verzichten und insoweit pekuniäre Opfer zu tragen. Im Unterschied zur privaten Spendentätigkeit wird dabei jedoch keineswegs ein freiwilliges Opfer verlangt. Vielmehr wird davon ausgegangen, daß bei gleicher Opferfähigkeit eine durchaus unterschiedliche Opferwilligkeit besteht. Damit wird eine **Zahlungsfähigkeits-Konzeption** zum Ausgangspunkt der Besteuerung gewählt. Eine intersubjektiv unterschiedliche wirtschaftliche Leistungsfähigkeit begründet dabei den in entsprechendem Ausmaß erzwungenen Verzicht auf private Möglichkeiten zur Bedürfnisbefriedigung. Diese Vorstellung beruht auf einem historisch älteren Ursprung als das oben genannte kontraktheoretische Staatsverständnis, indem zwischen dem Bürger und dem Staat ein eindeutiges Verhältnis der Über- bzw. Unterordnung vorausgesetzt wird.

Eine „gerechte" Besteuerung erfordert dabei im Eindruck der vorstehenden Überlegungen ein gleiches Steueropfer von Person zu Person. Das verlangte Opfer besteht darin, daß jedes Individuum ein gleiches Maß an staatlicher

Wegnahme von Nutzen auf dem Wege der Besteuerung hinnehmen muß. Dabei wird zwar das Einkommen als Hilfsgröße zur Messung dieses durch die Besteuerung eintretenden persönlichen Wohlfahrtsverlustes herangezogen. Gleichwohl birgt ein Zugrundelegen solcher Einkommensnutzenfunktionen methodische Schwierigkeiten. Dies führt zur Ableitung von drei „Opferkonzepten", welche sich hinsichtlich ihres Verständnisses eines „gleichen Opfers" unterscheiden. Der Darstellung von *R. A. Musgrave* folgend sind zur theoretischen Präzisierung eines insoweit gleichen Steueropfers jedoch zunächst **drei Prämissen** zu benennen:

– Erstens müssen für die weiteren Erwägungen **interpersonale Nutzenvergleiche** zugelassen werden. Dies ist problematisch, weil hierfür ein kardinaler Nutzenmaßstab erforderlich wird. Tatsächlich muß die wohlfahrtstheoretische Analyse sich aber auf eine ordinale Rangskala beschränken. Zugehörige Ordnungsreihen von Zustandsbewertungen im Sinne einer „Besser-Schlechter-Relation" lassen sich dann zwar mit Blick auf genau ein Individuum ermitteln, nicht jedoch mit den Nutzenrelationen eines anderen Individuums vergleichen. Eine Verwendung des Einkommens als Abbild des persönlichen Nutzens ignoriert diese Schwierigkeit. Gleichwohl wird im Rahmen der darzulegenden Opfertheorien eine derart funktionale Beziehung zwischen Nutzen und Einkommen unterstellt.

– Zweitens wird für alle Individuen eine **identische Einkommensnutzenfunktion** zugrunde gelegt. Es wird also davon ausgegangen, daß jedes Wirtschaftssubjekt aus einer bestimmten Einkommenshöhe den gleichen persönlichen Nutzen zieht – eine Annahme, die oben schon diskutiert wurde.

– Drittens wird – trotz der oben begründeten Skepsis – zunächst postuliert, daß der **Grenznutzen des Einkommens** abnimmt: Mit jeder zusätzlich erzielten Einkommenseinheit steigt der daraus erzielte Nutzen nur unterproportional steigt. Jenseits der oben diskutierten Einwände wird sich nachfolgend erweisen, daß diese Annahme unter bestimmten Voraussetzungen allerdings zu einem Ergebnis führt, bei dem als Nachsteuerzustand eine Gleichverteilung aller Einkommen finanzpolitisch erstrebenswert wäre. Hierbei handelt es sich um eine Zielvorstellung, die zum einen vor dem Hintergrund von Gerechtigkeitserwägungen zu kritisieren ist und welche zum anderen die vorgenannten Grenzen der Umverteilung berührt.

In Kenntnis dieser Voraussetzungen orientieren sich die Betrachtungen zu den Opfertheorien an der nachfolgenden Abbildung 17.

Abbildung 17: Grenznutzen des Einkommens und Opferkonzepte

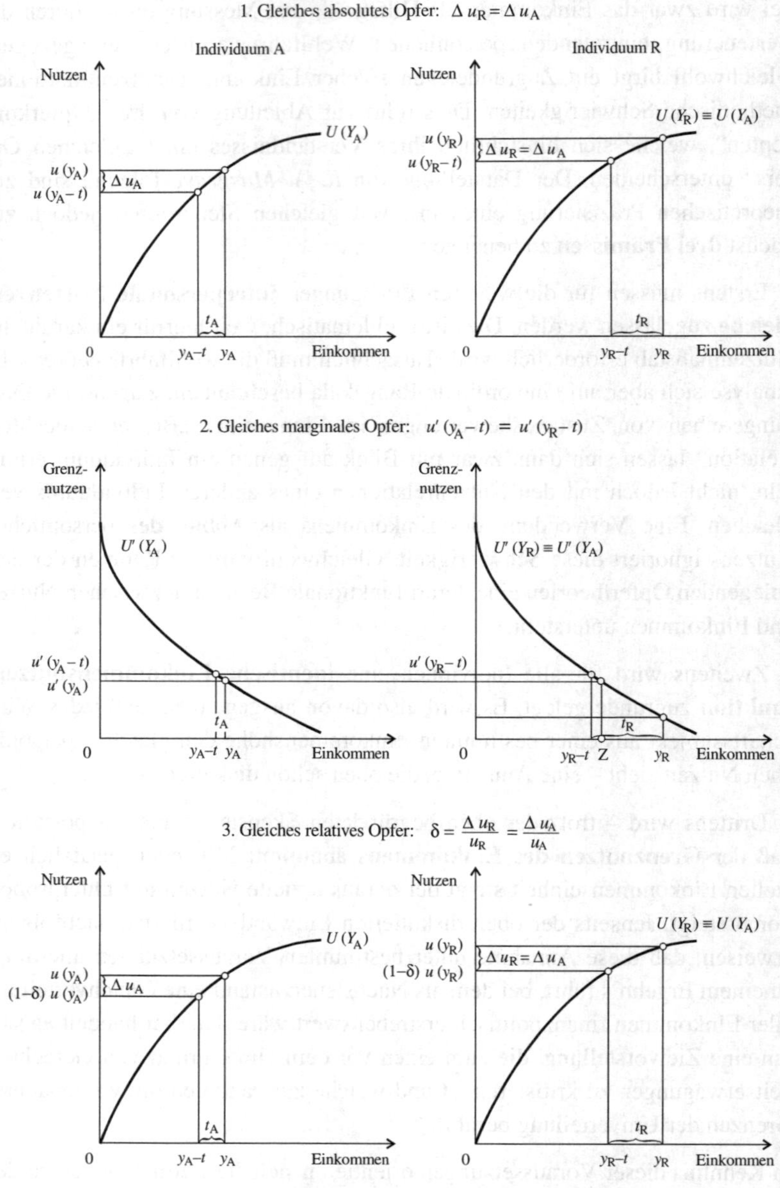

Quelle: In Anlehnung an Haller (1981), S. 74 ff.

Dargestellt ist in den oberen und in den unteren Quadranten eine für zwei Individuen annahmegemäß identische Einkommensnutzenfunktion, welche als einziges Argument das Einkommen enthält. Das vergleichsweise „arme“ Individuum (A) möge ein Einkommen in Höhe von y_A, das vergleichsweise „reiche“ Individuum (R) ein Einkommen entsprechend y_R beziehen. Der aus dem Einkommen vor Steuer resultierende Gesamtnutzen von A beträgt demnach $u\,(y_A)$, derjenige von R beträgt $u\,(y_B)$. Die mittleren Quadranten verdeutlichen den entsprechenden Verlauf der Grenznutzenfunktionen. Ausgehend von dieser Konstellation ergeben sich dann folgende **Opferkonzepte**:

– Ein **gleiches absolutes Opfer** bedeutet, daß die steuerbedingte Nutzeneinbuße des A zu derjenigen des R absolut identisch sein soll. Ein vorgegebenes Steueraufkommen T soll demnach in einer Weise erhoben werden, daß der Gesamtnutzenverlust für beide Individuen gleich ist, also $\Delta\, u_R = \Delta\, u_A$. Das realisierte Steueraufkommen entspricht folglich der Summe $T = t_A + t_R$, wobei der von Individuum A zu zahlende Betrag t_A geringer ist als der Steuerbetrag, der von Individuum R zu entrichten ist (t_R). Als finanztheoretische Begründung für eine derartige Konzeption kann angeführt werden, daß ein gleiches absolutes Opfer legitim sei, da alle Staatsbürger aus den unteilbaren Staatsleistungen – qua „öffentliche Güter“– einen gleichen Nutzenzuwachs empfangen, sie also zum Ausgleich dessen im Rahmen der Finanzierung staatlicher Leistungen auf ein identisches Quantum an privaten Möglichkeiten zur Bedürfnisbefriedigung verzichten müßten. Eine solche Argumentation entspricht allerdings weniger dem Denken in Kategorien der Leistungsfähigkeit, sondern beruht vielmehr auf einer Variante des Äquivalenzprinzips. Zudem müßten die betreffenden öffentlichen Güter unter dieser Konstellation jeweils gleich hoch in die individuellen Nutzenfunktionen eingehen. Vor allem aber ergeben sich aus dieser Konzeption steuerpolitische Konsequenzen, welche dem Gerechtigkeitsempfinden entgegenstehen: Werden nämlich die vorgenannten Einwände gegen einen abnehmenden Grenznutzen des Einkommens ernst genommen und wird daher ein konstanter Grenznutzen des Einkommens (d. h. eine lineare Einkommensnutzenfunktion) unterstellt, so würde dieses Opferkonzept verlangen, daß die Steuerschuld (in Geldeinheiten) für alle Einkommensbezieher gleich hoch sein müßte (Kopfsteuer). Daraus wäre dann freilich eine regressive Belastungsverteilung abzuleiten, die eine relative Begünstigung des wirtschaftlich Stärkeren zur Folge hätte. Dies steht allerdings in politischem Kontrast zu den vorgenannten redistributiven Besteuerungsgrundsätzen.

Bei demgegenüber sinkendem Grenznutzen des Einkommens (siehe Abbildung 17) muß die Steuerschuld mit dem Einkommen (absolut) ansteigen – über die genaue Gestalt des Steuertarifs läßt sich hingegen keine Aussage treffen, weil allein der Sachverhalt eines sinkenden Einkommensgrenznutzens noch keine Auskunft darüber gibt, in welcher Relation die Nutzenzuwächse im Verhältnis zum Einkommen abnehmen. Die erforderliche Steuerlastverteilung ist von der Elastizität der Nutzenfunktion in bezug auf Einkommensänderungen abhängig. Außerdem ist der Gesamtnutzenverlust ($\Delta u_A + \Delta u_R$), der den beiden Individuen zur Realisierung des Steueraufkommens T insgesamt zugemutet wird, größer als dies unumgänglich wäre, was den Grundsätzen der Eingriffsminimierung und der Wohlfeilheit der Besteuerung widerspricht. Auf diesen Sachverhalt zielt das nachstehende Opferprinzip.

– Als das Prinzip des kleinsten möglichen Gesamtopfers verlangt das Konzept des **gleichen marginalen Opfers**, daß der von der Besteuerung gerade noch verschonte letzte Einkommensteil bei allen Steuerpflichtigen den gleichen Nutzen stiftet. Sofern in der Abbildung 17 die erste und jede weitere Geldeinheit Steuern unter minimalem Nutzenverlust erhoben werden soll, muß der Hoheitsträger auf dasjenige Individuum zuerst zugreifen, welches aus der letzten Einheit seines Vorsteuereinkommens den geringsten Nutzenzuwachs erfährt. Genau diese Geldeinheit verursacht nämlich im Fall ihrer Wegnahme den geringsten Nutzenverlust im privaten Sektor. Der Besteuerungsvorgang dazu läßt sich in zwei Schritte zerlegt vorstellen: Er beginnt beim Individuum R, welches bis zur Erreichung von Punkt Z im rechten Mittelteil von Abbildung 17 zunächst ausschließlich zur Besteuerung herangezogen wird. Hier ist zum einen der Grenznutzen beider Individuen aus der ersten gerade noch verschonten Einkommenseinheit gleich hoch, nämlich gleich $u'(y_A)$; zum anderen hat die bis dort vollzogene Besteuerung in der Gesamtbetrachtung den geringsten Nutzenverlust verursacht. Zur Realisierung des geplanten Steueraufkommens T wird nunmehr auch das Individuum A – in fortan gleicher Höhe – in die Besteuerung einbezogen, bis der geforderte Gesamtbetrag erreicht ist. Für die Grenznutzen aus dem verbleibenden Einkommen der beiden Individuen A und R gilt dann

$$u'(y_A - t) = u'(y_R - t).$$

Im Vergleich zu erstgenanntem Opferkonzept trägt R also eine größere Abgabenlast, während A vergleichsweise bessergestellt wird.

Als finanztheoretische Begründung einer solchen Vorgehensweise kann angeführt werden, daß im Dienst einer Minimierung des Gesamtopfers und bei sinkendem Grenznutzen des Einkommens eine Steuer alle Einkommen in solcher Weise „von oben nach unten" beschneiden muß, bis das erforderliche Steueraufkommen erzielt ist. Darüber hinaus hätte das marginale Steueropfer für alle faktisch belasteten Wirtschaftssubjekte gleich zu sein. Mit anderen Worten: Alle individuellen Nachsteuereinkommen sind bei hinreichend hohem fiskalischen Mittelbedarf – bei nach wie vor unterstellter Identität der Nutzenfunktionen – gleich hoch. Alle Wirtschaftssubjekte, die tatsächlich besteuert werden, haben demnach also ein identisch hohes Nachsteuereinkommen. Allerdings werden unter Umständen nicht alle Individuen besteuert, sondern nur die vergleichsweise „reichen" Bürger. Ist hingegen das erforderliche Steueraufkommen kleiner als die Differenz der Vorsteuereinkommen, so ist ein gleiches Grenzopfer nicht realisierbar. Sowohl die Einkommensnivellierung in dem einen, wie die extreme Progression und Ungleichheit der Besteuerung im anderen Fall wirken freilich demotivierend und „bestrafen" den Leistungswillen der wirtschaftlich Stärkeren, was dem Leitgedanken sowohl der genannten redistributiven als auch der wirtschaftspolitischen Besteuerungsgrundsätze widerspricht. Darüber hinaus ist das Konzept des gleichen marginalen Opfers unbestimmt, wenn ein konstanter Einkommensgrenznutzen unterstellt wird, weshalb auch das zweite Opferprinzip weder für ein leistungsförderndes noch für ein gerechtes Besteuerungskonzept geeignet ist.

– Nach dem Konzept des **gleichen relativen Opfers** herrscht Gleichheit bei der Steuerbelastung genau dann, wenn die Möglichkeiten der Steuerpflichtigen zur privaten Bedürfnisbefriedigung um einen identischen Prozentsatz verringert werden. Bezug nehmend auf die Abbildung 17 wird auf der Grundlage eines *relativen* Gesamtnutzenverlustes an der Ordinate im unteren Abbildungsteil (bzw. oberen) argumentiert. Demnach muß also der durch die Besteuerung verursachte Nutzenverlust $\Delta u(y)$ – gemessen am Gesamtnutzen des Vorsteuereinkommens $u(y)$ – bei allen besteuerten Individuen gleich sein. Dies wird durch einen einheitlichen Steuersatz

$$\delta = \frac{\Delta u_A}{u_A} = \frac{\Delta u_R}{u_R}$$

erreicht, dessen Höhe sich aus dem vorgegebenen Steueraufkommen T ergibt. Während die Steuerzahlung bei beiden Individuen also zu einer gleichen relativen Nutzeneinbuße führt, ist der relative Steueranteil am Vorsteuereinkommen beim Individuum R geringer als beim Individuum A, was einen regressiven Tarifverlauf impliziert.

Aus dem Konzept wird finanztheoretisch ersichtlich, daß bei konstantem Grenznutzen des Einkommens hieraus ein proportionaler Steuertarif, bei linear fallendem Grenznutzen ein progressiver Steuertarif abzuleiten ist. Sofern jedoch – wie in der Abbildung 17 dargestellt – ein linearer Zusammenhang zwischen Nutzen und Einkommen nicht besteht, kann das Konzept des gleichen relativen Opfers einen bestimmten Steuertarif nicht mehr begründen. Genauer: Das vorgestellte Prinzip enthält dann keinen steuerpolitischen Umverteilungsauftrag mehr, da die Belastung von Niveau und Steigung der Grenznutzenfunktion sowie von der Einkommensverteilung im Vorsteuerzustand bzw. von der Höhe des angestrebten Steueraufkommens abhängt. Daraus folgt freilich, daß auch dieses Konzept zu einem steuerpolitisch insoweit unbefriedigenden Ergebnis führt.

Die Überlegungen zu den dargestellten Opfertheorien zusammenfassend ist demnach *erstens* festzustellen, daß aus den Konzepten eines gleichen absoluten wie auch eines gleichen relativen Opfers ein bestimmter (z. B. progressiver) Steuertarif in der Regel nicht abgeleitet werden kann. Im übrigen muß für deren Verwirklichung die jeweils zugrundeliegende Einkommensnutzenfunktion ermittelt bzw. für alle betroffenen Wirtschaftssubjekte als identisch unterstellt werden. Die letztgenannte Notwendigkeit entfällt zwar beim Konzept des gleichen marginalen Opfers (als Opferminimierungsprinzip), da hier von einer bestimmten, durch den fiskalischen Mittelbedarf vorgegebenen Einkommenshöhe an alle Einkommen schlicht weggesteuert werden – was freilich nichts anders als eine extreme Progression bedeutet. Deutlich wird an dieser Stelle *zweitens*, daß die Nutzenwirkung der Besteuerung kaum sinnvoll von den Anreizwirkungen eines (progressiven) Steuersystems einerseits sowie den Nutzenwirkungen einer so finanzierten Staatstätigkeit andererseits zu trennen sind. Letztgenannter Aspekt berührt wiederum die bereits vorgetragenen Überlegungen zum „optimalen Budget". Werden aus den Steuermitteln hingegen Güter finanziert, deren Konsum rivalisiert bzw. die von Wirtschaftssubjekten unterschiedlich intensiv genutzt werden, so sind die daraus erzielten persönlichen Vorteile ebenfalls unterschiedlich verteilt. Das müßte bei der angestrebten Nutzenwirkung der Besteuerung dann berücksichtigt werden – ein mit empirischem Anspruch kaum realisierbares Unterfangen. *Drittens* ist zu beachten, daß das Leistungsfähigkeitsprinzip – in jeder der hier vorgestellten Varianten – die primäre, marktmäßige Einkommensverteilung als Ausgangsbasis akzeptiert und die Besteuerung lediglich als fiskalisches Instrument der Mittelbeschaffung, nicht hingegen für eine explizite Umverteilung heranzieht. Die Erkenntnis, daß aber der Entwurf bestimmter Verteilungsprinzipien für die Steuerlast bei der Lösung der schon behandelten Gerechtigkeitsfrage nicht behilflich sein kann, tritt hier demnach erneut in den Vordergrund. *Viertens* wurde bei den bisherigen Darlegungen von einer Diskussion bestehender Möglichkeiten einer Überwälzung der Steuerlast abgesehen. Sofern jedoch die tatsächliche Belastungswirkung einer Steuer durch derartige Vorgänge an andere Orte des Wirtschaftsgeschehens bzw. an andere Wirtschaftssubjekte weitergereicht werden kann, werden Überlegungen zu einer „gerechten Lastverteilung“ unter Umständen ohnedies hinfällig. Diese Überlegung gewinnt besondere Bedeutung, wenn Substitutionseffekte der Besteuerung explizite Berücksichtigung finden. Schließlich sind mit Blick auf die reale (steuer-)politische Willensbildung *fünftens* demokratische bzw. politikökonomische Anreizmechanismen gesondert zu berücksichtigen: Aus Politikersicht ist eine Besteuerung nach der Leistungsfähigkeit insbesondere wohl deshalb besonders beliebt, weil der öffentlichkeitswirksame Rekurs auf dieses Prinzip mit seiner scheinbaren wissenschaftlichen Präzision einer beliebigen Auslegung zugänglich ist. Der Steuerpolitiker versucht, mit „seinem“ favorisierten Steuertarif beim Wähler jedenfalls die Vorstellung zu erwecken, er sei an der wirtschaftlichen Leistungsfähigkeit als „objektiver Größe“ orientiert.

Die Finanzwissenschaft kann also die politisch normative Frage nach einem gerechten Steuertarif nicht beantworten. Bedeutung gewinnt im Eindruck dieser Sachverhalte jedoch die positiv orientierte Frage nach den tatsächlich zu erwartenden Verteilungswirkungen einer *gegebenen* öffentlichen Einnahme oder Ausgabe (Inzidenz). Bevor derartigen Fragestellungen im nachfolgenden Abschnitt ausführlich nachgegangen wird, bleibt zu fragen, durch welche alternativen bzw. ergänzenden **Indikatoren** die Einbuße an Bedürfnisbefriedigung neben dem bereits erwähnten Einkommen gemessen werden kann. Eine Operationalisierung des abzuverlangenden Opfers könnte beispielsweise auch über das Vermögen des Steuerpflichtigen erfolgen. Begründet werden mag eine Besteuerung des Vermögens, sofern dieses als Versorgungspotential begriffen wird, welches „aufgezehrt“ werde, mithin der Bedürfnisbefriedigung dienen kann. Bei einer zugehörigen Diskussion der **Vermögensbesteuerung** sind aber drei Probleme zu berücksichtigen:

Erstens beruht eine Vermögensvergrößerung im Regelfall auf dem Umstand, daß erzieltes Einkommen nicht konsumtiv verwandt, sondern gespart wurde.

Sofern dieses Einkommen zuvor bereits versteuert worden ist, würde eine neuerliche Belastung zu einer Doppelbesteuerung führen. Zu berücksichtigen ist allerdings, inwiefern Wertsteigerungen des Vermögens gegebenenfalls in eine Besteuerung einbezogen werden können. Diese gelingt in aller Regel bei realisierten Erträgen, nicht jedoch ohne weiteres bei nicht realisierten Wertzuwächsen. *Zweitens* ist zwar unstrittig, daß das Vermögen – im Sinne eines Prestigegewinns – die Option auf eine immaterielle Bedürfnisbefriedigung einräumt. Da es sich hierbei aber nicht um pekuniäre oder reale Größen handelt, dürfte eine Besteuerung allein aufgrund der Existenz von Vermögen kaum zu rechtfertigen sein: Ließe sich dann doch mit derselben Begründung z. B. eine Sondersteuer auf maßgeschneiderte Anzüge rechtfertigen, was nicht zuletzt im Eindruck der vorgenannten redistributiven sowie der steuerrechtlichen und steuertechnischen Grundsätze als fiskalpolitische Willkür zu kennzeichnen wäre. *Drittens* führt auch eine Schuldenaufnahme zu einem erhöhten Potential an Bedürfnisbefriedigung. Die Tilgung erfolgt jedoch aus künftig zu versteuerndem Einkommen, so daß eine Kreditaufnahme insoweit nicht in die Besteuerung aufgenommen werden kann. Allerdings findet durch den Vorgang der Schuldenaufnahme eine nutzenstiftende Übertragung von Einkommen aus der Zukunft in die Gegenwart statt. Sofern dieser durch die Darlehensverzinsung abgebildete Nutzenzuwachs zur Grundlage für Besteuerungsvorgänge gewählt würde, müßte die anteilige Tilgungszahlung jedoch die Bemessungsgrundlage mindern.

Neben anderen Aspekten führen also die vorstehenden Schwierigkeiten einer Vermögensbesteuerung wieder auf das Einkommen als zweckdienliche Größe einer Abgabenerhebung zurück. *H. Haller* faßt den **Einkommensbegriff** weit und schließt darin alle Elemente ein, die für eine Bedürfnisbefriedigung Relevanz haben können. Hinzugerechnet werden demnach: Einkommen aus selbständiger und nicht selbständiger Arbeit (als Nettowert, d. h. nach Abzug der Betriebsausgaben und Werbungskosten), Vermögenseinkommen, reale Werte der Bedürfnisbefriedigung (z. B. häusliche Dienste, Eigenverbrauch, kostenlose Wohnung und Verpflegung), Mietwerte dauerhafter Konsumgüter (z. B. Jahreswagen), Nutzungswerte selbstgenutzter Immobilien (als fiktive Mieteinnahme), nichtrealisierte Wertsteigerungen des Sachvermögens und Glücksspielgewinne sowie Erbschaften und Schenkungen.

Hinsichtlich der Naturaleinkommen ergeben sich naturgemäß gravierende Erfassungs- und Bewertungsprobleme, so daß in der Praxis auf eine Zurechnung weitgehend verzichtet wird. Mit Blick auf die erwähnten „häuslichen Dienste" wird argumentiert, daß jede Form der Selbstversorgung den Einkommensspielraum für sonstige Güter erhöht und eine Besteuerung insofern sinnvoll zu sein scheint. Abgesehen von einer Verletzung der Besteuerungsgrundsätze der Praktikabilität und der Bequemlichkeit dürfte hier vor allem jedoch eine angemessene Quantifizierung kaum möglich sein; das gilt zumal dann, wenn eine Wechselbeziehung zwischen Arbeitszeit und Freizeit in die Betrachtung einbezogen wird. Für die steuerpolitische Praxis können aus derartigen Überlegungen also schwerlich steuerzweckorientierte Konsequenzen abgeleitet werden. Deshalb herrscht dort ein Verständnis vor, wonach als Einkommen diejenigen Zahlungen verstanden werden, welche sich einer Erfassung durch die Finanzverwaltung – zumal bei vertretbarem Aufwand – nicht entziehen. Eine derartige pragmatische Vorgehensweise kann sich dann allerdings auf das Postulat einer Besteuerung nach der Leistungsfähigkeit kaum noch berufen. Allerdings verliert der zuletzt geäußerte Vorwurf unter dem Eindruck des Vorangegangenen an Schärfe, da das Leistungsfähigkeitsprinzip alle Erwartungen auf die Begründung gerechter Steuertarife ohnehin enttäuscht hat. Anzumerken bleibt, daß mit zunehmender Abwertung des Leistungsfähigkeitsprinzips aus theoretischer Sicht dessen Beliebtheit bei einer Verwendung im politischen Prozeß demgegenüber laufend zugenommen hat.

7.3 Die Inzidenz finanzwirtschaftlichen Staatshandelns

Inzidenzfragen beziehen sich auf die Belastungs- und Begünstigungseffekte finanzwirtschaftlichen Staatshandelns; zu untersuchen ist, wo die Wirkungen staatlicher Maßnahmen „zur Ruhe" kommen. Letztere haben jeweils spezifische Verteilungsfolgen, so daß für deren Untersuchung nicht von einem allgemeingültigen Wirkungsschema auszugehen ist. Im Vordergrund der Betrachtungen stehen vielmehr ökonomische Theorien der Steuerwirkungen mit einer systematischen Klassifikation zugehöriger Verteilungsvorgänge und deren wirtschaftliche Analyse.

Die nachfolgenden Ausführungen zu den Grundzügen finanzwirtschaftlicher Inzidenzkonzepte widmen sich zunächst der Frage nach dem letztlichen Träger jener Belastung, welche durch die Erhebung einer staatlichen Einnahme entsteht. Vereinfachend wird dabei stets von einer Steuererhebung die Rede sein. Vergleichbare Zusammenhänge gelten freilich – mutatis mutandis – auch für die Inzidenz einer Erhebung (oder Minderung) anderer öffentlicher Einnahmen. Eine kurze Betrachtung der Inzidenz öffentlicher Ausgaben bzw.

Leistungen wird sich daran anschließen. Im Vorfeld der weiterführenden Erörterungen ist hervorzuheben, daß die bisher untersuchten Verteilungswirkungen von Steuern (und Abgaben) nur auf einer individuellen Ebene bzw. unter der Voraussetzung gelten, daß die Bemessungsgrundlage gleichmäßig auf die verschiedenen Einkommensklassen verteilt ist. Dieser Sachverhalt ist als „Variante A" in der folgenden Tabelle 2 verdeutlicht.

Tabelle 2: Verteilungsergebnis nach Einkommensgruppen

Einkommensklasse	Durchschnittl. Steuersatz	Verteilung der Bemessungsgrundlage							
		Variante A		Variante B		Variante C		Variante D	
	v. H.	Y	T	Y	T	Y	T	Y	T
untere	10	100	10,00	50	5,00	150	15,00	170	17,00
mittlere	15	100	15,00	100	15,00	100	15,00	100	15,00
obere	30	100	30,00	150	45,00	50	15,00	30	9,00

Erkennbar wird, daß ein progressiver, d. h. höhere Einkommensklassen relativ stärker belastender Steuertarif (am Durchschnittssteuersatz gemessen) nicht unbedingt die Schlußfolgerung zuläßt, daß die Bevölkerungsgruppe der Bezieher hoher Einkommen auch im absoluten Sinne dementsprechend zur Finanzierung des öffentlichen Budgets beiträgt. Dies ist ausschließlich bei einer gleichverteilten Steuerbemessungsgrundlage gegeben. Entfällt demgegenüber ein überproportionaler Anteil der Bemessungsgrundlage auf die höhere(n) Einkommensklasse(n) (Variante B), so verstärken sich die progressiv ausgerichteten Verteilungswirkungen zwischen den Einkommensgruppen. Umgekehrt werden sie abgemildert, ausgeglichen (Variante C) oder sogar umgekehrt (Variante D), falls ein überproportionaler Anteil der Bemessungsgrundlage auf die unteren Einkommensklassen entfällt. In Verbindung mit den bereits diskutierten Schwierigkeiten beim Versuch einer Formulierung gerechter Steuertarife ist demnach festzuhalten, daß allein auf der Grundlage bestimmter Steuertariftypen spezifische Verteilungsfolgen für bestimmte Bevölkerungsgruppen noch nicht hinreichend festgelegt sind.

7.3.1 Einnahmeninzidenz

Wenn die spezifischen Verteilungswirkungen einer einzelnen Abgabe im benannten Sinne demnach auch von den jeweils besonderen Verfahrensregeln und Rahmenbedingungen im Einzelfall abhängig sind, lassen sich dennoch allgemeingültige Aussagen darüber treffen, wie die zugehörigen Sachverhalte und Wirkungsmechanismen zweckdienlich zu strukturieren sind.

7.3.1.1 Partialmodelle der Einnahmeninzidenz

Die Belastungs- und Begünstigungswirkungen öffentlicher Einnahmen können anhand eines einfachen Marktmodells ausschnittsweise untersucht werden. Ansatzpunkt der Betrachtung ist ein einzelner isolierter Gütermarkt, für den die Inzidenz einer von den Anbietern zu entrichtenden **Mengensteuer** (als Bemessungsgrundlage dienen Mengenangaben wie hl oder kg) untersucht wird. Die zentrale Fragestellung dazu lautet, welche der beiden Gruppen von Marktteilnehmern (Anbieter oder Nachfrager) welchen Anteil der erhobenen Steuerlast zu tragen hat und welche Bestimmungsfaktoren diese relative Belastungsverteilung determinieren. Die nachfolgende Abbildung 18 zeigt einen beliebigen Gütermarkt bei vollkommener Konkurrenz mit der Gleichgewichtsmenge x_0 bei einem Gleichgewichtspreis p_0.

Abbildung 18: Partialinzidenz einer Mengensteuer

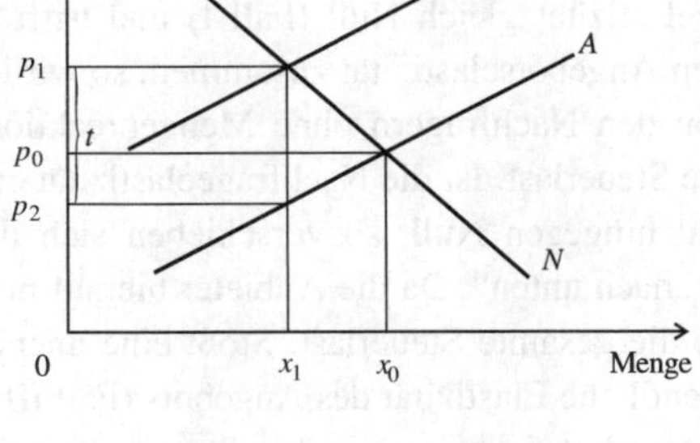

Der Staat erhebt bei den Anbietern eine Mengensteuer *t*. Da zur Kostendeckung – via Nettopreis – jeder beliebigen Angebotsmenge ein nunmehr um *t* erhöhter Bruttopreis erzielt werden muß, verschiebt sich die Angebotsfunktion aus Sicht der Nachfrager parallel nach oben auf *A + t*. Die neue Angebotsmenge verringert sich im Gleichgewicht um $x_0 - x_1$ auf x_1. Der sich durch die Besteuerung einstellende neue (Brutto-)Preis beträgt dann p_1. Das erzielte Steueraufkommen entspricht der Fläche des Rechtecks $t \cdot x_1$. Eine vollständige

Überwälzung der Steuerlast gelingt den Anbietern damit jedoch nicht: Der ursprüngliche Marktpreis p_0 ist nämlich nur um den Betrag $p_1 - p_0$ gestiegen, während sich die erhobene Abgabe auf einen höheren Betrag beläuft. Offensichtlich haben die Anbieter einen Teil der Steuerlast zu tragen – im Ausmaß der Fläche $(p_0 - p_2)\, x_1$. Die Lastverteilung zwischen Anbietern und Nachfragern entspricht der Relation der Strecken $p_0 - p_2$ zu $p_1 - p_0$.

Die Konstellation, nach welcher die Anbieter und die Nachfrager an der Steuertraglast einer solchen Mengenabgabe jeweils beteiligt werden, hängt also von der relativen Lage der Angebots- und der Nachfragefunktion zueinander bzw. von der Steigung der beiden Funktionen in den jeweiligen Gleichgewichtspunkten ab. Maßgeblich ist mithin das Verhältnis der jeweiligen **Angebots**- zur jeweiligen **Nachfrageelastizität;** es bestimmt den Grad, in welchem eine Steuerüberwälzung gelingen kann: Je niedriger die relative Preiselastizität einer Marktseite ist, desto weniger gelingt ihr die Steuerausweichung durch Mengenanpasserverhalten. Die durch Besteuerung eintretende relative Belastung beider Marktseiten verhält sich damit reziprok zu den jeweiligen Elastizitäten. Eine Steuerüberwälzung auf die Nachfrageseite gelingt demnach um so eher, je geringer die Nachfrageelastizität im Verhältnis zur Angebotselastizität ist. Die nachstehende Abbildung 19 verdeutlicht unterschiedliche **Kombinationen** von Angebots- und Nachfrageelastizitäten, indem hierfür Werte von „endlich“, „unendlich“ oder „Null“ angenommen werden.

Ist die Nachfrageelastizität gleich Null (Fall I) und trifft dieser Sachverhalt mit einer endlichen Angebotselastizität zusammen, so wird die steuerbedingte Preiserhöhung von den Nachfragern ohne Mengenreaktion akzeptiert; diese tragen die gesamte Steuerlast. Ist die Nachfrageelastizität endlich (Fall II), die Angebotselastizität hingegen Null, so verschieben sich die Nachfragepläne aus Anbietersicht „nach unten“. Da die Anbieter hierauf nicht reagieren (können), tragen diese die gesamte Steuerlast. Stößt eine unendliche Nachfrageelastizität auf eine endliche Elastizität des Angebots (Fall III), so verschiebt die Besteuerung die Angebotsfunktion um den Steuersatz t nach oben. Infolgedessen reduzieren die Nachfrager ihren Konsum von x_0 auf x_1. Da sich der alte Preis p_0 vom neuen Bruttopreis nicht unterscheidet, tragen auch in diesem Fall die Anbieter die gesamte Steuerlast. Trifft eine endliche Nachfrageelastizität schließlich auf eine unendliche Angebotselastizität (Fall IV), so kehrt sich das unter dem Fall III beschriebene Ergebnis um: Die Angebotskurve verschiebt sich um den Steuerbetrag nach oben, gleichzeitig wandert die Nachfrage aus Anbietersicht um den Steuerbetrag nach unten. Infolgedessen verringert sich die Gleichgewichtsmenge auf x_1 bei einem gestiegenen Bruttopreis p_1. Die Steuer wird vollständig von den Nachfragern getragen.

Abbildung 19: Inzidenz einer Produktsteuer bei unterschiedlichen Elastizitäten

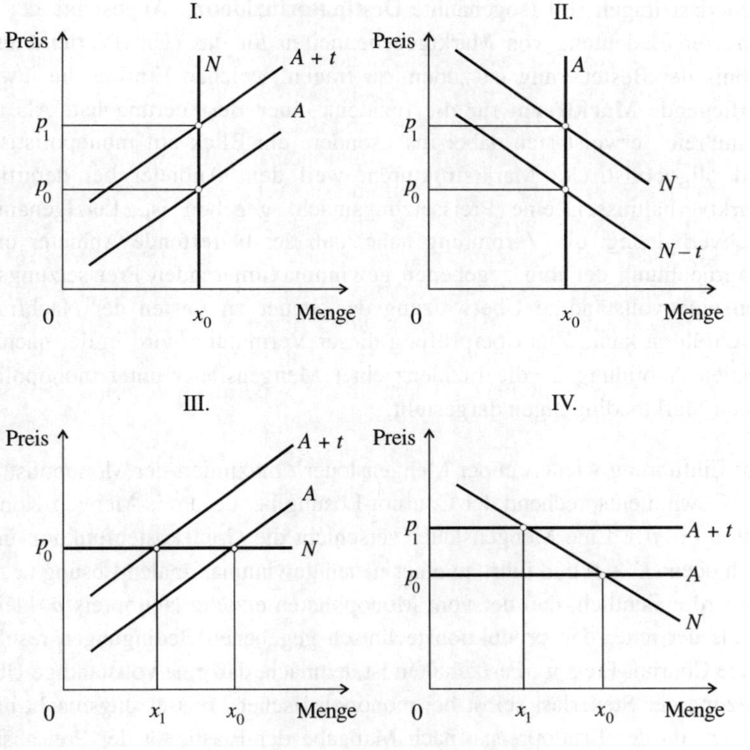

Quelle: Blankart (1998), S. 321.

Aus der vorstehenden Darstellung wird erkennbar, daß die effektive Inzidenz allein von den jeweiligen Ausweichmöglichkeiten der betroffenen Marktteilnehmer abhängt. Dabei haben sich die Betrachtungen hier auf den Fall einer einfachen Mengensteuer beschränkt, welche bei den Anbietern erhoben wird. Ein ergänzender Blick auf **Wertsteuern** (als Bemessungsgrundlage dient eine Angabe von Geldeinheiten) oder auf Konstellationen, bei denen die Nachfrager als Steuerschuldner vorgesehen sind, führt aber nicht zu grundsätzlich anderslautenden Ergebnissen. Von entscheidender Bedeutung für die Steuerinzidenz ist demnach also allein die Frage, welche Reaktionen der jeweils betroffene Güter- oder Faktormarkt auf den Sachverhalt der Besteuerung zeigt. Vergleichsweise unbedeutend sind in diesem Zusammenhang hingegen sowohl die konkrete steuertechnische Ausgestaltung der Abgabe als auch die Vorstellungen des Gesetzgebers, wer nach dessen Absichten letztlich die Steuerlast tragen soll (sogenannte **Destinatarinzidenz**). Angesichts der besonderen Bedeutung von Marktgegebenheiten für das (Um-)Verteilungsergebnis der Besteuerung ist zudem zu fragen, welchen Einfluß die jeweils vorliegende **Marktform** für die Inzidenz einer Besteuerung hat. Als aufschlußreich erweist sich dabei insbesondere ein Blick auf monopolistische und oligopolistische Marktstrukturen, weil dem Anbieter bei derartigen Marktverhältnissen eine Preissetzungsmacht gegeben ist. Letztgenannter Sachverhalt legt die Vermutung nahe, daß der betreffende Anbieter unter Wahrnehmung der ihm gegebenen gewinnmaximierenden Preissetzungsoption eine vollständige Überwälzung der Steuer zu Lasten der Nachfrager durchführen kann. Zur Überprüfung dieser Vermutung wird in der nachstehenden Abbildung 20 die Inzidenz einer Mengensteuer unter monopolistischen Marktbedingungen dargestellt.

Vor Einführung wiederum der Mengensteuer t maximiert der Monopolist seinen Gewinn entsprechend der Cournot-Lösung bei der Preis-Mengen-Kombination (x_C, p_C). Eine Mengensteuer verschiebt die Grenzkostenfunktion in K' nach oben ($K' + t$) und führt zu einer neuen gewinnmaximalen Lösung (x_t, p_t). Es wird ersichtlich, daß der vom Monopolisten erzielte Nettopreis p_n kleiner ist als der unter den produktionstechnisch gegebenen Bedingungen resultierende Cournot-Preis p_C. Festzuhalten ist demnach, daß eine vollständige Überwälzung der Steuerlast selbst bei monopolistischer Preissetzungsmacht nicht gelingt, da der Bruttopreis – nach Maßgabe der Elastizität der Preisabsatzfunktion – lediglich auf p_t steigt. Durch die nach wie vor gewinnmaximierende Preiserhöhung von p_C auf p_t wird in diesem Fall also lediglich genau die Hälfte des Mengensteuersatzes überwälzt, da die für eine Gewinnmaximierung entscheidende Grenzerlösfunktion E' die doppelte Steigung der Preisabsatzfunktion aufweist. Die Überwälzungsmöglichkeiten einer Mengensteuer sind – ceteris paribus – für den hier betrachteten Monopolisten also vergleichsweise schlechter als unter den Bedingungen vollkommener Konkurrenz. Die oben formulierte Grundregel, wonach dem Anbieter eine Preisüberwälzung von Mengensteuern um so weniger gelingt, je relativ preiselastischer sich die Marktnachfrage darstellt, ändert sich also auch unter monopolistischen Bedingungen grundsätzlich nicht: Je flacher, d. h. preiselastischer die in der Abbildung 20 dargestellte Absatzfunktion verläuft, desto geringer sind die Überwälzungsmöglichkeiten für den Monopolisten.

Abbildung 20: Inzidenz einer Mengensteuer im Monopol

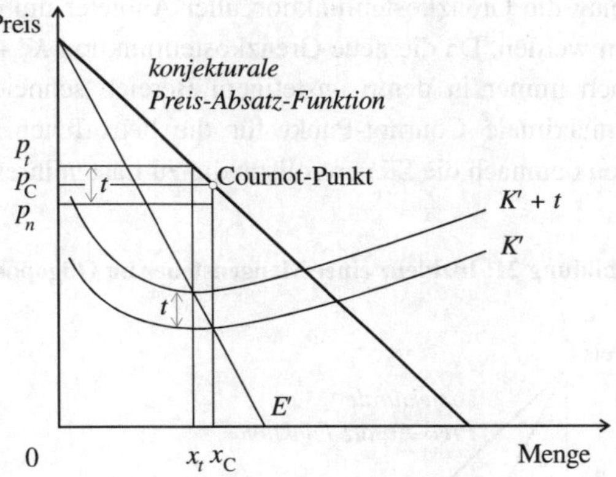

Die bisher betrachteten Marktformen der vollkommenen Konkurrenz und des reinen Anbietermonopols sind in der Realität allerdings vergleichsweise selten anzutreffen. Häufiger sind demgegenüber Mischformen, von denen hier das sogenannte Angebotsoligopol näher betrachtet werden soll. Die Abbildung 21 verdeutlicht den für das Oligopol als typisch geltenden Verlauf einer geknickten Preis-Absatz-Funktion. Der dargestellte Knick ergibt sich aus dem Sachverhalt, daß Oligopole häufig durch eine charakteristische Unbeweglichkeit der Preise gekennzeichnet sind, da ein Abweichen vom Knickpunkt nach unten zu gleichförmigem Preisverhalten der anderen Oligopolisten führt. In gleicher Weise, wie eine Preissenkung demnach zu viele Nachahmer findet, läßt eine Preiserhöhung – da sie von den anderen Oligopolisten eben nicht nachvollzogen wird – die Umsätze drastisch sinken.

Die Überwälzungsmöglichkeiten einer Mengensteuer hängen in diesem Fall maßgeblich von der relativen Höhe der Besteuerung ab. Der sich aus gleichförmigem Preisverhalten ergebende Knick der Preis-Absatz-Funktion bewirkt nämlich eine an dieser Stelle einsetzende Unstetigkeit der Grenzerlösfunktion, was wiederum die bereits erwähnte Preisstarrheit des Oligopols verdeutlicht.

Da die Grenzkostenfunktionen vieler Anbieter die Grenzerlöskurve in eben diesem unstetigen Bereich schneiden, gelangen alle Anbieter – beschränkt unabhängig von der Höhe ihrer jeweiligen Produktionsgrenzkosten – bei gewinnmaximierender Kalkulation zu derselben gewinnmaximalen Cournot-Kombination (x_C, p_C). Sofern dieser Sachverhalt auf mehrere Oligopolisten mit unterschiedlichen Grenzkostenfunktionen zutrifft, lassen sich die vorstehenden Überlegungen mühelos auf den Vorgang einer Mengenbesteuerung übertragen: Beispielsweise mag die Grenzkostenfunktion aller Anbieter um den Steuerbetrag t_1 verschoben werden. Da die neue Grenzkostenfunktion $K' + t_1$ die Grenzerlösfunktion noch immer in deren unstetigem Bereich schneidet, verändert sich der gewinnmaximale Cournot-Punkt für die betroffenen Oligopolisten nicht. Diese tragen demnach die Steuer vollständig zu Lasten ihres Gewinns.

Abbildung 21: Inzidenz einer Mengensteuer im Oligopol

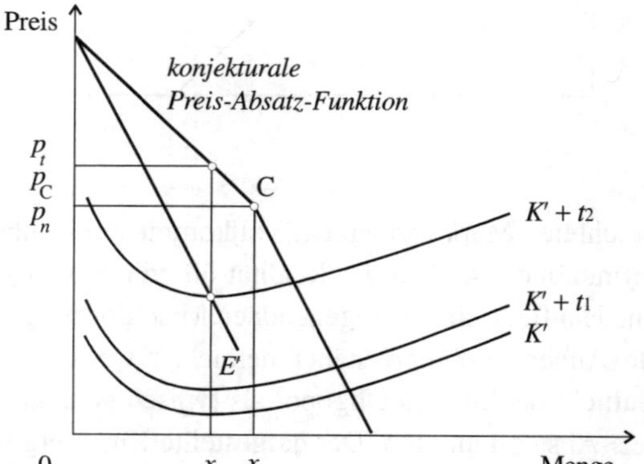

Für den Fall höherer Steuersätze, wie beispielgebend t_2 in der Abbildung 21, verändert sich hier für einen der betroffenen Oligopolisten die gewinnmaximale Cournot-Lösung im Sinne einer neuen Preis-Mengen-Kombination (x_t, p_t). Eine solche Preissetzung dürfte zwar nur unter erheblichen Schwierigkeiten am Markt durchzusetzen sein, da die anderen Oligopolisten – wie unterstellt – bei der alten Preis-Mengen-Kombination (x_C, p_C) verharren werden. Gelingt die Preiserhöhung jedoch, so führt sie zu dem für den Monopolfall diskutierten Inzidenzergebnis mit einer teilweisen Überwälzung der Steuer nach Maßgabe der Relation von Angebots- und Nachfrageelastizität.

Bei den bisherigen Betrachtungen handelt es sich um Partialmodelle der Einnahmeninzidenz finanzwirtschaftlichen Staatshandelns, da die Anpassungsreaktionen der von einer Besteuerung betroffenen Individuen sich auf genau einem Markt in Form einer Reduzierung der dort produzierten und konsumierten Gütermengen zeigen. Modelle einer Steuerinzidenz im totalen Gleichgewicht berücksichtigen demgegenüber Ausweichreaktionen von Wirtschaftssubjekten, welche sich unter Einbezug anderer Faktor- bzw. Gütermärkte ergeben.

7.3.1.2 Totalmodelle der Einnahmeninzidenz

Soll die Wirkung einer Steuer auf die Einkommensverteilung in einer Totalperspektive betrachtet werden, ist es aus Gründen einer verbesserten Darstellung zweckmäßig, sich auf die Wirkungszusammenhänge einer einzelnen Steuer zu beschränken, welche nur in einem bestimmten Sektor oder auf den Verbrauch bestimmter Güter erhoben wird. Der denkbar einfachste Fall ist ein (statischer) Ansatz auf der Grundlage einer Betrachtung zweier Sektoren und zweier Produktionsfaktoren. Ein solches Modell wurde erstmalig von *A. C. Harberger* zur Untersuchung funktionaler Inzidenzwirkungen entwickelt. Die (neoklassischen) **Annahmen** dieses Modells lauten wie folgt: *Erstens* wird von vollständiger Konkurrenz in beiden Sektoren ausgegangen. Alle Anbieter verhalten sich als gewinnmaximierende Mengenanpasser, Güter und Faktoren werden zu deren Grenzkosten bzw. zu deren Grenzprodukt gehandelt. Die Faktorpreise sind völlig flexibel, das Faktorangebot ist unendlich mobil. In der Konsequenz herrscht Vollbeschäftigung eines gegebenen und konstanten Faktorangebotes. *Zweitens* weisen die Produktionsfunktionen konstante Skalenerträge auf; eine proportionale Veränderung aller Inputs führt zu einer entsprechenden Veränderung der Ausbringungsmenge. Die Nutzenfunktionen der privaten Haushalte sind identisch. Ausgangspunkt der Betrachtung ist *drittens* eine isolierte Steuer, deren **differentielle Inzidenz** untersucht wird: Dabei wird die durch die Besteuerung eintretende Einkommens- bzw. Nachfrageverminderung einerseits durch das Ausgabeverhalten des Staates andererseits genau kompensiert.

Die Wechselwirkungen einer Besteuerung lassen sich im Rahmen einer Vorüberlegung nun wie folgt kennzeichnen: Werden die Produktionsfaktoren Arbeit und Kapital auf beiden Märkten bzw. werden beide Güter mit jeweils gleichem Satz besteuert, so verändern sich hierdurch die relativen Preise nicht. Eine allgemeine Güterbesteuerung reduziert das Einkommen aller

Faktoren in gleicher Weise, weshalb auch die Inzidenz für alle Faktoren gleich ist. Die Faktoren tragen die Steuer im Verhältnis ihrer bisherigen Anteile am Volkseinkommen. Findet eine Besteuerung beider Faktoren mit gleichem Satz demgegenüber nur im Produktionssektor eines der beiden Güter statt, so bleibt das Faktoreinsatzmengenverhältnis in diesem Produktionssektor gleich, während sich das Güterangebot ceteris paribus um den Steuerprozentsatz verteuert. Eine solche Faktorbesteuerung zeitigt demnach dieselbe Wirkung wie eine selektive Güterbesteuerung in diesem Produktionssektor. Infolge der relativen Güterpreisveränderung ergibt sich dann ein Output-Effekt, wonach die Nachfrage des relativ teuren Gutes zurückgeht, diejenige nach dem anderen Gut hingegen ansteigt. Dabei wird die Stärke dieses Zusammenhangs durch die so genannte Kreuzpreiselastizität der Güternachfrage im unbesteuerten Sektor gemessen.

Für die insoweit induzierten Verteilungswirkungen ist weiterführend nun die Frage entscheidend, welcher der beiden Sektoren relativ arbeits- und welcher besonders kapitalintensiv produziert: Sofern für den Produktionssektor 1 eine relativ arbeitsintensive Produktionsweise angenommen wird (siehe dazu die nachstehende Übersicht 22), belastet eine Umsatzbesteuerung dort den Faktor Arbeit vergleichsweise stärker als im Produktionssektor 2: Auf dem Gütermarkt führt die Besteuerung zunächst zu einem preissteigerungsbedingten Nachfragerückgang im Sektor 1, während die relative Verbilligung der Güter im Sektor 2 dort eine Nachfrageerhöhung bewirkt. Die dadurch ausgelöste Faktornachfrage trifft auf ein Angebot, welches durch den Nachfragerückgang im Sektor 1 verursacht wird. Aufgrund der annahmegemäß höheren Kapitalintensität im Sektor 2 konzentriert sich die kompensierende Mehrnachfrage dort jedoch vor allem auf den Faktor Kapital, während im Sektor 1 vor allem der Faktor Arbeit freigesetzt wurde. Der daraus resultierende Überschuß des Faktors Arbeit senkt das gleichgewichtige Lohnniveau. Im Ergebnis sind also auch die Arbeitsanbieter im Sektor 2 von Verteilungswirkungen der Besteuerung betroffen, obwohl diese ursprünglich nur im Sektor 1 stattgefunden hat. Die im Sektor 2 induzierte Kapitalnachfrage hat dabei einen Anstieg des gleichgewichtigen Zinsniveaus zur Folge. Eine sektorspezifische Güterbesteuerung läßt also den Faktor Arbeit in beiden Sektoren die Verteilungslast der Steuer tragen.

Deutlich wird, daß die relative Belastung der Faktoren durch die jeweilige **Faktorintensität** bzw. durch die relevanten Elastizitäten bestimmt ist: Die (Kreuz-)Preiselastizität der Güternachfrage entscheidet darüber, wie stark die

Nachfrager des besteuerungsbedingt teurer gewordenen Gutes zu dem anderen Gut überwechseln. Die Stärke dieser Wanderungsbewegung entscheidet dann über die relative Stärke des Reflexes auf die Faktorpreisverhältnisse. Je größer die Unterschiede in der Faktorintensität bei der Produktion beider Güter sind, desto heftiger fällt die Mengenreaktion bei dem betroffenen Faktor aus und desto stärker ist die für eine Kompensation erforderliche Senkung der relativen Faktorpreise.

Übersicht 22: Wirkungen einer partiellen Umsatzsteuer

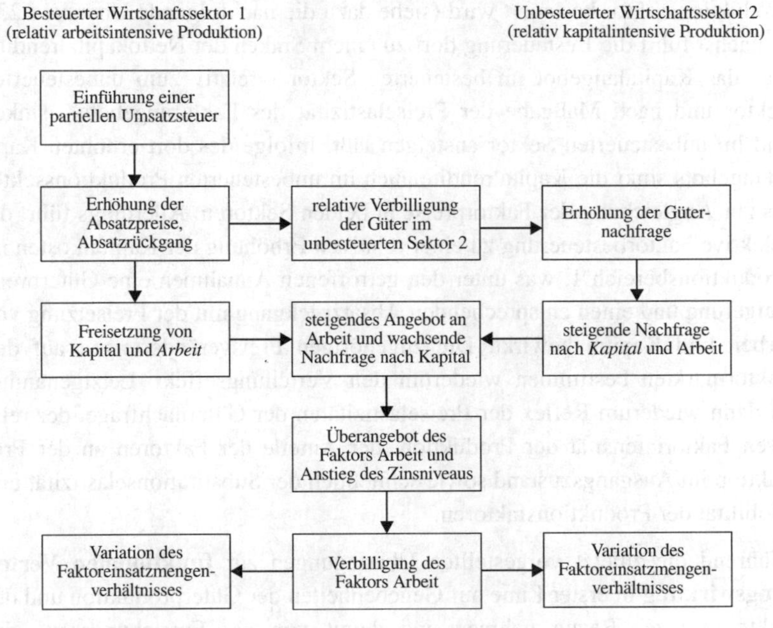

Quelle: In Anlehnung an Brümmerhoff (1996), S. 462 m. w. N.

Die **Substitutionselastizität** beider Faktoren, d. h. das Ausmaß der Reaktion des Mengeneinsatzverhältnisses auf eine Veränderung der relativen Faktorpreise, ist durch die technischen Substitutionsmöglichkeiten vorgegeben: Je begrenzter diese Möglichkeit ist, desto stärker ist die Preisreaktion für den belasteten Faktor. In diesem Sinne bewirkt die relative Verbilligung des Faktors Arbeit in beiden Produktionssektoren auf längere Sicht eine Revision des Einsatzmengenverhältnisses. Die sich in der Folge einstellenden

Preis- und Mengeneffekte auf den Güter- und Faktormärkten führen im neuen Gleichgewicht dann gegebenenfalls zu einer modifizierten Relation der Faktorpreise und zu einer veränderten Angebotsstruktur.

In vergleichbarer Weise kann die Wirkung einer selektiven Faktorbesteuerung in beiden Produktionssektoren bzw. in einem Produktionssektor skizziert werden. Findet die Besteuerung nur eines Produktionsfaktors in beiden Sektoren statt, so ergibt sich unter den getroffenen Annahmen keine Faktorwanderung – der besteuerte Faktor trägt die gesamte Last der Steuer. Ein anderes Ergebnis stellt sich ein, wenn beispielsweise der Faktor Kapital in nur einem Produktionssektor besteuert wird (siehe dazu die nachfolgende Übersicht 23): Zunächst führt die Besteuerung dort zu einem Sinken der Nettokapitalrendite, was das Kapitalangebot im besteuerten Sektor – relativ zum unbesteuerten Sektor und nach Maßgabe der Preiselastizität des Faktorangebots – sinken und im unbesteuerten Sektor ansteigen läßt. Infolge des dort erhöhten Kapitalangebots sinkt die Kapitalrendite auch im unbesteuerten Produktionssektor bis zur Angleichung der Faktorpreise in beiden Sektoren. Allerdings führt die selektive Faktorbesteuerung zu einer relativen Erhöhung der Kapitalkosten im Produktionsbereich 1, was unter den getroffenen Annahmen eine Güterpreissteigerung und einen entsprechenden Absatzrückgang mit der Freisetzung von Arbeit und Kapital bewirkt. Die zugehörigen Preisveränderungen auf den Faktormärkten bestimmen wiederum den Verteilungseffekt. Letztgenannter ist dann wiederum Reflex der Preiselastizitäten der Güternachfrage, der relativen Faktorintensität der Produktion, der Anteile der Faktoren an der Produktion im Ausgangszustand sowie schließlich der Substitutionselastizität und Mobilität der Produktionsfaktoren.

Während die zuletzt vorgestellten Überlegungen zur **funktionalen Verteilungswirkung** in erster Linie auf Gegebenheiten der Güterproduktion und des Faktoreinsatzes Bezug nehmen und damit von der Entstehungsseite des Volkseinkommens her argumentieren, lassen sich mit Blick auf die **personale Einkommensverteilung** Argumente anführen, welche an der Verwendungsseite des Einkommens anknüpfen. Demzufolge sind personale Umverteilungswirkungen einer Verbrauchsbesteuerung zu untersuchen. Dabei wird einerseits von einer regressiven Belastungswirkung der **Verbrauchsteuern** ausgegangen, weil demnach der relative Anteil der Konsumausgaben bei den Beziehern unterer Einkommen größer ist als bei den Beziehern höherer Einkommen. Je geringer der Konsumanteil am individuellen Einkommen, desto niedriger ist folglich auch die Belastungswirkung von Steuern, welche den

Konsum belasten (und vice versa). Andererseits haben empirische Untersuchungen auf Grundlage der Konsumstruktur einzelner Haushaltstypen ergeben, daß die Belastungswirkung der indirekten Steuern kaum eindeutig zu beurteilen ist. Beispielsweise trifft die These einer regressiven Wirkung der indirekten Steuern allgemein dann nicht zu, wenn die prozentuale Belastung des privaten Verbrauchs betrachtet wird.

Übersicht 23: Wirkungen einer partiellen Faktorsteuer

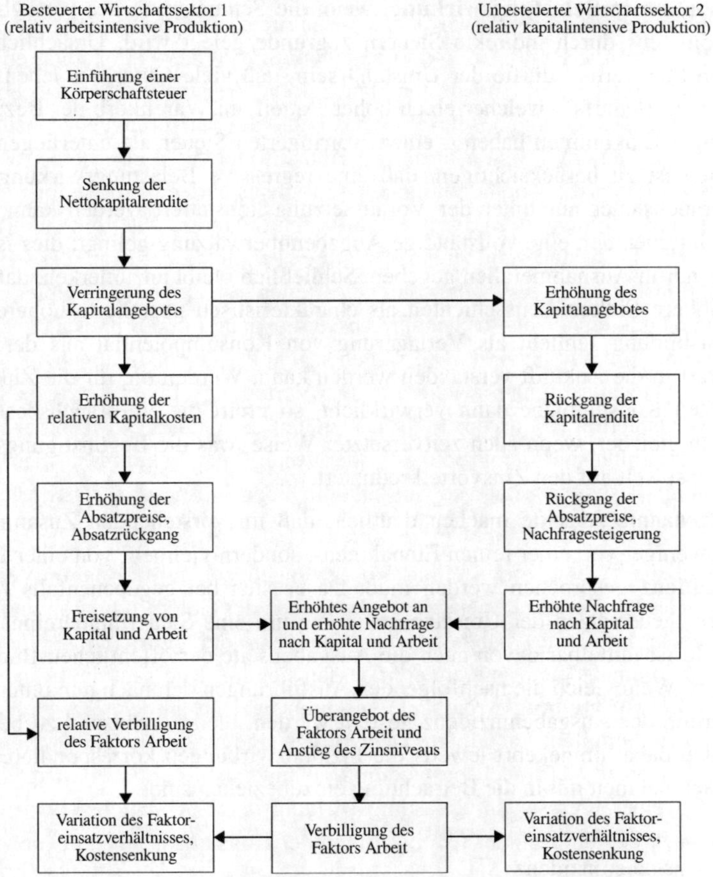

Quelle: In Anlehnung an Brümmerhoff (1996), S. 466 m. w. N.

Hier zeigt sich vielmehr eine **progressive Belastungswirkung**, die unter anderem darauf zurückzuführen ist, daß die Abgabenbelastung der Einkommensverwendung verstärkt auf Wertsteuern (z. B. in Form der steuersatzdifferenzierten Mehrwertsteuer) zurückzuführen ist. Folglich steigt die Belastung proportional zum Wert der jeweils erworbenen Güterbündel, wobei der letztgenannte Wert bei hochpreisigen Luxusartikeln vergleichsweise höher zu veranschlagen ist. Einzuräumen ist gleichwohl, daß der relative Anteil des Einkommens, welcher dieser Form der Besteuerung ausgesetzt ist, nach wie vor von der Höhe der Konsumquote abhängt. Darüber hinaus zeigt sich eine eher **proportionale Belastungswirkung**, wenn die Schmälerung des verfügbaren Einkommens durch indirekte Steuern zugrunde gelegt wird. Ursächlich für diesen Sachverhalt dürfte der Umstand sein, daß viele Güter des lebensnotwendigen Bedarfs – welcher einen hohen Anteil am Warenkorb der Bezieher niedriger Einkommen haben – einem verringerten Steuersatz unterliegen. Im übrigen ist zu berücksichtigen, daß eine regressive Belastungswirkung der Verbrauchsteuer nur unter der Voraussetzung konstatiert werden kann, daß den Unternehmen eine vollständige Abgabenüberwälzung gelingt; dies ist jedoch nur in Ausnahmefällen gegeben. Schließlich bleibt anzumerken, daß die für höhere Einkommensschichten als charakteristisch postulierte höhere Ersparnisbildung schlicht als Verlagerung von Konsumpotential aus der Gegenwart in die Zukunft verstanden werden kann. Werden die für die Zukunft gefaßten Konsumpläne dann verwirklicht, so greift die Verbrauchsbesteuerung in gleicher, wenn auch zeitversetzter Weise, was die Begünstigungswirkung insoweit auf den Zinsvorteil reduziert.

Letztgenannte Aspekte machen deutlich, daß im vorstehenden Zusammenhang weniger von einer reinen Einnahmen-, sondern vielmehr von einer **Budgetinzidenz** gesprochen werden muß. Da es sich bei gegebenenfalls reduzierten Steuersätzen der Umsatzbesteuerung um eine Steuermindereinnahme handelt, ist mittelbar davon auch die Ausgabenseite der öffentlichen Budgets berührt. Wenngleich die nachfolgenden Ausführungen demnach nun unter das Kriterium der Ausgabeninzidenz gestellt werden, bleibt ergänzend zu beachten, daß dabei umgekehrt jeweils die Inzidenzwirkungen korrespondierender Staatseinnahmen mit in die Betrachtung einzubeziehen sind.

7.3.2 Ausgabeninzidenz

Neben den öffentlichen Einnahmen verändern auch die öffentlichen Ausgaben die Einkommensverteilung. Eine entsprechende Umverteilung ist insbesondere bei Zahlungen an private Haushalte (Transfers) politisch gewünscht, um bei Personen mit einem fehlenden oder mit einem als zu gering erachteten originären Einkommen ein Mindestniveau an Verfügungsmacht über Bestandteile des Sozialprodukts zu sichern. Allerdings kann der durch einen Sozialtransfer faktisch begünstigte Kreis von Wirtschaftssubjekten durchaus von derjenigen Gruppe abweichen, der die Übertragung vom Gesetzgeber ursprünglich zugedacht war. Insofern läßt sich die bereits getroffene Unterscheidung zwischen effektiver und politisch gewollter (Destinatar-)Inzidenz analog auf derartige partielle Begünstigungen übertragen.

7.3.2.1 Das Leistungsangebot des Staates als Umverteilungsinstrument

Denkbar ist, daß die intendierte Begünstigungswirkung dem Destinatar durch andere Wirtschaftssubjekte entzogen wird, indem beispielsweise die durch den Transfer bedingte Kaufkraftsteigerung durch anbieterseitig vorgenommene Preissteigerungen aufgezehrt wird (Beispiel Wohngeld / Miete). Zugehörige Vorgänge einer Vorteilswegnahme sind auch in jenen Fällen zu erwarten, in denen bestimmte Güterpreisentwicklungen von vornherein an die Entwicklung zugehöriger Transferzahlungen gekoppelt sind. In gleicher Weise, wie eine steuerbedingte Wohlfahrtsminderung – wie dargelegt – aufgrund von Überwälzungsvorgängen nicht unbedingt allein den Steuerpflichtigen treffen muß, kommt also bei Transferzahlungen die intendierte individuelle Wohlfahrtssteigerung aufgrund einer Vorteilswegnahme dem Transferempfänger nicht mehr (allein) zugute. Dabei ist der skizzierte Vorgang freilich nicht auf Übertragungen an private Haushalte beschränkt, sondern kann in entsprechender Weise auch im Rahmen der Zahlungen an Unternehmen (Subventionen) auftreten, wie das die nachfolgende Übersicht 24 verdeutlicht:

Auf der **Beschaffungsseite** können beispielsweise Arbeitnehmer (via Lohnerhöhung), Lieferanten (via Preiserhöhung), Kreditgeber (via Darlehensbedingungen) oder Kapitaleigner (via erhöhter Gewinnausschüttung) die dem Unternehmen gewährten Subventionsvorteile auf dem Verhandlungswege „wegnehmen" oder über Marktmechanismen abschöpfen. Erkennbar wird insoweit, daß eine staatlicherseits eingeräumte Vergünstigung ein Gegenstand strategischen Verhaltens sein kann. Zugehörige Abschöpfungsvorgänge lassen sich im übrigen auch auf die **Absatzseite** der Märkte übertragen, sofern es beispielsweise den Nachfragern gelingt, unter Verweis auf die Subventionierung eine Preisminderung, eine Ausweitung der Liefermenge oder eine Qualitätssteigerung zu unverändertem Preis durchzusetzen. Wenn auch in diesen Fällen meist davon gesprochen wird, daß Vorteile „an den Konsumenten weitergegeben" werden, so ändert dies nichts an dem Sachverhalt, daß es sich zum einen aus Unternehmersicht sehr wohl um eine „Wegnahme" von Vorteilen handelt und daß zum anderen wiederum allein die Markt-Macht-Verhältnisse darüber entscheiden, in welchem Ausmaß zugehörige Abschöpfungsvorgänge stattfinden können. Unabhängig davon ist aber zu bedenken, daß die damit bewirkte Umverteilung unter Umständen vom Subventionsgeber gerade beabsichtigt war. Das begünstigte Unternehmen wird insofern als eine Art Transfer- bzw. Subventionsmittler eingesetzt. Dieser Sachverhalt wird bei der Beurteilung von Subventionen häufig übersehen.

Übersicht 24: Möglichkeiten für eine Abschöpfung von Subventionsvorteilen

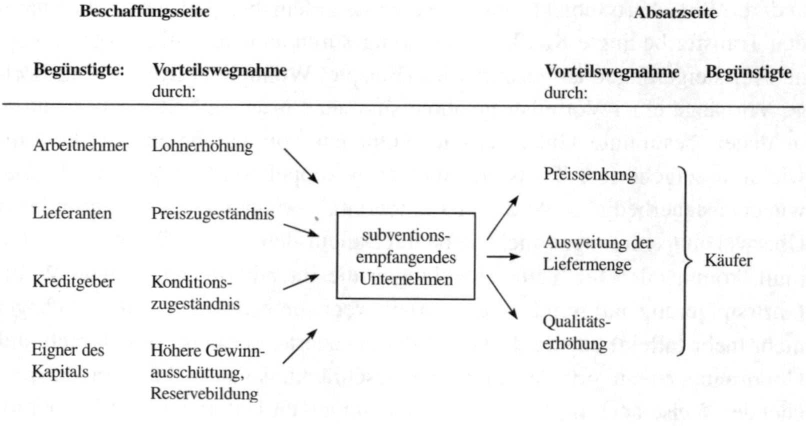

Quelle: In Anlehnung an Zimmermann / Henke (1994), S. 261.

Nicht zuletzt aufgrund solcher Vorteilswegnahmen ist die Abschätzung bzw. Ermittlung der effektiven Inzidenz monetärer Transfers und Subventionen schwierig. Für den Bereich öffentlicher Verwaltungsleistungen (d. h. Personal- oder Sachleistungen) treten andere methodische Schwierigkeiten in den Vordergrund, wenn beispielsweise im Rahmen empirischer Studien festgestellt werden soll, welche Klassen von Einkommensbeziehern von welchen öffentlich bereitgestellten Leistungen in welcher Intensität profitieren: Hierzu müßte einerseits bekannt sein, welchen Nutzenzuwachs die Angehörigen einer bestimmten Einkommensschicht aus der Inanspruchnahme eines spezifischen Gutes ziehen, das durch den Staat oder mit staatlicher Hilfe produziert und angeboten wird. Einmal mehr wird also deutlich, welche Konsequenzen sich aus der fehlenden intersubjektiven Vergleichbarkeit von Nutzenniveaus ergeben. Andererseits müßte quantifiziert werden, welcher Gesamtnutzen mit der Bereitstellung des jeweiligen Gutes verbunden ist, um die gruppenspezifische Begünstigung dann anhand der jeweiligen Frequentierung des Gutes durch definierte Gruppen abschätzen zu können. Soweit es sich bei den in Rede stehenden Leistungen allerdings um öffentliche Güter handelt, ist ein Nutzen- bzw. Marktwert – qua öffentliches Gut – eben nicht ermittelbar. Alle im Allokationszusammenhang diskutierten Probleme zur Bewertung solcher Güter werden demnach auch im Bereich der Verteilung virulent.

Immerhin wurden im Rahmen empirischer Ansätze zur Messung der Ausgabeninzidenz einige Methoden entwickelt, welche die zugehörigen Verteilungswirkungen zumindest in der Tendenz ausweisen: Hiernach steigen die begünstigenden staatlichen Ausgaben mit zunehmendem Einkommen der privaten Haushalte an, was allerdings noch keine hinreichend begründete Schlußfolgerung auf die damit erzielte Nutzenwirkung zuläßt. Ausgangsüberlegung bei derartigen Zurechnungsversuchen ist dann beispielsweise die Überlegung, daß die Bezieher höherer Einkommen einen entsprechend höheren Vorteil aus Polizeidienstleistungen in Form des öffentlichen Gutes Innere Sicherheit erfahren, da diese Serviceleistung unter anderem auch dem Schutz von Einkommen und Vermögen dient, was bei wohlhabenden Wirtschaftssubjekten vergleichsweise reichlich vorhanden ist. Dem steht allerdings die Tatsache entgegen, daß beispielsweise den sozialen Sicherungssystemen eine erhebliche Umverteilungswirkung zugeschrieben wird, welche die unteren Einkommensschichten begünstigt. Insgesamt scheint die durch öffentliche Einnahmen und Ausgaben bewirkte Umverteilung im Sinne der schon erwähnten **Budgetinzidenz** eine Wirkung zu haben, welche die Einkommensunterschiede zwar verringert, ohne indes nivellierend zu wirken.

Bei politischen Verteilungskämpfen finden die Ergebnisse von übergreifenden Inzidenzuntersuchungen allerdings meist wenig Beachtung. Vielmehr werden – mutmaßliche – Verteilungswirkungen von Einzelmaßnahmen in den Mittelpunkt der Debatte gerückt. So wurden in der Vergangenheit beispielsweise die Verteilungswirkungen einer Wahl zwischen Kindergeld oder Kinderfreibetrag, einer Veränderung der Finanzierung der gesetzlichen Krankenversicherung oder einer Reform des Einkommensteuertarifs intensiv erörtert. In gleicher Weise umstritten waren die Verteilungswirkungen unterschiedlicher Finanzierungskonzepte der Pflegeversicherung (Umlage- oder Kapitaldeckungsverfahren) und der Entgeltfinanzierung öffentlicher Infrastrukturleistungen (Beispiel Autobahngebühr).

7.3.2.2 Distributionspolitische Ansatzstellen der Finanzpolitik

Als Ansatzpunkt für distributionspolitische Eingriffe läßt sich demnach als ein erstes verteilungspolitisches Ziel die Vermeidung (Distributionspolitik) und die Beseitigung (Redistributionspolitik) ungerechtfertigt hoch erscheinender Einkommensunterschiede nennen. Ein zweites Ziel mag in der Gewährung eines Mindesteinkommens als Ersatz oder Ergänzung eines fehlenden oder als unzureichend erachteten Markteinkommens identifiziert werden. Die Elemente einer derartigen Politik, die das originäre Einkommen hin zu einem finalen Einkommen der Wirtschaftssubjekte verändern, sind zunächst in der folgenden Übersicht 25 aufgeführt.

Übersicht 25: Vom originären zum finalen Einkommen

Originäres Einkommen („Markteinkommen“)	
+ Geldliche Übertragungen (Monetäre Transfers) + Unentgeltliche oder verbilligte Waren und Dienste (Realtransfers)	**Umverteilungs-gewinne**
./. Direkte Steuern und andere Abgaben ./. Indirekte Steuern	**Umverteilungs-verluste**
= **Finales Einkommen**	

Vor diesem Hintergrund können nunmehr die distributiven Hauptaufgaben in der Abbildung 22 verdeutlicht werden. Gezeigt wird der Zusammenhang zwischen dem auf der Abszisse abgetragenen originären Einkommen (Faktor- bzw. Markteinkommen), das sich als Produkt aus angebotener Faktorleistung und erzieltem Faktorpreis ergibt, sowie dem auf der Ordinate abgetragenen finalen Einkommen als Summe des originären und derivaten Einkommens (also einschließlich der Transfers und abzüglich der Steuern). Wird das originäre Einkommen nicht verändert, so stimmt es definitionsgemäß mit dem finalen Einkommen überein; die Beziehung zwischen originärem und finalem Einkommen wird dann durch die Winkelhalbierende beschrieben.

Eine Verwirklichung dieser Einkommensverteilung würde unter anderem jedoch bedeuten, daß erwerbslose Personen weder über ein originäres noch über ein finales Einkommen verfügen. Hat der Gesetzgeber bei seinen verteilungspolitischen Aktivitäten hingegen ein **Existenzminimum** zu berücksichtigen, also mit Blick auf das originäre Einkommen eine Grenze zu respektieren, unterhalb derer ein steuerlicher Zugriff auf das Markteinkommen der Privaten unterbleibt, so sind zwei redistributionspolitische Entscheidungen von grundsätzlicher Bedeutung zu treffen: Zum einen muß – neben der Höhe des Existenzminimums (siehe beispielsweise y_{EM} in Abbildung 22) – festgelegt werden, in welchem Ausmaß originäres Einkommen, das eine bestimmte Höhe übersteigt, besteuert werden soll. Dabei geht es um die Belastung auf der Grundlage des jeweiligen Tarifverlaufs (hier in Residualbetrachtung dargestellt): Ein proportionaler Steuertarif T_1 würde das originäre Einkommen jeweils um einen gleichbleibenden Prozentsatz verringern, während ein progressiver Steuertarif T_2 einen bei zunehmendem originärem Einkommen unterproportionalen Anstieg des finalen Einkommens bewirkt. Abbildung 22 verdeutlicht diesen Sachverhalt beispielgebend für ein originäres Einkommen in Höhe von y, welches ohne steuerlichen Eingriff – entsprechend der Winkelhalbierenden – zu einem finalen Einkommen y' in gleicher Höhe führt. Durch einen proportionalen Steuertarif – beispielsweise entsprechend T_1 – wird das originäre Einkommen demgegenüber auf $y'(T_1)$ bzw. durch den progressiven Steuertarif T_2 auf $y'(T_2)$ vermindert.

Abbildung 22: Existenzminimum und Steuertarife

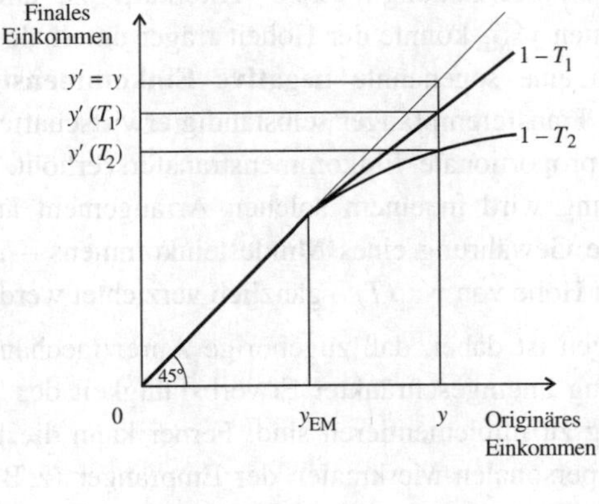

Zum anderen ist zu klären, ob mit dem Existenzminimum zugleich ein **Mindesteinkommen** garantiert werden soll (siehe dazu die nachfolgende Abbildung 23). Gegebenenfalls würde einem Existenzminimum y_{EM} dann ein (finales) Mindesteinkommen in gleicher Höhe entsprechen (y'_{ME}). Dies wäre gleichbedeutend mit einem Arrangement, in welchem originäre Einkommen unterhalb von y_{EM} im Sinne einer Sockelgarantie durch staatliche Transferzahlungen aufgefüllt würden.

Abbildung 23: Existenzminimum und Mindesteinkommen

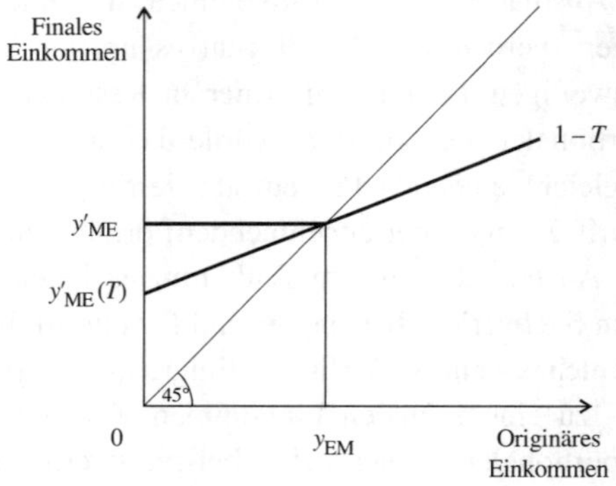

Aus Gründen der Anreizverträglichkeit ist eine solche Verfahrensweise jedoch bedenklich, weil für den Transferempfänger dann kein fühlbarer und positiver Zusammenhang zwischen der Höhe seines originären Einkommens und der jeweiligen Transferzahlung besteht. Alternativ zu einem garantierten Mindesteinkommen y'_{ME} könnte der Hoheitsträger unterhalb des Existenzminimums deshalb eine sogenannte **negative Einkommensteuer** einrichten, welche das vom Transferempfänger selbständig erwirtschaftete originäre Einkommen durch proportionale Einkommenstransfers erhöht. Der Anreiz zur Erwerbsbeteiligung wird in einem solchen Arrangement aufrecht erhalten, ohne daß auf die Gewährung eines Mindesteinkommens – in Abbildung 23 beispielsweise in Höhe von $y'_{ME}(T)$ – gänzlich verzichtet werden müßte.

Zu berücksichtigen ist dabei, daß zugehörige Anreizmechanismen nur unter der Voraussetzung uneingeschränkter Erwerbsfähigkeit des Transferempfängers zweckmäßig zu implementieren sind. Ferner kann die Höhe einer Sockelgarantie von personalen Merkmalen der Empfänger (z. B. Alter oder Beruf) oder von bestimmten Bedarfsindikatoren (wie beispielsweise dem Gesundheitszustand) abhängig sein. Zur Vermeidung von Anreizen, welche andernfalls den Leistungswillen der Begünstigten schmälern könnten, wird darüber hinaus meist eine Differenzierung der Transfers nach den jeweils persönlichen Ursachen für ein unzureichendes originäres Einkommen vorgenommen. Auf der Grundlage vergleichbarer Erwägungen werden bei einer Bemessung der Höhe von Transferzahlungen in aller Regel auch die bisher geleisteten Anstrengungen zum Einkommenserwerb (Berufsjahre, einbezahlte Sozialversicherungsbeiträge u. ä.) berücksichtigt. Für eine vollständig „gerechte" und anreizverträgliche Gestaltung der Transfers fehlen der öffentlichen Verwaltung allerdings zumeist die hierfür erforderlichen Informationen über den jeweiligen Einzelfall. So besteht für Transferempfänger mitunter ein Anreiz, unzutreffende Informationen über die persönlichen Motive und Ursachen ihres fehlenden Erwerbseinkommens zu übermitteln, weshalb die Vertretbarkeit entsprechender Aufwendungen der Verwaltung stets kritisch zu prüfen ist.

Die bisherigen Überlegungen ergänzend ist auch die anreizkompatible Gestaltung von Transferarrangements sowie beim Zusammenwirken verschiedener redistributiver Leistungen an einen Empfänger eine Koordination erforderlich. Fehlt eine solche Abstimmung (etwa aufgrund unterschiedlicher sachlicher oder föderaler Zuständigkeiten der gewährenden Behörden), kann es zur einer unerwünschten Kumulation von Sozialtransfers mit der Folge eines **Schwelleneffektes** kommen. Diesen Sachverhalt verdeutlicht die nachstehende Abbildung 24.

Abbildung 24: Schwelleneffekte der Redistributionspolitik

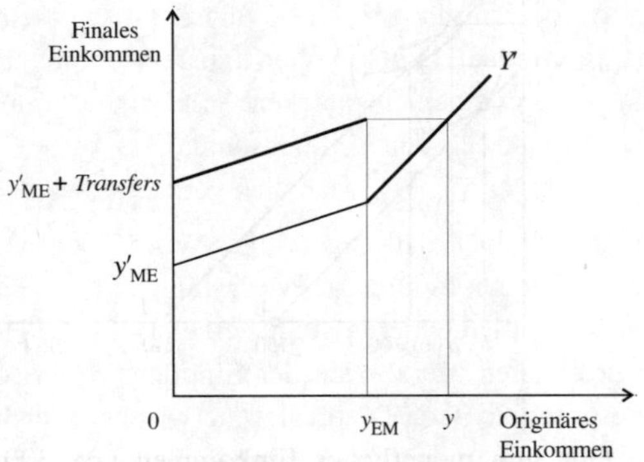

Werden neben dem Mindesteinkommen (durch Arbeitslosengeld, Arbeitslosenhilfe oder Sozialhilfe) noch weitere Leistungen (z. B. Wohngeld, Kindergeld, die Befreiung oder Ermäßigung von Telefon- oder Rundfunkgebühren) gewährt, so kann die Summe der Einzelleistungen das (originäre) Existenzminimum (y_{EM}) übersteigen, was dann zu erheblichen Fehlanreizen führt: Die Abbildung 24 läßt nämlich erkennen, daß ein Wirtschaftssubjekt mit einem originären Einkommen zwischen y_{EM} und y sein finales Einkommen erhöhen kann, indem es seine Erwerbsbeteiligung – mithin seinen persönlichen Beitrag zur gesamtwirtschaftlichen Wertschöpfung – *verringert*. Für Erwerbspersonen mit einem originären Einkommen y_{EM} besteht dementsprechend auch kein Anreiz, dieses aus eigener Kraft zu erhöhen, solange hierdurch nicht y überschritten wird. Erst dann nämlich wird in dem aufgezeigten Transferarrangement per Saldo eine Besserstellung des betroffenen Bürgers wirksam. **Transferkumulationen** können daher sowohl leistungsfeindlich als auch ungerecht sein. Mitunter sind diese jedoch angesichts der Kosten, welche Kontrollen zur vollständigen Vermeidung verursachen würden, nahezu unvermeidlich.

Die nachstehende Abbildung 25 verdeutlicht darüber hinaus den distributiven Effekt der gewährten Realtransfers im Vergleich mit Geldtransfers hinsichtlich der Nutzenwirkung bei den Begünstigten.

Abbildung 25: Realtransfer versus Geldtransfer I

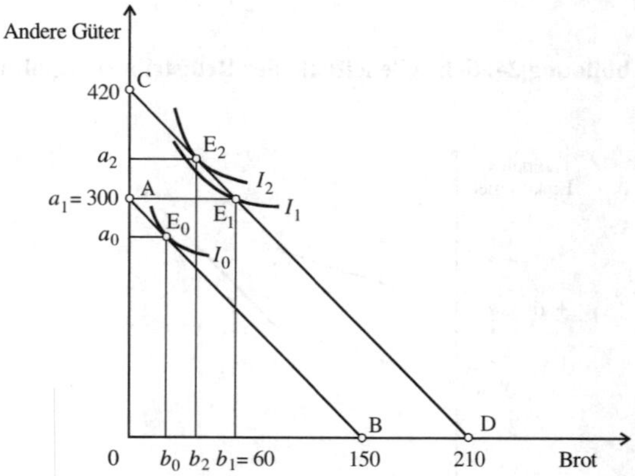

Ein Individuum teilt sein monatliches Einkommen von 300 Geldeinheiten (GE) zwischen dem Gut Brot und allen anderen Gütern auf. Der Marktpreis für Brot beträgt 2 GE pro Mengeneinheit, so daß bei voller Verwendung des Einkommens für Brot davon 150 Mengeneinheiten erworben werden können. Demgegenüber sind die Einheiten des Warenkorbes „alle anderen Güter“ so gewählt, daß deren Preis pro Gütereinheit einer Geldeinheit entspricht, das Budget mithin für 300 Mengeneinheiten ausreicht. Aus der sich so ergebenden Budgetgeraden AB resultiert in Verbindung mit den Präferenzen (gekennzeichnet durch die Indifferenzkurve I_0) des hier betrachteten Individuums ein optimaler Konsumplan E_0. Danach konsumiert das Individuum a_0 Einheiten aller anderen Güter und b_0 Einheiten Brot. Nun gibt der Staat monatlich 60 Mengeneinheiten Brot kostenlos an das Wirtschaftssubjekt ab, allerdings unter der Auflage, daß das Brot nicht weiterveräußert werden darf. Durch den Realtransfer können für jede beliebige Menge aller anderen Güter zusätzliche 60 Einheiten Brot konsumiert werden. Mit anderen Worten: Die neue Budgetlinie liegt um 60 Einheiten rechts von jedem Punkt der (ursprünglichen) Budgetlinie AB und ist damit durch den Streckenzug AE_1D gegeben. In der Abbildung 25 liegt das neue (höhere) Nutzenniveau I_1 des Individuums nunmehr in Punkt E_1. Das Wirtschaftssubjekt verbraucht die 60 Einheiten Brot (= b_1) und verwendet seine 300 GE Primäreinkommen für den Kauf anderer Güter (= a_1). Der Realtransfer hat sowohl den Brotverbrauch als auch den Konsum aller anderen Güter entsprechend erhöht.

Nun soll untersucht werden, welche Nutzenwirkung der Staat bei dem begünstigten Wirtschaftssubjekt erzielen kann, wenn er – bei unverändertem Wert des staatlichen Transfers – eine Übertragung von Geldeinheiten anstelle von Brot vornimmt. Für die Darstellung in der vorstehenden Abbildung 25 wird also angenommen, daß der Staat anstelle von 60 Mengeneinheiten Brot einen äquivalenten Geldtransfer in Höhe von 120 GE $(= 60 \times 2\,\text{GE})$ vornimmt. Ein solcher Geldtransfer verschiebt die ursprüngliche Budgetgerade parallel um 120 Einheiten; die neue Budgetlinie entspricht dem Streckenzug CD. Im Unterschied zum Realtransfer erlaubt es der Geldtransfer, nunmehr auch entlang des Teilstücks CE_1 der neuen Budgetlinie zu konsumieren. Bei den in der Abbildung 25 zugrunde gelegten Konsumpräferenzen I_2 liegt das neue Optimum im Punkt E_2. Mithin werden b_2 Einheiten Brot und a_2 Einheiten aller anderen Güter konsumiert. Wird dieser Sachverhalt mit dem zuvor für einen Realtransfer erzielten Ergebnis verglichen, so zeigt sich *erstens*, daß das Wirtschaftssubjekt nun vergleichsweise weniger Brot, jedoch mehr von allen anderen Gütern konsumiert. *Zweitens* wird erkennbar, daß angesichts der vorliegenden Präferenzordnung ein Zurverfügungstellen von realem „Gratisbrot“

im Wert von 120 Geldeinheiten für das Wirtschaftssubjekt einen geringeren Nutzenzuwachs zur Folge hat als ein Geldtransfer von gleichem Wert, da der Punkt E_2 auf einer höheren Indifferenzkurve (eben I_2) liegt als zuvor der Punkt E_1 (nämlich I_1) . Erklärbar wird der Nutzenverlust durch den Umstand, daß das Wirtschaftssubjekt durch ein kostenloses Brotpaket „gezwungen" wird, diese Menge an Brot zu konsumieren (oder zu vernichten), obwohl es vorgezogen hätte, ein „Zuviel" an Brot gegen andere Güter einzutauschen, was ihm hier jedoch verwehrt war.

Bereits die bisherige Betrachtung läßt damit deutlich werden, daß der Unterschied bei der Wohlfahrtswirkung von Geld- oder Realtransfers allein von den Präferenzen der begünstigten Wirtschaftssubjekte (abgebildet durch die Lage der Indifferenzkurven) abhängt. Dies zeigt auch die nachfolgende Abbildung 26, bei der unter sonst gleichen Rahmenbedingungen die Präferenzen anders gelagert sind.

Abbildung 26: Realtransfer versus Geldtransfer II

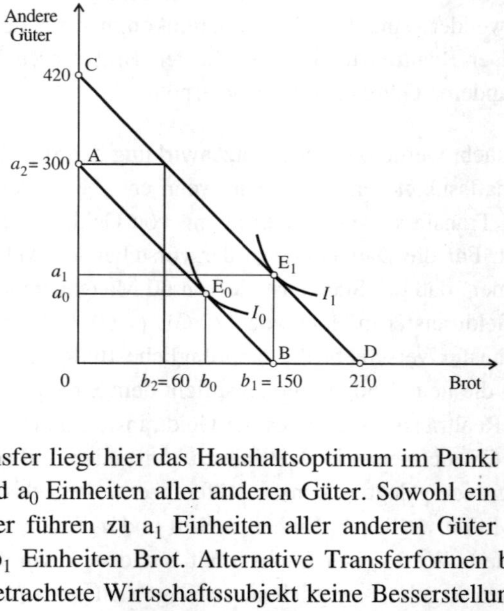

Ohne den Transfer liegt hier das Haushaltsoptimum im Punkt E_0 mit b_0 Einheiten Brot und a_0 Einheiten aller anderen Güter. Sowohl ein Real- als auch ein Geldtransfer führen zu a_1 Einheiten aller anderen Güter und zu einem Konsum von b_1 Einheiten Brot. Alternative Transferformen bewirken demnach für das betrachtete Wirtschaftssubjekt keine Besserstellung, da es in jedem Fall mehr als 60 Mengeneinheiten Brot konsumieren möchte – eine Behinderung durch eine „Zusatzlast" Brot tritt in diesem Fall also nicht ein. Die Frage, ob ein Transferempfänger durch einen Geldbetrag bessergestellt wird als durch einen wertäquivalenten Realtransfer, muß also grundsätzlich offen bleiben. Allerdings wird durch den Geldtransfer mit Sicherheit kein schlechteres Nutzenergebnis erzielt, als das ein Realtransfer zu erzielen in der Lage wäre. Das ist die zwingende Folge des erweiterten Dispositionsspielraums, der durch monetäre Transfers bewirkt wird.

Trotz einer insoweit nur schwer antizipierbaren Nutzenwirkung bzw. Überlegenheit von Geldtransfers ist aus dem nachgewiesenen Sachverhalt, daß ein Geldtransfer mindestens die gleiche Nutzenwirkung entfaltet wie ein Realtransfer, dennoch eine in aller Regel gegebene Vorzugswürdigkeit von Geld- gegenüber Realtransfers ableitbar: *Erstens* sind den begünstigten Personen die eigenen individuellen Präferenzen selbst am besten bekannt. Es empfiehlt sich deshalb, eben dieser bestinformierten Instanz diejenige Entscheidung zu überlassen, welche den aus einer Umverteilungsmaßnahme zu erwartenden Nutzengewinn maximiert. *Zweitens* erfordert eine Gewährung von Realtransfers in aller Regel einen erheblich höheren Verwaltungsaufwand (z. B. Lagerungs-, Transport- und Verteilungskosten) und bedingt zumeist spezifische und zusätzliche Wohlfahrtsverluste, welche unter anderem mit der besonderen Funktionsweise bürokratischer Anreizmechanismen zusammenhängen. Dabei muß der Transfergeber die Gefahr beachten, daß aus dessen Sicht unerwünschte Mitnahmeeffekte und eine kontraproduktive Verwendung der Mittel provoziert werden.

8. Öffentlicher Haushalt und Konzepte der Stabilisierungspolitik

Finanzpolitik ist im weiteren Sinne jede Form der Wirtschaftspolitik, die über öffentliche Haushalte vollzogen wird. Dabei sind – die bisherigen Betrachtungen zusammenfassend – drei zentrale Aufgabenbereiche als Gegenstand der Finanzpolitik zu benennen: *Erstens* geht es um eine Versorgung der Allgemeinheit mit den bereits betrachteten Kollektivgütern. Dabei sind bezüglich der privatwirtschaftlichen Güterversorgung zielgerichtete Korrekturen durchzuführen, wenn und soweit eine befriedigende Güterversorgung aufgrund allokativer Fehlentwicklungen des Marktes nicht gewährleistet ist. *Zweitens* kann ein politisches Gemeinwesen die Verteilung des Einkommens oder des Vermögens privater Wirtschaftssubjekte beeinflussen oder die Güterversorgung durch meritorisierende Eingriffe verändern. Schließlich geht es *drittens* um die stabilisierende Beeinflussung von Konjunktur und Wachstum.

8.1 Finanzpolitik und Wirtschaftspolitik

Insbesondere mit Blick auf den zuletzt genannten Aufgabenbereich bezeichnet der Begriff einer **kompensatorischen Finanzpolitik** jenen Teil des finanzwirtschaftlichen Instrumenteneinsatzes, welcher der korrigierenden Intervention in das Ergebnis des Wirtschaftsgeschehens zugedacht ist. Diesbezügliche Eingriffe widmen sich neben der vorbenannten allokativen und distributiven Lenkung insbesondere auch der Abwendung konjunktureller Störungen, der Überwindung struktureller Schwächen im Wirtschaftsablauf sowie der Förderung von Innovationen. Um der so beschriebenen stabilisierungspolitischen Aufgabenstellung zu entsprechen, lassen sich die zugehörigen Staatsaktivitäten drei Tätigkeitsfeldern zuweisen: Es handelt sich um die Bereiche der – langfristig angelegten – Ordnungspolitik, ferner um die Bereiche – einer mittelfristig ausgerichteten – Strukturpolitik und um die Bereiche – einer kurzfristig gestalteten – Prozeßpolitik:

– Im Kontext der **Ordnungspolitik** ist nach der grundsätzlichen Entscheidung, ob ein Teilbereich der Güterversorgung überhaupt einem staatlichen Einfluß ausgesetzt werden soll, zu prüfen, wie viele Einzelhaushalte eingerichtet und auf welcher Ebene bzw. auf welchen Ebenen die betreffenden Aufgaben erfüllt werden sollen. Die Ordnungspolitik definiert demnach die Rahmenbedingungen für die Wirtschaft. Ihr sind innerhalb der Finanzpolitik z. B. die Gestaltung der Finanzverfassung, die Anlage des Steuersystems und die Regelungen des Finanzausgleichs zuzurechnen.

– Hinsichtlich der **Strukturpolitik** ist dann die Frage zu klären, in welchem Umfang und in welcher Struktur die öffentlichen Aufgaben erfüllt werden sollen. Dabei geht es bezüglich des Volumens staatlicher Leistungen um eine Bestimmung der Aufteilung der Ressourcen zwischen öffentlichem und privatem Sektor, mithin um eine Bestimmung der sogenannten Staatsquote(n). Bezüglich der Struktur ist darüber zu befinden, in welcher Weise die dem öffentlichen Sektor zuerkannten Ressourcen auf die verschiedenen Aufgabenbereiche verteilt werden. Dies findet letztlich in den bereits näher gekennzeichneten öffentlichen Haushalten seinen Niederschlag.

– Hinsichtlich der **prozeßpolitischen Aufgabe** konzentrieren sich zugehörige Überlegungen auf die Wirkungen des öffentlichen Haushalts auf andere wirtschaftliche Aktivitäten. Angesprochen ist insoweit die Wirtschaftstätigkeit des Staates unter gegebenen Rahmenbedingungen und Strukturen. Die Prozeßpolitik beeinflußt demnach ökonomische Strom- und Bestandsgrößen.

Dazu gehören im Rahmen der Finanzpolitik z. B. die Maßnahmen der Konjunktur- und der Beschäftigungspolitik sowie der Wachstumspolitik.

Der Begriff „Finanzpolitik" meint im folgenden insbesondere den letztgenannten – eben den auf kurzfristige Wirkung angelegten – Interventionsbereich. Kennzeichnend für ökonomische Wirkungsanalysen der kurzfristigen Perspektive ist die Annahme konstanter Preise auf den Güter- und Faktormärkten. Zwar ist in längerfristiger Betrachtung davon auszugehen, daß Ressourcenpreise auf Änderungen der gesamtwirtschaftlichen Angebots- und Nachfragebedingungen reagieren. In einer hier gemeinten Übergangszeit erfolgen gesamtwirtschaftliche Anpassungsprozesse an exogene Veränderungen hingegen über die Mengenkomponente betroffener Märkte, also unter Beeinflussung von Produktion und Beschäftigung. Dabei sind aus finanzwissenschaftlicher Sicht insbesondere jene Wirkungen zu beachten, welche von einem regelmäßigen Einsatz des Budgets ausgehen. So werden zum einen Ressourcen benötigt, um deren Nutzung die öffentlichen Hände mit dem privaten Sektor konkurrieren. Zum anderen werden öffentliche Leistungen angeboten, welche gegebenenfalls das Ergebnis betroffener Gütermärkte verändern. Beispielsweise werden Steuern erhoben, womit der Staat private Konsum-, Spar- und Investitionsentscheidungen beeinflußt. Mit der Aufnahme von Schulden verändert der Staat unter anderem die Fremdfinanzierungsbedingungen des Marktes.

Aufgrund der Kenntnis derartiger Wirkungsabläufe lassen sich die finanzwirtschaftlichen Maßnahmen des Staates dann instrumentell für eine Steuerung des Wirtschaftsablaufs einsetzen. Schließlich ist im Rahmen der Finanzpolitik eine Unterscheidung zwischen der **Globalpolitik** (nicht zu verwechseln mit „Globalisierung" des Marktes) als Beeinflussung gesamtwirtschaftlicher Aggregate einerseits und der **Bereichspolitik** als strukturbezogenen Steuerung einzelner Wirtschaftssektoren (z. B. des Agrar- oder des Verkehrssektors) andererseits geläufig.

Bereits eingangs wurde dargelegt, daß Finanzpolitik als ein Teil der Wirtschaftspolitik zu begreifen ist; letztere bezeichnet die Beeinflussung und Gestaltung des wirtschaftlichen Geschehens. Dabei geht es weiterführend um eine wissenschaftliche Betrachtung der Instrumente der praktischen Wirtschaftspolitik und deren Träger. Zu unterscheiden ist zwischen drei Hauptgruppen der praktischen Wirtschaftspolitik: der Finanzpolitik, der Geld- und Wechselkurspolitik und den direkten Kontrollen. Werden für einen Vergleich einzelner Politikfelder die vorgenannten Positionen miteinander verglichen, so ist bei einem *ersten Blick* auf die realpolitischen Aktionsbereiche bereits erkennbar, daß die Geldpolitik am wenigsten direkt auf die übrigen Parameter der Wirtschaftspolitik bzw. des Wirtschaftsablaufs einwirkt – sie ist vorwiegend der Prozeß- und der Globalpolitik, weniger jedoch der Bereichspolitik zuzurechnen. Durch Veränderung der Positionen der öffentlichen Haushalte wirkt die Finanzpolitik hingegen direkt auf das Angebot und auf die Nachfrage; sie ist demnach ein universal wirkendes wirtschaftspolitisches Instrument. Direkte Kontrollen sollen den Adressaten demgegenüber durch Gebote und Verbote zur Änderung seines Verhaltens bewegen; sie greifen insofern am schärfsten auf die Wirtschaftspläne einzelner Individuen durch. Bei einem *zweiten Blick* hinsichtlich der Gemeinsamkeiten und Unterschiede zwischen der Finanz- und der Geldpolitik stellt sich allerdings heraus, daß eine allein institutionelle bzw. funktionale Kennzeichnung, wonach die Notenbank eben „Geldpolitik“, das Finanzministerium hingegen „Finanzpolitik“ betreibt, als nicht hinreichend:

– In *institutioneller* Kennzeichnung läßt sich vielmehr zunächst bezüglich der Geldpolitik anführen, daß für die Organisation und für die Willensbildung hier ein vergleichsweise kurzer Weg zwischen Diagnose und Wirkung einer Maßnahme kennzeichnend ist. Das maßgebliche Entscheidungsgremium (der Zentralbankrat) tagt in kurzen und regelmäßigen Zeitabständen und trifft Entscheidungen, welche zu einem großen Teil von geldpolitischer Routine geprägt sind. Für die Finanzpolitik sind demgegenüber vergleichsweise lange Entscheidungswege über den Einbezug aller Organe der politischen Willensbildung kennzeichnend. Ein großer zeitlicher Abstand und eine gewisse Trägheit zwischen Diagnose und politischer Reaktion beeinträchtigen die institutionelle Integrationskraft in gleicher Weise wie der Einsatz häufig wechselnder Instrumente, zumal die Notenbank weitgehend unabhängig vom politischen Tagesgeschehen und daher gleichsam „mit einer Stimme“ als notwendig erachtete Entscheidungen treffen kann. In der Finanzpolitik herrschen zahlreiche unterschiedliche und vielschichtige Zielvorstellungen bei mannigfacher politischer Interessenbindung vor. Die der Notenbank vorgegebene Zielvorstellung ist demgegenüber vergleichsweise eindeutig auf die „Sicherung der Währung“ ausgerichtet.

Diese Aussagen gelten prinzipiell auch für eine „entnationalisierte“ Geldpolitik, welche im Rahmen der Europäischen Wirtschafts- und Währungsunion seit dem Jahresbeginn 1999 von der **Europäischen Zentralbank** (EZB) gesteuert wird. Punktuelle Abstriche werden dabei aber vermutlich während einer Übergangsphase der Einrichtung und Umsetzung der europäischen Geldpolitik zu erwarten sein.

– Darüber hinaus ist auf *instrumentaler* Ebene anzumerken, daß der Ansatzpunkt für geldpolitische Maßnahmen stets in der monetären Nachfrage bzw. im monetären Angebot zu sehen ist. Die Finanzpolitik zielt demgegenüber auf eine Beeinflussung realer Aktiva, wobei in solchem Zusammenhang dann die Verbindung beider Politikfelder auf der Instrumentenebene deutlich wird: So wirkt beispielsweise die Gewinnausschüttung der Deutschen Bundesbank (der als anteiliger Betrag von der EZB kommend weitergereicht wird) an den Bund in gleicher Weise auf monetäre wie auf finanzwirtschaftliche Zielgrößen ein. Weitere Berührungspunkte bestehen im Rahmen einer möglichen Einlagenpolitik, der Staatseinnahmen aus dem Münzregal sowie der verschiedenen Formen einer staatlichen Schuldenaufnahme. Schließlich ist darauf hinzuweisen, daß die Wirkungsmechanismen geldpolitischer Instrumente auf eine eher mittelbare Wirkung zielen. Zudem belassen deren Orientierungsgrößen (Geldmenge, Zins, Liquidität) den Wirtschaftssubjekten einen vergleichsweise großen Spielraum der Verhaltensanpassung. Die Finanzpolitik stellt demgegenüber in direkter Weise auf gesamtwirtschaftliche Dispositionsgrößen ab, wie beispielsweise das Volkseinkommen und die Bestimmungsgrößen seiner Entstehung und Verwendung (Investitionen, Konsum und Ersparnis). Dabei erfolgt eine Beeinflussung der privatwirtschaftlichen Aktivität mitunter gruppenspezifisch, während geldpolitische Interventionen sich generell an das Bankensystem und darüber hinaus letztlich an die Gesamtheit aller Wirtschaftssubjekte wenden. Der insoweit skizzenhaft vorgenommene Vergleich von Geld- und Finanzpolitik verdeutlicht also neben einigen Gemeinsamkeiten markante Unterschiede in den jeweiligen Zielsetzungen. Darüber hinaus ist festzustellen, daß die Effektivität finanzpolitischer Eingriffe maßgeblich durch geldpolitisch determinierte Zusammenhänge mitbestimmt ist (und vice versa). Vor diesem Hintergrund sind nunmehr die finanzpolitischen Ziele und Zielbeziehungen eingehend darzustellen.

Eine *traditionelle* Betrachtung der Finanzpolitik unterscheidet zwischen dem fiskalischen Ziel und dem nichtfiskalischen Zielbündel. Diese nach einnahmeorientierten Kriterien vorgenommene Unterteilung ist vor allem in der finanzwirtschaftlichen Steuerlehre beim Versuch einer Systematisierung der Steuern geläufig. Wie nachfolgend noch im einzelnen erkennbar wird, ist die Trennschärfe einer solchen Unterscheidung gleichwohl begrenzt. Das **fiskalische Ziel** umfaßt einnahmepolitisch die erforderliche Dispositionskraft über staatliche Finanzmittel unter besonderer Berücksichtigung von zugehörigem Verwaltungsaufwand. Im Vordergrund steht dabei eine Finanzierung der Staatstätigkeit unter hoher Nettoergiebigkeit. Ausgabepolitisch impliziert das fiskalische Ziel die Vorstellung, wonach der Staat – dem bereits erwähnten Rationalprinzip folgend – seine Mittel möglichst sparsam und wirtschaftlich einsetzen soll. Die **nichtfiskalische Zielsetzung** beruht auf allgemeinen wirtschafts- und gesellschaftspolitischen Vorstellungen. Ausgehend vom Ziel allgemeiner Handlungsfreiheit soll die ungebundene Entscheidung des Individuums soweit wie möglich gewährleistet und damit ergebnisbestimmend für das Wirtschaftsgeschehen sein. Darauf aufbauend wird dann einerseits eine Maximierung des Wohlstandes auf der Grundlage gesicherter Beschäftigung sowie andererseits eine als gerecht empfundene Verteilung von Einkommen und Vermögen angestrebt. Hinzu treten politische Bemühungen zum Schutz und zur Verbesserung der natürlichen Lebensgrundlagen.

Abgesehen von dem schon diskutierten Sachverhalt, daß aus derart unbestimmt gehaltenen Zielvorstellungen konkrete wirtschaftspolitische Maßnahmen nicht abgeleitet werden können, handelt es sich bei genauerer Betrachtung der fiskalischen Zielsetzung weniger um ein finanzpolitisches Ziel sui generis. Vielmehr geht es im Rahmen der Mittelbeschaffung um das Instrumentalziel einer Finanzierung von Ausgaben. Dabei ist allerdings offenkundig, daß mit der Einnahmenerzielung stets auch nichtfiskalische Zielsetzungen verfolgt werden können. Ergänzend dazu ist jedoch zu bedenken, daß fiskalische und nichtfiskalische Ziele mitunter in einer Konkurrenzbeziehung zueinander stehen. Es kann also zweckmäßig sein, das fiskalische Ziel zugunsten eines nichtfiskalischen Ziels zu vernachlässigen und umgekehrt. Ein zugehöriger Konfliktbereich wurde bereits hinsichtlich einer umweltpolitisch motivierten Abgabe beispielgebend diskutiert, bei welcher der Lenkungsfunktion unter Umständen eine Finanzierungswirkung gegenübersteht. Von einer **neutralen Abgabenregelung** wäre demnach zu fordern, daß sie den gegebenen Wirtschaftsablauf zumindest ungestört läßt, was zu zieladäquaten Ergebnissen freilich nur unter der Voraussetzung führt, daß die bestehende Situation als erstrebenswert angesehen wird. Darüber hinaus ist anzumerken, daß eine allokative Neutralität im Sinne einer völligen Vermeidung von Substitutionseffekten allein durch eine **Kopfsteuer** mit einer natürlichen, nicht hingegen mit wirtschaftlich bestimmten Bemessungsgrundlagen verwirklicht werden kann. Hiernach würde das Einkommen aller Wirtschaftssubjekte um einen jeweils gleichen Betrag verringert, was alle relativen Ressourcenpreise dann unverändert läßt. Nicht zuletzt vor dem Hintergrund der schon diskutierten Gerechtigkeitspostulate erscheint eine solche Kopfsteuer – und mit ihr das Neutralitätspostulat – jedoch grundsätzlich als fragwürdig. Während in der steuerpolitischen Praxis somit eine Neutralität fiskalisch motivierter Abgabentatbestände kaum angestrebt bzw. realisiert wird, sind auch die Grenzen zwischen fiskalischer und nichtfiskalischer Zielsetzung bzw. Wirkungsweise als diffus zu kennzeichnen. Eine hieran angelehnte Unterscheidung finanzpolitischer Fragestellungen dürfte insoweit kaum zweckdienlich sein.

Eine zweite Gliederungsmöglichkeit folgt der Systematisierung finanzpolitischer Ziele nach den bereits benannten **drei Hauptfunktionen staatlicher Budgetpolitik** nach *R. A. Musgrave* (allokations-, distributions- und stabilisierungspolitische „Abteilung"). Im Rahmen stabilisierungspolitischer Fragen geht es dabei um die Korrektur der sich aufgrund marktlicher Prozesse ergebenden konjunkturellen Entwicklung, wobei als Maßstäbe und empirische Unterziele die Stabilität des Preisniveaus, ein hoher Beschäftigungsstand, ein stetiges und angemessenes Wirtschaftswachstum sowie ein außenwirtschaftliches Gleichgewicht angeführt werden (siehe dazu § 1 des Stabilitäts- und Wachstumsgesetzes). Grundsätzlich ist bei einer solchen Gruppierung jedoch zu bedenken, daß die Zielinhalte dieser Abteilungen unterschiedlich, also nicht gleichgewichtet zu sehen sind, selbst wenn sie „gleichzeitig" in die Tat umgesetzt werden sollen. Die praktischen Ziele der Finanzpolitik sind daher vielschichtig und im Zeitverlauf deshalb wandelbarer angelegt als es die Eindeutigkeit bestimmter Systematiken mitunter suggeriert. Wie bereits dargelegt, ist eine Position im Haushaltsplan nicht immer eindeutig dem einen oder dem anderen Bereich zuzuordnen. Ein Haushaltstitel kann durchaus verschiedenen Zielen gleichzeitig verpflichtet sein. Zudem kann deren jeweilige Gewichtung auf den einzelnen föderalen Ebenen unterschiedlich ausgelegt werden, was dementsprechend auch zu abweichenden finanzpolitischen Maßnahmen führt.

Angesichts der damit skizzierten Gleichwertigkeit, mit welcher die vielschichtigen staatlichen Zielsetzungen verfolgt werden, ist auf die möglichen Arten von **Zielbeziehungen** nun genauer einzugehen. Können durch eine Maßnahme (ein Instrument) mehrere Ziele gleichzeitig erreicht werden, so befinden sich diese in einer widerspruchsfreien Beziehung zueinander, was als **Zielharmonie** bezeichnet wird. Von einer **Zielantinomie** wird dagegen gesprochen, wenn die gleiche Maßnahme die Erfüllung des einen, wie zugleich auch die Verletzung des anderen Zieles bewirkt. Ist schließlich eine wechselseitige Veränderung von Zielgrößen durch das Ergreifen einer Maßnahme nicht gegeben, so liegt **Zielneutralität** vor.

In solchem Zusammenhang steht die Frage nach Zielkonflikten naturgemäß im Vordergrund finanzpolitischer Überlegungen. Die Intensität potentieller Konflikte hängt dabei von der Zahl der Ziele, der Art und Anzahl eingesetzter Instrumente sowie von der zeitlichen Dimension ab, in welcher der Instrumenteneinsatz stattfindet. Mittels der sogenannten „**Trade-off-Analyse**" kann versucht werden, die zugehörigen Kosten aus Zielkonflikten zu operationalisieren. Besteht beispielsweise ein Zielkonflikt zwischen einem hohen Beschäftigungsstand einerseits und der angestrebten Preisniveaustabilität andererseits, so stellt sich im Rahmen einer Trade-off-Analyse die Aufgabe, jene Zielverletzungskosten zu ermitteln, welche sich bei Nichterfüllung eines der beiden Ziele ergeben. Dabei kann wiederum zwischen allokativen und distributiven Effekten unterschieden werden. Wird das Ziel der Vollbeschäftigung verfehlt, so hat dies unter allokativen Kriterien gesamtwirtschaftliche Effizienzverluste zur Folge. Unter distributiven Aspekten erleiden zugleich solche Wirtschaftssubjekte entsprechende Einkommensverluste, welche im Produktionsprozeß nicht eingesetzt werden. Darüber hinaus wirkt sich die Zielverletzung über Steuerausfälle und Ausgabenbindungen negativ auf den übrigen Staatshaushalt aus. Wird demgegenüber das Ziel der Preisniveaustabilität verfehlt, so ergibt sich unter dem allokativen Kriterium ein Verlust der Funktionsfähigkeit des Preises als Knappheitsindikator sowie ein Verlust der Wertaufbewahrungs- und der Zahlungsmittelfunktion des Geldes. Als Folgewirkung ist eine „Flucht in Sachwerte" zu befürchten, wenn aus Furcht vor der Inflation derartige Sachgüterkäufe oder Investitionen stattfinden, welche bei Abwesenheit von Inflation nicht getätigt worden wären. Die Folge sind wiederum Fehlallokationen, soweit die Produktionsfaktoren einer suboptimalen Verwendung zugeführt werden. Unter distributiven Aspekten beeinträchtigt eine Inflation die politisch gewollte Einkommensverteilung, weil hierdurch einzelne Gruppen von Wirtschaftssubjekten in unterschiedlichem Ausmaß benachteiligt werden: Beispielsweise unterliegen Geldvermögen und Geldforderungen dann einer stärkeren Entwertung als Sachvermögen. Zudem werden durch einen inflationsbedingten Kaufkraftverlust die Bezieher von (vertraglich fixierten) Kontrakteinkommen vergleichsweise schlechtergestellt als demgegenüber die Bezieher von Gewinneinkommen.

Abgesehen von der problematischen Quantifizierung zugehöriger Kostenwirkungen läßt sich also grundsätzlich formulieren, daß eine Stabilisierungs-

bzw. Stabilitätspolitik erforderlich wird, weil Instabilitäten unerwünschte volkswirtschaftliche Kosten verursachen. Insbesondere hinsichtlich der Preisniveaustabilität ist neben den tangiblen Verlusten ergänzend auf ausgelöste Unsicherheitsgefühle, auf die wegen fehlender Kalkulierbarkeit unterbliebenen oder verfehlten Investitions- und Konsumentscheidungen sowie auf erhöhte Transaktionskosten hinzuweisen. Stabilisierungspolitik kann in diesem Zusammenhang als der Versuch angesehen werden, Unterauslastungen und Überforderungen des Produktionspotentials zu vermeiden. Wachstumspolitik zielt demgegenüber auf eine quantitative Ausweitung und auf eine qualitative Verbesserung des Produktionspotentials.

Zusammenfassend ist demnach festzuhalten, daß die **diskretionäre Finanzpolitik** idealerweise gesamtwirtschaftliche Störungen zu erkennen, geeignete Maßnahmen zur Abwehr der Störung zu benennen, die Kosten der Störung und der finanzpolitischen Gegenmaßnahmen zu bestimmen und durch einen Vergleich zu entscheiden hat, ob Abwehrmaßnahmen eingeleitet werden sollen. Gegebenenfalls sind diese Maßnahmen dann durch Anweisungen an die Administration einzuleiten. Überdies sind schließlich die davon ausgehenden Wirkungen zu prüfen, zu verstärken oder abzuschwächen, bis ein gesamtwirtschaftliches Gleichgewicht hergestellt ist.

8.2 Finanzpolitische Strategien und Instrumente

Auf die im Rahmen der diskretionären Finanzpolitik einsetzbaren Strategien und verschiedenen Instrumente ist nachfolgend einzugehen.

8.2.1 Strategien finanzpolitischer Stabilisierung

Die Erkenntnis, daß eine Steuerung der gesamtwirtschaftlichen Entwicklung mit Hilfe finanzpolitischer Instrumente geboten sein kann, ist kaum fünfzig Jahre alt. Zuvor domininierte die finanzklassizistische Vorstellung vom sogenannten **Nachtwächterstaat**. Danach waren staatliche Eingriffe in den Wirtschaftsablauf allenfalls auf Sonderfälle zu beschränken. Dies bedeutete letztlich, daß das öffentliche Budget kein Aktions-, sondern ein Erwartungsparameter war. Da eine Staatsverschuldung ohnehin abgelehnt wurde, richtete sich die Höhe der Ausgaben des Staates nach dem Volumen der Steuereinnahmen: Stieg das Steueraufkommen beim konjunkturellen Aufschwung, so nahm auch der Budgetumfang zu. Verminderte sich das Steueraufkommen dagegen beim konjunkturellen Niedergang, so erforderte dies eine Senkung der öffentlichen Ausgaben. Unter stabilitätspolitischen Aspekten hatte diese als **Parallelpolitik** zu kennzeichnende Verfahrensregel zur Folge, daß ein ohnehin entstandenes wirtschaftliches Ungleichgewicht noch verschärft wurde. In der Situation eines wirtschaftlichen Aufschwungs beschleunigte die durch hohe Steuereinnahmen bewirkte erweiterte Ausgabentätigkeit des Staates eine konjunkturelle Überhitzung sowie Preissteigerungen, während im Fall einer Unterbeschäftigung die durch niedrige Steuereinnahmen hervorgerufene Einschränkung der Ausgabentätigkeit zu einer Verschärfung der konjunkturellen Schwäche beitrug. So wirkte die Haushaltspolitik **prozyklisch**.

Dieses Dilemma ist kennzeichnend für das Konzept einer stabilitätsorientierten **antizyklischen Finanzpolitik** im Sinne des englischen Nationalökonomen *J. M. Keynes*. Das Programm der „Fiscal policy" fordert im Sinne einer kompensatorischen Finanzpolitik eine Anregung der Wirtschaftstätigkeit im Abschwung und eine Dämpfung der gesamtwirtschaftlichen Nachfrage bei einer übermäßigen Auslastung der Produktionskapazitäten. Bei unfreiwilliger Arbeitslosigkeit ist demzufolge die gesamtwirtschaftliche Nachfrage so lange und so weit zu erhöhen, bis die Gesamtausgaben dem Wert der Ausbringung bei hoher Beschäftigung entsprechen. Bei Inflation ist diese Nachfrage demgegenüber zu senken, um die Gesamtausgaben dem Wert der Ausbringung in konstanten Preisen eines Basisjahres anzupassen. Dem Staat stehen dafür zwei originäre finanzpolitische Instrumente zur Verfügung. Zum einen kann er über seine eigenen Ausgaben direkten Einfluß auf die Gesamtnachfrage nehmen; zum anderen kann er versuchen, die gesamtwirtschaftliche Nachfrage mittelbar über die Steuerbelastung der privaten Haushalte und Unternehmen zu beeinflussen. Fallbezogen bedeutet dies einerseits, daß der Staat bei einer drohenden Überlastung der Produktionskapazitäten seine Ausgaben senken und die Steuern erhöhen muß, um kontraktive Wirkungen zu erzielen. Andererseits sind bei nachlassender Konjunktur eine Ausweitung der öffentlichen Ausgaben sowie Steuersenkungen zum Zweck der wirtschaftlichen Expansion geboten. Da bei einer solchen antizyklischen Strategie die Ausgaben und Einnahmen nicht übereinstimmen (können), sind ergänzende Regeln vorgesehen. Die in der Rezession bzw. zur Rezessionsbekämpfung entstehenden Haushaltsdefizite werden durch Kreditaufnahme geschlossen. Diese konjunkturbedingten Schulden sind mit Überschüssen im darauffolgenden Boom zu tilgen. Ergänzend dazu sollen aus Mehreinnahmen in der Hochkonjunktur Rücklagen bei der Notenbank gebildet werden, die in einer anschließenden Rezession gegebenenfalls aufzulösen sind.

8.2.2 Finanzpolitische Stabilisierungsalternativen

Um eine derartige stabilisierungspolitische Strategie in staatliches Handeln umzusetzen, sind gemäß Übersicht 26 unterschiedliche Verfahren denkbar.

Übersicht 26: Finanzpolitische Stabilisierungsalternativen

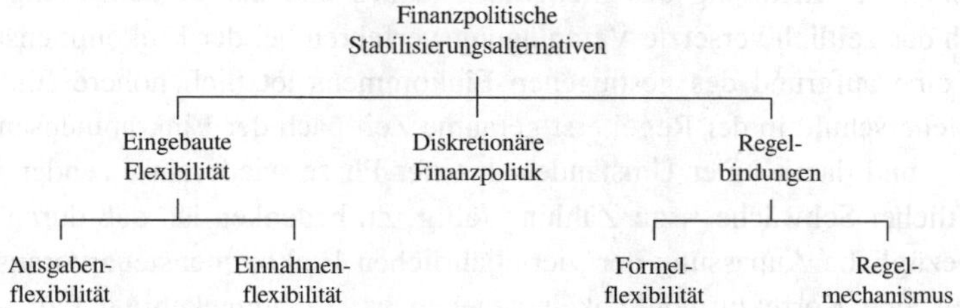

Das Prinzip der – beidseitig oder einseitig ausgerichteten – **eingebauten Flexibilität** („Built-in-flexibility") beruht darauf, daß Einnahmen- oder Ausgabenveränderungen ohne eigens herbeizuführende politische Beschlüsse gleichsam automatisch einsetzen. Die eingebaute Flexibilität mündet in eine eingebaute Stabilität, wenn das Budget nicht nur auf die Konjunktur reagiert, sondern sich parallel dazu gleichzeitig stabilisierende Rückwirkungen auf die Konjunktur im nennenswerten Umfang ergeben. Eine beidseitig eingebaute Flexibilität ist beispielsweise bei der Arbeitslosenversicherung nachzuweisen. Im Boom steigen die Beiträge der Versicherten, während die Unterstützungszahlungen zurückgehen. In der Rezession mit abnehmender Beschäftigung vermindert sich das Beitragsaufkommen; zugleich steigen die Ausgaben für das Arbeitslosengeld. Der Fall der eingebauten Ausgabenflexibilität ist an der aus dem Bundeshaushalt geleisteten Arbeitslosenhilfe zu verdeutlichen. In einer rezessiven Phase nehmen diese Ausgaben zu, in Phasen hoher Beschäftigung sind derartige Ausgaben entsprechend geringer zu veranschlagen. Eine eingebaute Einnahmenflexibilität wird schließlich am Aufkommen bestimmter Steuereinnahmen erkennbar. In Zeiten abnehmender Beschäftigung gehen derartige Steuereinnahmen zurück, während sie im Laufe einer konjunkturellen Belebung ansteigen.

Die Lohn- und Einkommensteuer kann unter stabilitätspolitischem Aspekt insofern als besonders wirksam angesehen werden. Aufgrund der progressiven Tarifgestaltung steigt das Steueraufkommen mit der Konjunkturbelebung und einer entsprechend wachsenden Steuerbemessungsgrundlage überproportional, während eine Konjunkturschwäche mit sinkendem Einkommen einen überproportionalen Rückgang des Steueraufkommens zur Folge hat. Dennoch ist gerade diese Ausgangslage dazu geeignet, Kritik an dem Konzept der eingebauten Stabilität zu üben:

– Ein erstes, steuertechnisches Argument weist auf die **Zeitverzögerung** zwischen der Erfüllung des Steuertatbestandes und der Steuerzahlung hin. Durch das zeitlich versetzte Veranlagungsverfahren bei der Einkommensteuer wird eine aufgrund des gestiegenen Einkommens letztlich höhere Einkommensteuerschuld in der Regel erst geraume Zeit nach der Einkommensentstehung – und damit unter Umständen in einer Phase wiedereinsetzender wirtschaftlicher Schwäche – zur Zahlung fällig. Zu bedenken ist, daß durch eine diesbezügliche Anpassung der vierteljährlichen Einkommensteuervorauszahlungen eine Korrekturmöglichkeit gegeben ist. Im umgekehrten Fall – bei konjunkturell bedingt rückläufigem Einkommen – gilt dieses Argument nicht gleichermaßen, weil der Steuerpflichtige eine Herabsetzung seiner Vorauszahlungen beantragen wird. Anders sind demgegenüber die Verhältnisse bei der Lohnsteuer aufgrund der monatlichen Abführungspflicht zu beurteilen.

– Ein zweites Argument kennzeichnet mögliche **Zielkonflikte**: Während die stabilitätspolitische Orientierung in der Hochkonjunktur eine Stillegung der Steuermehreinnahmen erfordert, würde der Grundsatz der Sparsamkeit zu einer Tilgung von Schulden bei privaten Gläubigern verpflichten, da sich auf diesem Wege die Zinsausgaben der öffentlichen Hand vermindern lassen. Vor allem aber neigen stimmenmaximierende Finanzpolitiker zu einer raschen – und vorzugsweise konsumtiven – Mittelverausgabung. Mehrausgaben im Boom wirken jedoch prozyklisch.

– Ein drittes Argument gründet auf dem Tatbestand der sogenannten **fiskalischen Bremse** („fiscal drag"). Die Überlegung geht davon aus, daß die tatsächlichen Einkommen im Zeitverlauf um einen Wachstumspfad schwanken. Ein abgeschwächtes Wirtschaftswachstum äußert sich somit in geringen, eine prosperierende Wirtschaftsentwicklung in hohen Wachstumsraten. Selbst bei abgeschwächtem wirtschaftlichen Wachstum nimmt das Steueraufkommen jedoch aufgrund des progressiv gestalteten Tarifs der Lohn- und Einkommensteuer überproportional zu und verschärft insoweit den wirtschaftlichen Abschwung. Dieser Entwicklung kann auch mit den derart finanzierten höheren Staatsausgaben nicht mehr begegnet werden. Aus dieser Überlegung wird konsequent die Forderung abgeleitet, in regelmäßigen Abständen entsprechende Steuerentlastungsmaßnahmen durchzuführen.

– Ein viertes Argument geht von dem Phänomen der **Stagflation** aus: Da einerseits Inflation auch in einer wirtschaftlichen Schwächephase möglich ist und andererseits die Besteuerung auf nominale Größen abstellt, nimmt das Steueraufkommen bereits allein aufgrund inflationär aufgeblähter Einkommen zu. Dieser Sachverhalt wird als „heimliche Steuererhöhung" oder **„kalte Progression"** bezeichnet.

– Schließlich ist als fünftes Argument auf die relativ geringe **Manövriermasse** zu verweisen, welche der Finanzpolitik bei einer eingebauten Flexibilität zur Verfügung steht. Tatsächlich kann sie allenfalls ein umfassenderes Stabilisierungskonzept unterstützen. Deswegen ist es erforderlich, die eingebauten Stabilisatoren durch diskretionäre Maßnahmen zu ergänzen.

Bei der **diskretionären Finanzpolitik** nehmen die Träger der Finanzpolitik deshalb stabilisierungspolitisch motivierte Budgetänderungen nach eigenem Ermessen vor und treffen Entscheidungen von Fall zu Fall. Die eingeleiteten Maßnahmen werden aber auch bei diesem Konzept nicht sofort wirksam. Vielmehr kommt es zu **Zeitverzögerungen** (time lags), denen verschiedene Ursachen zugrunde liegen. Sechs Verzögerungsbereiche sind zu unterscheiden, welche in der nachfolgenden Übersicht 27 zusammengestellt sind.

– In der **Störungsphase** breitet sich eine konjunkturelle Störung aus; sie ist an gesamtwirtschaftlichen Meßgrößen (Indikatoren) abzulesen. Dabei ist zu bedenken, daß eine Fehlentwicklung unter Umständen vergleichsweise spät angezeigt wird. Meldungen zur Entwicklung der Arbeitslosenzahlen durch die Bundesanstalt für Arbeit, der Preissteigerungsrate durch das Statistische Bundesamt oder des Leistungsbilanzsaldos durch die Deutsche Bundesbank werden erst mit (abgestufter) zeitlicher Verzögerung vorgelegt („disturbance-lag"). Während der **Wahrnehmungsphase** signalisiert ein ausgewählter Indikator bzw. signalisieren die maßgeblichen Indikatoren einen Handlungsbedarf, sofern die Störung einen politisch als bedenklich eingestuften Schwellenwert überschreitet.

– Eine möglicherweise fehlende Akzeptanz der gemeldeten Störung seitens der finanzpolitischen Entscheidungsträger kann den Fortgang einer Fehlentwicklung begünstigen. Es kommt darauf an, in welchem Maße es den Betroffenen gelingt, finanzpolitischen Handlungsbedarf zu verdeutlichen („recognition-lag"). In der **Beurteilungsphase** sind dann die Ursachen der erkannten Störung zu analysieren und die weitere Entwicklung zu prognostizieren („diagnostic-lag").

Übersicht 27: Zeitverzögerungen bei diskretionärer Finanzpolitik

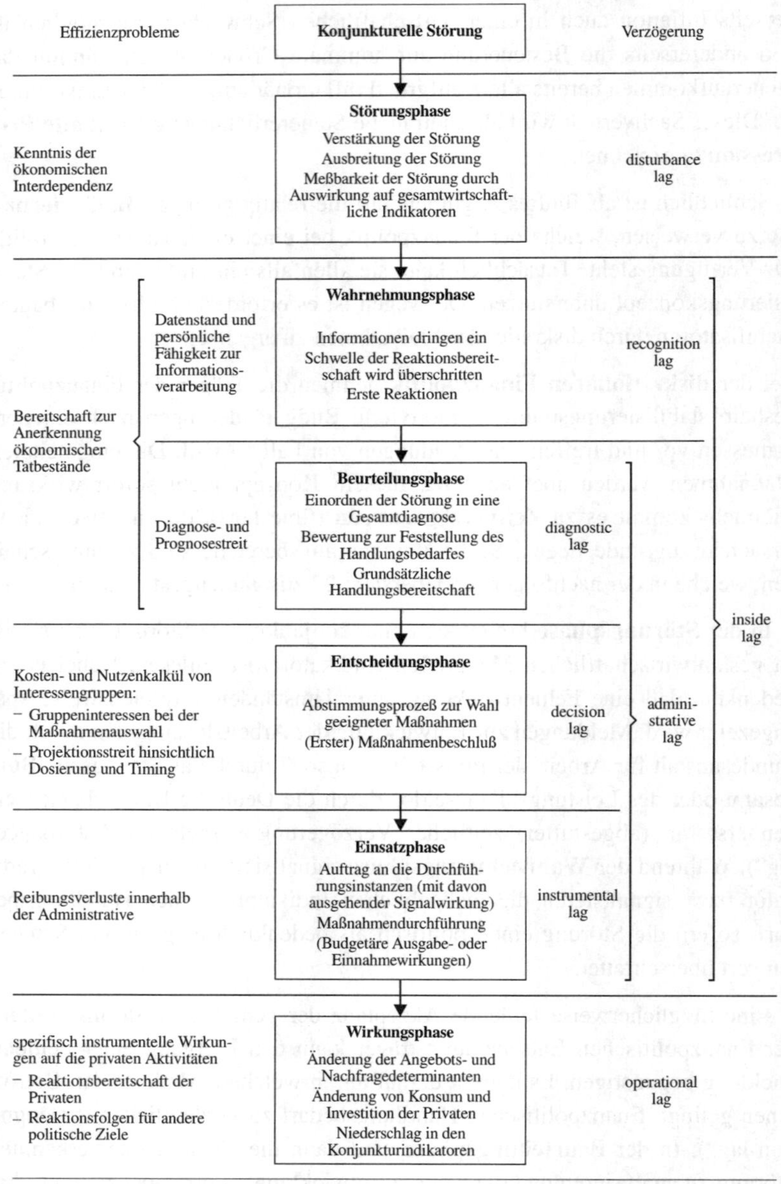

Quelle: In Anlehnung an Mackscheidt / Steinhausen (1978), S. 74.

Nicht auszuschließen ist dabei, daß die Beurteilung der gesamtwirtschaftlichen Lage – mit einem Diagnose- und Prognosestreit – beispielsweise zwischen den Tarifparteien oder verschiedenen wirtschaftspolitischen Denkschulen verbunden ist. Nach Interpretation der einen Gruppe mag eine außenwirtschaftliche Störung die Krise verursacht haben, für eine andere mag eine „fehlerhafte" Geldpolitik verantwortlich sein.

In jedem Fall beginnt nun ein Bereich von Zeitverzögerungen, welcher innerhalb der Exekutive angesiedelt ist („administrative-lag"). Auch in der **Entscheidungsphase**, in welcher die zur Abwehr der Störung zu ergreifenden Maßnahmen diskutiert werden, sind gruppenspezifische Einflüsse maßgeblich. Beispielsweise kann über die Finanzierung staatlicher Aktivitäten ein föderaler Streit zwischen den Gebietskörperschaften entstehen. Strittig mag in diesem Zusammenhang beispielsweise die Frage sein, ob der Weg aus der Krise über eine Veränderung der unternehmerischen Produktionsbedingungen oder über eine Beeinflussung der Massenkaufkraft führt („decision lag"). Letztlich verdichtet sich die Diskussion auf die zu treffenden Maßnahmen. Sobald dies absehbar ist, setzen unter Umständen bereits bestimmte Signalwirkungen bei den von den (zu erwartenden) Maßnahmen mutmaßlich betroffenen Wirtschaftssubjekten ein.

– In der **Einsatzphase** werden die als erforderlich erachteten Maßnahmen realisiert. Sofern vergleichbare Maßnahmen zuvor bereits in ähnlicher Form abgewickelt wurden, verfügen die beteiligten Einrichtungen über Erfahrungen bei der technischen Durchführung. Andernfalls sind Reibungsverluste – als „instrumental-lag" – bei der Einführung und Abwicklung der Maßnahmen die Regel. Den Abschluß bildet die **Wirkungsphase**, in welcher die finanzpolitische Aktivität als stabilisierender Impuls zum Tragen kommen soll. Die tatsächlichen Wirkungen sind wiederum an den maßgeblichen Indikatoren abzulesen, was wiederum erst mit einer gewissen Zeitverzögerung zu erwarten ist („operational-lag").

Mit den zuletzt benannten Phasen werden demnach unterschiedliche Kategorien von Zeitverzögerungen initialisiert, die innerhalb des politischen Entscheidungssystems wirksam werden und zu bewältigen sind („inside-lag"). Dabei ist prinzipiell davon auszugehen, daß nunmehr eine höhere Sensibilität für eine gegebenenfalls verbliebene Störung besteht, als dies zuvor der Fall war. Insofern ist dann mit Nachbesserungsmaßnahmen zu rechnen, was den Prozeß unter Umständen allerdings undurchschaubar werden läßt und demzufolge (zusätzlich) erschwert. Offenkundig ist, daß dieses diskretionäre Verfahren grundsätzliche Entscheidungen vom Finanzpolitiker verlangt:

- Das „*Ob?*" erfordert eine Beurteilung der Situation. Zu klären ist beispielsweise, ob eine Stahl- oder Werfthilfe grundsätzlich geboten ist.
- Das „*Wie?*" spricht die qualitative Instrumentenauswahl an. Diese kann im vorgenannten Beispiel zwischen direkten Subventionszahlungen oder Steuervergünstigungen bestehen.
- Das „*Wieviel?*" meint die Dosierung der Maßnahme. So können hinsichtlich des Volumens einer derartigen Subventionszahlung politisch unterschiedliche Vorstellungen herrschen.
- Das „*Wann?*" stellt auf die zeitliche Planung der Maßnahme ab. Die Terminierung kann sofort oder zeitverzögert – mit dem Problem eines Ankündigungsseffektes – angesetzt werden.
- Das „*Wie lange?*" fragt schließlich nach einer Festsetzung der Dauer einer Maßnahme. Sie kann zeitlich befristet vorgesehen oder demgegenüber für eine längere Zeit angelegt sein.

Im Eindruck der vorstehend aufgezeigten Schwierigkeiten wird deutlich, daß die diskretionäre Finanzpolitik erhebliche **Schwächen** aufweist. Zum einen stabilisiert sie nicht die Erwartungen privater Wirtschaftssubjekte, zum anderen können Wirkungen zur unpassenden Zeit hervorgerufen werden. Überdies können die Maßnahmen sich aufgrund mangelnder Kenntnisse über die Wirkungszusammenhänge als nicht treffsicher erweisen oder unbeabsichtigte Nebenwirkungen hervorrufen, welche letztlich eine effiziente Stabilisierungspolitik beeinträchtigen. Die Vielzahl der Probleme einer derartig diskretionären, reaktiven Politik führt zu der Überlegung, an die Stelle fallweise zu treffender Entscheidungen eindeutige Handlungsregeln treten zu lassen, welche im vorhinein festgelegt sind und auf Dauer gelten sollen. Solche **Regelbindungen** können den Handlungsspielraum des Finanzpolitikers in unterschiedlicher Weise einengen, wobei das Ausmaß der Regelbindung davon abhängt, inwieweit bestimmte Signale zur Grundlage des Handelns gemacht werden. Demgemäß werden dann einer freien Interpretation der gesamtwirtschaftlichen Lage ebenfalls im vorhinein Grenzen gesetzt. Ob das Verhalten der finanzpolitischen Instanzen tatsächlich gebunden wird und ob ein Abweichen des Finanzpolitikers vom vorgeschriebenen Verhalten mit Sanktionen belegt wird, ist dann gesondert zu prüfen.

Als Kompromiß zwischen der diskretionären Finanzpolitik einerseits und der eingebauten Flexibilität andererseits kann die **Formelflexibilität** betrachtet werden. Dieses **zyklusabhängige Konzept** für eine antizyklische Politik strebt die Programmierung von Lösungen für den eventuellen Störungsfall an, dem mit einer ausreichend großen Manövriermasse und ohne Ausweitung des Handlungsspielraums der Regierung begegnet werden soll. An die Stelle des Finanzpolitikers tritt demnach eine Mechanik zur Nachahmung der eingebauten Flexibilität. Nach dem Grad formelgemäßer Regelbindung lassen sich zwei Grundtypen für eine reaktive Verfahrensweise unterscheiden:

– Bei der **indikativen Bindung** ist die Festlegung der Indikatoren, deren Veränderung einen Eingriff auslösen soll, von maßgeblicher Bedeutung. Wird das Auftreten einer Störung frühzeitig signalisiert (Frühindikator), so steigt die Wahrscheinlichkeit, daß die Störung selbst vermieden werden kann. Mit der Bestimmung des Indikators durch die Legislative ist gleichsam der Zeitpunkt der Störung vorgegeben; die dann einzuleitenden Maßnahmen obliegen der Exekutive.

– Bei der **obligatorischen Bindung** sind der Exekutive nicht nur die Indikatoren bzw. deren Entwicklung, sondern auch die einzusetzenden Maßnahmen vorgeschrieben. Ein derart vollständiger Verzicht auf finanzpolitischen Handlungsspielraum entspricht einem Regelmechanismus. Jedoch ist dieser Extremfall der Steuerung aus verschiedenen Gründen kaum praktikabel. Einerseits sind die wirtschaftstheoretischen und instrumentellen Problemfelder des Verfahrens praktisch nicht lösbar, andererseits würden weder Legislative noch Exekutive ihre politischen Gestaltungsmöglichkeiten in dieser umfassenden Form aus der Hand geben wollen. In der finanzpolitischen Praxis wird dementsprechend auf Konzepte einer strengen Formelflexibilität verzichtet.

Den bisher dargestellten zyklusorientierten Verfahren ist gemeinsam, daß sie Symptome einer Störung des gesamtwirtschaftlichen Gleichgewichts zu kurieren trachten. Demgegenüber wird mit **zyklusunabhängigen Verfahren** der Regelbindung beabsichtigt, eine finanzpolitische Eingriffsnotwendigkeit durch eine Bekämpfung der Ursachen bereits im Vorfeld einer möglichen Störung zu vermeiden. Diese Zielsetzung basiert auf der Überlegung, daß die zyklusorientierten Verfahren aufgrund ständiger Richtungsänderungen, falscher Dosierung des Maßnahmeneinsatzes sowie aufgrund unkontrollierter Nebeneffekte eine Verunsicherung des privaten Sektors bewirken. Fehldispositionen bei Konsum- und Investitionsentscheidungen sind die Folge. Die Finanzpolitik wird damit selbst zur Ursache von Instabilitäten. Die öffentlichen Haushalte sollen sich deshalb mittelfristig orientieren und um die Einhaltung von Regeln bemüht sein, welche auf eine Neutralität und Verstetigung der Finanzpolitik abzielen.

Das Postulat einer solchen **Neutralität der Finanzpolitik** setzt die Meßbarkeit konjunktureller Impulse des öffentlichen Gesamthaushalts voraus. Zu diesem Zweck wurden sogenannte Budgetkonzepte entwickelt, welche die budgetwirksamen Staatsaktivitäten auf eine eindimensionale Größe – den sogenannten konjunkturellen Impuls – verdichten. Dieser Wert soll angeben, ob die öffentlichen Haushalte expansiv, neutral oder kontraktiv auf die gesamtwirtschaftliche Entwicklung einwirken. Der Vorteil solcher Informationsverdichtung liegt vor allem in der Handlichkeit der Kennziffer für alle wirtschaftspolitisch Interessierten begründet. Im Rahmen der hier vorgetragenen Überlegungen sind dazu das Konzept des konjunkturneutralen Haushalts sowie das des konjukturgerechten Haushalts zu nennen.

– Nach dem Konzept des **konjunkturneutralen Haushalts**, das vom *Sachverständigenrat zur Begutachtung der gesamtwirtschaftlichen Entwicklung* entwickelt wurde, ist ein Haushaltsvolumen dann konjunkturneutral, wenn es für sich genommen keine Abweichungen der Auslastung des gesamtwirtschaftlichen Produktionspotentials von dem bewirkt, was mittelfristig als „normal" angesehen wird. Dieses Konzept, welches allein die Primärwirkungen der staatlichen Ausgaben und Einnahmen auf die Gesamtnachfrage erfaßt, liefert trotz aller methodischen Kritik zweckdienliche Anhaltspunkte für die gesamtwirtschaftliche Beurteilung der öffentlichen Haushalte. Allerdings sagt es nicht, welches Maß an expansiver oder kontraktiver Wirkung zum jeweiligen Zeitpunkt angemessen oder konjunkturgerecht ist – dies obliegt einer politischen Wertung.

– Unter der Voraussetzung, daß der private Sektor endogen zur Stabilität neigt, wäre ein konjunkturneutraler Haushalt zugleich auch konjunkturgerecht. Das Konzept des **konjunkturgerechten Haushalts** geht jedoch davon aus, daß ein gleichbleibend neutrales Verhalten des Staates nicht ausreicht, um die gesamtwirtschaftliche Stabilität zu sichern. Weil nach dieser Vorstellung die Selbstheilungskräfte des Marktes nicht dominant sind, muß demzufolge der tatsächliche Haushalt von einem fiktiven konjunkturneutralen Haushalt in einem Maße abweichen, wie dies für eine Rückführung der wirtschaftlichen Entwicklung zu einem mittelfristigen Gleichgewichtspfad erforderlich ist. Unter Beachtung der Multiplikatorwirkungen verschiedener staatlicher Einnahmen und Ausgaben und der dann wirksam werdenden Sekundäreffekte geht es dabei vor allem um den Vergleich des tatsächlichen Budgetdefizits mit demjenigen, welches dem Neutralitätspostulat genügen würde. Die Differenz zwischen dem vorgesehenen und dem fiktiven Defizit verdeutlicht den **konjunkturellen Impuls**. Bei einer positiven Differenz wirkt der öffentliche Haushalt expansiv, bei einer negativen Differenz entsprechend kontraktiv.

Beide Konzepte gestehen dem Staat aus konjunkturellen Gründen eine Verschuldung zu, fordern jedoch zugleich den Abbau des konjunkturell verursachten Defizits in der Hochkonjunktur. Überdies tragen die Konzepte dem Umstand Rechnung, daß sich die Gesamtwirtschaft an eine Verschuldung des Staates gewöhnen kann, so daß diese mit der Zeit als „normal" und damit letztlich als gesamtwirtschaftlich neutral erachtet wird. In Deutschland ist der konjunkturneutrale Haushalt des Sachverständigenrates das wohl am häufigsten verwendete Meßkonzept. Das daraus abgeleitete sogenannte **strukturelle Defizit** bezeichnet die über die konjunkturell bedingte und die normale Verschuldung hinausgehende Kreditaufnahme. Wenn von einer Konsolidierung der öffentlichen Haushalte die Rede ist, so ist damit in aller Regel die Forderung nach einem Abbau des strukturellen Defizits gemeint.

Die vorgestellten Konzepte können dabei nur in dem Maße realitätsgerecht sein, wie das ihnen zugrunde liegende Gedankengerüst praxisnah angelegt ist. An dieser Stelle setzt die Kritik an: Empirisch ist es weder zweifelsfrei nachweisbar, daß die Finanzpolitik eine Quelle der Instabilität ist, noch ist eindeutig zu belegen, daß der private Sektor von sich aus zur Stabilität neigt. Unabhängig von dieser Frage ist jedoch anzumerken, daß die Konzepte der Regelbindung selbst mit eigenen Nachteilen behaftet sind. Zwar gelingt es den Verfahren der Regelbindung, die bei einer diskretionären Finanzpolitik wirksam werdenden Interessenkonflikte mit entsprechenden Zeitverzögerungen zu begrenzen, jedoch ist das Konfliktpotential damit nicht grundsätzlich beseitigt. Überbrückungsstrategien sind erforderlich, um unterschiedliche Einstellungen zum Verfahren aufeinander abzustimmen. Außerdem ist zu bedenken, daß mit derartigen Konzepten dem Stabilisierungsziel eine eindeutige Vorrangstellung vor anderen wirtschaftspolitischen Zielen eingeräumt wird. Wenn es auf diesem Wege also gelingt, den Konjunkturverlauf zu stabilisieren, so geschieht dies gegebenenfalls um den Preis, daß in anderen Aufgabenbereichen Zielverzichte hingenommen werden. Eine realitätsbezogene Finanzpolitik erfordert aber die Beachtung und Abwägung aller gesellschaftlichen Interessen, was eine streng regelgebundene Politik wegen ihrer einseitigen Ausrichtung nicht gewährleisten kann.

Sofern der Staat über die Geld- und Finanzpolitik Einfluß auf das gesamtwirtschaftliche Geschehen nimmt und eine solche Einflußnahme bewertet werden soll, erfordert dies eine umfassende Kenntnis der ökonomischen Abläufe. Die oben erwähnte Erfassung, Messung und Bewertung der Wirtschaftstätigkeit öffentlicher Haushalte wird daher im folgenden weiterführend betrachtet.

8.2.3 Instrumente der Finanzpolitik im Überblick

Die Bestandsaufnahme der staatlichen Wirtschaftstätigkeit setzt auch eine Kenntnis des tatsächlichen und des möglichen Instrumentariums der Finanzpolitik voraus. In diesem Zusammenhang ist nochmals der Tatbestand zu beachten, daß der Staat bei der Erfüllung eines Versorgungsauftrags bestimmte, unvermeidbare Wirkungen auf das volkswirtschaftliche Geschehen – gleichsam als Kuppelprodukt – auslöst. Derartige Wirkungen können mit positiven oder auch negativen Folgen für andere Ziele verbunden sein. Die Bedeutung derartiger Abläufe wächst mit dem Umfang bzw. mit der Zunahme der finanzwirtschaftlichen Aktivitäten. Werden diese Aktivitäten mit ihren Wirkungen zielorientiert eingesetzt, so nehmen Teilbereiche der öffentlichen Finanzwirtschaft den Charakter von Mitteln oder Instrumenten zur Erreichung bestimmter Zwecke an. Die eingeleiteten Maßnahmen werden zu Bestandteilen der finanzpolitischen Steuerung. Dabei muß bewußt bleiben, daß eine Trennung von Zielen und Instrumenten in der Finanzpolitik – anders als bei der Geldpolitik – nicht immer eindeutig vorzunehmen ist. Weil bei dem umfangreichen staatlichen Zielbündel infolgedessen Nebenwirkungen der unterschiedlichsten Art auftreten (können) und weil (Teil-)Ziele zugleich Mittel für übergeordnete Ziele sein können, sind finanzpolitische Maßnahmen in einem sich ständig ändernden Ziel-Mittel-Geflecht verwoben. Diese Aussage soll anhand von zwei Beispielen verdeutlicht werden:

– Der Bau einer Fernstraße kann dazu bestimmt sein, die wirtschaftliche Erschließung einer strukturschwachen Region durch die Ansiedlung von Gewerbebetrieben oder durch eine Ausweitung des Fremdenverkehrs voranzutreiben. Der Transport von Personen und Gütern wird dadurch erleichtert und kostengünstiger gestaltet. Außerdem kann durch eine solche Baumaßnahme gegebenenfalls die Beschäftigungslage im Tief- und Straßenbau abgesichert werden. Zugleich aber ist zu bedenken, daß dadurch gegebenenfalls allokative Ziele im Bereich des Umweltschutzes wegen der erforderlich werdenden Inanspruchnahme von Waldgebieten betroffen sind.

– Der Staat verschuldet sich, um Defizite in seinem Haushalt abzudecken. Soweit er zu diesem Zweck im Ausland Kredite aufnimmt, kann das zugleich für einen vorübergehenden Ausgleich der Kapitalbilanz zweckdienlich sein. Werden die Schulden demgegenüber im Inland aufgenommen, wird dadurch gegebenenfalls die Fremdfinanzierungsmöglichkeit privater Investoren beeinträchtigt. In einer anderen konjunkturellen Situation mag aber gerade dieser Effekt mit dem Verkauf einer Stabilitätsanleihe beabsichtigt sein.

Aufgrund solcher Zusammenhänge ist es kaum möglich, die finanzpolitischen Instrumente mit Anspruch auf Vollständigkeit oder gar Endgültigkeit zu benennen und zu systematisieren. Unabhängig von der Vielfalt und Einsatzbreite der finanzpolitischen Instrumente beschränkt sich die Diskussion über den finanzpolitischen Instrumenteneinsatz deshalb in der Regel auf eine begrenzte Anzahl von Instrumenten. Maßgeblich dafür sind die jeweils politisch gewählte Ansatzstelle und die Bedeutung des einzelnen Instruments im Gesamtzusammenhang der finanzwirtschaftlichen Aktivitäten.

Unter Beachtung dieser Einschränkung können die finanzpolitischen Instrumente auch nach deren jeweiligem Träger geordnet werden. Dabei ist nach den Einsatzmöglichkeiten bei den Gebietskörperschaften (Bund, Länder und Gemeinden) und bei den Parafiski zu unterscheiden. Diese Unterteilung gewinnt an Bedeutung bei einer raumgebundenen oder funktionalen Betrachtung des Instrumenteneinsatzes oder bei der Prüfung der politischen Durchsetzbarkeit von vorgesehenen Maßnahmen. Die häufigste und wohl auch wichtigste Unterteilung ordnet das finanzpolitische Instrumentarium jedoch nach **haushaltstechnischen Kategorien**. Drei Ansatzstellen sind dafür zu nennen:

– Erstens kann demnach das **Volumen** eines ausgeglichenen Gesamthaushalts verändert, d. h. erhöht oder gesenkt werden. Zudem kann bei einem unveränderten, jedoch ausgeglichenen Gesamthaushalt eine Umschichtung in der **strukturellen Zusammensetzung** dieses Gesamthaushalts auf der Einnahmen- oder auf der Ausgabenseite vorgenommen werden.

– Zweitens kann der **Saldo** der Einnahmen- und Ausgabenpositionen variiert werden. Ein bestehender negativer Saldo (Defizit) kann konstant gehalten werden, er kann vergrößert (das Defizit steigt) oder auch vermindert werden, um dann in einen Überschuß (Ersparnis) überführt zu werden.

– Drittens können schließlich die **Einnahmen und Ausgaben** selbst instrumentelle Eigenschaften gewinnen. Auf der Einnahmenseite können die einzelnen Steuern, die Schuldenaufnahme (einschließlich der Schuldentilgung und Verzinsung), die Gebühren und Beiträge sowie die Erwerbseinkünfte mit instrumenteller Wirkung verändert werden. Vergleichbare Maßnahmen können auf der Ausgabenseite bei den Investitions- und Konsumausgaben einschließlich der Personalausgaben sowie bei den Subventionen und den Transferzahlungen (einschließlich der Kreditvergabe und der Bürgschaftsgewährung) durchgeführt werden.

Bei einem Vergleich der vorstehend genannten instrumentellen Ansatzstellen wird erkennbar, daß die **Budgetwirksamkeit** einzelner Instrumente unterschiedlich ausgestaltet ist. Zu unterscheiden ist zwischen der budgetintensiven Erfüllung von Zielen, sofern mit den Maßnahmen Finanzströme verbunden sind, und der verordnungsintensiven Erfüllung von Zielen, bei der mögliche Be- oder Entlastungseffekte an anderer Stelle auftreten. Ein derartiger Instrumentenvergleich kann zunächst **zeitpunktbezogen** für eine Haushaltsperiode vorgenommen werden. Ergänzend ist zu berücksichtigen, daß einzelne Instrumente eine zeitlich abgestufte Budgetwirksamkeit entfalten können, wenn beispielsweise an die staatliche Kreditvergabe (mit Zins- oder Tilgungseinnahmen), an staatliche Zinssubventionen oder an Bürgschaften (mit Prämieneinnahmen und Schadenszahlungen) gedacht wird. Insoweit handelt es sich dann um eine **zeitraumbezogene** Betrachtung, weil finanzwirtschaftliche Effekte über mehrere Haushaltsperioden hinweg zu bewerten sind. Dieser Sachverhalt wird insbesondere bei einer näheren Behandlung der Staatsverschuldung deutlich.

8.2.4 Öffentliche Verschuldung

Mit Blick auf die staatliche Finanzierungsform der Schuldenaufnahme ist hervorzuheben, daß künftige Generationen die bestehenden Schuldtitel entweder tilgen oder refinanzieren müssen. Dabei bedeutet eine Refinanzierung (Prolongation), daß neue kreditäre Mittel aufgenommen werden, um die Ansprüche der jeweiligen Gläubiger zu befriedigen. Zunächst findet ein Transfer zwischen zukünftigen Steuerzahlern auf der einen Seite und den Zeichnern von Staatsschuldtiteln auf der anderen Seite statt. Selbst wenn bestehende Schulden refinanziert werden, müssen dennoch Zinszahlungen an die Halter von Staatsschuldpapieren geleistet werden. Aus dieser Sicht erscheint es, als ob künftige Generationen die Lasten der Staatsverschuldung allein zu tragen hätten. Allerdings dürfte bereits im Eindruck der vorangegangenen Inzidenzüberlegungen deutlich geworden sein, daß die wirtschaftliche Last, welche einer Bevölkerungsgruppe auf den ersten Blick zugedacht ist, von jener abweichen kann, die von dieser im Endeffekt tatsächlich zu tragen ist. In Analogie zu den Inzidenzwirkungen der Steuerpolitik entfaltet auch die staatliche Schuldenaufnahme eine Reihe mikroökonomischer Wirkungen, welche die tatsächliche Lastverteilung erheblich verändern.

In einer diesbezüglichen Ausgangsüberlegung wird zunächst davon ausgegangen, daß der Staat sich ausschließlich **intern** bei seinen eigenen Bürgern verschuldet. Aus der Sicht künftiger Generationen entsteht insoweit eine Situation, wonach die Angehörigen der Zukunftsgeneration in der Gesamtbetrachtung keine verschuldensbedingte Last zu tragen haben. Sobald die Staatsschuldtitel aus Steuermitteln eingelöst werden, findet lediglich ein Transfer von der Gruppe der Steuerzahler zugunsten der Gruppe der Staatsschuldtitelhalter statt. Nach dieser Überlegung, welche auf *A. P. Lerner* zurückgeht, werden also die Konsummöglichkeiten künftiger Generationen durch eine Staatsverschuldung nicht verringert. Allerdings ändert sich die Situation, sobald ein Staat seine laufenden Ausgaben durch Kreditaufnahme im Ausland, also durch eine **externe** Schuldenaufnahme finanziert. In diesem Fall tragen kommende Generationen eine Schuldenlast, da die Konsumausgaben der Gegenwart diejenigen in der Zukunft um einen Betrag verringern, der dem Kreditbetrag plus dem Schuldendienst an das Ausland entspricht. Das Ausland kann dann Ansprüche in Höhe der empfangenen steuerfinanzierten Schuldendienstleistungen an das heimische Sozialprodukt geltend machen. Sollten die aufgenommen Kreditmittel hingegen zur Finanzierung öffentlicher Investitionsgüter eingesetzt werden, so richtet sich das Wohlfahrtsergebnis für künftige Generationen nach der Produktivität bzw. nach dem realen Ertrag dieser Investition. Sofern der Grenzertrag der öffentlichen Investition im Erwartungswert größer ist als die Grenzkosten, welche durch die Kreditaufnahme im Ausland verursacht werden, entsteht per Saldo eine Besserstellung künftiger Generationen (und umgekehrt).

In Erweiterung bzw. Ergänzung dieser Ausgangsüberlegungen ist jedoch realistischerweise von einer sogenannten Kohortenkonstruktion auszugehen. Danach läßt sich der Generationsbegriff als eine Gruppe von Personen definieren, welche zu einem bestimmten Zeitpunkt geboren werden. Unter der Voraussetzung dieser Abgrenzung leben zu jedem Zeitpunkt stets mehrere Generationen gleichzeitig. In einer vereinfachenden Ausschnittsbetrachtung läßt sich prima facie eine **Lastverschiebung** zwischen den Generationen aufzeigen, wie dies die nachfolgende Tabelle 3 kenntlich macht. Annahmegemäß bestehe die gegenwärtige Population aus drei Generationen, namentlich aus einer jungen Generation, einer aktiven Generation der Erwerbstätigen und einer Rentnergeneration. Im übrigen wird davon ausgegangen, daß die privaten Wirtschaftssubjekte ihr Einkommen vollständig für konsumtive Zwecke verwenden; eine private Ersparnis findet also nicht statt. Die Tabelle verdeutlicht die Einkommensentwicklung der drei Alterskohorten im Zeitverlauf.

Tabelle 3: Grundgedanke einer intergenerativen Lastverschiebung

Transaktion	Privater Sektor				Staat
im Zeitpunkt t_0:	Rentner	Aktive	Jugend		
Staatliche Schuldenaufnahme		– 10.500	– 10.500		+ 21.000
Staatlicher Konsum	7.000	7.000	7.000		– 21.000
im Zeitpunkt t_1:		Rentner	Aktive	Jugend	
Steuererhebung zur Schuldentilgung		– 7.000	– 7.000	– 7.000	+ 21.000
Tilgung der Schulden bei den Privaten		10.500	10.500		– 21.000
Begünstigungs- (+) / Belastungseffekt (–)	+ 7.000	± 0	± 0	– 7.000	–

Eine Regierung entscheidet sich im Zeitpunkt t_0 für eine Kreditaufnahme in Höhe von 21.000 Geldeinheiten (GE), um staatlichen Konsum zu finanzieren. Die Rückzahlung dieser aufgenommenen Kreditmittel ist für den Zeitpunkt t_1 vorgesehen. Aufgrund des beschriebenen Szenarios entschließen sich die Angehörigen der jugendlichen und der aktiven Generation, Einkommensbestandteile zu gleichen Anteilen an den Staat auszuleihen. Durch diesen Vorgang wird die insoweit konsumverfügbare Einkommenshöhe jeder der beiden Generationen um 10.500 GE verringert. Da der Staat die aufgenommenen Mittel allen privaten Wirtschaftssubjekten gleichermaßen zur Verfügung stellt, erhöht sich die konsumverfügbare Menge für alle Mitglieder der Bevölkerung. Infolgedessen steigt das Konsumniveau jeder Alterskohorte um ein Drittel der kreditfinanzierten Staatsausgaben, mithin um einen Betrag von 7.000 GE. Bei Fälligkeit der Staatsanleihe sind die Angehörigen der vormaligen Rentnergeneration verstorben. Die Angehörigen der aktiven Generation bilden nunmehr die alte Generation, diejenigen der jungen Generation die aktive. Ferner ist eine neue Generation herangewachsen. Da die Regierung einen

Betrag von insgesamt 21.000 GE zur Tilgung ihrer Schulden benötigt, erhebt sie von jeder Kohorte einen Abgabebetrag von 7.000 GE. Die durch Steuererhebung eingeforderten Mittel werden als Tilgung an die Generation der nunmehr Aktiven und Rentner ausgezahlt. Ein Blick auf die Darstellung in der Tabelle 3 verdeutlicht folgende Ergebnisse: Aufgrund des Zusammenwirkens von Schuldenaufnahme und Steuererhebung ist das Konsumniveau der alten Generation in t_0 um einen Betrag von 7.000 GE höher als es ohne Schuldenaufnahme der Fall gewesen wäre. Für die ehemals junge Generation hat sich durch die staatliche Schuldenaufnahme in der Gesamtbetrachtung keine Veränderung bei den Konsummöglichkeiten ergeben. Allerdings wurde die Besserstellung der ehemals alten Generation durch eine Belastung der nachwachsenden Generation erkauft. Die für Konsumzwecke zur Verfügung stehenden Einkommensbestandteile dieser Kohorte sind um 7.000 GE niedriger als in einem Vergleichsszenario ohne Schuldenaufnahme. Insoweit ist also festzustellen, daß über den Umweg einer staatlichen Kreditaufnahme eine Übertragung in Höhe von 7.000 GE stattfand – und zwar zugunsten der Rentnergeneration in t_0 und zu Lasten der Folgegeneration in t_1. Tatsächlich bedeutet die Schuldentilgung in t_1 also einen Transfer zwischen den Generationen. Dies bewirkt eine Schlechterstellung der aktiven Generation, weil diese sich an den Rückzahlungslasten eines Kreditprogramms zu beteiligen hat, von dem es jedoch zu keinem Zeitpunkt profitieren konnte. Dabei spielt der Sachverhalt keine Rolle, daß es sich um eine ausschließlich interne Verschuldung des Staates bei seinen eigenen Bürgern handelt. Obwohl das Ausland nicht als Gläubiger in Erscheinung tritt, induziert die staatliche Kreditaufnahme auch in diesem Fall eine Belastung künftiger Generationen.

Dabei ist auf der einen Seite freilich zu beachten, daß die insoweit skizzierten Wirkungsmechanismen erhebliche *Vereinfachungen* beinhalten. Neben der schon erwähnten Ausschnittsbetrachtung wurde zudem von privater Ersparnis und einer Verzinsung der aufgenommenen Schulden, von Inflation und Wirtschaftswachstum sowie von einzelwirtschaftlichen Anpassungsmaßnahmen an staatliche finanzpolitische Maßnahmen abgesehen. Dennoch kann auf diese Weise der Grundsachverhalt einer Lastverschiebung zwischen den Generationen dargestellt werden. Im Rahmen weiterführender Analysen ist dann aber ergänzend zu berücksichtigen, daß die staatliche Schuldenaufnahme zu veränderten einzelwirtschaftlichen Entscheidungen im privaten Sektor führt. Die damit verbundenen Re-Allokationsentscheinungen privater Wirtschaftssubjekte beeinflussen die tatsächliche Lastverteilung erheblich. Insbesondere wurde im Rahmen des vorstehenden einfachen Beispiels davon ausgegangen, daß die zur Schuldentilgung bestimmte Steuererhebung weder das private Arbeitsangebot noch das private Sparverhalten beeinträchtigt. Tatsächlich ist aber davon auszugehen, daß eben diese Entscheidungen durch die Abgabenerhebung beeinflußt werden und infolgedessen Zusatzlasten wirksam werden. Darüber hinaus wird durch die schuldenfinanzierte Ausweitung der Staatsquote ein größerer Anteil von Ressourcen vom privaten Sektor in den staatlichen Sektor überführt. Dabei ist zudem – anders als in dem einfachen Beispielfall unterstellt wurde – davon auszugehen, daß ein erheblicher Teil dieser Ausgabenprogramme für Investitionszwecke verwandt wird. Im Rahmen der Mittelaufnahme konkurrieren die öffentlichen Hände dabei mit privaten Wirtschaftssubjekten um Ressourcen, welche die Letztgenannten für ihre Investitionen benötigt hätten. Deshalb dürfte sich eine staatliche Kreditaufnahme insbesondere auf die privaten Investitionen mit der Folge auswirken, daß künftige Generationen über einen ceteris paribus verringerten, zumindest aber über einen veränderten Kapitalstock verfügen. Dieser Wirkungszusammenhang ist von zentraler Bedeutung für die Argumentation der **„Crowding out-Hypothese"**. Demnach wird ein monetäres oder reales Crowding out bewirkt, indem der Staat seine Nachfrage nach Kreditmitteln ausweitet, was eine steigende Verzinsung und einen entsprechenden Rückgang privater Investitionen zur Folge hat. Ein derartiger Effekt ist aber keineswegs zu verallgemeinern, sondern kann nur beim Vorliegen bestimmter Prämissen unterstellt werden.

Neben der Crowding-out-Hypothese ist in diesem Kontext ergänzend zu berücksichtigen, daß private Wirtschaftssubjekte freiwillige Einkommensübertragungen zwischen den Generationen planen. *R. J. Barro* geht dabei von der Vorstellung aus, daß Angehörige der „alten Generation" jene Steuerlast antizipieren, die ihre Nachkommen aufgrund einer späteren Tilgung der gegenwärtig bestehenden staatlichen Schuldenaufnahme zu tragen haben werden. Zum Ausgleich der insoweit bewirkten Schlechterstellung könnten sich die Angehörigen der älteren Generation veranlaßt sehen, für einen höheren Nachlaß zu sorgen, der für die Erfüllung der zukünftig zu erwartenden Steuerzahlungen ausreicht. Auf diese Weise würden private Individuen die intergenerativen Umverteilungseffekte der staatlichen Schuldenaufnahme kompensieren. Dies hätte zur Folge, daß Steuerfinanzierung und Schuldenaufnahme per Saldo zu den gleichen Ergebnissen führten. Mit anderen Worten: Die Finanzierungsform staatlicher Ausgaben wäre insoweit irrelevant.

Diese Überlegungen abschließend läßt sich demnach festhalten, daß die Lastverteilung der staatlichen Schuldenaufnahme im wesentlichen ein Inzidenzproblem im Rahmen eines intergenerativen Verteilungsmodells ist. Wie dargelegt, ist bei einer derartigen Ableitung die Definition des Lastbegriffs von besonderer Bedeutung. Darüber hinaus ist erkennbar geworden, daß die Aufteilung der staatlichen Schulden auf inländische und ausländische Gläubiger maßgebliche Belastungsunterschiede zur Folge hat. Des weiteren sind die Auswirkungen zu berücksichtigen, die von einer staatlichen Schuldenaufnahme auf private Allokationsentscheidungen ausgehen. Grundsätzlich ist aber anzumerken, daß ein finanzpolitischer Bedarf an öffentlicher Schuldenaufnahme insbesondere immer dann entsteht, wenn unvorhergesehene, großvolumige Staatsausgaben das verfügbare Budget überlasten. Beispielgebend ist dabei an die Aufwendungen im Zusammenhang mit der Wiedergewinnung der staatlichen Einheit Deutschlands zu erinnern. In derartigen Situationen ist von finanzpolitischer Seite zu entscheiden, welche Form der Finanzierung staatlicher Aktivitäten (Besteuerung oder Schuldenaufnahme oder Kürzung von Ausgaben an anderer Stelle) verwirklicht werden soll. Im Kontext zugehöriger Debatten sind dabei neben den Fragen einer Erhaltung der politischen Macht zumindest drei Überlegungen zu berücksichtigen:

– Beim sogenannten **Nutznießerprinzip** wird von der Überlegung ausgegangen, daß diejenigen Wirtschaftssubjekte, welche von einer staatlichen Ausgabentätigkeit profitieren, auch die finanziellen Konsequenzen dieser Maßnahme (mit-)tragen sollen. Infolgedessen ist abzuleiten, daß künftige Generationen an den öffentlichen Ausgaben der Gegenwart in dem Ausmaß beteiligt werden sollten, wie jene absehbar aus diesen Maßnahmen zukünftig einen Nutzen ziehen werden. Eine Lastverteilung auf künftige Generationen erscheint insoweit gerechtfertigt. Beispielgebend ist an Staatsausgaben für Infrastrukturgüter oder für Bildungsmaßnahmen zu denken.

– Nach einem Modell der **intergenerativen Gerechtigkeit** wird argumentiert, daß künftige Generationen infolge des technischen Fortschritts und infolge erworbenen Humankapitals voraussichtlich über ein höheres Einkommen verfügen werden als die jetzige Generation. Sofern eine gesellschaftliche Gerechtigkeitsvorstellung akzeptiert wird, wonach Umverteilungen von reichen Wirtschaftssubjekten an vergleichsweise arme Wirtschaftssubjekte akzeptiert und angestrebt werden, erscheint es gleichfalls gerechtfertigt, eine solche Umverteilung von der annahmegemäß reicheren Zukunftsgeneration zur entsprechend ärmeren Gegenwartsgeneration durchzuführen. Dabei ist einschränkend jedoch zu berücksichtigen, daß von der gegenwärtigen Generation offenbar beachtliche, wenngleich schwer zu quantifizierende Verbindlichkeiten in die Zukunft übertragen werden, wie dies beispielsweise im Bereich der natürlichen Umwelt oder ähnlich auch im Bereich der Rentenversicherung der Fall ist.

– Eine weitere Argumentation gründet auf den Effizienzerwägungen, die bereits unter dem Stichwort des sogenannten **Excess burden** behandelt worden sind. Ausgangspunkt der Überlegung ist hier der Sachverhalt, daß jede Erhöhung der Staatsausgaben letztlich durch eine Erhöhung von Steuern finanziert werden muß. Die Wahl zwischen den finanzpolitischen Instrumenten der Besteuerung und der Schuldenaufnahme reduziert sich insoweit auf die Wahl der Besteuerungszeitpunkte. Sofern alle öffentlichen Ausgaben im Augenblick ihrer Realisierung durch das Erheben von Steuern finanziert werden, findet eine einmalige und zugleich vergleichsweise große Belastung des privaten Sektors statt. Im Fall einer Schuldenfinanzierung werden die finanziellen Belastungen des privaten Sektors demgegenüber auf eine Vielzahl kleinerer Teilbeträge im Zeitverlauf verteilt, deren Gegenwartswert demjenigen der Besteuerung nach dem Nutznießerprinzip entspricht. Trotz der Summenidentität beider Belastungsbeträge läßt sich vor dem Hintergrund von Effizienzerwägungen gleichwohl eine Überlegenheit der Schuldenfinanzierung herleiten. Darauf ist nachfolgend einzugehen.

Es wird angenommen, daß die staatlichen Einnahmen zur Schuldentilgung durch eine Steuer auf Arbeitseinkommen erzielt werden. Die nachfolgende Abbildung 27 verdeutlicht eine individuelle (kompensierte) Arbeitsangebotsfunktion A in Abhängigkeit vom Lohn. Im Ausgangszustand beträgt die Lohnhöhe l_0; sie bewirkt ein Arbeitsangebot in Höhe von a_0. Der für die Faktoranbieter auf dem Arbeitsmarkt realisierbare Profit (eine sogenannte Rente) entspricht demnach der Dreiecksfläche zwischen l_0 und der Angebotsfunktion. Die Erhebung einer Lohnsteuer t reduziert den Nettolohn auf $l_1 = (1-t)l_0$ und die angebotene Arbeitsmenge auf a_1. Die Rente der Faktoranbieter reduziert sich hierdurch auf das Dreieck zwischen A und l_1. Der Staat realisiert ein Steueraufkommen in Höhe von $t \cdot a_1$. Die Differenz zwischen dem Steueraufkommen und dem Wohlfahrtsverlust in Form verminderter Rente der Besteuerten ist die durch die Lohnsteuer verursachte Zusatzlast. Bereits die Abbildung läßt erkennen, daß die Höhe der steuerbedingten Wohlfahrtsverluste offenbar durch vier Größen bestimmt wird: Namentlich durch die Höhe der Ausgangspunkte l_0 und a_0, ferner durch die

Höhe der Steuer t sowie schließlich durch die Steigung der Arbeitsangebotsfunktion.

Abbildung 27: Excess burden einer Lohnsteuer

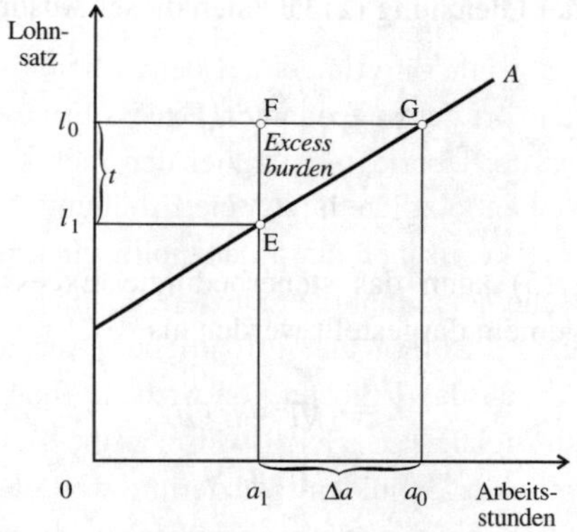

Das Ausmaß dieses Zusammenhangs läßt sich allgemein reformulieren. Die Zusatzlast *Z*, entsprechend der Fläche des Dreiecks EFG, ergibt sich aus

$$Z = \tfrac{1}{2}\,\Delta\, a \cdot t \tag{1}$$

Während dabei $\Delta\, a$ die steuerverursachten Mengenreaktionen abbildet, bezeichnet t die Differenz zwischen Brutto- und Nettolohn in Höhe von $\Delta\, l$. Diese steuerbedingte Faktorpreisveränderung läßt sich darstellen als

$$\begin{aligned} \Delta\, l &= l_0 - (1-t)\, l_0 \\ &= l_0 - l_0 + l_0 \cdot t \\ &= l_0 \cdot t \end{aligned} \tag{2}$$

Ergänzend dazu ist nun auf die Preiselastizität zurückzugreifen, die als Quotient aus relativer Mengenänderung und relativer Preisänderung definiert ist. Mithin ist die Preiselastizität des Arbeitsangebotes in Bezug auf den Lohn $\eta_{a,l}$ bestimmt als

$$\eta_{a,L} \equiv \frac{\frac{\Delta\, a}{a_0}}{\frac{\Delta\, l}{l_0}} = \frac{\Delta\, a}{\Delta\, l} \cdot \frac{l_0}{a_0} \tag{3}$$

Daraus ergibt sich

(4) $$\frac{\Delta a}{\Delta l} = \eta \left(\frac{a_0}{l_0} \right)$$

In Verbindung mit der Gleichung (2) läßt sich dieser Ausdruck darstellen als

(5) $$\begin{aligned} \Delta a &= \eta \left(\frac{a_0}{l_0} \right) l_0 \cdot t \\ &= \eta \cdot a_0 \cdot t \end{aligned}$$

Mit der Gleichung (5) kann das steuerbedingte Excess burden aus Gleichung (1) damit allgemein dargestellt werden als

$$\begin{aligned} Z &= \tfrac{1}{2} \left(\eta \cdot a_0 \cdot t \right) t \\ &= \tfrac{1}{2} \cdot \eta \cdot a_0 \cdot t^2 \end{aligned}$$

Bei Konstanz aller anderen Bestimmungsgrößen ist die lohnsteuerbedingte Zusatzlast also eine quadratische Funktion der Höhe des Lohnsteuersatzes. Unter dem Effizienzkriterium wirken mehrere, aufkommensbezogen „kleine" Steuern zur Tilgung einer Staatsverschuldung in der Zukunft also insoweit weniger belastend als die Erhebung einer aufkommensgleichen „großen" Steuer in t_0. Aus dieser Perspektive wäre eine Finanzierung der (zusätzlichen) Staatsausgaben durch Schuldenaufnahme und die damit bewirkte Belastungsverteilung im Zeitverlauf einer Steuerfinanzierung vorzuziehen. Allerdings ist dabei zu berücksichtigen, daß diese Aussage auf das hier betrachtete Arbeitsangebot beschränkt ist: Bei einer Gesamtbetrachtung sind insbesondere die Effizienzwirkungen staatlicher Schuldenaufnahme auf dem Kapitalmarkt zu berücksichtigen, welche – wie dargelegt – unter anderem durch den Crowding out-Effekt beeinflußt werden können. Von maßgeblicher Bedeutung ist darüber hinaus, ob und inwieweit die aus der Verschuldung resultierenden Zinslasten die Handlungsspielräume der öffentlichen Haushalte einschränken.

8.3 Stabilisierungspolitische Weiterentwicklung der Finanzpolitik

Zur Kennzeichnung stabilisierungspolitischer Konzepte der Finanzpolitik ist – wie erwähnt – die Frage von zentraler Bedeutung, ob konjunkturelle Schwankungen systemimmanent und damit der Marktwirtschaft gleichsam angeboren oder aber erst eine Folge staatlicher Interventionen sind. Wird staatliches Eingreifen zur Vermeidung bzw. zur Beseitigung gesamtwirtschaftlicher Ungleichgewichte für erforderlich gehalten, so kann die Intervention entweder auf der Nachfrageseite oder auf der Angebotsseite erfolgen.

Dabei unterstellt der auf keynesianischem Gedankengut gründende **Fiskalismus**, daß eine marktwirtschaftliche Wirtschaftsordnung systemimmanent zur Instabilität neigt. Da ein solches System keine wirkungsvollen Mechanismen kennt, welche von selbst eine Rückkehr zum gesamtwirtschaftlichen Gleichgewicht einleiten, führen Störungen in der gesamtwirtschaftlichen Entwicklung zu sich selbst verstärkenden Abweichungen vom gleichgewichtigen Entwicklungspfad. Ursächlich hierfür ist vor allem eine politisch veranlaßte Wirkungslosigkeit des Marktmechanismus bei der Preisbildung für den Faktor Arbeit. Aufgrund einer tarifvertraglich vereinbarten und staatlich abgesicherten Mindestlohngarantie können Löhne nicht flexibel nach unten reagieren, so daß der Arbeitsmarkt nicht zum Gleichgewicht findet.

Maßgeblich für die Instabilität des Marktes sind überdies Veränderungen bei den unternehmerischen Investitionsentscheidungen. Diese wiederum hängen von den Erfahrungswerten der Vergangenheit sowie von den – durch Unsicherheit gekennzeichneten – Erwartungen über die Zukunft ab, wobei darüber hinaus das Handeln des Staates und anderer Wirtschaftssubjekte von großer Bedeutung ist. Bei einem Rückgang der Konsumnachfrage und bei gegebenem Reallohn werden die Unternehmen ihrerseits mit einer Einschränkung der Nachfrage nach Vorleistungen auf anderen Märkten reagieren, wovon naturgemäß dann auch der Arbeitsmarkt betroffen ist. Demzufolge muß die Güternachfrage derart belebt werden, daß dem sich selbst verstärkenden Prozeß wirtschaftlicher Abschwächung entgegengewirkt und ein verbesserter, hoher Beschäftigungsstand erreicht wird. Diese Aufgabe wird üblicherweise – wie ausgeführt – in erster Linie der Finanzpolitik zugewiesen, da von ihr eine direkte und zuverlässige Einwirkung auf gesamtwirtschaftliche Größen ausgehen kann.

Demgegenüber unterstellt der **Monetarismus**, daß das marktwirtschaftliche System durch eine endogene Stabilisierungsfähigkeit ausgezeichnet ist. Störungen des gesamtwirtschaftlichen Gleichgewichts werden daher grundsätzlich durch die Selbstheilungskräfte des Marktes kompensiert. Dies ist jedoch nur dann möglich, wenn nicht exogene Störungen in den privaten Sektor hineinwirken. Angesichts festzustellender Instabilitäten bei den gesamtwirtschaftlichen Prozessen wird aber gerade dies der oben abgehandelten diskretionären Finanzpolitik und auch der Geldpolitik angelastet. Es sind infolgedessen die staatlichen Interventionen, welche die Störungen überhaupt erst herbeiführen.

Die Finanzpolitik ist demnach schlimmstenfalls störend und im günstigsten Fall unwirksam. Die Hauptaufgabe der Stabilisierung wird deswegen einer modifizierten Geldpolitik zugewiesen. Da hierbei allerdings zwischen dem monetären Impuls und der güterwirtschaftlichen Reaktion lange und zudem veränderliche Zeitverzögerungen auftreten, verbieten sich geldpolitische Maßnahmen diskretionärer Art. Um die Stabilitätskräfte des Systems nicht zu stören, bedarf es statt dessen einer kontinuierlichen Geldmengenausweitung. Die Entwicklung der Geldmenge soll sich demzufolge am langfristigen realen Wachstumspotential – dies sind die volkswirtschaftlichen Produktionsmöglichkeiten – und am unvermeidlichen Preisanstieg ausrichten. Diese Strategie wird als **potentialorientierte Geldmengenpolitik** bezeichnet. Er ist nur konsequent, wenn in einem solchen System auf finanzpolitische Maßnahmen diskretionärer Art weitgehend verzichtet wird. Ferner ist prinzipiell ein Abbau des Staatsanteils am Sozialprodukt anzustreben. Die verbleibenden wirtschaftspolitischen Rahmenbedingungen sind durchweg unverändert zu lassen, um Störungen zu vermeiden, welche sich verstärkende Anpassungs- und Eingriffsprozesse in Gang setzen.

Die dazu entwickelten wirtschaftspolitischen Konzepte sehen allerdings unterschiedliche Ansatzstellen für eine staatliche Steuerung vor. Der darauf aufbauende Instrumenteneinsatz wird in der wirtschaftspolitischen Diskussion dabei mit den Begriffen der **nachfrageorientierten Stabilisierungspolitik** einerseits und der angebotsorientierten Stabilisierungspolitik andererseits belegt. Das erstgenannte Konzept setzt auf der Nachfrageseite der Gütermärkte an, da eine unzureichende gesamtwirtschaftliche Nachfrage als ursächlich für die Abschwächung der wirtschaftlichen Aktivitäten angesehen wird. Die Konsumnachfrage vermindert sich demnach infolge der hohen Arbeitslosigkeit begleitet von Sättigungserscheinungen bei einer Vielzahl von Gütern des privaten Bedarfs und wegen des Mangels an Produktinnovationen. Die Investitionsnachfrage bleibt aufgrund ohnehin nicht ausgelasteter Kapazitäten niedrig. Zudem wird die Staatsnachfrage im Rahmen einer prozyklisch wirkenden Konsolidierung der öffentlichen Haushalte eingeschränkt. Für eine Auslösung expansiver Nachfrageimpulse bedarf es hiernach der Erhöhung von Kaufkraft durch eine aktive Lohnpolitik, einer tarif- und steuerpolitischen Umverteilung zugunsten einkommensschwächerer Schichten mit hoher Konsumquote sowie einer vermehrten Güternachfrage durch den Staat.

Einer derartigen Strategie sind jedoch Grenzen gesetzt, welche auf makroökonomischen Zusammenhängen beruhen. Die Wirtschaftspolitik ist demnach nicht nur auf Zustände der Unterbeschäftigung bei Preisniveaustabilität und der Inflation bei Vollbeschäftigung einzurichten, sondern ist auch auf Situationen unfreiwilliger Arbeitslosigkeit bei Inflation abzustimmen. Zur Erklärung solcher Konstellationen können insbesondere rationale Erwartungen der Wirtschaftssubjekte in Verbindung mit Mechanismen einer Angebotsinflation bei Kostendruck herangezogen werden. In der Ausgangslage seien Arbeitslosigkeit und nicht ausgelastete Kapazitäten bei Preisniveaustabilität unterstellt. Die Unternehmen werden unter diesen Umständen nur unter der Voraussetzung sinkender Reallöhne zusätzliche Arbeitskräfte beschäftigen.

Entfaltet der Staat in dieser Situation zusätzliche Nachfrage, muß dies – um auch hinreichend beschäftigungswirksam werden zu können – mit Preisniveausteigerungen einhergehen, damit bei unveränderten Nominallöhnen die Reallöhne sinken. Werden bei den Tarifverhandlungen jedoch rationale Erwartungen wirksam und antizipieren die Beteiligten bevorstehende Preissteigerungen, so werden höhere Nominallöhne durchgesetzt, um den drohenden Kaufkraftverlust auszugleichen. Zugestandene höhere Löhne veranlassen indes die Unternehmen, gestiegene Kosten durch Preiserhöhungen auf die Abnehmer zu überwälzen. Dieses Verhalten wird erleichtert, wenn die private Nachfrage durch Lohnerhöhungen stimuliert wurde und weiter gestützt wird. Das wirtschaftspolitische Bemühen vor allem der Geldpolitik, einem kostenbedingten Preisniveauauftrieb Einhalt zu gebieten, bewirkt demgegenüber eine Abschwächung der Wirtschaftstätigkeit – ohne zunächst unmittelbare Preiseffekte nach sich zu ziehen.

Eine Alternative zu den bisher gekennzeichneten Maßnahmen besteht deshalb in einer Abkehr von der Globalsteuerung und in einer Hinwendung zur bereits benannten **angebotsorientierten Stabilisierungspolitik**. Deren Ausgangspunkt ist die Feststellung, daß insbesondere das überhöhte Kostenniveau, zu hohe staatliche Abgaben und bürokratische Regulierungen, die abnehmende Flexibilität und Risikobereitschaft der Unternehmen und ein Mangel an Risikokapital für die Abschwächung der wirtschaftlichen Aktivitäten verantwortlich sind. Eine Stabilisierung der Wirtschaftstätigkeit erfordert demnach zum einen die Begrenzung der administrierten Produktionskosten insbesondere durch eine Dämpfung der Lohnnebenkosten. Zum anderen sollen die Abgabenlast durch eine Senkung der Unternehmenssteuern und die Auflagen durch die Beseitigung investitionshemmender Bestimmungen unterschiedlicher Art vermindert werden. Dies verlangt zugleich zwingend eine nachhaltige Rückführung der Staatstätigkeit („**Deregulierung**") und eine Effizienzverbesserung der öffentlichen Verwaltung auf allen föderalen Ebenen („**Schlanker Staat**") sowie eine **Konsolidierung** der öffentlichen Haushalte. Ferner sind die Marktkräfte durch staatliche Mobilitätsanreize sowie durch die Privatisierung staatlicher Aktivitäten und Beteiligungen an Unternehmen zu revitalisieren. Ergänzend kann zudem geprüft werden, ob die Wachstumskräfte durch die Förderung von Forschung, Technologietransfer und Innovation sowie durch eine Risikobeteiligung des Staates gefördert werden können. Dabei ist zu beachten, daß die staatlicherseits einsetzbaren Instrumente jedoch grundsätzlich die gleichen bleiben. Sie werden lediglich mit einer anderen strukturellen Gewichtung und mit einer veränderten Zielrichtung eingesetzt. In der Summe findet deshalb auch diese Strategie ihren Niederschlag im öffentlichen Haushalt. Es handelt sich dementsprechend auch hierbei um fallbezogene politische Eingriffe, bei denen wiederum die bereits gekennzeichneten Zeitverzögerungen der Reaktion sowie der Entscheidung, Umsetzung und Wirksamkeit auftreten. All diese Maßnahmen zielen im wesentlichen auf eine Verbesserung des unternehmerischen Rentabilitätskalküls; sie sollen dazu beitragen, die als nachhaltig erkannte Abhängigkeit der Wirtschaftsentwicklung von expansiven Staatshaushalten aufzulösen. Dies ist unter anderem auch ein Ansatz der Politikgestaltung, der vom Amsterdamer Vertrag mit Blick auf eine geeignet abgestimmte bzw. abzustimmende Wirtschafts- und Finanzpolitik präferiert wird.

Quellen- und Literaturverzeichnis

Grundlegende Quellen sind **fett** ausgezeichnet.

Ahrns, H.-J., Feser, H.-D.: Wirtschaftspolitik, 7. Aufl., München 1997

Albers, W.: Die Anpassung des Systems der gesetzlichen Rentenversicherung an demographische Änderungen, in: Finanzierungsprobleme der sozialen Sicherheit I, Schriften des Vereins für Socialpolitik, N. F., Bd. 194/I, hrsg. von K. Schmidt, Berlin 1990, S. 9 ff.

Albers, W. u. a. (Hrsg.): Handwörterbuch der Wirtschaftswissenschaften, Stuttgart u. a. 1977 bis 1982, darin die Beiträge zu folgenden Schlagwörtern: Ausgaben, öffentliche (1. Bd.), Finanzausgleich (2. Bd.), Finanzen intermediärer Gewalten (Parafisci), Finanzwirtschaft, öffentliche, Finanzwissenschaft, Gebühren und Beiträge (3. Bd.), Öffentliche Auftragsvergabe, Öffentliche Erwerbseinkünfte, Öffentliche Güter, Öffentliche Produktion, Öffentliche Verschuldung, Öffentlicher Dienst, Öffentlicher Haushalt, Öffentliches Vermögen, Nutzen-Kosten-Analyse (5. Bd.), Steuern, Steuersysteme, Subventionen (7. Bd.), Finanzwirtschaft (9. Bd.), Öffentliche Investitionen (Nachtrag).

Alesina, A., Tabellini, G.: A Positive Theory of Fiscal Deficits, Review of Economic Studies, Vol. 57 (1990), S. 403 ff.

Altmann, J.: Wirtschaftspolitik, 6. Aufl., Stuttgart, Jena 1995

Altmann, J.: Umweltpolitik, Stuttgart 1997

Andel, N.: Finanzwissenschaft, 4. Aufl., Tübingen 1998

Anzenbacher, A.: Einführung in die Philosophie, Wien 1992

Arlt, U.: Zur Messung staatlicher Defizite, Frankfurt a. M. u. a. 1994

Arnold, V., Geske, O. E.: Öffentliche Finanzwirtschaft, München 1988

Arnold, V.: Theorie der Kollektivgüter, München 1992

Atkinson, A. B., Stern, N. H.: Pigou, taxation and public goods, Review of Economic Studies, Vol. 41 (1974), S. 119 ff.

Atkinson, A. B., Stiglitz, J. E.: Lectures in Public Economics, New York u. a. 1980

Auerbach, A. J.: The Theory of Excess Burden and Optimal Taxation, in: Handbook of Public Economics, hrsg. von A. J. Auerbach und M. Feldstein, Amsterdam u. a. 1985, S. 61 ff.

Bach, S.: Die Perspektiven des Leistungsfähigkeitsprinzips im gegenwärtigen Steuerrecht, in: Steuer und Wirtschaft, H. 2 / 1991, S. 116 ff.

Bardenhewer, A.: Vetrag von Amsterdam – Text und konsolidierte Fassung des EU- und EG-Vertrages, Baden-Baden 1997

Barro, R. J.: Makroökonomie, München 1990

Baßeler, U., Heinrich, J., Koch, W. A. S.: Grundlagen und Probleme der Volkswirtschaft, 15. Aufl., Köln 1999

Bator, F. M.: The simple analytics of welfare maximization, American Economic Review, Vol. 47 (1957), S. 22 ff.

Baumol, W. J., Oates, W. E.: The Theory of Environmental Policy, Externalties, Public Outlays, And the Quality of Life, 2. Aufl., Cambridge 1988

Becker, G. S.: Der ökonomische Ansatz zur Erklärung des menschlichen Verhaltens, Tübingen 1982.

Becker, H.: Finanzwissenschaftliche Steuerlehre, München 1990

Bender, D. u. a. (Hrsg.): Vahlens Kompendium der Wirtschaftstheorie und Wirtschaftspolitik, 7. Aufl., München 1999, u. a. mit Beiträgen in Bd. 1 v. L. Hübl (Wirtschaftskreislauf und gesamtwirtschaftliches Rechnungswesen, S. 53 ff.), J. Siebke, H. J. Thieme (Einkommen, Beschäftigung, Preisniveau, S. 95 ff.), D. Cassel (Inflation, S. 287 ff.), G. Gabisch (Konjunktur und Wachstum, S. 351 ff.), J. Siebke (Verteilung, S. 417 ff.) und H. Grossekettler (Öffentliche Finanzen, S. 519 ff.) sowie in Bd. 2 v. K.-H. Hartwig (Umweltökonomie, S. 127 ff.), H. Berg, D. Cassel, K.-H. Hartig (Theorie der Wirtschaftspolitik, S. 171 ff.), D. Cassel, H. J. Thieme (Stabilitätspolitik, S. 363 f.), M. Willms (Strukturpolitik, S. 439 ff.) u. D. Kath (Sozialpolitik, S. 477 ff.)

Bergmann, J., Lenz, C. (Hrsg.): Der Amsterdamer Vertrag – Eine Kommentierung der Neuerungen des EU- und EG-Vertrages, Köln 1998

Blankart, C. B.: „Neue Finanzwissenschaft" – Eine alternative Sicht, Zeitschrift für Wirtschafts- und Sozialwissenschaften, Bd. 114 (1994), S. 245 ff.

Blankart, C. B.: Öffentliche Finanzen in der Demokratie, 3. Aufl., München 1998

Blankart, C. B.: Ökonomie der öffentlichen Unternehmen, München 1980

Blümich, H.: Der Haushalt der Europäischen Union – eine Bestandsaufnahme, hrsg. v. Institut Finanzen und Steuern, Schrift-Nr. 372, Bonn 1999

Bohnet, A.: Finanzwissenschaft – Staatliche Verteilungspolitik, 2. Aufl., München, Wien 1999

Bös, D.: Public Enterprise Economics, Theory and Application, 2. Aufl., Amsterdam u. a. 1989

Brennan, G., Buchanan, J. M.: The Power to Tax: Analytical Foundation of a Fiscal Constitution, Cambridge 1980

Brennan, G., Buchanan, J. M.: The Reason of Rules, Constitutional Political Economy, Cambridge u. a. 1985

Breyer, F.: Wirtschaftspolitik und Public Choice, in: Springers Handbuch der Volkswirtschaftslehre, hrsg. von J. v. Hagen, P.J.J. Welfens und A. Börsch-Supan, Berlin 1997, S. 1 ff.

Brümmerhoff, D.: Finanzwissenschaft, 7. Aufl., München, Wien 1996

Brümmerhoff, D.: Volkswirtschaftliche Gesamtrechnungen, 5. Aufl., München 1995

Buchanan, J. M., Tullock, G.: The Calculus of Consent, Logical Foundations of Constitutional Democracy, Ann Arbor 1962

Bünning, L.: Die Konvergenzkriterien des Maastrichter Vertrages, Frankfurt a. M. u. a.

Bundesministerium der Finanzen (Hrsg.): Thesen der Einkommensteuer – Kommission zur Steuerfreistellung des Existenzminimums ab 1996 und zur Reform der Einkommensteuer, Schriftenreihe des BMF, H. 55, Bonn 1995

Bundesministerium der Finanzen (Hrsg.): Finanzpolitik 2000 – Neue Symmetrie zwischen einem leistungsfähigen Staat und einer wettbewerbsfähigen Wirtschaft, Schriftenreihe des BMF, H. 58, Bonn 1996

Bundesministerium der Finanzen (Hrsg.): Das Haushaltssystem der Bundesrepublik Deutschland, Bonn 1997

Bundesministerium der Finanzen (Hrsg.): Haushaltsrecht des Bundes, Bonn 1998

Bundesministerium der Finanzen (Hrsg.): Symmetrische Finanzpolitik 2010 – Reformen: National entscheiden und international mitgestalten, Bonn 1998

Bundesministerium der Finanzen (Hrsg.): Finanzbericht 2000, Bonn 1999

Bundesministerium der Finanzen (Hrsg.): Jahreswirtschaftsbericht, Bonn 1999

Bundesministerium der Finanzen (Hrsg.): Steuern von A – Z, 20. Aufl., Bonn 1999

Bundesministerium der Finanzen (Hrsg.): 17. Subventionsbericht, BTags-Drucksache 14/1500 v. 13.8.1999

Bundesrechnungshof: Bemerkungen des Bundesrechnungshofes 1998 zur Haushalts- und Wirtschaftsführung (einschließlich der Feststellungen zur Jahresrechnung des Bundes 1998), BTag-Drucksache 14/29 v. 23.11.1998 (nebst Ergebnisbericht 1999)

Bundesschuldenverwaltung (Hrsg.): Jahresbericht 1998, Bad Homburg v. d. H. 1999

Burda, M., Wyplosz, C.: Makroökonomik – Eine europäische Perspektive, München 1994

Burmeister, K.: Schattenhaushalte des Bundes, Frankfurt a. M. u. a. 1997

Burmeister, K.: Außerbudgetäre Aktivitäten des Bundes – Eine Analyse der Nebenhaushalte des Bundes unter besonderer Berücksichtigung der finanzhistorischen Entwicklung, Frankfurt a. M. u. a. 1997

Caesar, R.: Theoretische Grundlagen der Staatsverschuldung, in: Wirtschaftswissenschaftliches Studium, H. 5 / 1991, S. 218 ff.

Caesar, R., Scharrer, H.-E. (Hrsg.): Die Europäische Wirtschafts- und Währungsunion – Regionale und globale Herausforderung, Bonn 1998

Clarke, E. H.: Multipart Pricing of Public Goods: An Example, in: Public Prices for Public Products, hrsg. von S. J. Mushkin, Washington, D. C. 1972, S. 125 ff.

Coase, R.: The Problem of Social Costs, Journal of Law and Economics, Vol. 3 (1960), S. 1 ff.

Colm, G.: Volkswirtschaftliche Theorie der Staatsausgaben, Tübingen 1927.

Cornes R. and T. Sandler: The simple analytics of pure public good provision, Economica, Vol. 52 (1985 b), S. 103 ff.

Cornes, R., Sandler, T.: The theory of externalities, public goods, and club goods, Cambridge et al. 1986.

Cullis, J., Jones, Ph.: Public Finance and Public Choice. Analytical Perspectives, London 1992

Dickertmann, D.: Die Systematisierung öffentlicher Ausgaben nach volkswirtschaftlichen Merkmalen I, II, WISU, H. 2/1991, S. 122 ff., H. 3/1991, S. 190 ff. (dazu WISU-Studienblatt, H. 7/1991)

Dickertmann, D., Diller, K. D.: Grundlagen und Grundbegriffe der Volks- und Finanzwirtschaft, Brilon 1986

Dickertmann, D., Diller, K. D.: Finanzhilfen und Steuervergünstigungen – Ein subventionspolitischer Instrumentenvergleich, in: Zeitschrift für Wirtschaftspolitik, H. 3 / 1986, S. 273 ff.

Dickertmann, D., Diller, K. D.: Subventionen als Mittel der Wirtschaftspolitik, in: Wirtschaftswissenschaftliches Studium, 16. Jg./1987, S. 537 ff.

Dickertmann, D., Diller, K. D.: Geld- und Finanzpolitik – Institutionen, Instrumente, Ziele, Wirkungen, 2. Aufl., Solingen 1996

Dickertmann, D., Gelbhaar, S.: Das System der öffentlichen Einnahmen, Steuer und Studium, H. 5/1994, S. 214 ff.

Dickertmann, D., Gelbhaar, S.: Finanzverfassung und Finanzausgleich, I, II, WISU, H. 4/1996, S. 385 ff., H. 5/1996, S. 486 ff.

Dickertmann, D., Hansmeyer, K.-H.: Der öffentliche Kredit II – Der Staat als Finanzier, Frankfurt 1987

Dickertmann, D., Piel, V. W.: Informationsbedarf auf dem Spendenmarkt, Wirtschaftsdienst, H. 1/1995, S. 49 ff.

Dietz, O.: Schulden der öffentlich bestimmten Fonds, Einrichtungen und wirtschaftlichen Unternehmen, in: Wirtschaft und Statistik, H. 7 / 1998, S. 600 ff.

Donges, J. B., Freytag, A. (Hrsg.): Die Rolle des Staates in einer globalisierten Wirtschaft, Stuttgart 1998

Downs, A.: Ökonomische Theorie der Demokratie, Tübingen 1968

Elschen, R.: Entscheidungsneutralität, Allokationseffizienz und Besteuerung nach der Leistungsfähigkeit, in: Steuer und Wirtschaft, H. 2 / 1991, S. 99 ff.

Essig, H.: Zur Abgrenzung und Aussagefähigkeit finanzstatistischer Kennzahlen, in: Wirtschaft und Statistik, H. 9 / 1984, S. 798 ff.

Essig, H.: Finanzierungssalden für den öffentlichen Bereich in den volkswirtschaftlichen Gesamtrechnungen und in der Finanzstatistik, in: Wirtschaft und Statistik, H. 6 / 1990, S. 383 ff.

Europäische Kommission (Hrsg.): Die Finanzverfassung der europäischen Union, zuletzt: Ausgabe 1995, Luxemburg 1995

Europäische Kommission (Hrsg.): Haushaltsvademekum Ausgabe 1998, Luxemburg 1997

Fees, E.: Umweltökonomie und Umweltpolitik, 2. Aufl., München 1998

Frank, R. H.: Microeconomics and Behavior, New York et al. 1991

Franke, S. F.: (Ir)rationale Politik? – Grundzüge und politische Anwendungen der „Ökonomischen Theorie der Politik“, Marburg 1996

Frenkel, M., John, K. D.: Volkswirtschaftliche Gesamtrechnung, 4. Aufl., München 1999

Frerich, J.: Sozialpolitik, 3. Aufl., München, Wien 1996

Freund, E.: Haushaltsstatistik, in: Handbuch der Finanzwissenschaft, hrsg. v. F. Neumark unter Mitwirkung v. N. Andel, H. Haller, 3. Aufl., Bd. I, Tübingen 1987, S. 587 ff.

Frey, B. S., Kirchgässner, G.: Demokratische Wirtschaftspolitik, 2. Aufl., München 1994

Frey, B. S., Serna, S.: Eine politisch-ökonomische Betrachtung des Rechnungshofs, Finanzarchiv, Bd. 48, (1990), S. 244 ff.

Fritsch, M., Wein, T., Ewers H.-J.: Marktversagen und Wirtschaftspolitik – Mikroökonomische Grundlagen staatlichen Handelns, 3. Aufl., München 1999

Funke, S.: Die Verschuldungsordnung – Ein Beitrag zur finanzwirtschaftlichen Ordnungspolitik, Berlin 1995

Gandenberger, O.: Die Wirkung des öffentlichen Kredits auf die Einkommensverteilung, in: Öffentliche Verschuldung, hrsg. v. E. Nowotny, Stuttgart, New York 1979, S. 138 ff.

Gantner, M.: Meßprobleme öffentlicher Aktivitäten, Baden-Baden 1984

Gelbhaar, S.: Ökonomik der Parafiski – Stand und Perspektiven, in: Wirtschaftswissenschaftliches Studium, H. 11 / 1998, S. 570 ff.

Genser, B.: Auf der Suche nach einer föderativen Finanzverfassung für Europa, Zeitschrift für Wirtschafts- und Sozialwissenschaften, Beiheft 5 / 1997, S. 101 ff.

Graf, G.: Grundlagen der Finanzwirtschaft, Heidelberg 1999

Grimm, D. unter Mitarbeit v. E. Hagenah (Hrsg.): Staatsaufgaben, Baden-Baden 1994

Grossekettler, H.: Die ersten fünf Jahre – Ein Rückblick auf die gesamtdeutsche Finanzpolitik der Jahre 1990 bis 1995, Finanzarchiv, Bd. 53 (1996), S. 194 ff.

Groves, T.; Ledyard, J.: Optimal Allocation of Public Goods – A Solution to the Free Rider Problem, Econometrica, Vol. 45 (1977), S. 783 ff.

Gruber, T.: Rechtliche Schranken für staatliche Haushaltsdefizite, Frankfurt a. M. u. a. 1996

Hagen, J. v. u. a. (Hrsg.): Handbuch der Volkswirtschaftslehre – Bd. 2: Wirtschaftspolitik und Weltwirtschaft, Berlin u. a. 1997

Haller, H.: Öffentliche Finanzen im Wirtschaftswachstum, in: Wirtschaftskreislauf und Wirtschaftswachstum, hrsg. v. E. Schneider, Tübingen 1966, S. 57 ff.

Haller, H.: Die Steuern, 3. Aufl., Tübingen 1981

Hansjürgens, B.: Äquivalenzprinzip und Finazpolitik – Ein Besteuerungsprinzip (erneut) auf dem Prüfstand, in: Zeitschrift für Wirtschaftspolitik, H. 3 / 1997, S. 275 ff.

Hansmeyer, K.-H.: Der öffentliche Kredit – Der Staat als Schuldner, 3. Aufl., Frankfurt 1984

Harberger, A. C.: Taxation and Welfare, Boston 1974

Harberger, A. C.: The Incidence of the Corporation Income Tax, Journal of Political Economy, Vol. 70, June 1962, S. 215 ff., wiederabgedruckt in: A. C. Harberger, Taxation and Welfare, Boston 1974, S. 135 ff.

Hellner, U.: Grenzen staatlicher Verschuldung, Frankfurt a. M. 1996

Hering, A.: Die Kreditfinanzierung des Bundes über Nebenhaushalte, Frankfurt a. M. u. a. 1998

Hesse, H.: Theoretische Grundlagen der „Fiscal Policy", 2. Aufl., München 1998

Heubes, J.: Konjunktur und Wachstum, München 1991

Heubes, J.: Grundlagen der modernen Makroökonomie, München 1995

Hidien, J. W.: Handbuch Länderfinanzausgleich, Baden-Baden 1999

Homburg, S.: Allgemeine Steuerlehre, München 1997

Homburg, S.: Steuerrecht für Ökonomen, München 1996

Homburg, S.: Ursachen und Wirkungen eines zwischenstaatlichen Finanzausgleichs, in: Fiskalföderalismus in Europa, Schriften des Vereins für Socialpolitik, N.F., Bd. 253, hrsg. von A. Oberhauser, Berlin 1997

Horbach, J.: Neue Politische Ökonomie und Umweltpolitik, Frankfurt/M., New York 1992

Huppertz, P. H.: Theorien der Parafiskalität, Köln 1983

Institut für Weltwirtschaft (Hrsg.): Das „Bürgergeld" – ein sinnvolles Konzept, Kiel 1996

Issing, O.: Allgemeine Wirtschaftspolitik, 3. Aufl., München 1993

Issing, O.: Einführung in die Geldpolitik, 6. Aufl., München 1996

Karrenberg, H., Münstermann, E.: Gemeindefinanzbericht 1999, in: Der Städtetag, H. 4 / 1999

Kilian, M.: Nebenhaushalte des Bundes, Berlin 1993

Kirchgässner, G.: Homo Oeconomicus, Tübingen 1991

Kirsch, G.: Neue politische Ökonomie, 4. Aufl., Düsseldorf 1997

Koch, W. A. S., Czogalla, C.: Grundlagen und Probleme der Wirtschaftspolitik, Köln 1999

Kommission der Europäischen Gemeinschaften (Hrsg.): Bericht vom 6. Juli 1983 über Haushaltsdisziplin und Wirtschaftskonvergenz und die Umstrukturierung der öffentlichen Ausgaben zugunsten der produktiven Ausgaben, in: Europäische Wirtschaft, Nr. 18/1983, S. 175 ff.

Korioth, S.: Der Finanzausgleich zwischen Bund und Ländern, Tübingen 1997

Kraff, M.: Der Finanzausgleich in der Europäischen Union – Theorie, Praxis und Perspektiven, Bonn 1997

Krause-Junk, G.: Steuersysteme der Zukunft, Berlin 1998

Kurz, R., Rall, L.: Interpersonelle und intertemporale Verteilungswirkungen öffentlicher Verschuldung, Tübingen 1983.

Lang, E.: Stabilisierungspolitik im föderativen Staat, in: Wirtschaftswishsenscaftliches Studium, H. 1 / 1992, S. 9 ff.

Lappin, R.: Kreditäre Finanzierung des Staates unter dem Grundgesetz – Ein Plädoyer gegen den Kreditstaat, Berlin 1994

Laufer, H., Münch, U.: Das föderative System der Bundesrepublik Deutschland, 7. Aufl., Bonn 1997

Lenk, T.: Reformbedarf und Reformmöglichkeiten des deutschen Finanzausgleichs, Baden-Baden 1993

Lerner, A.P.: The Burden of National Debt, in: Income Employment and Public Policy, hrsg. v. L. A. Metzler u. a., New York 1948, S. 245 ff.

Lieb, R.: Direkte Steuerprogression – Geschichtliche Entwicklung und kritische Würdigung ihrer Begründungen, Wiesbaden 1992

Mackscheid, K.: Öffentliche Güter und Ausgabeninzidenz, in: Öffentliche Finanzwirtschaft und Verteilung, Schriften des Vereins für Socialpolitik, N. F. Bd. 75/IV, hrsg. von W. Dreissig, Berlin 1976, S. 59 ff.

Mackscheidt, K.: Zur Theorie des optimalen Budgets, Tübingen, Zürich 1973

Mackscheidt, K., Steinhausen, J.: Finanzpolitik I – Grundfragen fiskalpolitischer Lenkung, 3. Aufl., Tübingen, Düsseldorf 1978

Männle, U. (Hrsg.): Föderalismus zwischen Konsens und Konkurrenz, Baden-Baden 1998

Mankiw, N. G.: Makroökonomik, 3. Aufl., Stuttgart 1998

Molitor, B.: Wirtschaftspolitik, 5. Aufl., München, Wien 1995

Mühlenkamp, H.: Eine ökonomische Analyse ausgewählter institutioneller Arrangements zur Erfüllung öffentlicher Aufgaben, Baden-Baden 1999

Mueller, D. C.: Public Choice II, Cambridge 1989

Musgrave, R. A., Musgrave, P. B., Kullmer, L.: Die öffentlichen Finanzen in Theorie und Praxis, Bd. 1, 4. Aufl., Tübingen 1987, 6. Aufl. 1994, Bd. 2, 5. Aufl., Tübingen 1993, Bd. 3, 4. Aufl., Tübingen 1992

Musgrave, R. A.: Finanztheorie, Tübingen 1966

Neumann, L. F., Schaper, K.: Die Sozialordnung der Bundesrepublik Deutschland, 4. Aufl., Bonn, Frankfurt a. M. 1998

Neumark, F.: Grundsätze gerechter und ökonomisch rationaler Steuerpolitik, Tübingen 1970

Neumark, F. (Hrsg.) unter Mitwirkung von N. Andel, H. Haller: Handbuch der Finanzwissenschaft, 3. Aufl., Bd. I, Tübingen 1987, Bd. II, Tübingen 1980, Bd. III, Tübingen 1981, Bd. IV, Tübingen 1983

Nieder-Eichholz, M.: Die Subventionsordnung – ein Beitrag zur finanzwirtschaftlichen Ordnungspolitik, Berlin 1995

Nowotny, E. unter Mitwirkung von C. Scheer und H. Walther: Der öffentliche Sektor – Einführung in die Finanzwissenschaft, 4. Aufl., Berlin u. a. 1999

Olson, M: Die Logik des kollektiven Handelns, Tübingen 1968

Ostrom, E.: Governing the commons. The evolution of institutions for collective action, Cambridge 1990

Pätzold, J.: Stabilisierungspolitik – Grundlagen der nachfrage- und angebotsorientierten Wirtschaftspolitik, 6. Aufl., Bern, Stuttgart 1998

Pech, G.: Besteuerung und Staatsverschuldung in der Demokratie – Zur dynamischen Analyse staatlicher Budgetpolitiken, Frankfurt a. M. u. a. 1996

Peffekoven, R.: Die Finanzen der Europäischen Union, Mannheim u. a. 1994

Peffekoven, R.: Einführung in die Grundbegriffe der Finanzwissenschaft, 3. Aufl., Darmstadt 1996

Perschau, O. D.: Positive Theorien der öffentlichen Verschuldung unter rationalen Erwartungen, Berlin 1999

Petersen, H.-G.: Finanzwissenschaft I: Grundlegung, Haushalt, Aufgaben und Ausgaben, Allgemeine Steuerlehre, 3. Aufl., Stuttgart u. a. 1993, Finanzwissenschaft II: Spezielle Steuerlehre, Staatsverschuldung, Finanzausgleich, Finanzpolitik, Stuttgart u. a. 1998

Petersen, H.-G., Müller, K.: Volkswirtschaftspolitik, München 1999

Pigou, A. C.: The Economics of Welfare, London 1920, 4. Aufl. 1932

Pigou, A. C.: A Study in Public Finance, London 1928, 3. Aufl. 1947

Pitlik, H.: Politische Ökonomie des Föderalismus, Frankfurt a. M. 1997

Pommerehne, W. W., Römer, A. U.: Ansätze zur Erfassung der Präferenzen öffentlicher Güter, in: Wirtschaftswissenschaftliches Studium, H. 5 / 1988, S. 222 ff.

Postlep, R.-D. (Hrsg.): Aktuelle Fragen zum Föderalismus – ausgewählte Probleme aus Theorie und Praxis des Föderalismus, Marburg 1996

Prinz, A.: Stabilisierungspolitik – Theoretische Grundlagen und strategische Konzepte, München 1999

Puhl, T.: Budgetflucht und Haushaltsverfassung, Tübingen 1997

Rawls, J.: Eine Theorie der Gerechtigkeit, Frankfurt 1975

Reding, K., Müller, W.: Einführung in die allgemeine Steuerlehre, München 1999

Richter, W. F., Wiegard, W.: Zwanzig Jahre „neue" Finanzwissenschaft, Teil I und II, Zeitschrift für Wirtschafts- und Sozialwissenschaften, Bd. 113, (1993), S. 169 ff. und S. 337 ff.

Rosen, H. S.,Windisch, R.: Finanzwissenschaft I, München, Wien 1992 (Nachdruck 1997)

Rosen, H. S.: Public Finance, 5. Aufl., Boston 1999

Rürup, B.; Hansmeyer, K.-H.: Staatswirtschaftliche Planungsinstrumente, 3. Aufl., Düsseldorf 1984

Sachverständigenrat zur Begutachtung der gesamtwirtschaftlichen Entwicklung: Jahresgutachten 1998/99, BTag-Drucksache 14/73 v. 20.11.1998

Samuelson, P. A.: Diagrammatic exposition of a theory of public expenditure, Review of Economics and Statistics, Vol. 37 (1955), S. 350 ff.

Samuelson, P. A.: Pure theory of public ecpenditure and taxation, in: Public economics: An analysis of public production and consumption and their relations to the private sectors, hrsg. von J. Margolis und H. Guitton, London, Besingstoke 1969, S. 98 ff.

Samuelson, P. A.: The pure theory of public Expenditure, Review of Economics and Statistics, Vol. 36 (1954), S. 387 ff.

Schemmel, L.: Zur Aufnahmefähigkeit des Leistungsfähigkeitsprinzips und anderer Grenzen für den Steuerstaat in das Grundgesetz, in: Steuer und Wirtschaft, H. 1 / 1995., S. 39 ff.

Schwarting, G.: Kommunale Steuern – Grundlagen, Verfahren, Entwicklungstendenzen, Berlin 1999

Sesselmeier, W.: Mehr Beschäftigung durch eine negative Einkommensteuer – zur beschäftigungspolitischen Effektivität und Effizienz eines integrierten Steuer- und Transfersystems, Frankfurt a. M. 1996

Sinn, H. W.: Implikation der vier Grundfreiheiten für eine nationale Fiskalpolitik, Wirtschaftsdienst, 75. Jg. (1995), S. 240 ff.

Smekal, C.: Verdeckte Staatsverschuldung – Flucht aus dem öffentlichen Budget, in: Das Wirtschaftsstudium, H. 1 / 1996, S. 67 ff.

Smith, A.: Der Wohlstand der Nationen. Eine Untersuchung seiner Natur und seiner Ursachen (1776); ins Deutsche übertragen und herausgegeben von H. C. Recktenwald, München 1974

Söllner, F.: Die „neue" Finanzwissenschaft – Fortschritt oder Rückschritt?, in: Zeitschrift für Wirtschafts- und Sozialwissenschaften, Bd. 114 (1994), S. 231 ff.

Sohmen, E.: Allokationstheorie und Wirtschaftspolitik, Tübingen 1976

Staender, K.: Lexikon der öffentlichen Finanzwirtschaft, 4. Aufl., Heidelberg 1997

Stalder, I.: Staatsverschuldung in der Demokratie – Eine polit-ökonomische Analyse, Frankfurt a. M. u. a. 1997

Statistisches Bundesamt (Hrsg.): Der Staat in der Volkswirtschaftlichen Gesamtrechnung 1950 bis 1998, Wiesbaden 1998

Stigler, G., Becker, G. S.: De Gustibus Non Est Disputandum, American Economic Review, Vol. 67 (1977), S. 76 ff.

Stigler, G.: The Theory of Economic Regulation, Bell Journal of Economics and Management Science, Vol. 2 (1971), S. 3 ff.

Stiglitz, J. E., Schönfelder, B.: Finanzwissenschaft, 2. Aufl. (= 1. deutschsprachige Aufl.), München, Wien 1989

Strasser, D.: Die Finanzen Europas, 6. Aufl., Luxemburg 1991

Teichmann, U.: Grundriß der Konjunkturpolitik, 5. Aufl, München 1997

Tiebout, C. M.: A Pure Theory of Local Expenditures, Journal of Political Economy, Vol. 65 (1956), S. 416 ff.

Tiepelmann, K., van der Beek, G. (Hrsg.): Theorie der Parafiski, Berlin, New York 1992

Tiepelmann, K., van der Beek, G. (Hrsg.): Politik der Parafiski, Hamburg 1997

Timm, H., Haller, H. (Hrsg.): Beiträge zur Theorie der öffentlichen Ausgaben, Berlin 1967

Tipke, K., Lang, J.: Steuerrecht, 16. Aufl., Köln 1998

Tomann, H.: Stabilitätspolitik, Berlin 1997

Truger, A.: Die neue Finanzwissenschaft zwischen Realitätsferne und Irrelevanz der Annahmen, Frankfurt a. M. u. a. 1998

Vaubel, R.: The political economy of centralization and the European Community, Public Choice, Vol. 81 (1994), S. 151 ff.

Wagschal, U.: Staatsverschuldung – Ursachen im internationalen Vergleich, Opladen 1996

Waschkuhn, A.: Was ist Subsidiarität? : Ein sozialphilosophisches Ordnungsprinzip: von Thomas von Aquin bis zur „Civil Society", Opladen 1995

Weigel, W.: Ökonomie des öffentlichen Sektors, Wien, New York 1992

Weimann, J.: Wirtschaftspolitik – Allokation und kollektive Entscheidung, Berlin 1996

Weinbörner, S.: Die Stellung der Europäischen Zentralbank und der nationalen Zentralbanken in der Wirtschafts- und Währungsunion nach dem Vertrag von Maastricht, Frankfurt a. M. u. a. 1998

Weindel, J., Woyke, W.: Europäische Union, 4. Aufl., München 1999

Welfens, P. J. J.: Grundlagen der Wirtschaftspolitik, Berlin 1995

Wiegard, E.: Die neue Finanztheorie, in: Wirtschaftswissenschaftliches Studium, H. 10/1993, S. 503 ff.

Wissenschaftlicher Beirat beim Bundesministerium der Finanzen: Gutachten zum Länderfinanzausgleich der Bundesrepublik Deutschland, Schriftenreihe Nr. 47 des Bundesministeriums der Finanzen, Bonn 1992

Wissenschaftlicher Beirat beim Bundesministerium der Finanzen (Hrsg.): Zur Bedeutung der Maastricht-Kriterien für die Verschuldungsgrenzen von Bund und Ländern, Schriftenreihe des BMF, H. 54, Bonn 1994

Wissenschaftlicher Beirat beim Bundesministerium der Finanzen (Hrsg.): Einnahmeverteilung zwischen Bund und Ländern – Probleme und Lösungsmöglichkeiten, H. 56, Bonn 1995

Wissenschaftlicher Beirat beim Bundesministerium der Finanzen (Hrsg.): Umweltsteuern aus finanzwissenschaftlicher Sicht, H. 63, Bonn 1997

Wissenschaftlicher Beirat beim Bundesministerium für Wirtschaft (Hrsg.): Ordnungspolitische Orientierung für die Europäische Union, BMWi-Dokumentation Nr. 356, Bonn 1994

Zameck, W. v.: Finanzwissenschaft – Grundlagen der Stabilisierungspolitik, München 1996

Zimmermann, H.: Wohlfahrtsstaat zwischen Wachstum und Verteilung, München 1996

Zimmermann, H., Henke, K.-D.: Einführung in die Finanzwissenschaft, 7. Aufl., München 1994

Ziffzer, S.: Ökonomische Grenzen der staatlichen Kreditaufnahme, Berlin 1980

Sach- und Personenverzeichnis